权威·前沿·原创

皮书系列为

“十二五”“十三五”国家重点图书出版规划项目

湖北哲学社会科学蓝皮书
BLUE BOOK OF PHILOSOPHY
AND SOCIAL SCIENCES IN HUBEI

湖北哲学社会科学发展报告
（2018）

REPORT ON THE DEVELOPMENT OF PHILOSOPHY
AND SOCIAL SCIENCES IN HUBEI (2018)

湖北省社会科学界联合会
湖　北　大　学 ／编
主　　编／赵凌云　谢双林
执行主编／孙友祥
副 主 编／陈　芳　邵俊青

社会科学文献出版社
SOCIAL SCIENCES ACADEMIC PRESS (CHINA)

图书在版编目（CIP）数据

湖北哲学社会科学发展报告. 2018 / 赵凌云，谢双林主编. -- 北京：社会科学文献出版社，2018.10
（湖北哲学社会科学蓝皮书）
ISBN 978-7-5201-3707-2

Ⅰ.①湖… Ⅱ.①赵… ②谢… Ⅲ.①哲学社会科学-发展-研究报告-湖北-2018 Ⅳ.①C126.3

中国版本图书馆 CIP 数据核字（2018）第 240319 号

湖北哲学社会科学蓝皮书
湖北哲学社会科学发展报告（2018）

主　　编／赵凌云　谢双林
执行主编／孙友祥
副 主 编／陈　芳　邵俊青

出 版 人／谢寿光
项目统筹／周　琼
责任编辑／周　琼　谢　拢

出　　版／社会科学文献出版社·社会政法分社（010）59367156
地址：北京市北三环中路甲 29 号院华龙大厦　邮编：100029
网址：www.ssap.com.cn
发　　行／市场营销中心（010）59367081　59367083
印　　装／三河市龙林印务有限公司

规　　格／开 本：787mm × 1092mm　1/16
印 张：23　字 数：346 千字
版　　次／2018 年 10 月第 1 版　2018 年 10 月第 1 次印刷
书　　号／ISBN 978-7-5201-3707-2
定　　价／108.00 元

皮书序列号／PSN B-2018-761-1/1

主要编撰者简介

赵凌云　教授，博士生导师。第十届、十一届湖北省委委员，现任华中师范大学党委副书记、校长，兼任中国现代经济史学会副会长、湖北省经济学团体联合会副主席等社会职务。历任中南财经政法大学副校长，湖北省社会科学院院长、党组书记，以及省委财经工作领导小组办公室副主任和省委副秘书长，省委政策研究室主任、省改革办主任，湖北大学党委副书记、校长等重要职务。长期从事经济学研究，荣获“霍英东教育基金会高等院校青年教师奖”研究类一等奖、“全国青年优秀社会科学成果奖”论文一等奖等多个重大奖项；是享受国务院政府特殊津贴专家、湖北省百名跨世纪人才，第四届、第五届、第六届湖北省政府咨询委员。

孙友祥　教授，博士生导师。湖北大学政法与公共管理学院副院长，华中科技大学国家治理研究院研究员，湖北大学县域治理研究院研究员，湖北省文化协同创新中心研究员。湖北省行政机关能力建设指导专家，湖北省廉政制度评估专家。主持教育部和省级课题20余项，出版著作2部，发表论文30余篇，成果先后获“湖北省优秀调研成果奖”二等奖、“湖北发展研究奖”二等奖、武汉市社会科学优秀成果三等奖和湖北省科学技术协会国家级科技思想库（湖北）优秀决策咨询成果二等奖等。

序言一

近年来，湖北省社会科学界联合会在管理社会科学团体、组织社会科学活动、评选社会科学优秀成果和荆楚社科名家、开展社会科学普及宣传活动以及联络全省社会科学研究单位和重要专家等方面做了大量卓有成效的工作。我们评选了首批13位荆楚社科名家，为每一位名家拍摄了专题纪录片，为名家的修为和贡献树碑立传，纪录片播出后得到了社科界的广泛好评。我们主办了大型公益讲座“荆楚讲坛”，邀请著名专家学者在全省范围内演讲，为湖北人民提供了丰富的精神食粮，在荆楚大地上营造了良好的文化氛围。我们还连续举办了八届社会科学普及宣传周活动，凝聚全省社科团体力量，联系全省社科研究单位，用形式多样的活动共同推动对党和国家重大方针政策的宣传，深化社会大众的理解。这些举措赢得了良好的社会反响，树立了湖北哲学社会科学界的文化品牌。

在此基础上，2018年我们又推出一项重要的新举措，与湖北大学一道编研湖北哲学社会科学蓝皮书。该蓝皮书旨在梳理湖北哲学社会科学发展脉络，鸟瞰湖北哲学社会科学的概貌，总结一年来湖北哲学社会科学发展的得失，进一步明确发展方向，找准着力点与突破口，砥砺前行，再创佳绩，不断推动湖北哲学社会科学的繁荣发展。在全省社科研究单位的支持与配合下，经过十几位编研人员历时半年多的资料整理和研究，首部湖北哲学社会科学蓝皮书《湖北哲学社会科学发展报告（2018）》（以下简称《报告》）正式出版。这将是湖北哲学社会科学界的又一项标志性的成果。

《报告》主体分为两个部分：其一为总报告，是2017年湖北地区哲学社会科学发展的年度总结；其二为哲学、经济学、法学、教育学、文学、历史学、管理学、艺术学八个学科门类的分类报告。附录部分为《湖北哲学社会科学发展大事记》和《湖北哲学社会科学研究平台一览表》。《报告》称得上是一份湖北哲学社会科学的合格成绩单，全面展现了2017年度湖北哲学社会科学建设和发展的总体面貌。

通过《报告》的分析，我们真切地感受到湖北哲学社会科学有着深厚的积累和扎实的根基，这是湖北省作为社科大省的骄傲，也是我们社科工作者争取新发展、新跨越、新境界的底气。目前湖北已经形成了一支规模可观、结构合理、富有活力的高素质科研人才队伍；学科建设、平台建设稳步推进，成效明显；哲学社会科学的研究视阈不断扩大，学科特色日益鲜明，国际化、特色化、品牌化水平不断提高；学术实力、学术地位、学术影响力显著提升，彰显出了哲学社会科学的荆楚特色。

值得一提的是，《报告》中的多项统计数据充分显示了湖北哲学社会科学的研究实力：湖北地区有11个教育部人文社会科学重点研究基地，数量位居全国第三；湖北地区有227位学者入选“2017年版中国哲学社会科学最有影响力学者榜”，位居全国第四。在与北京、上海、江苏、浙江四个发达省市和中部周边省份湖南的比较中，我们看到，湖北学者在相关核心期刊发文总量位列第四（次于北京、上海、江苏），在《新华文摘》《中国社会科学文摘》上的转载量位列第三（次于北京、上海）。在“第七届高等学校科学研究优秀成果奖（人文社会科学）”中，湖北斩获89个奖项，为中部八省翘楚，在全国排第四；在被誉为中国人文社科最高奖励荣誉之一的“第七届吴玉章人文社会科学奖”中，湖北获奖人数在全国名列第二，仅次于北京。这些足以证明，近年来湖北在哲学社会科学研究中克服了客观条件的不足，开创了哲学社会科学繁荣发展的新局面，赢得了质与量的双优，成为中部八省的排头兵和全国哲学社会科学界的中流砥柱。

《报告》还客观总结了湖北哲学社会科学发展过程中的经验与不足，尤其注重分析和提炼湖北哲学社会科学呈现出的“荆楚特色”，并对未来的发展走向提出了展望和建议。荆楚先哲老子曾说：“知人者智，自知者明，胜人者力，自胜者强。”能够以科学的精神进行自我分析，客观认识自身的问题，这是通达明理之举，这在《报告》中已经得到了体现。如何能够实现

“自胜”，克服自身存在的不足，不断超越自身，获得新发展、新跨越、新境界，这是摆在湖北哲学社会科学界全体同仁面前的一个重大课题，值得我们不断反思、不断努力。《报告》中的总结和建议提供了一个“导夫先路”的参考，我们更期待全省哲学社会科学工作者为我们贡献“金玉良言”。

《报告》的首次编研出版，是一次新的尝试、新的努力。我们希望《报告》能为湖北哲学社会科学工作者指明前进的方向和奋斗的目标，同时也希望伴随着湖北哲学社会科学的不断发展，《报告》的编研工作能够延续下去，编研水平能够日益精进。

中国特色社会主义已经进入新时代，我们不能辜负这个新时代。让我们在习近平新时代中国特色社会主义思想的指引下，奋楫扬帆、乘风破浪，不忘初心、砥砺前行！

湖北省社会科学界联合会

2018 年 7 月

序言二

哲学社会科学是人们认识世界、改造世界的重要工具，是推动历史发展和社会进步的重要力量，其发展水平反映了一个民族的思维能力、精神品格、文明素质，体现了一个国家的综合国力和国际竞争力。在坚持和发展中国特色社会主义、实现中华民族伟大复兴的进程中，我们必须更加深刻地认识繁荣发展哲学社会科学的战略意义，加快构建中国特色哲学社会科学。党的十八大以来，以习近平总书记为核心的党中央高度关注哲学社会科学发展问题，以一系列新理念、新思想、新战略，为构建中国特色哲学社会科学明确了方向，营造了良好环境。2016 年 5 月 17 日，习近平总书记亲自主持召开哲学社会科学工作座谈会，系统阐述了中国特色哲学社会科学发展的使命和任务、方向和原则、整体思路等一系列根本问题。党的十九大报告再次对中国特色哲学社会科学发展提出了明确要求。按照党中央的战略部署，努力立时代之潮头、通古今之变化、发思想之先声，积极为党和人民述学立论、建言献策，是哲学社会科学战线应有的自觉追求，也是应该担负起的光荣使命。

湖北省是哲学社会科学大省，在哲学社会科学发展方面，既有优良传统，又有实力，更有新时代的责任担当和不懈探求。“唯楚有材，于斯为盛”。我们拥有一支规模可观、结构合理、富有创新活力的哲学社会科学队伍，拥有一批国家和地方高端智库、协同创新中心、重点研究基地等哲学社会科学重要平台，拥有数百个富有自己优势与特色的哲学社会科学博士、硕士学位授权点和博士后工作流动站，在长期建设和发展中已经成为我们国家哲学社会科学发展的一方重镇。党的十八大以来，在湖北省委、省政府的坚强领导下，湖北省哲学社会科学界认真学习习近平总书记关于哲学社会科学繁荣发展的重要论述，高举中国特色社会主义伟大旗帜，坚定中国特色社会主义道路自信、理论自信、制度自信和文化自信，坚持以重大理论和现实问题为主攻方向，求学问道、立德树人、著书立说、建言策献，为国家和地方发展付出了辛勤努力，在加快构建中国特色哲学社会科学的进程中贡献了湖北力量。

为了比较全面地展现湖北省哲学社会科学发展的整体状况，进一步凝聚全省哲学社会科学界创新创造、奋力前行的力量，湖北省哲学社会科学界联合会与湖北大学共同编研推出了湖北哲学社会科学蓝皮书《湖北哲学社会科学发展报告》。蓝皮书努力在梳理全省哲学社会科学发展脉络、鸟瞰全省哲学社会科学的概貌、总结全省哲学社会科学年度发展得失的基础上，进一步明确发展方向，找准着力点与突破口，以助力全省哲学社会科学的发展。

摆在读者面前的《湖北哲学社会科学发展报告（2018）》（以下简称《报告》）是第一本湖北哲学社会科学蓝皮书，在全省社科研究单位的支持与配合下，经过十几位编研人员历时半年多的资料整理和研究编撰而成。《报告》以2017年为研究对象，主体分为两个部分：其一为总报告，是对湖北地区哲学社会科学发展的年度总结；其二为哲学、经济学、法学、教育学、文学、历史学、管理学、艺术学八大学科门类的分科报告。《报告》附有《湖北哲学社会科学发展大事记》和《湖北哲学社会科学研究平台一览表》。

通过《报告》，我们可以真切地感受到湖北哲学社会科学的深厚底蕴和扎实基础，这是湖北省作为社科大省的骄傲，也是我们社科工作者争取新发展、新跨越、新境界的底气。但同时也要看到，我们在哲学社会科学发展中还面临着诸多问题，与党和国家的要求相比，与省委和省政府的期盼相比，还存在许多差距。荆楚先哲老子曾说："知人者智，自知者明，胜人者力，自胜者强。"能够以科学精神进行自我分析，客观认识自身的问题，这是通达明理之举。如何能够实现"自胜"，克服自身存在的不足，不断超越自身，获得新发展、新跨越、新境界，这是摆在湖北哲学社会科学界全体同仁面前的一个重大课题，值得我们不断反思、不断努力。《报告》中的总结和建议提供了一个"导夫先路"的参考，我们期待全省哲学社会科学工作者都能贡献"金玉良言"。

习近平总书记指出："历史表明，社会大变革的时代，一定是哲学社会科学大发展的时代。当代中国正经历着我国历史上最为广泛而深刻的社会变革，也正在进行着人类历史上最为宏大而独特的实践创新。这种前无古人的伟大实践，必将给理论创造、学术繁荣提供强大动力和广阔空间。这是一个需要理论而且一定能够产生理论的时代，这是一个需要思想而且一定能够产生思想的时代。我们不能辜负了这个时代。"让我们在习近平新时代中国特色社会主义思想的指引下，奋楫扬帆、乘风破浪，不忘初心、砥砺前行，写好中国特色哲学社会科学繁荣发展的湖北篇章！

湖北省社会科学界联合会　曾　婕

2018 年 7 月

摘　要

习近平总书记在哲学社会科学工作座谈会上指出，当代中国正经历着我国历史上最为广泛而深刻的社会变革，也正在进行着人类历史上最为宏大而独特的实践创新。“这是一个需要理论而且一定能够产生理论的时代，这是一个需要思想而且一定能够产生思想的时代。”新形势下，我国哲学社会科学地位更加重要、任务更加繁重。习近平总书记用“五个面对”，突出强调了新形势新实践对哲学社会科学发展提出的新任务新要求。这种前无古人的伟大实践，必将给理论创造、学术繁荣提供强大动力和广阔空间。湖北省既是工农业大省，又是教育大省、哲学社会科学大省。中国特色的哲学社会科学体系的健全和完善，湖北经济社会的全面发展和进步，都离不开湖北哲学社会科学的发展和繁荣。

《湖北哲学社会科学发展报告（2018）》（下称《报告》）是对 2017 年度湖北省哲学社会科学建设和发展总体的描述和分析。我们看到，在湖北省委、省政府的领导下，在各级哲学社会科学相关部门，各高校、党校、党政部门、军事院校和社会科学研究部门等哲学社会科学研究者和管理者的共同努力下，湖北哲学社会科学研究队伍不断壮大、结构不断优化，学科建设稳步推进、学界地位不断提升，平台建设不断推进、特色平台不断拓展，研究视阈不断扩大、研究项目数量与经费显著增长，研究成果不断涌现、学术影响日益增强。哲学社会科学的国际化、特色化、品牌化水平不断提高，荆楚特色和亮点不断凸显，哲学社会科学理论成果和产品呈现繁荣发展的局面，整个湖北哲学社会科学持续稳定发展。但是，由于种种原因，湖北哲学社会科学发展还存在一些亟待解决的问题，如不同程度存在对哲学社会科学说起来重要、做起来次要、忙起来不要，重理轻文、重器轻道、重技轻德等问题；多样化社会思潮不同程度地侵蚀着对马克思主义的认同等问题；哲学社会科学训练培养教育体系、学术评价体系、高校管理体制和经费运行机制等问题；学用“两张皮”、理论不能很好指导实践等问题；学科体系、学术体系、话语体系建设水平不高，“阐释多、原创少；智库多、智慧少；出书多、出彩少”等问题；“有理论缺实践、有数量缺质量、有高度缺温度”等问题；人员难流动、人才难留住等问题；国际化和荆楚特色的社科研究缺乏问题；等等。如何发出哲学社会科学湖北理论之声，如何利用湖北哲学社会科学发展加快推进构建中国特色的哲学社会科学体系建设等显得尤为迫切。

基于对湖北哲学社会科学建设与发展的总体描述、分析与评价，《报告》采用总报告与分类报告相结合的研究方式。总报告运用国家权威机构发布和课题组组织调查获得的第一手数据和可靠材料，着重从湖北哲学社会科学学术进展、湖北哲学社会科学成果统计分析和湖北哲学社会科学发展等三个方面对2017年湖北哲学社会科学发展状况做了详尽描述。在此基础上，系统地分析了湖北哲学社会科学存在的问题，并提出了具有针对性的对策建议。分类报告按照哲学社会科学八大学科门类，即哲学学科、经济学学科、法学学科、教育学学科、文学学科、历史学学科、管理学学科和艺术学学科等进行分类研究。分类报告着重对各学科门类的研究队伍、学科建设、研究平台、研究项目与经费、研究成果与获奖等方面的状况进行统计分析，并就理论创新、荆楚特色与学科发展展望进行综合分析研判。

本《报告》是对2017年度湖北哲学社会科学研究在队伍建设、重大项目进展、重大成果推出、重大理论问题讨论以及学科建设与发展等方面的主要成就，湖北哲学社会科学发展态势、经验教训、荆楚特色以及发展动态所做的综述、分析与评价，为总结湖北哲学社会科学发展规律、规划发展方向提供有益参考。《报告》对于制定湖北哲学社会科学发展战略，建立国内外有一定影响力的学术成果评价机制，促进湖北经济社会发展和繁荣中国特色的哲学社会科学体系有着重要意义。

关键词： 哲学社会科学　学术进展　学科建设　荆楚特色

目 录

Ⅰ 总报告

Ⅱ 分报告

Ⅲ 附录

皮书数据库阅读**使用指南**

总 报 告

General Report

B.1

湖北哲学社会科学发展总报告（2017）

江 岚　俞秋阳*

摘 要： 2017 年，湖北省哲学社会科学取得长足进步，呈现蓬勃发展的良好局面。首先，本报告回顾了 2017 年度湖北哲学社会科学学术进展，对湖北哲学社会科学研究队伍、湖北哲学社会科学专业学位点和学术学位点的类别和数量分布情况、湖北哲学社会科学重要研究平台的发展现状、湖北哲学社会科学科研项目立项情况与经费来源等进行统计分析，并与国内部分省市进行了比较；其次，本报告对 2017 年度湖北哲学社会科学的主要研究成果进行了统计，重点回顾了 2017 年度湖北学者在国内顶尖中文核心期刊上的发文数

* 江岚，法学博士，湖北大学政法与公共管理学院副教授，硕士生导师，主要研究方向为刑事法学。俞秋阳，政治学博士，湖北大学政法与公共管理学院讲师，湖北大学县域治理研究院研究员，主要研究方向为当代中国政治。

量、转载及获奖情况，并与北京、上海、浙江、江苏等5省市进行比较分析，试图总结湖北哲学社会科学发展特色；最后，在充分肯定湖北哲学社会科学发展成就的同时，分析了发展中存在的主要问题，并在此基础上对湖北哲学社会科学发展前景进行了展望。

关键词： 学术进展　学科建设　学术成果　荆楚特色

一　湖北哲学社会科学发展总体状况

2017年，湖北哲学社会科学取得长足发展，呈现蓬勃发展的良好局面，不仅展现了湖北作为哲学社会科学大省的风貌，为中国哲学社会科学话语体系的构建做出了重要贡献，也为我国的理论自信、文化自信提供了强有力的支撑。

（一）人才队伍

初步统计表明，2017年，湖北高校、省社会科学院和省委党校等专业研究组织从事哲学社会科学研究的人员总数为31268人。其中，从事文学专业的科研工作者最多，达7124人；其次是管理学专业，计有6114人。与之相对，人数最少的则是历史学专业，不足500人。从性别来看，哲学社会科学研究中的男性研究工作者为14000人，女性为17268人，男女研究人员的整体性别比约为1∶1.2，比例较为平衡。按学科划分，在性别比上较为平衡的是经济学、法学和哲学学科，性别比最不平衡的则是文学和历史学，前者的女性研究者是男性研究者的2倍多，而后者女性研究者仅为男性研究者的一半（见表1）。

表1　2017年湖北哲学社会科学科研人员学科分布与性别比情况

单位：人

指标	哲学	经济学	法学	教育学	文学	历史学	管理学	艺术学	总计
男性人数	1025	1744	1312	2786	2030	305	2776	2022	14000
女性人数	886	1918	1125	2076	5094	149	3338	2682	17268
总计人数	1911	3662	2437	4862	7124	454	6114	4704	31268
男女性别比	1:0.9	1:1.1	1:0.9	1:0.7	1:2.5	1:0.5	1:1.2	1:1.3	1:1.2

资料来源：教育部《2017年全国普通高等学校科技统计年报表（人文、社科类）》。

按照年龄段的区间，可以将湖北省哲学社会科学科研工作者划分为39岁及以下的青年科研工作者，40～54岁中年科研工作者以及55岁及以上的老年科研工作者（见图1）。

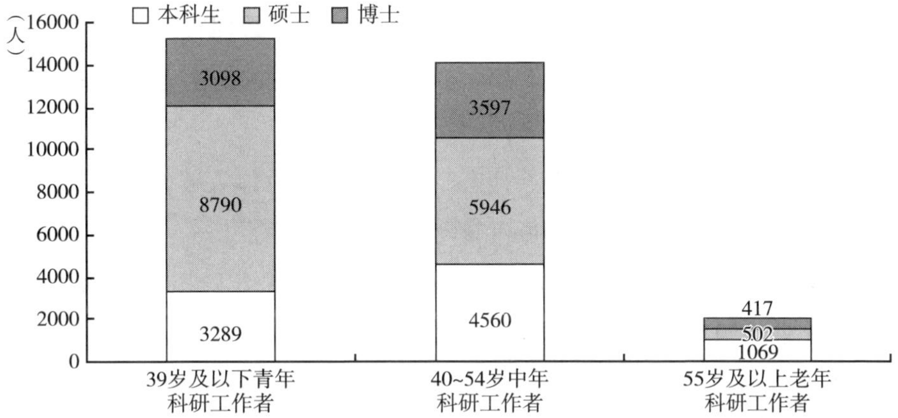

图1　2017年湖北哲学社会科学科研工作者的学历结构

资料来源：教育部《2017年全国普通高等学校科技统计年报表（人文、社科类）》。

39岁及以下青年科研工作者共计有15177人，占总人数的49%。拥有研究生学位的科研工作者占该年龄段总人数的78%，其中博士和硕士研究生学历拥有者分别为3098人和8790人，各占该年龄段人员的20%和58%。从职称构成的角度来看，该年龄段科研工作者中有教授100人，副教授2141人，讲师8827人，助教及初级职称者4109人（见图2）。该年龄段科

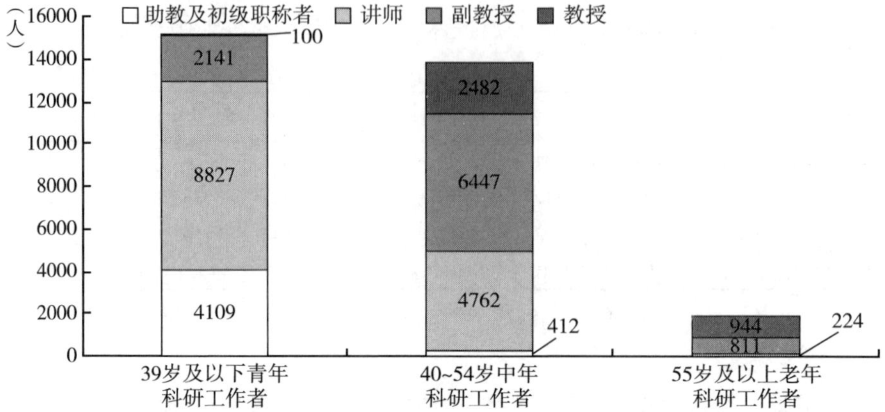

图 2　2017 年湖北哲学社会科学科研工作者职称结构

资料来源：教育部《2017 年全国普通高等学校科技统计年报表（人文、社科类）》。

研工作者占湖北省总体科研人员数量的比重大，大多数拥有研究生学历，并取得了助教和讲师职称，是湖北省哲学社会科学研究的新生力量和高端科研人才的重要储备。

40～54 岁中年科研工作者共计有 14103 人，占总体人数的 45%。其中，拥有研究生学历以上的科研人员占该年龄段总人数的 68%。有博士和硕士研究生学历的人分别为 3597 人和 5946 人，分别占该年龄段总体的 26% 和 42%。从职称构成来看，该年龄段科研人员中，有教授 2482 人，副教授 6447 人，讲师 4762 人，助教及初级职称 412 人。该年龄段科研工作者占湖北省哲学社科总体科研人员数的比重较大，大多数也拥有研究生学历，并取得了讲师和副教授职称，是湖北省开展社会科学研究的骨干力量。

55 岁及以上老年科研工作者共计有 1988 人，占总体人数的 6%。拥有研究生及以上学历的占该年龄段总人数的 46%，其中拥有博士和硕士研究生学历的分别有 417 人和 502 人，各占该年龄段总体的 21% 和 25%。从职称结构来看，该年龄段科研人员中，有教授 944 人，副教授 811 人，讲师 224 人以及极少数助教。该年龄段的人数虽然只占湖北省哲学社会科学总体科研工作者人数的很小一部分，但绝大多数取得了副教授和教授的职称，是湖北省哲学社会科学研究的高端人才，其对学科发展的引领带头作用不容小视。

从总体来看，湖北哲学社会科学研究人员的人才梯队结构较为合理。首先，表现为人才梯队的年龄结构合理。著名科学家赵红周通过统计分析，认为科学研究的最佳年龄是25~45岁。现代心理学研究也佐证了35~45岁是人思维最为活跃、最具创造力的时期。因此，从年龄结构方面来分析人才梯队的话，最理想的情况应当是中青年构成科研队伍的主体。从湖北的统计数据来看，中青年科研工作者人数达到总科研人数的94%，且青年科研工作者人数略微多于中年科研工作者人数，这样的年龄结构防止了科研队伍出现青黄不接的断代现象，保证了经验丰富的中年科研工作者能够带领青年科研工作者，言传身教其经验与知识，保证科研事业的承前启后。

其次，表现为学历结构合理。学历反映了一个人的受教育程度，对于科研工作者而言，更是衡量其知识水平和科研能力的重要标准之一。就湖北而言，71%的哲学社会科学研究工作者拥有研究生学历，专业化程度较高。同时对比各年龄段的学历结构可发现，青年科研工作者拥有研究生学历的比率在各年龄段中最高（参见图1），因此可以预测随着科研人员的代际更替，湖北哲学社会科学的专业化程度将不断提高。

最后，表现为职称结构合理。中老年科研工作者经验丰富，学术造诣高，理论积累深厚，大部分取得了副教授或教授的职称，能够指导带领本学科成员，特别是青年成员的科学研究，从而促进学科建设与发展。

湖北哲学社会科学研究的整体人才梯队结构合理，但高端人才的培养与储备仍有所不足。以教育部2011年新制订的“长江学者奖励计划”为例（见表2），七年来湖北新增的哲学社会科学长江学者特聘教授为23人，而江苏省则有36人，上海市有45人，北京市有123人，与江苏省、上海市和北京市相比，湖北还有很大差距。但也应当看到这种差距将来可能会随着政策支持力度的加大和人才梯队的代际更替而缩小。这表现在：截至2017年，湖北哲学社会科学科研工作者有17人上榜长江青年学者计划名单，虽比上海市少14人，但比江苏省多了5人。

表 2　2011～2017 年湖北、北京等 6 省市哲学社会科学长江学者特聘教授入选情况

单位：人

省市	2011 年	2012 年	2013～2014 年	2015 年	2016 年	2017 年	小计
北京	21	17	30	16	25	14	123
上海	4	7	13	6	8	7	45
江苏	8	5	11	4	4	4	36
湖北	3	5	6	4	4	1	23
浙江	0	2	4	1	1	2	10
湖南	2	0	0	0	0	0	2

资料来源：教育部 2011～2017 年《“长江学者奖励计划”入选名单》。

（二）学科建设

学科是高校发挥教学、科研和社会服务等重要功能的平台基础，构成高校建设与竞争的基石。

为了对湖北哲学社会科学的学科建设进行更深入的考察，本部分主要聚焦于两个指标：一是湖北哲学社会科学的学位授权点数量；二是湖北哲学社会科学的学科专业结构。

从学位授权点数量来看（见表 3），在 2017 年，湖北哲学社会科学学术学位无新增博士点，共计有博士点 71 个，其中包括 54 个一级博士点和 17 个二级博士点；2017 年新增 16 个硕士点，共有硕士点 196 个，其中包括 136 个一级硕士点、60 个二级硕士点。在专业学位方面，2017 年湖北省博士专业学位点无增加，博士专业学位点共计 2 个；专业硕士点新增 18 个，共计 188 个。

表 3　2017 年湖北哲学社会科学学位点分布

单位：个

项目	博士学位点			硕士学位点		
	一级博士点	二级博士点	专业博士点	一级硕士点	二级硕士点	专业硕士点
新增数量	0	0	0	16	0	18
总计数量	54	17	2	136	60	188

资料来源：教育部《2017 年全国普通高等学校科技统计年报表（人文、社科类）》。

从学科专业结构来看（见表4），学术博士点中最多的学科门类依次是管理学（19个）、法学（16个）和经济学（10个）。专业博士点教育学门类有2个。学术硕士点中最多的学科门类依次是法学（46个）、管理学（44个）和文学（26个）。专业硕士点中最多的学科门类依次是管理学（61个）、经济学（37个）、文学和教育学（同为26个）。

表4 2017年湖北哲学社会科学学位点的专业分布情况

单位：个

学科	哲学	经济学	法学	教育学	文学	历史学	管理学	艺术学
学术博士点	5	10	16	5	8	6	19	2
专业博士点	0	0	0	2	0	0	0	0
学术硕士点	9	21	46	19	26	8	44	22
专业硕士点	0	37	19	26	26	1	61	18

资料来源：教育部《2017年全国普通高等学校科技统计年报表（人文、社科类）》。

通过以上数据分析，可以发现湖北哲学社会科学在学科建设方面的优势学科是管理学、法学和经济学。这三个学科的学位点众多，培养层级体系健全，较为全面地覆盖其所属的一、二级学科。在这三个学科领域中，湖北不仅培养了一大批具备独立研究能力、知识储备丰富、综合素质过硬的科研人才，还紧跟社会发展潮流，打造了众多能够在政府和企业从事管理工作，通晓法律规则的应用型专业人才。但是，也应注意到湖北省哲学社会科学学科建设仍存在不足之处，一方面表现为学科学位点的增长幅度不大，另一方面表现为学科发展不平衡，相较于管理学等优势学科，哲学和历史学的学科学位点过少，有人才供给不足和断层的风险。

（三）研究平台

研究平台是培养科研团队，推动学科交叉、融合发展，提高科研能力和水平的重要保障。研究平台的建设有着重大意义，其建设水平是衡量高校实力的重要标准之一。为了更好地统计与分析，本部分将湖北哲学社会科学研究平台分为两类，即省级平台和教育部平台，前者以湖北省人文社科重点研究基地为代表，后者以教育部人文社会科学重点研究基地为代表。

截至2017年，湖北省人文社科重点研究基地共计144个。其中拥有省级哲学社会科学研究平台最多的五所高校依次为：武汉大学（17个）、华中师范大学（15个）、湖北大学（12个）、华中科技大学（10个）和中南财经政法大学（8个）。这五所高校所拥有的省级研究平台数量占总数的43%。一方面反映这些高校构成了湖北省哲学社会科学研究的第一梯队和主体力量，聚集了湖北哲学社会科学最主要的研究团队，初步形成了湖北省哲学社会科学科研人才聚集效应和协同效应；另一方面也反映出这些高校的哲学社会科学学科门类较为齐全，能够进行研究平台所需的跨学科交叉与融合。

截至2017年，教育部人文社会科学重点研究基地共计有151个，其中湖北地区有11个（见表5），处于全国第三的位置，仅次于北京市（46个）和上海市（17个）。在湖北的教育部人文社会科学重点研究基地中，有7个位于世界一流大学建设高校武汉大学，即武汉大学环境法研究所、国际法研究所、社会保障研究中心、经济发展研究中心、信息资源研究中心、媒体发展研究中心和传统文化研究中心。另外有3个位于华中师范大学，分别为华中师范大学近代史研究所、语言与语言教育研究中心和农村问题研究中心，对应着该校的世界一流学科建设专业语言学和政治学，以及该校的传统优势学科历史学。此外，中南财经政法大学有1个，即中南财经政法大学知识产权研究中心，也对应该校的世界一流学科建设学科法学。

表5　2017年教育部人文社会科学重点研究基地在部分省市的分布情况

单位：个

省（直辖市）	教育部研究基地数量	全国排名	省（直辖市）	教育部研究基地数量	全国排名
北京市	46	1	广东省	10	4
上海市	17	2	吉林省	9	5
湖北省	11	3			

数据来源：教育部《教育部人文社会科学重点研究基地一览表》。

按学科门类来划分（见表6），湖北的省级人文社会科学重点研究基地中最多的依次是经济学（36个）、教育学（22个）、跨学科综合研究平台（20个）。湖北的教育部人文社会科学重点研究基地最多的则依次是法学（3个），文学、管理学和跨学科研究平台（同为2个）。由此可见，湖北已经在经济学、法学、管理学以及跨学科综合研究等领域形成了一批特色鲜明、优势突出的高端研究团队。与此同时，我们也看到研究平台建设存在的问题。首先，湖北作为中部教育大省，有着以华中师范大学为首的众多师范院校，教育学的学科传统悠久、基础深厚，为中部乃至全国的师资力量培养和教学理论方法研究做出了不可忽视的贡献，这一点也反映在教育学类的省级研究平台众多上。但是教育部人文社会科学重点研究基地中有11个教育学研究平台，湖北省却一个也没有。这反映出湖北教育学还未能充分突出其优势、展现其特点，以获得学界和国家的重视。其次，与上述的学科发展一样，研究平台建设的科类也不是很平衡，哲学、历史学和艺术学的研究基地比较少，仍有较大的发展空间。

表6　2017年湖北人文社会科学重点研究基地的学科分布情况

单位：个

学科	哲学	经济学	法学	教育学	文学	历史学	管理学	艺术学	跨学科	总计
省级	2	36	19	22	15	3	17	10	20	144
教育部	0	1	3	0	2	1	2	0	2	11

资料来源：湖北省教育厅《湖北省高校人文社会科学重点研究基地名单》。

研究平台不仅仅是科研团队同心协力研究重大课题的机构，它还可以通过智库形式，为政府机构的公共决策提供不可缺少的智力支持。截至2017年底，湖北有一个国家高端智库，即武汉大学国际法研究所。此外，依托高校、社科院和党校还设有10个省级改革智库和10个省级新型智库。改革智库有湖北省社科院湖北省全面深化改革评估中心、华中科技大学国家治理研究院、中南财经政法大学湖北全面深化改革研究院、湖北大学县域治理研究院、武汉大学政治体制改革与政府治理创新研究中心、华中师范大学文化体制改革研究中心、中国地质大学湖北省生态文明研究中心、中南财经政法大学社会建设与社会治理研究中心、湖北经济学院湖北省经济体制改革研究中心和湖北省委党校湖北省党的建设制度改革研究中心等；新型智库有湖北创新发展研究院、湖北生态文明建设研究院、湖北文化建设研究院、湖北政治建设研究院、湖北全面小康建设研究院和湖北经济建设研究院等。

（四）项目与经费

科研项目是开展高水平科学研究和支撑高质量人才培养的重要依托，也是引领学科发展的重要力量。对于哲学社会科学研究而言，来自国家各级部门设立的纵向基金和专项资助是其科研项目经费的重要来源。

就 2017 年国家社科基金的立项情况而言（见表 7），首先，湖北高校、社科院和党校系统一共获得国家社科基金青年项目 63 项，占全国立项总数的 5.3%，其中法学大类的立项数最多，达 27 项，占湖北国家社科基金青年项目立项总数的 43%。其次，湖北获得国家社科一般项目 166 项，占全国国家社科一般项目总立项数的 5.1%，其中立项最多的学科门类依次是法学、经济学和文学，三者立项数加起来占湖北立项总数的 63%。再次，获得国家社科基金重点项目 16 项，占全国总立项数的 4.5%，其中立项数最多的学科门类是法学，占湖北总立项数的 50%。然后，湖北获得国家社科基金重大项目 12 项，占全国总立项数的 3.6%，其中立项数最多的学科门类是

表 7　2017 年国家社科基金项目在湖北省的立项数量与学科分布

单位：项，%

国家社科基金	哲学	经济学	法学	教育学	文学	历史学	管理学	艺术学	总计	占总体比重
青年项目	3	6	27	5	5	8	7	2	63	5.3
一般项目	9	32	45	15	27	13	19	6	166	5.1
重点项目	1	1	8	2	1	0	3	0	16	4.5
重大项目	1	1	2	0	2	2	4	0	12	3.6
后期资助项目	4	1	6	0	9	4	2	1	27	5.5

资料来源：全国哲学社会科学规划办公室《2017 年度国家社科基金项目立项名单》。

管理学，占湖北省总立项数的33%。最后，湖北获得国家社科基金后期资助项目27项，占全国总立项数的5.5%，其中立项最多的学科门类是文学，其次是法学，各占湖北总立项数的33%和22%。

2017年湖北高校、社科院和党校一共获得教育部人文社会科学研究一般项目资助223项，占全国立项总数的7.8%（见表8）。其中立项数目最多的单位依次是武汉大学（35项）、华中师范大学（27项）和中南财经政法大学（22项），三个学校的立项数占湖北立项总数的38%。按学科大类来划分，立项数最多的学科依次是经济学、管理学和法学，这三个学科大类的立项数为湖北立项总数的60%。此外，依托于湖北的国家级高端智库，在2017年湖北还获得12项教育部人文社会科学重点研究基地重大项目，武汉大学有6项，华中师范大学有4项，中南财经政法大学有2项。按学科门类划分，文学类有4项，法学类有3项，历史学和管理学类各有2项，经济学类有1项，哲学、教育学和艺术学类为空缺。最后，2017年湖北省还获得了6项教育部哲学社会科学研究重大课题攻关项目，武汉大学承担3项，华中科技大学、华中师范大学和湖北大学各承担1项。其中，法学类和经济学类各占2项，文学和管理学类各占1项。

表8　2017年教育部人文社科项目在湖北的立项数量与学科分布

单位：项，%

教育部	哲学	经济学	法学	教育学	文学	历史学	管理学	艺术学	总计	占总体比重
一般项目	6	51	36	26	29	7	47	21	223	7.8
重点基地重大项目	0	1	3	0	4	2	2	0	12	8.8
重大课题攻关项目	0	2	2	0	1	0	1	0	6	11.0

资料来源：教育部社科司《2017年度教育部人文社会科学研究项目评审结果一览表》。

可见，湖北地区哲学社会科学中最受学界同行认可，具备较高的社会影响力，为国家宏观战略提供智力支撑的品牌学科是法学、管理学、经济学和文学等。之所以能打造这些品牌学科，离不开前述结构合理的人才队伍，特色鲜明的研究平台以及政府在财政上的大力支持。

除了来源于中央财政拨款的国家社科基金和教育部人文社会科学基金外，湖北省政府也通过省社科基金大力支持湖北哲学社会科学的发展。在2017年，湖北省社会科学界联合会确定了200项省级社科一般项目，经费拨款平均为3万左右。其中立项超过8项的高校有：华中师范大学（21项）、中南财经政法大学（15项）、华中科技大学（13项）、湖北大学（12项）、武汉理工大学（10项）、中南民族大学（9项）、长江大学（9项）、华中农业大学（8项）。由以上立项较多的高校名单中，我们可以发现湖北省社科基金除了资助国家"双一流"建设的第一梯队高校外，还覆盖了第二梯队的高校，包括教育部和省政府共建高校、省属高校等。这一方面弥补了国家和教育部社科基金资助经费的不足；另一方面也给更多科研人员锻炼的机会，特别是年轻科研工作者，为他们申请更高层次基金项目提供了经验与信心。

与之对照（见表9），2017年北京市社科基金项目资助本市重点项目58项，一般项目142项，青年项目159项，共计359项，资助金额为8万~30万元不等。上海市社科基金项目资助本市一般项目187项和青年项目98项，共计285项，资助金额为5万~8万元不等。江苏省社科基金资助本省重点项目40项、一般项目174项、青年项目113项，共计327项，资助金额为5万~8万元不等。浙江省哲学社科基金资助本省重点项目41项、一般项目262项、后期资助课题14项和其他扶持课题29项，共计346项，资助金额3万~5万元。湖南省哲学社会科学基金资助本省重点项目39项、一般项目438项、青年项目116项、成果立项等其他立项66项，总计659项。由此可见，湖北省省级社科基金的立项种类较为单一，立项数目较少，并且与苏浙

表9　2017年湖北、北京等6省市省级社科基金立项数及资助金额

单位：项，万元

省(直辖市)	立项数目	资助金额	省(直辖市)	立项数目	资助金额
北京市	359	8~30	浙江省	346	3~5
上海市	285	5~8	湖北省	200	3
江苏省	327	5~8	湖南省	659	2

资料来源：北京市、上海市、江苏省、浙江省、湖北省、湖南省各地哲学社会科学规划办的《社会科学基金管理办法》和《社会科学基金评审结果公示》。

沪京相比资助金额较低。为了更好地繁荣湖北哲学社会科学，有必要借鉴苏、浙、沪、京等社会科学强省的省社科基金资助的经验。

二　湖北哲学社会科学研究统计分析

（一）湖北哲学社会科学科研论文统计

1. 统计概况

成果是研究活动的外化形式和最终产物，研究活动只有转换为成果，才能够有效地促进相关领域的知识积累与学科发展，影响相关政策或相关产业，最终推动社会进步与发展。而获奖则是学界、社会与政府对高质量研究成果的一种认可与奖励，有利于进一步促进研究活动以及研究成果转换。

本部分重点统计的是2017年度湖北学者在哲学社会科学七大学科（除艺术学以外）中的38种顶尖中文核心期刊上发表的论文。因为世界各国都将科研论文的发表数量和转载数量视为科学技术产出的重要指标。科研论文的学科结构则在很大程度上反映了一国或一地的科学生产体系的总体状况和主要特征，因此它也构成了衡量学科建设与发展的核心指标之一。随着国际大型文献数据库的建设、开发和逐步成熟，特别是社会科学引文数据库（SSCI）的推出与发展，学者们纷纷利用文献数据库统计数据对各国各地区社会科学研究产出的绩效、结构及影响力进行了科学、公正的评估。各地区应当选择其优势和特色学科来重点建设和优先发展。而甄别优势领域最主要的指标包括科研投入中的人力投入、经费投入，科研产出中的论文产出等，其中最具有可比性的是论文产出。

2017年，湖北哲学社会科学工作者取得了较为突出的成果。首先，在成果的数量规模上，湖北哲学社科科研人员共出版著作1902部，发表论文18241篇，撰写研究报告841篇。其次，在成果的学术影响力上，湖北省哲学社科研究人员在各学科的顶尖中文核心期刊上发表高水平学术论文299篇。被《新华文摘》转载46篇，被《中国社会科学文摘》转载73篇，证明其研究成果紧跟当下学科发展的潮流，得到了学界同行的广泛关注和高度重视。根据研究成果的他引率、产出率和受关注程度等因素，湖北省有41名哲学社科工作者入选中国人民大学所发布的“复印报刊资料重要转载来源作者”名单（共525人）。此外，湖北省还有227人因研究成果的影响力而入选长安大学人文社会科学评价研究中心所发布的“2017年版中国哲学社会科学最有影响力学者榜”，在人数上位列全国第四位。

2. 与北京、上海、江苏、浙江、湖南等5省市的比较

由于皮书的分报告部分对八大学科的科研情况做了更为详细的统计分析，因此，本报告对科研情况的统计以发表的论文为例，重点选择七大学科（不包含艺术类）中几种有代表性的期刊做统计分析。统计数据包含《中国社会科学》《中国法学》《法学研究》《政治学研究》《马克思主义与现实》《青年研究》《文学评论》《外国文学评论》《中国语文》《新闻与传播研究》《哲学研究》《哲学动态》《历史研究》《社会学研究》《民族研究》《电化教育研究》《高等教育研究》《逻辑学研究》《经济学（季刊）》《经济研究》《世界经济》《中国工业经济》《中国农村经济》《心理学报》《道德与文明》《马克思主义研究》《中共党史研究》《体育科学》《世界宗教研究》《求是》《中央民族大学学报》《自然辩证法研究》《课程·教材·教法》《管理世界》《科研管理》《南开管理评论》《中国行政管理》《教育研究》这38种期刊的发文情况，以及《中国社会科学文摘》《新华文摘》2种期刊的转载情况。统计数据分为湖北学者发文情况，北京、上海、江苏、浙江、湖南5省市哲学社会科学学者的发文情况（见表10）。

表10　北京、上海、江苏、浙江、湖北、湖南6省市哲学社会科学论文发表情况

单位：篇

序号	期刊	北京	上海	江苏	浙江	湖北	湖南
1	《中国社会科学》	39	16	25	20	7	0
2	《哲学研究》	54	25	12	7	11	3
3	《逻辑学研究》	5	2	2	2	1	3
4	《哲学动态》	66	23	16	4	11	1

续表

序号	期刊	北京	上海	江苏	浙江	湖北	湖南
5	《道德与文明》	29	11	27	10	10	11
6	《自然辩证法研究》	58	39	26	19	10	11
7	《马克思主义研究》	69	18	21	7	13	5
8	《世界宗教研究》	42	9	5	5	3	3
9	《马克思主义与现实》	54	17	21	2	12	0
10	《求是》	336	21	8	15	10	5
11	《经济学(季刊)》	14	11	4	2	2	1
12	《经济研究》	56	16	15	6	17	1
13	《世界经济》	39	7	6	1	6	0
14	《管理世界》	89	26	11	13	15	3
15	《中国行政管理》	165	30	41	14	15	10
16	《中国工业经济》	31	9	10	8	10	2
17	《中国农村经济》	34	1	8	4	4	1
18	《南开管理评论》	13	8	5	2	10	0
19	《科研管理》	24	11	17	23	16	2
20	《中国法学》	50	6	2	2	4	3
21	《法学研究》	24	6	8	2	9	0
22	《民族研究》	26	3	2	1	4	2
23	《中央民族大学学报》	48	4	1	0	2	8
24	《社会学研究》	26	10	7	5	4	0
25	《青年研究》	44	13	12	2	3	0
26	《政治学研究》	18	11	3	6	3	2
27	《教育研究》	94	27	27	40	12	1
28	《高等教育研究》	16	10	20	22	36	4
29	《电化教育研究》	42	19	37	9	16	2
30	《课程・教材・教法》	52	20	19	20	13	7
31	《体育科学》	24	27	14	8	6	2
32	《心理学报》	18	12	5	14	19	0
33	《文学评论》	38	15	35	20	7	9
34	《外国文学评论》	18	8	4	5	2	0
35	《中国语文》	19	5	5	2	1	3
36	《新闻与传播研究》	17	7	4	6	6	2
37	《历史研究》	26	5	3	1	4	1
38	《中共党史研究》	61	35	7	1	3	1
39	《新华文摘》	539	81	48	26	46	19
40	《中国社会科学文摘》	275	91	59	69	73	13

资料来源：《中国社会科学》等期刊。

管中窥豹，就统计的七大学科在38种核心期刊以及2种转载文摘中的文章篇数来看，北京市和上海市的人文社会科学研究在国内处于领先地位，科研产出名列前茅。2017年，就6省市学者在这38种核心期刊上发表论文的篇数而言，湖北学者发表的论文总数为337篇，位列第四；北京地区学者发表的论文总数为1878篇，稳居榜首；上海地区学者发表的论文总数为543篇，位列第二；江苏学者发表的论文总数为495篇，位列第三；浙江学者发表了330篇论文，位列第五；与湖北省相邻的湖南省学者发文总数为109篇，位列第六。2017年，在《新华文摘》和《中国社会科学文摘》这两大文摘的转载量上，湖北学者被转载119篇，位列第三；北京地区学者被转载篇数为814篇，以绝对优势位列第一；上海地区学者被转载篇数为172篇，位列第二；江苏学者以107篇的被转载篇数位列第四；浙江学者被转载篇数为95篇，位列第五；与湖北省相邻的湖南学者被转载篇数为32篇，位列第六。

3. 统计结果分析

虽然科研论文的发表数量和转载数量只是衡量科学体系整体状况的一个指标，但它确实能在一定程度上反映各地区的科研体系的产量、质量和覆盖面。分析和揭示各地区社会科学研究学科结构分布及优势领域，对科研管理部门而言，可以利用这些统计数据进行科学规划、优势发展、兼顾一般、统筹协调，调整和打造优势领域。

就本次统计的期刊发表文章的篇数进行比较分析，在七个学科分类排名中，湖北学者在经济学、管理学、法学、历史学4个学科门类排在6省市中的第四；哲学、教育学、文学3个学科门类排在6省市中的第五；在《新华文摘》和《中国社会科学文摘》这两大文摘的转载量上，位列第三。总体上，北京、上海两地哲学社会科学研究论文发表数量处于第一梯队；湖北哲学社会科学研究论文发表数量同浙江数据较为接近，与江苏、浙江两地一起处于第二梯队；但在第二梯队中，江苏哲学社会科学研究论文发表数量又处于相对优势地位，领先于湖北与浙江。

就选取的每种期刊发文的单位来看，湖北与数据统计比较的5省市都有相似之处，即各省市的高等学校和科研院所均占据了各自省市发文数量的90%以上。首先，应当结合本地区的优势、特色学科来推动科研体系的优化发展。各省市优势学科领域的存在与各省区的高等学校和科研院所的力量强弱有着直接联系，所以各地在甄别优势学科时，需要考虑当地高校和科研院所的学科分布情况，特别是各地高校的重点学科建设状态，同时参考区域特色和地方需求。这对湖北而言，就是要结合武汉大学、华中师范大学、中南财经政法大学等人文社科研究力量最强的高校的研究特色。除此之外，湖北省社科院的论文发表总数背后所显示的科研实力在6省市中是较为强大的。下一阶段，应统筹协调好社科院与湖北地区人文社科研究力量最强的高校，在服务湖北地方决策、推动经济社会发展上做文章，突显已有的学科优势，进一步凝练荆楚特色。其次，在遴选科研的重点领域时，还应当确立学科主体研究方向和有特色的学科发展方向，并将此视为科研体系建设的重中之重。在此基础上，推动学术梯队的建设、发展与融合，专业人才是学科发展的动力所在。

（二）湖北哲学社会科学获奖成果统计

近年来，湖北哲学社会科学研究取得了较为突出的成绩，还表现在获奖成果上。2017年，湖北有257项科研成果获得“第十届湖北省社会科学优秀成果奖”，其中包括学术专著120部、研究论文137篇。在三年评选一次、象征我国人文社科领域最具公信力和影响力的奖项“第七届高等学校科学研究优秀成果奖（人文社会科学）”中（见表11），湖北高校的研究成果斩获83项奖项，为中部八省的翘楚，占中部八省所获全部158项奖项的52.5%，在全国省、自治区、直辖市中排第4名。其中，武汉大学获得包括2项一等奖在内的34项奖项，在全国高校获奖排名中排第5位；华中师范大学获得包括5项二等奖在内的27项奖项，在全国高校获奖排名中排第11名。在被誉为中国人文社科最高奖励荣誉之一的“第七届吴玉章人文社会科学奖”的53人获奖名单中，中南财经政法大学卢海君、武汉大学袁银传和陈伟、湖北大学江畅以及武汉纺织大学贾轶五人以其杰出的学术专著获得奖项。湖北获奖人数在全国省、自治区、直辖市中名列第二位，仅次于北京市。

表 11　北京、湖北等 6 省市在国家级哲学社科重要奖励中的获奖情况

奖项＼省份	北京	上海	江苏	湖北	浙江	湖南
中国哲学社会科学最有影响力学者榜	1194	318	288	227	101	91
第七届高等学校科学研究优秀成果奖（人文社会科学）	223	100	89	83	70	17
第七届吴玉章人文社会科学奖	27	4	4	5	2	1

资料来源：长安大学中国人文社会科学评价研究中心《中国哲学社会科学最有影响力学者排行榜研究报告（2017 年版）》、教育部《第七届高等学校科学研究优秀成果奖（人文社会科学）获奖成果名单》、吴玉章基金《第七届吴玉章人文社会科学奖拟获奖成果名单》。

在看到近年来湖北哲学社会科学科研成果丰硕的同时，也应当正视其不足之处。一是成果规模虽然较为庞大，但如果考虑到湖北省哲学社科科研人员数量，便可发现其成果产出率并不高。截至 2017 年底，湖北哲学社会科学科研人员共计有 31268 人，人均论文产量一年不足 1 篇，仅为 0.58 篇。平均每 105 个科研人员才在国内顶尖核心期刊上发表一篇论文。二是在科研成果影响力上，湖北省与北京市、上海市和江苏省仍有一定差距，如国家级哲学社科成果奖项上湖北省的获奖数量低于这些省市。

三　湖北哲学社会科学发展问题与展望

（一）湖北哲学社会科学发展成就

湖北既是工农业大省，又是教育大省、哲学社会科学大省。湖北经济社会的全面发展和进步，离不开哲学社会科学的发展和繁荣。[①] 湖北哲学社会

① 见《中共湖北省委关于发展和繁荣哲学社会科学事业的意见》，2002 年 11 月 14 日。

科学与时代同步伐、与人民共命运、与实践齐发展，发挥认识世界、传承文明、创新理论、咨政育人、服务社会的重要作用，为推动我国特别是湖北改革开放和现代化建设事业做出了重要贡献。

近年来，湖北省委、省政府高度重视哲学社会科学工作，2002 年，湖北省委下发《中共湖北省委关于发展和繁荣哲学社会科学事业的意见》；2004 年，省委办公厅下发《关于学习贯彻〈中共中央关于进一步繁荣发展哲学社会科学的意见〉的通知》，在坚持马克思主义作为总体指导思想的前提下，提出了一系列旨在推动本省哲学社会科学发展的重要举措。2002 年的《中共湖北省委关于发展和繁荣哲学社会科学事业的意见》，明确提出“全省各级党委、政府以及全社会，要始终高度重视哲学社会科学在治党治国和建设中国特色社会主义事业中的巨大作用，充分认识发展和繁荣哲学社会科学事业的重要性和紧迫性，把哲学社会科学的发展和繁荣作为建设文化强省的核心和基础，作为实施‘科教兴鄂’战略的重要内容，高度重视哲学社会科学，加快哲学社会科学的发展，努力向哲学社会科学强省跨越”①。近年来，特别是党的十八大以来，湖北哲学社会科学出现繁荣发展的良好局面。湖北省委、省政府认识到加快哲学社会科学强省建设不仅是数量的提升，更是质量的跨越，要求更全面、内涵更丰富。采取的措施和取得的成绩主要表现在以下四个方面。一是在营造环境、组织领导上有保障。打造了一批引领作用突出、学界影响力显著、政策社会服务能力强的科研活动品牌，不断完善科研规划和课题管理机制。加大对社科事业的财政投入，形成推动哲学社会科学持续发展的经费保障机制。二是在理论研究、理论引导上有创新。建设一批一流的马克思主义教研重点基地，以此构筑马克思主义理论的思想高地，不断推进马克思主义的中国化时代化大众化工作，实现新时期湖北精神内涵的拓展与提升，广泛普及先进的人文社会思想和优秀的社科理论知识，显著提升本省公民的科学文化知识和道德品行素养。三是在服务政府决策、推动社会发展上有成效。努力融合基础理论研究和应用对策研究，针

① 见《中共湖北省委关于发展和繁荣哲学社会科学事业的意见》，2002 年 11 月 14 日。

对“中国特色社会主义的区域性探索”的需求，提升科研活动的社会服务功能，提高学术成果的科技成果转换率和社会服务利用率，使哲学社会科学界能够为本省科学发展提供思想动力和智力支持。四是在科研能力、创新能力上有所提升。加强应用对策研究，打造一批符合时代潮流和本省社会发展需求，富有荆楚特色的优势学科和前沿研究领域；推动基础理论研究的创新工作，促使精品力作、系列成果不断涌现，提高在国内国际学术界的竞争力和话语权；湖北学者在国家主要报刊和学界核心期刊上的论文发表数量、转载数量、专著出版数量、科研成果获奖数量、国家社科基金立项数量和资助经费上稳步前进。上述一系列重要举措，有力推动了全省哲学社会科学学科体系的完善发展与结构优化，科研团队的研究水平和创新能力也日益提升。以习近平新时代中国特色社会主义思想为指引，湖北省哲学社会科学科研工作者深入研究，努力回答新时代涌现出的理论和实践问题，为党和国家以及湖北省的发展建言献策，在理论建设、前沿研究、决策咨询等方面做了众多卓有成效的工作，为促进湖北乃至国家的经济社会的全面发展提供了不可或缺的智力支持，做出了积极贡献。

（二）湖北哲学社会科学发展存在的问题

在总结湖北哲学社会科学发展成就的同时，根据习近平总书记关于我国哲学社会科学发展的重要讲话精神，结合中部崛起中的湖北战略规划、长江经济带绿色发展和湖北经济社会高质量发展及荆楚文化复兴的要求，不难发现，湖北哲学社会科学发展还存在一些亟待解决的突出问题。

一是不同程度存在对哲学社会科学说起来重要、做起来次要、忙起来不要的问题，重理轻文、重器轻道、重技轻德等社会现象还比较普遍①；马克思主义作为哲学社会科学的指导思想地位受到多元化社会思潮的挑战，普通大众对马克思主义的认同感受到一定程度的干扰。在湖北哲学社会科学发展

① 《在全省学习贯彻习近平总书记在哲学社会科学工作座谈会上重要讲话精神工作会议上的讲话》，《湖南日报》2016 年 7 月 8 日。

中，无论是科学研究的资金投入，还是人力资本投资，以及政策保障与激励，较之自然科学和工程技术科学都相对逊色，而且在有限的人力资源中还有部分学者在哲学社会科学研究的指导思想、价值理念上受到西方多元化社会思潮的影响。习近平总书记在哲学社会科学工作座谈会上的讲话中指出，新形势下，我国哲学社会科学地位更加重要、任务更加繁重。面对社会思想观念和价值取向日趋活跃、主流和非主流同时并存、社会思潮纷纭激荡的新形势，如何巩固马克思主义在意识形态领域的指导地位，培育和践行社会主义核心价值观，巩固全党全国各族人民团结奋斗的共同思想基础，迫切需要哲学社会科学更好发挥作用①。

二是哲学社会科学人才骨干培养体系不够健全，学术评价体系不够科学，高校管理体制和经费运行机制还不完善。学科体系、学术体系、话语体系建设水平总体不高，存在“阐释多、原创少，智库多、智慧少，出书多、出彩少”“有理论缺实践”“有数量缺质量”“有高度缺温度”等问题。和全国大多数地区一样，湖北哲学社会科学研究还存在着学用“两张皮”、理论不能很好地指导实践的现象，规范研究多，解释性研究多，实证研究少，实践研究少。习近平总书记在哲学社会科学工作座谈会上的讲话中指出，面对我国经济发展进入新常态、国际发展环境深刻变化的新形势，如何贯彻落实新发展理念、加快转变经济发展方式、提高发展质量和效益，如何更好保障和改善民生、促进社会公平正义，迫切需要哲学社会科学更好发挥作用。面对改革进入攻坚期和深水区、各种深层次矛盾和问题不断呈现、各类风险和挑战不断增多的新形势，如何提高改革决策水平、推进国家治理体系和治理能力现代化，迫切需要哲学社会科学更好发挥作用②。

三是科研人才队伍的整体素质仍有待提升，存在着专家多、大家少、人才难留住等问题。如本报告第一部分湖北哲学社会科学发展总体状况中对人

---

① 《习近平：在哲学社会科学工作座谈会上的讲话（全文）》（2016 年 5 月 17 日），新华网，http：//www. xinhuanet. com/politics/2016 －05/18/c_ 1118。

② 《习近平：在哲学社会科学工作座谈会上的讲话（全文）》（2016 年 5 月 17 日），新华网，http：//www. xinhuanet. com/politics/2016 －05/18/c_ 1118。

才队伍的数据分析：湖北哲学社会科学研究的整体人才梯队结构合理，但高端人才的培养与储备仍有所不足。以教育部 2011 年新制订的“长江学者奖励计划”为例，七年来湖北新增的哲学社会科学长江学者特聘教授为 23 人，而江苏省则有 36 人，上海市有 45 人，北京市有 123 人，与江苏省、上海市和北京市相比，湖北还有很大差距。下一步，湖北如何通过加大政策支持力度引进、留住高水平人才，以及更新、培育人才梯队来缩小差距，是湖北哲学社会科学需要思考的一个重要问题。

四是国际化程度还不够，缺乏具有国际化先进水平的社科研究成果。湖北学者的哲学社会科学研究论文论著质量和影响力在国际学术平台还须进一步提升。总结习近平总书记在哲学社会科学工作座谈会上的讲话不难发现，湖北哲学社会科学也面临世界范围内各种思想文化交流交融交锋的新形势。湖北哲学社会科学应思考如何加快建设文化强省、增强文化软实力、提升湖北哲学社会科学在国际学术界中的话语权与影响力等问题。

总之，如何使哲学社会科学成果更好地为中华民族伟大复兴的“中国梦”服务，是当前湖北哲学社会科学研究的重要课题。面对中部崛起和长江经济带发展的历史机遇，促进湖北经济社会的高质量发展，繁荣我国哲学社会科学体系，湖北哲学社会科学工作者要自觉肩负研究荆楚精神的现代转化这一重大理论与实践课题的重大使命，努力挖掘荆楚传统文化中的积极内容和精神资源；将荆楚文化中的瑰宝古为今用，促进其在当代的继承与发展，使精深厚重的荆楚学术文化重焕生机。湖北哲学社会科学工作者在解决上述发展之困的同时，可以也应该大有作为。

（三）湖北哲学社会科学发展展望

习近平总书记指出，我们这个时代不仅需要各种各样的理论，还需要不同的思想，才能应对各种机遇和挑战。哲学社会科学主要就是针对理论和思想的学科，因此，其担负的责任也会越来越重，作用也会越来越显著。习近平总书记用“五个面对”来突出新时代下哲学社会科学发展的新工作和新要求。对湖北而言，现阶段及未来一段时期内，湖北将切实落实国家的决策，协调“五位一体”以及“四个全面”的战略布局，融合国家的“三大战略”，贯彻第十一次党代会精神，坚持以目标为导向，以问题为导向，立足根本利益，长远利益，以提升发展质量为重，以供给侧结构性改革为主线，以全面深化改革为动力，推进改革创新，转型升级，城乡规划，农业现代化，生态文明建设双向开放合作。加强湖北优势，打造湖北特色，弥补湖北省的短板，加快重要的国家先进制造业中心建设。新型城镇化区域，生态文明示范区和全方位开放重要支撑区，加快“建设枢纽，走在最前沿”的步伐，开创湖北是中部地区崛起的新局面。想要打开这个新局面，需要哲学社会科学贯穿其中，哲学社会科学工作者也发挥着举足轻重的作用。第一个方面就是实现全面小康，提升居民的幸福感。第二个方面是建立健全风险和问题应对机制，哲学社会科学不仅需要根据实际情况进行分析并进行有效决策，还需要进一步凝聚各方面的力量，团结起来解决问题。第三个方面是进行普法工作，弘扬社会主义法治观。要发挥哲学社会科学以文化人的作用，培育人们的法治信仰和法治观念。第四个方面是现阶段是从严治党的关键时期，要提升党组织的凝聚力，必须有哲学社会科学提供科学、合理的研究及阐释。面对思想领域严峻复杂的斗争形势，要大力发展哲学社会科学，加快理论高地建设。发挥哲学社会科学在理论引导、解释疑惑、消除根源、团结和激励方面的作用。

1. 哲学社会科学强省建设必须深化对哲学社会科学重要地位和作用的认识

哲学社会科学作为人们认识世界、改造世界的重要工具，在社会发展与历史进步的过程中发挥着重要作用。与自然科学相比，社会科学以社会现象为研究对象，力图解释各种社会现象背后的生成原因及客观规律。哲学社会科学与人类社会的上层建筑紧密相连，其研究成果也往往要通过普遍的社会化或多重的社会转化，特别是要转化为执政党和国家的大政方针和具体决策才能发挥指导社会实践的功能①。哲学就其与自然科学、社会科学的关系而

① 张莉、杜海燕：《高校加强哲学社会科学教育的思考》，《山西高等学校社会科学学报》2017 年第 6 期。

言，是各门具体自然科学和社会科学的概括和总结，离社会的经济基础较远，具有高度的超验性和抽象性，其作用虽然是普遍的、带有全局性和根本性的，但主要是间接发生的，从而也就更加隐而难见，即所谓“无用之用”。正是哲学社会科学的这种学科特质，给人们对其作用的认识带来了一定的困难，成为哲学社会科学有时得不到应有的足够重视的一个重要原因①。哲学社会科学的特征也决定了自身发展的内在规律，从而决定了发展所必需的主观和客观条件。

习近平总书记强调：“一个国家的发展水平，既取决于自然科学发展水平，也取决于哲学社会科学发展水平。”“坚持和发展中国特色社会主义，需要不断在实践和理论上进行探索、用发展着的理论指导发展着的实践。在这个过程中，哲学社会科学具有不可替代的重要地位，哲学社会科学工作者具有不可替代的重要作用。”“哲学社会科学事业是党和人民的重要事业，哲学社会科学战线是党和人民的重要战线。”② 哲学社会科学工作者必须深入理解和准确掌握，站在战略的层面，增强哲学社会科学发展的思想意识。有意识地基于对哲学社会科学发展规律的客观理解的理论活动，明确其在理论研究中的核心地位；坚守“为天地立心，为生民立命，为往圣继绝学，为万世开太平”的志向和传统③，积极为党和人民著书立说、建言献策，履行历史责任，不负时代使命，不负人民的信任。

2. 哲学社会科学强省建设要以马克思主义为指导，加强哲学社会科学学科体系建设

习近平总书记指出：“哲学社会科学事业是党和人民的重要事业，哲学社会科学战线是党和人民的重要战线。”④ 在哲学社会科学建设的全过程中，要贯彻党的领导，必须着眼于中国特色哲学社会科学体系的建设。

---

① 侯才：《哲学社会科学工作者的光荣历史使命》，《光明日报》2017 年 5 月 25 日。

② 《习近平：在哲学社会科学工作座谈会上的讲话（全文）》（2016 年 5 月 17 日），新华网，http：//www. xinhuanet. com/politics/2016 -05/18/c_ 1118。

③ 单纯：《冯友兰选集上卷·中国哲学史》下册，北京大学出版社，1998。

④ 《习近平：在哲学社会科学工作座谈会上的讲话（全文）》（2016 年 5 月 17 日），新华网，http：//www. xinhuanet. com/politics/2016 -05/18/c_ 1118。

要构建具有我国特色的哲学社会科学体系，应将马克思主义理论作为指导，把握正确的政治方向。运用马克思主义理论的立场、观点和方法，并将其贯穿于哲学社会科学的各个研究领域①。可以利用马克思主义理论对哲学社会科学学科体系的支撑作用。一是要重视高校马克思主义学院建设，做强马克思主义一级学科。二是在对马克思主义哲学、政治学、政治经济学、新闻学、社会学等学科群的建设中，发挥马克思主义理论的作用。为整个哲学社会科学学科体系提供强有力的支持。三是拓宽学术视野，加强相关学科的整体性、综合性研究，打破学科壁垒，促进跨学科整合。在高水平学科的基础上创造学科高峰，为马克思主义思想的研究和创新提供有力保障。四是要引导广大哲学社会科学工作者树立以人民为本的研究方向，尊重人民的主体地位，关注人民的实践和创造，积极为党和人民述学立论、建言献策②。要取得更多成果，进一步完善学术评价标准、结果评价体系、成果转化机制，建设一批高水平的人文社会科学优势学科。努力提高湖北省哲学社会科学的学术品质和原创能力，为建设有中国特色的社会科学贡献湖北智慧。要服务湖北地方经济社会发展，着眼于发展中出现的重大理论和实践问题，开展前瞻性、战略性和针对性的研究，并推出一批有影响的研究成果。注重发挥新型智库的作用，更好地结合理论研究和实践探索，为党委政府科学决策提供参考。

3. 哲学社会科学强省建设要把握哲学社会科学发展的重大历史机遇

纵观哲学社会科学的发展史，其重大理论进展都离不开特殊的历史机缘和历史机遇。这种机缘和机遇是多种因素汇集而成，除了主观方面的因素，在客观方面最主要的就是社会实践的重大变迁与社会实际的时代需要。社会实践是孕育哲学社会科学的土壤是其发展的根基和作用的对象，而社会需要则是哲学社会科学进步的推动力。

中华民族的伟大复兴为哲学社会科学的发展提供了重大历史机遇。当代中国经济发展进入了新常态，深化改革成“荆棘地”，思想文化交流呈现出

① 仲长城：《马克思主义哲学原理学习指导》，四川大学出版社，2002。

② 田贵华：《哲学社会科学研究要切实解决好为什么人的根本问题》，《红旗文稿》2017 年第 19 期。

"多元化"，党的建设面临"新命题"；在体制和社会转型时期，国家治理、生态保护、社会协调、文化观念等各个领域也都出现了许多新的形势、新的问题，迫切需要哲学社会科学工作者们提供具有战略视野与指导意义的理论阐述，提供符合中国国情的思维范式。湖北经济社会进入了加快发展的新阶段，构建中部崛起重要战略、走好高质量发展之路，乃至"一带一路"倡议以及中部企业"走出去"等重大战略的推进更需要社科思想做指引与动力。如何更好地回应这些问题，正迫切需要广大哲学社会科学工作者，自觉发扬"荆楚社科学者"的担当精神，深入社会实际，展开调查工作，提出具有针对性与可操作性的对策建议，为省政府决策提供强有力的思想保障和智力支持。

4. 哲学社会科学强省建设要构建哲学社会科学创新体系

原创性是人类文明进步和社会发展的不竭动力，也是哲学社会科学的生命之源。习近平总书记特别强调指出："我们的哲学社会科学有没有中国特色，归根到底要看有没有主体性、原创性。""理论的生命力在于创新"，"创新是哲学社会科学发展的永恒主题"。[①] 学术创新首先表现在基础理论方面的原生性设想、创造性突破。基础理论是应用研究的基石，只有理论工作者在基础理论方面提出了创新性的观点，应用研究才可能在此基础上取得实质性的进展。学术创新还体现在对重要理论和现实实际问题的及时回应和合理阐释上。

创新驱动是湖北转型发展的主要动力，创新型经济是未来湖北经济发展的主要特色。适应创新型经济蓬勃发展的需要，湖北建设哲学社会科学强省，着力改革社科研究体制机制，培育创新主体，建立创新平台，加快建设以学科体系、学术观点、科研方法和科研组织管理创新为主要内容的哲学社会科学创新体系，努力提高哲学社会科学创新能力。具体而言，首先应打造湖北高校的优势学科，选择一批在国内外学界具有影响力的学科领域，进行重点扶持，建设一批区域优势比较明显的特色学科与优势学科，建成一批在学界能够发挥带头引领作用的学科研究中心；其次，紧密结合新形势下的新

① 《习近平：在哲学社会科学工作座谈会上的讲话（全文）》（2016 年 5 月 17 日），新华网，http：//www. xinhuanet. com/politics/2016 －05/18/c_ 1118。

兴现实，资助有针对性的应用研究与理论创新，以此来加快学科体系建设，在解决现实问题中形成新的理论概念和范式框架，建立本土原生性的理论体系。政治学、经济学、社会学、管理学、传播学等应用性较强的学科应当注重结合国内外环境的形势变化，不断拓展研究领域的边界，紧扣时代的脉搏。进一步推动和促进全面小康社会建设、精准扶贫战略、乡村振兴路径、高质量协调型经济、特大型城市治理、政治生态建设等应用研究领域的快速发展。

5. 哲学社会科学强省建设需推出更多富含“荆楚特色”价值及影响力的研究成果

高水平成果的产出是哲学社会科学发展完善的重要因素。哲学社会科学强省建设必须善于汲取湖北地方历史文化精粹，把发展湖北地域文化作为一个关键的使命。

一是着力研究解决湖北“发展困惑”。构建有中国特色、荆楚特点的哲学社会科学，必须把服务湖北经济社会发展作为研究的主题和核心，以解决影响湖北发展的重大挑战和困难为出发点和落脚点。总体而言，湖北经济社会发展态势良好、稳步向前，但还是存在一些“发展困惑”，这个时候就需要运用哲学社会科学来解答发展困惑。举例来说，需要采取什么样的措施才能够应对经济发展的新常态，使供给侧结构性改革发挥其应有的作用，如何弥补“发展的不足”，如何更加积极地结合长江经济带和“一带一路”建设等。哲学社会科学工作者需要深入研究时代特色，并且与国际国内形势相结合，将理论与实践结合起来分析问题、解决问题，不仅注重湖北省的发展，还要深入学习邻近省份的发展优势，为解决问题提供良好的借鉴，为解决湖北“发展困惑”贡献智慧和力量。

二是着力打造“荆楚品牌”。习近平总书记强调，哲学社会科学的特色、风格、气派，是发展到一定阶段的产物，是成熟的标志，是实力的象征，也是自信的表现①。“坚定中国特色社会主义道路自信、理论自信、制

① 《习近平：在哲学社会科学工作座谈会上的讲话（全文）》（2016 年 5 月 17 日），新华网，http：//www. xinhuanet. com/politics/2016 – 05/18/c_ 1118。

度自信，说到底是要坚定文化自信。文化自信是更基本、更深沉、更持久的力量”[①]，要充分肯定传统文化的重要作用和价值，使中华优秀传统文化成为新时代马克思主义理论和实践创新的养分和能量。荆楚文化源远流长，历史悠久。湖北是荆楚文化的发源地，它孕育了极具鲜明地域特色的荆楚文化。荆楚文化具有深刻的内涵和特点，蕴含着荆楚人民的优良品质和进取精神。深入研究荆楚文化的特点，汲取其优秀的思想精华，对于中部崛起和促进湖北跨越式发展具有重要的战略意义。荆楚文化如何才能为实现“中国梦”服务，是湖北当代哲学社会科学工作者的一个重要课题。要加强对荆楚文化的发掘和研究，注重荆楚文化精神的现代转型，总结荆楚传统文化的积极内涵和宝贵精神资源；挖掘荆楚文化的宝藏，促进其当代发展，充分发挥湖北哲学社会科学的优势和特色，努力打造具有荆楚文化特色的荆楚社会科学品牌集团。要大力推进、巩固学科建设，构建学科体系。紧跟时代发展的脚步，在重点学科建设方面不仅要重视基础建设，还要大力推进发展和创新，以建设具有研究能力、创新能力、应用能力的全面学科为目标，使其推动社会的进步。在区域学科建设方面，要将学科与所在区域的特点结合在一起，发挥自己独特的优势在竞争中崭露头角，还要大力推进新兴学科的研究，创建一个高级精神智库。建设高校智库，推动公司、社会等各种智库的发展，有效利用新型智库建设作为“支点”，积极引导荆楚智库从丰富和新鲜的实践中开展前瞻性、有针对性的储备政策研究。

三是着力建设荆楚哲学社会科学人才队伍。哲学社会科学的繁荣发展，关键在人才队伍的培养，必须打造一支政治信念过硬、理想信仰崇高、学术功底扎实、知识体系全面、勇于开拓创新的人才队伍。以党校、高校，特别是马克思主义学院为力量依托与培养基地，造就一批马克思主义理论大家，一批忠于马克思主义信念、理论和方法的理论人才。加速培养中国特色新型智库的人才队伍，造就一批既能跟踪当代国内外理论前沿，又能为党委政府

---

① 《习近平：在哲学社会科学工作座谈会上的讲话（全文）》（2016 年 5 月 17 日），新华网，http：//www. xinhuanet. com/politics/2016 －05/18/c_ 1118。

重要战略决策建言献策的咨询专家。培养一支既能够在基础理论领域有所突破，也能在应用对策领域中有所作为，还能在交叉融合学科领域有所建树的高端研究团队。从政府的角度出发，应进一步开展“楚天学者计划”。给予“湖北省政府专项津贴”，并通过“湖北省教学名师”等人才培养项目，加大对优秀社会科学人才的培养和引进力度，使优秀社科人才引得来、留得住、干得好，使湖北成为哲学社会科学研究的人才“洼地”。

6. 哲学社会科学强省建设必须不断完善研究体制机制，营造良好环境

党的领导是一切工作的根本保证，哲学社会科学工作也不例外，如果想要使其更上一层楼，就需要不断完善党的领导。要掌握哲学社会科学的规律和特点，确保其正确的发展方向。各级党委要明确自己在该项工作中的责任与义务，肩负起促进该学科繁荣发展的重担，为其他人民做好榜样，促进和谐的研究环境的形成。

一是加强政治领导和工作指导。要适应当代哲学社会科学在新时代所呈现出的交叉性、融合性、整体性、科学化等趋势，建立适应社科事业改革发展要求，符合实际的哲学社会科学工作领导和管理体制，加强党委宣传部门在哲学社会科学事业中的宏观统筹功能。要重视哲学社会科学工作，将其纳入党委政府的重要议事日程，定期听取相关的工作汇报，集体研究繁荣本省哲学社会科学事业的工作部署。注重思想政治领导，把握正确方向，一手抓繁荣发展，一手抓引导管理，引领哲学社会科学健康、持续、科学发展。充分重视哲学社会科学在推动湖北经济、社会治理以及环境保护等重要工作领域中的作用，就区域发展中的重大问题听取相关专家学者的意见，在决策中采纳和吸收其中合理的建议。哲学社会科学工作有其固有的特性，要依循哲学社会科学发展规律，优化哲学社会科学研究资源配置，对其进行分层设计，从顶层到底层都要完善，层层相扣，对数据库的更新和发展也要重视，这关系到资源的共享是否方便快捷，从而影响相关的研究工作。重视利用现代科技手段创新研究载体和交流手段，丰富学术理论的表达。

二是强化政策保障和工作支持力度。必须始终坚持和贯彻落实党的知识分子政策，对专家学者及其研究活动和学术成果保持充分的尊重与认可。对

广大哲学社会科学工作者要做到政治上充分信任、思想上主动引导、工作上创造条件、生活上关心照顾。各级党委政府要建立与完善同哲学社会科学界联系的制度，定期了解哲学社会科学界的要求，并做出及时、有效的回应，对合理的诉求要尽力去满足。大力提倡党政领导干部与哲学社会科学工作者交朋友，重视他们的研究成果，关心他们的学习、工作和生活，使广大哲学社会科学工作者能够潜心研究，没有后顾之忧。要积极创造条件，加大对哲学社会科学事业的投入。在研究资金方面，应该给予他们足够的支持。财政投入是哲学社会科学研究的主要资金来源。政府可以通过各种方式来加大科研资金的投入，制定优惠的政策来促进其发展。

三是改善研究氛围和学术生态。学风是学术生态的综合反映，良好的学风既是哲学社会科学健康发展的表现，也是哲学社会科学繁荣进步的必备条件。繁荣发展哲学社会科学，必须解决好学风问题，营造良好学术生态。要积极引导广大哲学社会科学工作者坚持做人、做事、做学问相统一，践行以人民为中心的研究导向，高扬“士以弘道”的价值追求，多到基层和人民群众中去，多出经得起实践、人民、历史检验的研究成果。大力弘扬优良学风，倡导潜心治学、“十年磨一剑”，坚持做人、做事、做学问相统一。鼓励哲学社会科学工作者深入基层和群众，多出“接地气”的优秀成果。在哲学社会科学工作者中大力弘扬优良学风，倡导潜心治学、学以致用的理念，引导研究人员立志做大学问、做真学问，坚持把社会责任放在首位。评选出更多的具有代表性的优秀哲学社会科学科研工作者，以他们为榜样，发扬优秀的学术精神，以深厚的学识修养赢得尊重，以高尚的人格魅力引领风气①，推动形成崇尚精品、严谨治学、注重诚信、讲求责任的优良学术生态。

7. 哲学社会科学强省建设要以国际视野研究荆楚问题

习近平总书记在谈到加快构建中国特色哲学社会科学时指出：“我们既

① 参见《习近平主持召开哲学社会科学工作座谈会强调：结合中国特色社会主义伟大实践加快构建中国特色哲学社会科学》，《人民日报》2016 年 5 月 18 日。

要立足本国实际，又要开门搞研究。”① 荆楚学者要通过发现问题、筛选问题、研究问题和解决问题，提出创新性的理论，构建荆楚风味的话语体系。

要善于以国际视野进行比较研究。荆楚学者应该站在国际化的视角，重视比较研究，从而使结论具有普遍价值。要重视同类比较和异类比较，重视同期比较和跨期比较；与当代世界发达国家地区进行比较，寻找发展差距和转型路经，吸取他们的经验教训。从国际视野看中国，才能全面地总结中国的发展经验，找到自己的优势和劣势。要善于提炼标识性概念，打造易于为国际社会所理解和接受的新概念、新范畴、新表述，引导国际学术界展开研究和讨论②。要鼓励湖北省哲学社会科学机构参与和设立国际性学术组织，支持和鼓励建立海外中国学术研究中心，支持国外学会、基金会研究荆楚问题，加强国内外智库交流。要聚焦国际社会共同关注的问题，推出并牵头组织研究项目，增强湖北哲学社会科学研究的国际影响力。要加强优秀外文学术网站和学术期刊建设，向国外推介高水平研究成果，进一步扩大湖北哲学社会科学在国际上的影响力。

① 《习近平：在哲学社会科学工作座谈会上的讲话（全文）》（2016 年 5 月 17 日），新华网，http：//www. xinhuanet. com/politics/2016 －05/18/c_ 1118。

② 谭东华：《我国对外文化交流中提升国家文化软实力路径探析》，《天津市社会主义学院学报》2017 年第 1 期。

分 报 告

Topical Report

B.2

湖北哲学学科发展报告（2017）

李家莲*

摘　要： 2017年，湖北哲学学科在研究队伍、学位点建设、科研项目、科研成果等方面都取得了较好的发展，呈现出关注现实问题、重视文本研究、学术活动活跃、国际交流频繁等鲜明特色。为了更好地推动湖北哲学学科的发展，应进一步增强哲学研究的国际学术话语权以及哲学研究的问题意识等。

关键词： 哲学学科　区域特点　国际话语权　问题意识

* 李家莲，哲学博士，湖北大学哲学学院副教授，浙江大学理论经济学博士后，中华文化发展湖北省协同创新中心研究员，湖北大学农村社区研究中心研究员，主要研究方向为近代英国哲学。

本报告拟通过对湖北哲学学科相关情况的考察、统计与分析，掌握湖北哲学学科的发展现状，探究其研究特色，并对其今后的发展进行展望和提出建议。

一　湖北哲学学科发展概况

湖北哲学学科拥有一支力量雄厚的高素质专业化研究队伍。根据教育部《2017 年全国普通高等学校科技统计年报表（人文、社科类）》的统计，截至 2017 年，湖北从事哲学学科研究的人员共有 1911 人，其中女性 886 人，男性 1025 人，分别占 46.4%、53.6%，在性别比上比较平衡。

湖北哲学学科的综合实力和整体水平在全国优势较为突出。2017 年湖北省新增 3 个哲学一级学科博士学位授权点。截至 2017 年，湖北哲学学科具有博士、硕士学位授予点 14 个。其中武汉大学、华中科技大学、华中师范大学、中南财经政法大学和湖北大学 5 所高校具有一级博士、硕士学位授予权。全国第四轮学科评估的结果显示，武汉大学哲学学科的评估等级为 A^-，进入全国前 10%；华中科技大学哲学学科的评估等级为 B^+，进入全国前 20%；湖北大学和中南财经政法大学的评估等级为 C^+。武汉大学哲学学院是国内历史最悠久、最具影响力的哲学院系之一，在国际 QS 排名中稳居世界哲学院系前 150 名。

科研项目是开展高水平科学研究的重要依托和研究经费的重要来源。2017 年，湖北哲学学科共获得国家社科基金项目 18 项，其中重大项目 1 项、重点项目 1 项、一般项目 9 项、青年项目 3 项、后期资助项目 4 项；获得教育部人文社科项目 6 项。

2017 年，湖北哲学学科的研究取得了丰硕的学术成果，发表学术论文 1659 篇，出版著作 185 部。这些研究成果产生了良好的社会效益。从获奖情况来看，湖北大学的江畅教授和武汉大学袁银传教授获得“第七届吴玉章人文社会科学奖”，该奖是全国人文社会科学领域内历时长久、份量厚重、影响深远的非政府组织奖项之一。在“首届罗国杰伦理学教育基金优秀奖”评选中，江畅教授还以其《西方德性思想史》获得优秀著作奖。在武汉市第15次社会科学优秀成果奖评选中，武汉大学哲学学院汪信砚的论文《有机马克思主义与马克思的马克思主义》获一等奖，武汉大学哲学学院李佃来的著作《马克思的政治哲学：理论与现实》获二等奖，武汉大学哲学学院曹彦的论文《从梵语波你尼文法论证玄奘“唯识”翻译和理解的正确性》获优秀奖。在武汉大学第十四届人文社会科学研究优秀成果奖评选中，汪信砚、赵士发等的著作《李达全集》以及李佃来的论文《历史唯物主义与马克思正义观的三个转向》获得特等奖，邹元江的论文《中国昆曲当代传承的状况及问题》和曹彦的著作《〈阿毘达磨顺正理论〉实有观念研究》分别获得一等奖和二等奖。

二　湖北哲学学科研究进展、创新与荆楚特色

为了对湖北哲学学科的研究进展、理论创新与区域特点进行概述，本报告选取了武汉大学、华中科技大学以及湖北大学的哲学学科发展情况作为代表进行考察，同时兼顾其他学校的哲学学科。此外，还选取了国内哲学研究领域较有代表性的期刊《中国社会科学》《求是》《马克思主义研究》《中共党史研究》《哲学研究》《哲学动态》《道德与文明》《逻辑学研究》《自然辩证法研究》《世界宗教研究》《宗教学研究》来进行重点考察。

（一）哲学学科研究进展

就哲学学科的研究进展而言，2017年湖北哲学学科主要在三个方面取得了较好的进展。首先，积极响应习近平总书记的重要讲话，围绕其讲话精神而展开研究。其次，积极呼应党的十八大、十九大提出的重要思想。最后，对中国社会的现实问题表现出了明显的观照性。

1. 积极响应习近平总书记重要讲话，围绕习近平总书记提出的重要思想展开研究

其一，学术话语体系研究。习近平总书记在哲学社会科学工作座谈会

上，明确把话语体系、学科体系与学术体系的统筹概括为加快构建中国特色社会科学的重要任务。在全国高校思想政治工作会议上，习近平总书记再次强调了构建学术话语体系的问题。针对习近平总书记的号召，武汉大学党委副书记、马克思主义学院教授沈壮海在《光明日报》上撰文《学术话语体系建设的理与路》（2017 年 1 月 6 日），较为详细地分析了构建学术话语体系的意义、目标与路径。

其二，中国精神与文化自信研究。党的十八大以来，习近平总书记从当代中国人精神的核心、精神的支柱、精神的基础等方面阐述了当代中国人的精神世界问题，为构建当代中国人的精神世界指明了方向。武汉大学马克思主义学院佘双好教授在《人民日报》撰文《构建当代中国人的精神世界》指出，可以从四个方面入手构建当代中国人的精神世界：一是要坚定共产主义远大理想和中国特色社会主义共同理想；二是要培育和践行社会主义核心价值观；三是传承和弘扬中华优秀传统文化；四是要大力加强思想道德建设[①]。武汉大学马克思主义学院沈壮海教授在《求是》撰文，指出要弘扬中国精神、中国价值，既要积极弘扬以爱国主义为核心的民族精神和以改革创新为核心的时代精神，积极培育和践行社会主义核心价值观，又要融入创新精神，还要把先进精神和价值体系内化为人的素质、转化为人的自觉行动。在庆祝中国共产党成立 95 周年大会上，习近平总书记指出："当今世界，要说哪个政党、哪个国家、哪个民族能够自信的话，那中国共产党、中华人民共和国、中华民族是最有理由自信的。"[②] 沈壮海教授在《求是》（2017 年第 5 期）撰文分析了文化自信的不同维度，并在《人民日报》《人民论坛网》《中国日报》发表多篇文章，系统论述了文化自信问题以及文化强国的构建等文化问题。沈壮海教授在接受《半月谈》"大国策"系列专访记者的采访时，对文化自信进一步进行了深入阐述。

其三，关于思想政治教育课教学的研究。在全国高校思想政治工作会议

① 佘双好：《构建当代中国人的精神世界》，《人民日报》2017 年 1 月 10 日。

② 《习近平：在庆祝中国共产党成立 95 周年大会上的讲话》（2016 年 7 月 1 日），新华网，http：//www. xinhuanet. con//politics/2016 －07/01/c_ 1119/50660. htm。

上，习近平总书记阐明了高校思想政治理论课的地位和作用，武汉大学马克思主义佘双好教授在《中国教育报》撰文《思政课在立德树人中的引领作用》指出，思政课是高校思想政治工作的重要标尺，对其他课程教学有引领示范作用，因此，需要进一步增强教学自信，充分发挥其引领与示范的作用。

2. 积极响应党的十八大、十九大报告提出的重要思想，围绕党的十八大、十九大报告指出的社会问题和理论问题展开研究

围绕党的领导问题、党的基本路线问题等，丁俊萍教授、孙来斌教授均展开了一系列研究。丁教授在撰文《党的领导是中国特色社会主义最本质的特征和最大优势》时，指出党的十八大以来关于中国共产党历史地位的全新论断是把中国特色社会主义的最本质特征确定为中国共产党的领导，把特色社会主义制度的最大优势也确定为中国共产党的领导，丁教授从科学社会主义基本原则、中国特色社会主义的形成发展过程、践行社会主义本质的现实、当代中国的历史任务以及中国共产党的自身特质出发，全面分析了中国共产党领导的重要性。党的十八大明确提出要“增强依法执政本领，加快形成覆盖党的领导和党的建设各方面的党内法规制度体系，加强和改善对国家政权机关的领导”。丁俊萍教授又撰文指出，这既是对五年来党的领导工作经验的总结，更是对党内法规制度建设提出了新的更高要求。再例如，习近平总书记在党的十九大报告中提出了“更好构筑中国精神、中国价值、中国力量”①。党的十八届六中全会指出：“党在社会主义初级阶段的基本路线是党和国家的生命线、人民的幸福线，也是党内政治生活正常开展的根本保证。”武汉大学马克思主义学院孙来斌教授在《求是》撰文《守牢党的基本路线这条生命线、幸福线》，分析了守牢党的基本路线的重大意义，从实现中华民族伟大复兴的角度详细分析了守牢党的基本路线的具体要求，从党内政治生活的角度强调了守牢党的基本路线的责任担当。

---

① 《习近平：决胜全面建成小康社会　夺取新时代中国特色社会主义伟大胜利——在中国共产党第十九次全国代表大会上的报告》（2017 年 10 月 18 日），新华网，http：//www.xinhuanet.com//2017－10/27/c_ 1121867529.htm。

3. 围绕中国现实问题展开研究

其一，关注中国意识形态建设与价值观培育等现实问题。2017 年 3 月 24 日，由教育部高等学校社会科学发展研究中心、华中师范大学联合举办的“加强和改进新形势下高校思想政治工作研讨会”在华中师范大学举行，来自全国 80 多所高校、科研机构的哲学社会科学和马克思主义学院相关领域专家聚集一堂；就高校意识形态建设与价值观培育、学科建设与思想政治教育课教学、高校思想政治工作创新与实践等议题进行深入研讨。

其二，关注新形势下世情、国情和党情的变化问题。从新中国成立到改革开放以来，中国成功开辟了中国特色社会主义道路，从一穷二白的经济状态到全球经济体量位居全球第二，“中国奇迹”惊艳全球，这表明我们已经站在了新的历史起点上，那么，以此为基础，我们该如何继续我们的征程。武汉大学马克思主义学院教授、教育部青年长江学者陈曙光在《人民日报》撰文《在新的历史起点上推进新长征》指出，我们要辩证看待世情、国情和党情的变化，一方面要有辩证的眼光，另一方面要有务实的态度，在深刻把握“三情”的基础上推进“三个伟大”建设，这是在新的历史起点上推进新长征的必然要求和有效途径①。从中国话语体系的建设角度出发，石云霞教授在《人民日报》撰文指出，中国话语体系要科学运用唯物辩证法，解读中国实践、构建中国理论，要加强中国话语在国际上的话语地位，努力将发展优势转变为话语优势。

其三，在香港回归 20 周年之际，关注香港治理问题。2017 年是香港回归 20 周年，4 月，习近平总书记在会见香港特别行政区第五任行政长官林郑月娥时充分肯定了 20 年来“一国两制”在香港取得的重要实践成就，称赞其为“巨大成功”。武汉大学马克思主义学院孙来斌教授在光明网撰文《坚定不移推进“一国两制”的伟大实践》指出，在新的历史条件下开创香港美好未来必须坚持全面准确地理解和贯彻执行“一国两制”、“港人治

① 陈曙光：《在新的历史起点上推进新长征》，《人民日报》2017 年 1 月 6 日。

港”、高度自治的方针，坚持基本法，就此而言，尤其要继续处理好“一国与两制”、“法治与创新”以及“发展与稳定”这三对基本关系。

（二）哲学学科理论创新

就考察理论创新的不同视角而言，既可以从纯理论的角度进行考察，也可以从实践的角度进行考察，前者是以思想史和哲学文本研究为基础而产生的思想创新，后者是以现实问题为探究对象而产生的实践创新。虽然创新得以产生的动力与来源不同，但作为学术成果，二者均需以某种理论形态表现出来。因此，本报告将从“针对现实问题进行研究而产生的理论创新”、“基于思想史研究和文本研究而产生的理论创新”和“立足中西思想史研究融通中西而产生的新发现与新观点”这三个视角来讨论湖北哲学学科的理论创新。

1. 针对现实问题进行研究而产生的理论创新

其一，对习近平和中国共产党在新的历史条件下针对中国现实问题提出的新主张、新思想进行研究。武汉大学经济与管理学院的乔咏波与华中师范大学马克思主义学院、教育部人文社科重点研究基地道德文化研究中心的龙静云联合发表在《马克思主义研究》上的论文《习近平政治经济学的伦理内蕴》中指出，党的十八大以来，习近平对我国政治经济发展提出了自己的政治经济学思想，习近平的政治经济学思想有三大特色，既充分发展了马克思主义政治经济学提出的“以人民为中心”的思想，又积极回应了发展伦理学的核心问题，在经济体制上强调积极发展混合所有制经济①。华中师范大学马克思主义学院的岳奎和华中师范大学马克思主义学院的李思学发表在《马克思主义研究》上的《习近平关于党委主体责任思想及其对全面从严治党的重大意义》一文，对习近平提出的党委主体责任思想进行研究，认为该思想是对当前党内部分领导干部缺乏责任担当意识与勇气的“对症下药”②，

① 乔咏波、龙静云：《习近平政治经济学的伦理内蕴》，《马克思主义研究》2017 年第 6 期。

② 岳奎、李思学：《习近平关于党委主体责任思想及其对全面从严治党的重大意义》，《马克思主义研究》2017 年第 4 期。

因此，该思想对于全面从严治党具有重大意义。

其二，对有助于解决中国现实问题的马克思主义思想理论进行研究，以期提出高于现实又能对现实进行指导的新思想、新观点。湖北大学马克思主义学院、湖北大学中华文化发展湖北省协同创新中心的段凡刊发在《马克思主义研究》上的论文《确立中国特色的法治思维》针对中国特色的法治问题展开研究，认为中国法治思维和西方国家业已存在的法治思维存在着本质不同，中国法治思维呈现出明显的中国特色，既表现为人民的法治本质，也表现为法治思维与建设中的中国话语，是马克思主义法治观针对中国现实问题而产生的独特法治观①。武汉大学马克思主义学院的许洪位和丁俊萍联合发表在《马克思主义研究》上的论文《阶级斗争理论的认识误区辨正与时代性发展》，以新时期的阶级斗争问题为研究对象，认为阶级斗争理论和社会主义民主理论是社会主义时期的两大理论基础，是人民民主专政和社会主义视野的元理论，从实践的维度来看，坚持阶级斗争思想有利于抵制并挫败国内外敌对势力对我国进行的破坏活动，增强中国特色社会主义制度建设过程中的预见性②。华中师范大学马克思主义学院的林剑教授发表在《马克思主义研究》上的论文《民主论四题》以中国治理形式为核心展开论述，对民主研究中存在的若干观点进行澄清与分辨，试图解决“我们要什么样的民主”这个现实问题③。武汉理工大学马克思主义学院的徐志远和张灵合作发表在《马克思主义研究》上的论文《文化软实力与社会主义核心价值观》，研究了文化软实力的内涵以及文化软实力与社会主义核心价值观之间的关系等问题，具有较为重要的现实针对性④。

2. 基于思想史研究和文本研究而产生的理论创新

其一，以文本研究为基础，研究中国思想史内部的新发现与新观点。

---

① 段凡：《确立中国特色的法治思维》，《马克思主义研究》2017 年第 2 期。

② 许洪位、丁俊萍：《阶级斗争理论的认识误区辨正与时代性发展》，《马克思主义研究》2017 年第 3 期。

③ 林剑：《民主论四题》，《马克思主义研究》2017 年第 6 期。

④ 徐志远、张灵：《文化软实力与社会主义核心价值观》，《马克思主义研究》2017 年第 11 期。

湖北大学哲学学院暨中华文化发展湖北省协同创新中心的高涌瀚与陈道德发表在《道德与文明》上的论文《先秦时期社会价值观念的嬗变：从尊神到贵民》分析了从殷周到战国时期社会价值观念由“尊神”到“贵民”的转变过程①。武汉大学哲学学院吴根友教授发表在《道德与文明》上的论文《戴震“德”论与人的福祉论初探》，以戴震的“德”论为讨论对象，分析了戴震道德哲学的主旨，其学说中的“美德”一词的含义等问题②。武汉大学国学院姜含琪发表在《道德与文明》上的论文《王夫之德福一致论——以《周易》内、外传为中心》一文，分析了王夫之所讨论的德福关系问题，该论文以《周易》内外传为中心而展开，体现了较为明显的文本分析特色③。武汉大学哲学学院彭婷发表在《道德与文明》上的论文《原则性与灵活性的统一——论孔孟“亲亲互隐”中的权变智慧》，以儒家权变智慧与经权观的经典表达“亲亲互隐”为考察对象，认为“亲亲互隐”表现了原则性和灵活性的统一④。武汉大学哲学学院连凡发表在《道德与文明》的论文《朱陆修养工夫论的思想渊源及其异同——以“尊德性”与“道问学”为宗旨》分析了朱陆修养工夫论的思想渊源及其异同，认为朱陆思想体系中的修养理论在来源、内涵和路径上存在着差异，这种差异直接导致了修养方法上的意见和支离以及修养内容上的践履和讲学，还导致了儒学门户上的俗学与禅学的争论。武汉大学台湾研究所姚彬彬发表在《世界宗教研究》上的论文《“章门弟子”缪篆对〈老子〉之“道”的诠释》指出，虽然近代章太炎学派的道家研究在同时代学界认可度甚高，其“章门弟子”中的缪篆尤以治《老子》命家，然而，在超过半个世纪的时间内其人其作几乎湮灭不闻，文章通过考据和整理该人的著述，认为该人在《老子》研究领域上

① 高涌瀚、陈道德：《先秦时期社会价值观念的嬗变：从尊神到贵民》，《道德与文明》2017年第1期。

② 吴根友：《戴震“德”论与人的福祉论初探》，《道德与文明》2017年第2期。

③ 姜含琪：《王夫之德福一致论——以《周易》内、外传为中心》，《道德与文明》2017年第2期。

④ 彭婷：《原则性与灵活性的统一——论孔孟“亲亲互隐”中的权变智慧》，《道德与文明》2017年第3期。

别开蹊径，可对学界相关争议提供借鉴和启发[①]。武汉大学中国传统文化研究中心张昭炜发表在《哲学动态》上的论文《三冒以成“吾”——方以智论哲学主体的展开》研究了方以智哲学中的主体问题，认为方以智在“吾”的追问中寻找哲学主体的原点，从悟与觉（密冒）、孝与效（显冒）、学与教（统冒）三方面展开其关于主体的研究，一方面纠正了阳明后学左派的荡肆流弊，另一方面指明了阳明学的发展出路[②]。

其二，以文本研究为基础，研究西方思想史内部的新发现与新观点。

武汉大学哲学学院周可发表在《哲学动态》上的论文《论李达与中国传统文化》考察了李达与中国传统文化的关系，认为李达运用马克思主义理论和方法研究中国古代社会、历史和思想文化，思考中华民族的命运问题，代表了马克思主义与中国传统文化相结合的批判研究路径[③]。华中师范大学马克思主义学院张学鹏发表在《哲学动态》上的论文《理论逻辑与问题意识：马克思的国家观革命》是马克思主义理论思想史研究的创新性成果，认为新唯物主义历史观中的“政治国家复归于社会”的思想从根本上解决了市民社会与国家相分离的理论难题，实现了国家观的革命[④]。华中师范大学马克思主义学院林剑发表在《哲学动态》上的论文《重思马克思历史观视域中的人性与人的本质》以马克思历史观视域中的人性与人的本质为考察对象，认为马克思历史观关于人性与人的本质问题的讨论，有三个议题需要重新思考，体现了该问题研究的理论创新性[⑤]。

华中科技大学哲学系惠永照发表在《道德与文明》上的《论康德实践判断中的想象力》讨论了想象力在实践判断中的作用，认为想象力在实践判断中虽然不再发挥终结作用，但仍然有综合活动，在道德法则与自然法则

① 姚彬彬：《“章门弟子”缪篆对〈老子〉之“道”的诠释》，《世界宗教研究》2017 年第 3 期。

② 张昭炜：《三冒以成“吾”——方以智论哲学主体的展开》，《哲学动态》2017 年第 4 期。

③ 周可：《论李达与中国传统文化》，《哲学动态》2017 年第 2 期。

④ 张学鹏：《理论逻辑与问题意识：马克思的国家观革命》，《哲学动态》2017 年第 4 期。

⑤ 林剑：《重思马克思历史观视域中的人性与人的本质》，《哲学动态》2017 年第 6 期。

的象征关系以及准则普遍化的过程中，想象力都扮演了重要角色①。华中师范大学高新民发表在《哲学动态》上的论文《感受性质发微》介绍了心灵哲学中的前沿问题，讨论了感受性质问题，认为感受性质是心灵哲学中的全新研究领域，对心灵哲学在感受性质上的最新研究工作进行了评价②。中南财经政法大学哲学院张佳发表在《哲学动态》上的论文《论大卫·哈维的社会变迁共同演化理论》以哈维所提出的社会变迁共同演化理论为研究对象，认为该理论坚守了不平衡发展辩证法，同时又从空间视域对其进行了论证和完善③。

武汉大学哲学学院桂起权和内蒙古师范大学法政学院林田发表在《逻辑学研究》上的论文《辩证逻辑形式化中的哲学问题（英文）》认为，中国逻辑学界长期以来主要争论的问题是“辩证逻辑”是否可能存在，但由于缺乏共识，这种仅仅围绕基本概念的讨论难以继续下去，在现代逻辑的研究范式冲击下逐渐消亡，进而提出了一种更为务实的逻辑研究方法，考察形式逻辑表达哲学上的“辩证”概念，并将其视为逻辑系统正当性的来源，这种研究路径对于促进国内学者之间的对话大有裨益④。华中科技大学哲学系张瑛发表在《哲学动态》上的论文《内涵同构是界定同义性的恰当方式吗?》以卡尔纳普提出的以内涵同构关系来界定同一性的做法为对象，考察了卡尔纳普的内涵同构概念，分析了这种概念面对的反驳意见，梳理了卡尔纳普本人与普特南提出的修正方案⑤。

3. 立足中西思想史研究，融通中西而产生的新发现与新观点

湖北哲学研究不仅重视文本解读，而且重视中西融通。例如，2017 年 9 月 16 日至 17 日，在中南财经政法大学召开的“西方马克思主义哲学研究在中国——回顾、反思、展望”学术研讨会试图以马克思主义哲学研究为视

① 惠永照：《论康德实践判断中的想象力》，《道德与文明》2017 年第 5 期。
② 高新民：《感受性质发微》，《哲学动态》2017 年第 6 期。
③ 张佳：《论大卫·哈维的社会变迁共同演化理论》，《哲学动态》2017 年第 6 期。
④ 桂起权、林田：《辩证逻辑形式化中的哲学问题（英文）》，《逻辑学研究》2017 年第 3 期。
⑤ 张瑛：《内涵同构是界定同义性的恰当方式吗?》，《哲学动态》2017 年第 3 期。

点考察其中西融合过程的举动。2017 年湖北的哲学研究成果大多集中在对中西哲学思想史的文本研究之上。但依然有少数学者从中西融合的角度进行研究，并推出了有价值的研究成果。很显然，较之单纯局限于中国思想史或西方思想史内部的研究而言，此类研究的难度更高，同时，对学者自身的学养和素质的要求也更高。此类研究较为生动地体现了洋为中用、中西合璧的哲学研究精神，值得大力提倡。

武汉大学马克思主义学院杨威发表在《马克思主义与现实》上的论文《比较思想政治教育学的制度之维》通过对思想政治教育在制度上的需要、在制度上的创造、在制度上的安排进行纵向与横向的比较，认为在当今全球化的背景下，我们有必要理性地审视两种不同社会制度下的思想政治教育的差异，在比较的视域中认识我国思想政治教育制度建设的历史与现实方位，积极汲取思想政治教育制度建设的域外智慧与经验①。湖北大学哲学学院江畅教授致力于从中国传统文化入手推动社会主义核心价值观研究理论创新，其发表在《思想理论教育》上的论文《儒家道德与中国社会主义精神》一文指出，社会主义核心价值观所体现的不再是本原的科学社会主义，也不是本原的儒家道德主义，而是两者相融合并根据当代中国实际和人类文明走向综合创新所形成的中国社会主义②。在此基础上，江畅教授还在《决策与信息》撰文指出，应该重视中国特色社会主义基础理论构建。

（三）哲学学科研究中的荆楚特色

2017 年，湖北哲学学科的区域特点主要可以从四个方面进行概括。其一，湖北哲学研究体现了“直面现实问题”的精神气质。其二，湖北省哲学研究不是就现实问题而研究现实问题，而是在研究现实问题的同时也高度重视文本研究，体现了较为扎实的研究基础。其三，湖北从事哲学研究方面的学术活动较为活跃，这表明湖北哲学学科研究人员参与哲学学术研究的态

① 杨威：《比较思想政治教育学的制度之维》，《马克思主义与现实》2017 年第 6 期。

② 江畅：《儒家道德与中国社会主义精神》，《思想理论教育》2017 年第 2 期。

度较为积极。其四，虽然湖北地处中国内陆，但是，湖北的哲学学术研究却展现出了较为开阔的国际视野，国际学术交流较为频繁。

1. 直面现实问题

湖北的哲学研究展现了非常鲜明地对现实问题的观照精神。2017 年，湖北哲学学科重点研究了文化自信、中国治理、党内政治文化问题等现实问题。除此之外，武汉大学马克思主义学院梅荣政在《中国社会科学网》撰文指出，要运用马克思主义认识重大理论实践问题。在研究现实问题的过程中，湖北哲学学科研究人员推出了很多高质量的研究成果。这说明湖北哲学学者对现实问题的研究卓有成效。以文化自信问题的研究为考察对象，武汉大学沈壮海对此问题的研究极富成效，仅 2017 年就在人民网、党建、中国社会科学网、半月谈网、新华网、十九大专题网等主流网站上发表多篇论文，还在《求是》等权威期刊上发表了论文数篇。以党内政治文化为考察对象，2017 年武汉大学马克思主义学院在这个问题的研究上投入了大量的人力、物力。例如，2017 年 8 月举办了“党内政治文化与党内法规制度建设研究学术论坛”，邀请了全国各地近百名专家学者探讨党内先进政治文化与法规制度的相互促进作用。武汉大学政治与公共管理学院李斌雄在《人民论坛》2017 年第 3 期发表论文《用先进文化的自觉自信引领党内政治文化建设》，认为加强党内政治文化建设，首要任务是要增强党内先进政治文化的自觉自信，坚守共产党人的核心价值追求。武汉大学马克思主义学院丁俊萍教授在《光明日报》（2017 年 9 月 15 日）刊文阐述了党内政治文化的源头、内涵与内容。丁俊萍教授和李斌雄教授还在其他主流期刊上就党内政治文化问题发表了一系列高质量的学术论文，非常鲜明地表现出哲学研究过程中的现实意识。

2. 重视文本研究

在考察湖北哲学学科理论研究的过程中，本报告发现，湖北哲学研究非常重视文本研究，因此，湖北哲学学者学科研究人员推出的理论研究成果以文本解读类型的文章为主。以《哲学研究》2017 年刊发的湖北哲学学科的论文为例，湖北哲学学科研究人员在从事文本解读工作的过程中，既高度重视对中国哲学思想史中文本的解读，也高度重视对西方哲学思想史中文本的解读，在这个过程中还展现出了古为今用、洋为中用的研究特点。

关于中国哲学思想史中文本的解读，2017 年刊发在《哲学研究》上的湖北学者的论文有三篇：中南民族大学美学研究所胡家祥的《王夫之“志”论疏解》一文讨论了王夫之对“志”的讨论，认为王夫之是“志”论的集大成者，文章详细解读了王夫之的“志”论，认为他的“志”论融儒释道于一体，为中国哲学输入了近代气息。湖北大学哲学学院姚才刚的论文《“万物一体”思想的新发展——以明儒蒋信为中心》以蒋信的心学思想为讨论对象，剖析了蒋信对“万物一体”思想的新发展，认为他不仅把“万物一体”视为儒学的根基，而且把它确立为自身学术的宗旨所在，文章详细分析了蒋信的“万物一体”思想的内涵，并阐述了该思想之于当代中国人所具有的启发意义。武汉大学哲学学院吴根友教授的《〈庄子〉“坐忘”非“端坐而忘”》一文以《庄子・大宗师》中的“坐忘”为研究对象，通过文本研究，指出“坐忘”虽然是后世修行论的重要观点，但只在《庄子・大宗师》中出现过，该词之所以发展为修行观，是因为受到了早期小乘佛教和道教的静坐等修行功夫的影响所致，已经偏离了庄子的本意，并以此为基础进一步分析了“坐忘”在庄子原文本中的含义，认为它仅仅指人在“忘”的精神现象上所达到的一种状态或一种与道相通的自由心灵境界。

关于西方哲学思想史中的文本解读，2017 年刊发在《哲学研究》上的湖北哲学学者的论文以《马克思对黑格尔偶然性论题的继承与超越》为代表，该文基于文本解读，作者较为详尽地分析了马克思和黑格尔对偶然性论题的讨论内容，指出了二者的差异。文章认为，由于过于重视必然性，因此黑格尔忽视了偶然性的发展逻辑和特殊本质，马克思虽然继承了黑格尔的很多思想，但是，在很多方面超越了黑格尔，就其对偶然性论题的讨论而言，马克思将研究视域从认识论拓展到存在论，把理论思辨转变为现实关怀，把绝对必然性转变为历史可能性，通过批判“偶然的人”从而走向革命实践，对资本主义展开了猛烈批判。

关于以中西融通、古今观照的态度研究中西思想史中的文本的论文，2017 年刊发在《哲学研究》的论文则以《历史唯物主义的“实践”维度与“理论”维度》和《实践领域的划界与拓展——亚里士多德与马克思》为代表。《历史唯物主义的“实践”维度与“理论”维度》体现了较为明显的理论与现实相结合的研究态度，该文认为，当前马克思主义哲学理论中需要阐明的重大问题是历史唯物主义与实践哲学相兼容的问题，历史唯物主义既包括一个理论维度，也包含一个实践维度，二者共同构成了历史唯物主义的内在理论特色。《实践领域的划界与拓展——亚里士多德与马克思》一文则体现了较为明显的中西融通、古今融合的研究精神，该文讨论了马克思对亚里士多德实践观的拓展，认为马克思意义上的物质实践不仅包含政治—伦理行动，也包含科技、经济生活领域内的实践，较之亚里士多德哲学中的实践观，马克思的实践观体现了极强的拓展性，与此同时作者认为，尽管马克思高度重视物质生产领域在全部实践生活中的基础性地位，但是这并不意味着马克思放弃了对规范性的讨论。就此而言，马克思在拓展亚里士多德之实践观的同时，也兼顾了对规范性的讨论。

3. 学术研究活动较为活跃

湖北哲学学科开展的学术研究活动较为活跃。这既体现在各类工作坊、研讨会的频繁举办，也体现为各类学术讲座、论坛的频繁举行，还体现在各类学术研究团队所表现出来的学术活跃性。2017 年，武汉大学、华中科技大学、湖北大学等高校的马克思主义学院和哲学学院都在举办各种类型的学术活动。

武汉大学马克思主义学院举办了 8 次“马克思主义与当代中国论坛”，主讲嘉宾不仅有国内知名学者，还有德国埃尔福特尔大学教授以及中央编译局德籍专家；举办了“中西马克思主义的比较与融通”等系列活动以及“文化自信”青年谈活动；举办了 4 期“中国特色社会主义研究”青年工作坊；举办了 3 场次“李达大讲坛”。华中科技大学马克思主义学院“求真学术沙龙”于 2017 年举办了一系列学术活动。

武汉大学哲学学院 2017 年共举办各类学术讲座 80 多场，还举办了各类工作坊与研讨会。2017 年 4 月新西兰梅西大学人文与社会科学院院长，James H. Liu 教授来武汉大学哲学学院开设题为“传统文化与心理学”的系列工作坊。2017 年 11 月，武汉大学哲学学院举办了第五届中哲、西哲与马哲专家论坛。为了纪念十月革命胜利 100 周年、毛泽东《矛盾论》与《实践论》发表 80 周年，举办了“列宁、毛泽东与马克思主义中国化”学术研讨会暨全国毛泽东哲学思想研究会。该院的“当代中国马克思主义实践哲学研究团队”以及“德国古典哲学及其当代效应”青年学者学术研究团队也组织了很多学术活动。2017 年 1 月 6 日邀请何萍教授举办了主题为“葛兰西实践哲学的文化哲学品格及其意义”的精彩讲座，于 4 月邀请了孙伟平教授等举办学术讲座。10 月 11 日主办了“气候变化与气候正义”跨学科论坛，此次论坛对拓宽师生的研究视域、加强哲学理论与现实的联系具有重要的意义。

4. 国际学术交流较为频繁

2017 年，湖北哲学学科的国际交流较为频繁，举办了多次国际学术研讨会议，邀请了多位港澳台地区和国外专家来湖北讲学、交流。2017 年 10 月，湖北大学哲学学院在阿联酋迪拜大学举办了第五届世界文化发展论坛，论坛以“‘一带一路’文化发展的现状与未来”为主题，来自美国、阿联酋、中国等国家的 40 多位学者参加了论坛。2017 年 10 月 20 日至 22 日，中南民族大学与中华美学学会联合在武汉主办了“中华美学的传承与创新”国际学术研讨会暨中华美学学会 2017 年学术年会，海内外 300 多位专家学者参加了本次会议。湖北大学哲学学院江畅教授多次与美国情感主义伦理学家斯洛特教授进行对话，并以对话为基础在《道德与文明》（2017 年第 1 期）发表了论文《道德的心理基础——关于情感主义伦理学的对话》。2017 年，来武汉大学哲学学院讲学的港澳台地区和外籍专家有：美国加州大学伯克利分校哲学系信广来教授，台湾成功大学叶海烟教授及其博士硕士生一行四人，新西兰梅西大学人文与社会科学院院长 James H. Liu 教授，香港中文大学哲学系黄勇教授，澳大利亚人文科学院院士、新南威尔士大学讲座教授 Paul Patton，芬兰赫尔辛基大学世界文化系博士生导师、ESCI 索引源期刊

《国学与西学国际学刊》（芬兰）主编黄保罗教授，德国特里尔大学世界著名汉学家、美学家卜松山教授，雅典国立卡波蒂斯坦大学（雅典大学）的 Steliso Virvidakis 教授，日本东北大学经济学院副院长守健二教授等。2017 年 11 月 30 日，在法国驻武汉总领事馆的支持下，法国巴黎第五大学心理学院副教授杰卢姆·布迪诺（Jérôme Boutinaud）与伊莎贝拉·吉纳（Isabelle Gernet）一行到访武汉大学哲学学院，商谈学术交流与合作方面的框架协议。2017 年来华中科技大学哲学系讲学的港澳台地区和外籍专家有：台湾辅仁大学哲学系所潘小慧、尤煌杰老师，香港汉语基督教文化研究所学术主任林子淳老师，德国杜伊斯堡·埃森大学哲学系系主任安德雷阿斯·尼德伯格教授（Andreas Niederberger），台湾“中央研究院”中国文哲研究所研究员 Fabin Heubel（何乏笔），波兰卢布林天主教大学 Piotr Kulicki 和 Arkadiusz Gut、Monika Walczak 等。

三　湖北哲学学科发展展望与建议

2017 年，湖北哲学学科的发展呈现出良好势头，既观照现实问题，又深入进行文本研究，各类学术交流活跃，同时国际交流也较为频繁。为了推动湖北哲学学科更好地发展，今后可以重点做好以下两个方面的工作。其一，增强中国学术的国际话语权，在更深的层面参与国际学术交流与对话，在增强学术话语权的同时推动中国文化在更深的层面融入国际学术交流之中。其二，增强哲学研究中的问题意识，目前湖北哲学学科研究中的文本研究显得更为活跃，因而在今后的发展过程中需要进一步增强问题意识。

（一）增强中国学术国际话语权

改革开放 40 年以来，出于对全球化这一历史潮流的积极应对，为了推进我国文化大发展、大繁荣，我国政府推出了“文化走出去”工程。为了实施“文化走出去”工程，目前主要应着眼于“文化创意产品的生产设计及传播渠道、体制机制的创新完善、教育水平的提升、战略意识的树立、新闻传媒的高效发达、人才选拔的促进激励等方面建设”①。然而，要真正推动文化“走出去”，除了着眼于以上各要素进行讨论之外，还要努力推动高质量的学术研究成果“走出去”。从某种意义上来说，以学术为媒介推动中国思想“走出去”，比推动大众文化“走出去”更难也更有效。一种思想要真正走出去，不仅要有制度支持，更重要的是，学者必须推出值得走出去、走出去后能被顺利接受的智力成果。这说明，学者自身的素养和成果显得至关重要。由此看来，要使中国文化真正走出去，我们不能忽视学术层面的“思想走出去”。就此而言，我们认为，中国文化走出去，关键是思想走出去，核心价值观走出去，要鼓励哲学研究人员在港澳台地区和国外学术刊物上发表成果，大力宣传社会主义核心价值观，提高湖北哲学学科学术研究的国际化水平。

然而，2017 年湖北哲学学科学者在国际期刊上发表文章的数量较少。这一方面表明，湖北哲学学科在学术研究上还没有掌握国际话语权；另一方面也表明，湖北哲学学科的研究成果要真正走出去，还有很长的路要走。如果能真正推动思想走出去，那么，将直接有助于消除西方思想界对我们的偏见，为我国在国际舞台上的形象加分。

（二）增强哲学研究中的现实问题意识

通过对 2017 年湖北哲学学科研究成果的统计分析，可以看出湖北哲学学科的研究更偏重于文本研究，问题意识有待增强。我们注意到，2017 年湖北哲学学科研究学者在高端刊物上发表的文章，均以文本研究为主。以 2017 年《哲学研究》中刊发的 7 篇湖北哲学学者的文章来看，除了湖北大学哲学学院陈俊的《全球气候正义与平等发展权》以问题为核心展开研究外，武汉大学哲学学院李志的《实践领域的划界与拓展——亚里士多德与马克思》、中南财经政法大学颜岩的《马克思对黑格尔偶然性论题的继承与

① 刘瑾：《关于中国文化“走出去”的思考》，《光明日报》2017 年 8 月 16 日。

超越》、中南民族大学胡家祥的《王夫之“志”论疏解》、武汉大学哲学学院吴根友的《〈庄子〉“坐忘”非“端坐而忘”》、武汉大学哲学学院李佃来的《历史唯物主义的“实践”维度与“理论”维度》以及湖北大学哲学学院姚才刚的《“万物一体”思想的新发展——以明儒蒋信为中心》均体现了非常明显的文本研究特色。

B.3

湖北经济学学科发展报告（2017）

徐俊武*

摘　要： 2017年湖北经济学研究在资源环境经济学、农业与农村经济、金融学、宏观经济学等领域取得了丰硕的成果，是中国经济学界一支举足轻重的力量。基于11种中文经济学顶级期刊的发文量统计，无论是数量还是质量，2017年湖北省经济学学科发展水平都高于同为科教大省的江苏省。未来在如何构建具有中国特色的经济学理论体系并在马克思主义政治经济学体系下研究中国和湖北的经济问题，凸显湖北特色，打造“湖北经济学流派”等方面，湖北经济学界还大有可为。

关键词： 经济学　学科发展　学术成果　湖北特色

一　湖北经济学学科发展概况

（一）研究队伍

湖北经济学学科师资力量雄厚，梯队结构合理。根据教育部《2017年全国普通高等学校科技统计年报表（人文、社科类）》初步统计表明，截至2017年底，湖北省高校、党校和社会科学院从事经济学研究的人员为3374人，其

* 徐俊武，经济学博士，湖北大学商学院副教授，硕士生导师。主要研究经济增长与收入分配问题，主持并完成国家级和省级项目5项，在《统计研究》《财经研究》等期刊发表学术论文20余篇。

中女性有1774人，男性有1600人。按职称划分：具有高级职称的占46%，其中教授有489人，副教授有1060人；讲师有1432人；助教有281人；其他人员有112人。从学历层次看，专任教师中具有硕士以上学位的占79%。整体上看，湖北经济学学科研究队伍建设正朝着结构优化、整体水平不断提高的目标迈进。

（二）学科建设

截至2017年，湖北已建成经济学博士点10个、学术硕士点21个、专业硕士点37个。其中理论经济学一级学科博士学位授予点4个，理论经济学一级学科学术硕士学位授予点4个，理论经济学下属二级学科学术硕士学位授予点3个。应用经济学一级学科博士学位授予点4个，应用经济学下属二级学科博士学位授予点2个，应用经济学一级学科学术硕士学位授予点5个、二级学科学术硕士学位授予点9个。

（三）研究平台

2017年，依托湖北作为教育大省的优势，充分利用现有教育资源，深入贯彻《湖北省教育事业发展“十三五”规划》，已经建成教育部高等学校人文社会科学重点研究基地1个，省级人文社会科学研究基地36个。其中，武汉大学3个、中南财经政法大学3个、华中科技大学2个、湖北经济学院2个、武汉轻工大学2个。

（四）研究项目与经费

2017年度，湖北经济学科总课题数达到2698个。其中，基础研究836个，应用研究1824个，实验与发展研究38个。当年研究投入经费总额5884.66万元，基础研究拨入1264.77万元，应用研究拨入4459.73万元，实验与发展研究拨入160.16万元。出版著作192部、译著6部，发表论文2202篇、译文5篇，撰写研究与咨询报告202篇，荣获部级奖成果2项。在这些课题中，代表最高水平的国家社科和教育人文社科研究项目立项数都取得了较突出的成绩。2017年湖北省经济学科获得国家社科重大项目1项、重点项目1

项、后期资助项目1项、青年项目6项、一般项目32项。同时获得教育部人文社科重大课题攻关项目2项、重点基地重大项目1项、一般项目51项。

（五）学术活动

2017年，湖北召开了近20场国际性和全国性的经济学学术会议，具有代表性的有：2017金融学类专业人才培养与在线开放课程建设研讨会（2017年5月，湖北经济学院）；2017中国生态经济建设·南湖论坛（2017年6月，中南财经政法大学）；中国世界经济学年会（2017年10月，武汉大学）；第五届中国投资学年会暨投资学科建设研讨会（2017年10月，中南财经政法大学）；全国“房地产税改革与地方税建设”高层研讨会（2017年10月，湖北经济学院）；2017文化科技创新与文化产业发展高峰论坛暨国际文化经济学中国论坛（2017年11月，华中师范大学）；“新时代的中国经济增长与发展”学术论坛（2017年11月，湖北科技学院）；首届碳会计与碳金融国际研讨会（2017年11月，湖北经济学院）；全球视野下中国与亚太商业和贸易（2017年12月，华中师范大学）；中国居民收入与财富分配学术研讨会（2017年12月，中南财经政法大学）；新时代的中国经济增长与发展（2017年12月，湖北科技学院）。此外，湖北省若干高校组建了各类研究团队，跟踪研究目前国内外学者关注的国内宏观经济等现实经济问题，并将研究成果总结发布了研究报告。例如，《关于“营改增”对民族地区财政收入和产业转型带来的影响分析报告》（2017年3月，中南民族大学），《2017中国金融发展报告》（2017年6月，中南财经政法大学）等。

二　湖北经济学学科研究进展、创新与荆楚特色

（一）经济学学科研究的主要学术成果

1. 政治经济学

2017年湖北高校、党校和社科院系统学者对政治经济学的研究主要集

中在以下两个方面：一是马克思主义政治经济学的基本理论；二是当代资本主义。

马克思主义政治经济学是马克思主义理论的重要组成部分，也是政治经济学研究的理论基础。中南财经政法大学的杨虎涛认为，一元论和多元论的分歧本质，不仅是观点之争，也是关涉到历史唯物主义科学性的根本问题，对历史唯物主义这一重大基础命题的探究，也影响到对长期历史发展进程因果机制的研究出发点和基本立场①。

当代资本主义的研究是政治经济学的重要领域。华中科技大学的王宗军、韩晓生和中南财经政法大学的胡宏兵认为，格伦·劳里首次在经济学领域引入社会资本概念以论证社会资源对人力资本积累的重要影响，他还对美国政府推出的平权措施进行了深入研究，不仅从理论和逻辑上推导了实施平权措施对消除种族不平等的积极影响，也验证了在何种条件下平权措施能实现其预期效果，避免“逆向歧视”。格伦·劳里关于种族理论的系统研究及所提出的政策建议是他对当代社会经济学的重要贡献，值得世界所有多民族国家重视、研究和借鉴②。

2. 宏观经济学

随着中国经济步入新常态，经济增长从高速转为中高速，从规模速度型粗放增长转向质量效率型集约增长，从要素投资驱动转向创新驱动。经济波动、宏观经济政策的选择、经济增长方式的转变、技术进步与全要素生产率等问题成为 2017 年湖北省高校、党校和社科院系统宏观经济研究者关注的热点。

关于宏观经济的短期波动问题。中南财经政法大学的王频、侯成琪通过在一个包含耐心家庭和缺乏耐心家庭两类家庭、包含消费品部门和房地产部门的 DSGE 模型中引入住房交易成本和住房价格加成的预期冲击，研究预期对住房价格和宏观经济的影响。研究发现，住房交易成本和住房价格加成的

① 杨虎涛：《〈历史唯物论与马克思主义经济学〉简评》，《经济学动态》2017 年第 1 期。

② 王宗军、韩晓生、胡宏兵：《格伦·劳里对族裔经济理论研究的贡献》，《经济学动态》2017 年第 11 期。

预期冲击，不仅具有理论上的合理性，而且具有经验上的识别性和重要性；虽然当期住房价格上涨会增加住房使用者成本，但是如果预期未来住房价格会大幅上涨，家庭的住房使用者成本也会下降，从而出现越涨越买的现象；如果政府因为房价上涨过快而实施增加住房交易成本等房地产业的紧缩政策，但是公众预期未来政府会因为宏观经济下行转而采取房地产业的扩张政策，则这种预期会使当前的紧缩政策失效；如果政府能够引导公众形成正确的预期，则能够改善房地产业调控政策的经济效果，而公众的错误预期会增加经济的波动，因为必须进行反向修正来抵消错误预期对经济的影响①。

关于宏观经济政策的选择问题。中南财经政法大学的欧阳志刚、薛龙认为多种货币政策工具对不同特征企业的组合效应和特质效应具有显著差异，由此表明央行货币政策对特征企业具有定向调节效应。具体而言，1 年期商业银行存款基准利率、支农再贷款利率对农业企业的调节效应较好；结构性货币政策工具 SLF 对民营企业的调节效应更为显著；银行间债券质押式 7 天回购利率和结构性货币政策工具 SLF 对小型企业的调节效果明显；M0 和 1 年期商业银行存款基准利率对房地产企业具有更好的调节效应；1 年期商业银行存款利率和 M2 对信息技术企业的调节效应更为显著；1 年期商业银行存款利率则对制造业企业的调节效应相对更好。新常态下央行为实现定向调控目标，应基于货币政策工具对特征企业组合效应和特质效应的差异而对货币政策工具进行选择性操作②。华中科技大学的张豪、湖北经济学院的戴静和华中科技大学的张建华认为，政策不确定指数短期内会降低企业的 TFP 水平，政府官员更替引起的政策不确定影响比企业高管变动的影响更大；官员任期与企业 TFP 之间明显呈“倒 U”形关系，非正常换届对企业 TFP 的损害更大；官员学历越高、历练经验越丰富，对企业 TFP 水平的提升越有益③。

① 王频、侯成琪：《预期冲击、房价波动与经济波动》，《经济研究》2017 年第 4 期。

② 欧阳志刚、薛龙：《新常态下多种货币政策工具对特征企业的定向调节效应》，《管理世界》2017 年第 2 期。

③ 张豪、戴静、张建华：《政策不确定、官员异质性与企业全要素生产率》，《经济学动态》2017 年第 8 期。

关于经济增长方式的转变问题。华中科技大学的王少平、杨洋认为GDP长期趋势呈现出结构性下移，其平均增幅从2001～2009年的9.88%，下降到2010～2014年的7.85%。这一结果揭示了从2010年以来经济增长持续下降的源头，其隐含的意义之一是宏观经济形成了部分弱供给特征。基于长期趋势的结构性下移，推断出长期趋势和GDP增速的取值范围，据此检验GDP增速服从截尾正态分布，由此计算出GDP增速的长期趋势分布在5.5%～7.5%，GDP增速具有91.5%的概率稳定在6%～7.5%。这一结论意味着，我国GDP增速的持续下滑将止于6%以上；GDP增长速度正在从10%左右减速至6%～7.5%，这是经济新常态的主要特征①。

关于技术进步与全要素生产率的研究。武汉大学的郭熙保和朱兰认为中等收入经济体在中等收入阶段的平均停留时间为38年，转型概率呈双峰型分布，即前25年逐年上升，其间的25～40年下降，40年后提高。人力资本、技术进步和出口结构对中等收入转型概率有显著影响，尤其是中等人力资本。一个经济体从中低收入向中高收入阶段转变过程中，技术进步的重要性逐渐提高，人力资本和出口结构的重要性逐渐减弱②。武汉大学的李雪松、张雨迪、孙博文认为，长江经济带经济增长效率在2008年之后呈波动中下降趋势，区域一体化对长江经济带全要素生产率中的技术进步影响最为显著，而对全要素生产率以及技术效率影响不明显③。武汉大学的杨冕、杨福霞认为，受要素禀赋分布不均所影响，中国技术进步的要素偏向类型还表现出较为显著的空间分异规律④。

3. 财政学

2017年湖北高校、党校和社科院系统学者对财政学的研究主要集中于

① 王少平、杨洋：《中国经济增长的长期趋势与经济新常态的数量描述》，《经济研究》2017年第6期。

② 郭熙保、朱兰：《中等收入转型概率与动力因素：基于生存模型分析》，《数量经济技术经济研究》2017年第11期。

③ 李雪松、张雨迪、孙博文：《区域一体化促进了经济增长效率吗？——基于长江经济带的实证分析》，《中国人口·资源与环境》2017年第1期。

④ 杨冕、杨福霞：《中国技术进步实现路径及其时空分异规律》，《中国人口·资源与环境》2017年第11期。

税收对收入的影响。

武汉大学的刘穷志认为资本税负越重，资本外流越严重：如果投资环境改善，资本流入且促进经济增长，工人依附资本取得劳动报酬并在一定程度上抑制收入不平等；如果投资环境恶化，资本进一步流出至外地获取收入并使本辖区经济增长减速，工人失去资本依赖且无法取得收入，在一定程度上扩大了收入不平等①。

4. 金融学

2017 年湖北高校、党校和社科院系统学者对金融学领域的研究主要集中在以下四个方面：一是货币政策；二是股票市场；三是债券市场；四是金融部门。

在货币政策的研究方面，武汉大学的杨筝、武汉市武昌区国有资产监督管理办公室的刘放、暨南大学的李茫茫以 2003 ~2015 年非金融类上市公司为研究样本，以中国人民银行取消贷款利率上下限作为自然实验，实证检验我国利率市场化如何影响企业投资决策及其资本配置效率。研究发现，利率市场化推进带来了企业非效率投资的减少，对非国有企业尤甚；相对于放宽贷款利率下限，放宽贷款利率上限更有助于抑制企业非效率投资；随着利率市场化程度推进，企业投资的价值效应呈现不断提升趋势。还发现：利率市场化不仅显著抑制了企业非效率投资，而且抑制了企业激进性负债程度。这一发现为解读我国利率市场化如何影响企业投资决策及其资本配置效率提供了理论依据，同时对当前我国推行经济体制改革，推动供给侧结构性改革，进而实现“三去一降一补”五大任务也具有一定的借鉴意义②。武汉大学的何国华、李洁、刘岩认为，利差扭曲限制了社会资本积累，导致产出下降，并在产出与资本积累同时下降时压缩了投资占比，造成非效率出清。最优信贷份额随利差扭曲同向变动，其中信贷政策的初始成本越小，信贷政策越积

① 刘穷志：《税收竞争、资本外流与投资环境改善——经济增长与收入公平分配并行路径研究》，《经济研究》2017 年第 3 期。

② 杨筝、刘放、李茫茫：《利率市场化、非效率投资与资本配置——基于中国人民银行取消贷款利率上下限的自然实验》，《金融研究》2017 年第 5 期。

极；而最优审慎政策消除利差扭曲的方式是给予银行补贴，该补贴随扭曲增加而上升，且最优补贴水平能够完全消除稳态利差①。华中师范大学的杨柳、吴婷和湖北大学的李力认为，技术预期冲击为房价 2002～2012 年间缺乏基本面支撑的飙升以及 2013～2014 年的下跌提供了解释；而借贷预期冲击和不可预期的利率冲击对房产需求变动的主导有助于解读调控政策“调量不调价”现象；在房价上涨“替代效应”的作用下，预期借贷紧缩冲击经由经济人行为调整会产生房市“越调越涨”的困境和房价飙升与消费疲软共存的房市过热现象②。

在股票市场的研究方面，武汉大学的胡昌生、彭桢、池阳春构建了一个投机者对具有反馈交易特征的非理性投资者进行信息推断和交易诱导的情绪反馈模型，对投机者的需求函数、资产价格的稳定性及时间序列特征进行了讨论。研究结果表明，投机者同时具有套利需求和投机需求，当市场中“噪音”不足时，投机者会主动地制造“噪音”，诱导非理性投资者；投机者对非理性投资者的诱导行为可导致资产价格的过度波动；基本面交易者具有稳定市场的作用，并决定了不同市场动量的强弱③。中南财经政法大学的李志生等人通过比较分析融资融券标的股票与非标的股票，以及股票加入融资融券标的前后上市公司信息环境的差异，发现融资融券交易同时具有内部信息治理和外部信息治理的作用。其中内部信息治理效应表现为，融资融券交易的推出有效促使了管理层对非强制信息和坏消息的披露，提高了管理层业绩预告的及时性和准确性；融资融券的外部信息治理效应体现在显著降低了财务分析师对目标公司盈利预测的偏差与分歧④。中南财经政法大学的孔东民、项君怡和华中科技大学的代昀昊考察了我国上市公司的劳动投资效率

---

① 何国华、李洁、刘岩：《金融稳定政策的设计：基于利差扭曲的风险成因考察》，《中国工业经济》2017 年第 8 期。

② 杨柳、李力、吴婷：《预期冲击与中国房地产市场波动异象》，《经济学（季刊）》2017 年第 1 期。

③ 胡昌生、彭桢、池阳春：《反馈交易、交易诱导与资产价格行为》，《经济研究》2017 年第 5 期。

④ 李志生、李好、马伟力、林秉旋：《融资融券交易的信息治理效应》，《经济研究》2017 年第 11 期。

对企业股票收益率的影响。研究发现：第一，劳动投资效率高的公司，其股票收益率显著高于劳动投资效率低的公司。Fama Mac Beth 回归显示，劳动投资效率作为风险因子显著地影响股票收益率。第二，劳动投资效率与股票收益率显著正相关，且民营企业尤为明显。第三，劳动密集型企业的劳动投资效率上升显著地提升了股票收益率①。武汉大学的胡婷、惠凯和彭红枫以2012 年沪深交易所取消异常波动停牌的交易规则变更作为自然实验，克服了以往研究中难以控制“停牌日”样本与“非停牌日”样本之间的信息因素差异的障碍，从而更为准确地检验了停牌制度的有效性，同时也首次考察了我国取消异常波动停牌的实施效果。研究发现异常波动停牌增加了被停牌股票复牌后的交易量和波动性，同时降低了股票流动性。这表明我国之前实施的异常波动停牌制度不但没有起到降低股价波动和交易成本的预期目的，反而阻碍了信息传递，加剧了股价波动，降低了市场效率②。

在债券市场的研究方面，中南财经政法大学的王雄元和湖南大学的高开娟探讨大客户在公司债发行定价中的作用以及承销商的调节效应。研究发现：第一大客户销售占比与公司债发行价差显著正相关，这一结论即使在控制内生性后依然成立，说明大客户对公司债发行定价具有风险效应。这种效应主要体现在承销商市场排名较低、承销费率较高、非承销团承销、承销商分类评级较低以及承销商不同时承销 IPO 组，说明承销商声誉能抑制大客户对公司债发行定价的风险效应。进一步分析表明：第一大客户非政府背景、与企业不在同一省份以及关系不稳定，债券无担保、信用评级较低以及筹资用于偿还债务，货币政策紧缩与经济增长较慢时，大客户对公司债发行定价的风险效应更强③。中南财经政法大学的王雄元和湖南大学高开娟利用我国 2007 ~2014 年二级市场公司债数据的研究发现，客户集中度提高了债券信用利

① 孔东民、项君怡、代昀昊：《劳动投资效率、企业性质与资产收益率》，《金融研究》2017 年第 3 期。

② 胡婷、惠凯、彭红枫：《异常波动停牌对股价波动性和流动性的影响研究——来自我国取消异常波动停牌的自然实验》，《金融研究》2017 年第 9 期。

③ 王雄元、高开娟：《如虎添翼抑或燕巢危幕：承销商、大客户与公司债发行定价》，《管理世界》2017 年第 9 期。

差，其对债券投资者具有风险效应，对债券投资者而言确实是一种风险①。

关于金融部门的研究，学者们关注更多的是银行部门。武汉大学的刘威、黄晓琪和郭小波认为，代表金融市场结构差异的国内私营部门银行信贷/GDP、权益证券组合投资净流入/GDP 和银行贷存比指标，及代表金融干预水平差异的总储备资产/GDP 指标，会使金融渠道调节失衡产生门限效应，而代表金融开放度的指标在短期内门限效应不显著。这也是导致中美两国金融渠道调节失衡效果出现差异的原因之一。中国应通过调整金融市场结构、降低对银行间接融资依赖、提升对外投资收益率、在保证充足调控能力基础上适当减少官方储备等，提升金融渠道调节外部失衡效用②。武汉大学的黄宪和黄彤彤提出了“金融超发展”的概念，意指当金融部门发展相对于实体部门发展“超”过一定程度，会带来资源的次优配置，并容易引发系统性风险，不利于经济的增长。通过修正的 AK 模型，对“金融超发展”的机理进行了阐述，并选取不同区间的中国省级面板数据，采用一阶差分广义矩估计（FD-GMM）方法对中国是否存在“金融超发展”现象进行了分析。实证研究结果显示，在控制了影响经济增长的其他因素之后，金融发展对于经济增长的影响是非线性的。若金融部门超过实体部门发展达到一定程度时，会对经济增长产生负的影响作用③。中南财经政法大学的唐文进、苏帆从理论上将风险激增的非线性机制纳入考量，改进已有模型使之更贴近极端金融事件的实际；从方法上探索利用改进后模型预警系统性风险的可行性并验证其先进性。以中国银行部门为例的研究结果表明，跳跃未定权益分析模型将传统模型的连续扩散假设放松为跳跃扩散假设，能更好地刻画极端金融事件的风险激增特征，并可比传统研究提前 3 ~6 个月预警其系统性风险；而如果进一步纳入混频宏观动态因子作为风险信息源，就还可提前识别金融市场噪声信号并降低其影响，即使在噪声条件下也能为防范系统性风险提供

① 王雄元、高开娟：《客户集中度与公司债二级市场信用利差》，《金融研究》2017 年第 1 期。

② 刘威、黄晓琪、郭小波：《金融异质性、金融调整渠道与中国外部失衡短期波动——基于 G20 国家数据的门限效应分析》，《金融研究》2017 年第 7 期。

③ 黄宪、黄彤彤：《论中国的“金融超发展”》，《金融研究》2017 年第 2 期。

2～3个月的政策反应时间[①]。武汉理工大学的陈晓芳、黄文才、夏文蕾和胡瑜从内部知识转化的视角分析了商业银行内部知识转化过程对服务创新形成的作用机理，进而提出了促进商业银行服务创新的对策建议[②]。

5. 收入分配

2017年湖北高校、党校和社科院系统学者对收入分配领域的研究主要集中在以下两个方面：一是收入分配问题的影响及相关政策的探讨；二是收入分配的机会不平等。

关于收入分配的影响，武汉大学的刘一伟和汪润泉认为，在社区层面上，收入差距导致了教育与财政资源在区县间的配置不均等，阻碍了医疗保险制度的发展以及产业结构的提升，进而提高了居民的贫困发生率；在个体层面上，收入差距降低了居民对教育资源的可及性，恶化了居民的健康水平，从而导致居民进入贫困状态[③]。武汉大学的雷欣、程可、陈继勇认为，收入不平等与经济增长之间不存在显著关系，但努力不平等对经济增长具有显著的正向促进作用，机会不平等对经济增长具有显著的负向抑制作用[④]。

在收入分配问题的相关政策方面，武汉大学的游士兵、张颖莉基于经济学和统计学的视角，沿着静态资产贫困和动态资产贫困两条主线，对资产贫困的相关概念、测量方法进行了对比和剖析。然后，围绕资产贫困测量对减贫政策的意义进行了梳理；同时从微观和宏观的视角，概括和总结了如何进行资产积累。最后，从数据收集、测量方法和减贫政策的视角，对我国开展资产贫困测量和实施基于资产积累的减贫政策提出了对策和建议[⑤]。

---

① 唐文进、苏帆：《极端金融事件对系统性风险的影响分析——以中国银行部门为例》，《经济研究》2017年第4期。

② 陈晓芳、黄文才、夏文蕾、胡瑜：《内部知识转化视角下商业银行服务创新研究》，《管理世界》2017年第8期。

③ 刘一伟、汪润泉：《收入差距、社会资本与居民贫困》，《数量经济技术经济研究》2017年第11期。

④ 雷欣、程可、陈继勇：《收入不平等与经济增长关系的再检验》，《世界经济》2017年第3期。

⑤ 游士兵、张颖莉：《资产贫困测量问题研究进展》，《经济学动态》2017年第10期。

对收入分配的机会不平等的研究，武汉大学的龚锋、李智、雷欣将CGSS样本按出生年代划分为“50后”、“60后”、“70后”和“80后”四个群体，研究结果显示，四个出生年代居民的收入分配机会不平等占比达到35%～43%；当所有个体的努力达到最高程度时，“50后”居民的收入分配机会不平等仅降低4.98%，“60后”和“70后”居民机会不平等的降幅高达50%左右，而“80后”居民机会不平等则降低22%；优势和劣势环境群体因努力程度提高而实现的收入增长幅度不同，是不同出生年代机会不平等指数降幅存在明显差异的原因①。

6.产业组织理论

2017年湖北省高校学者对产业组织领域的研究主要集中在以下四个方面：一是产业集聚与产业关联；二是技术创新与演化；三是进出口与企业生产率；四是经济结构调整与政府政策。

在产业集聚和产业关联的研究方面，武汉大学的杨勇认为，产业关联效应与市场竞争效应对地区新生企业产能的作用显著存在，并依赖产业特征而表现出吸引和排斥效应。既有产业在争夺下游消费市场方面会排斥新生企业产能，而在提供投入品角度则吸引新生企业产能，不同产业的相互吸引与排斥是造成各行业新生企业产能空间分布不均衡的重要原因②。武汉大学的孙元元、张建清以OTT线性框架为基础，构建了一个基于产业集聚与企业异质性内生互动关系的新经济地理模型，在此基础上详细探讨了市场一体化对产业集聚和地区生产率差距的作用及演变路径，同时探讨了技术外部性强度对地区生产率差距的影响。理论模型结果表明，随着市场一体化的深化以及技术外部性的强化，地区生产率差距也会扩大。随后用2000～2012年中国30个省份之间数据对上述结论进行了经验检验。结果表明“市场一体化会扩大地区生产率差距”，以及“技术外部性强化会扩大地区生产率差距”成

---

① 龚锋、李智、雷欣：《努力对机会不平等的影响：测度与比较》，《经济研究》2017年第3期。

② 杨勇：《产业关联、市场竞争与地区新生企业产能累积》，《中国工业经济》2017年第9期。

立，而且较为稳健[①]。中南财经政法大学的张虎、韩爱华、杨青龙认为，制造业与生产性服务业协同集聚空间相关程度整体不高，协同集聚具有空间溢出效应和空间反馈机制；知识溢出、技术创新与层级分工程度对制造业与生产性服务业协同集聚有正向的影响[②]。武汉理工大学的魏龙、王磊认为以三类产业的主导环节作为产业升级方向能够提升产业升级幅度，并且高级生产要素对制造业升级的促进作用强于传统生产要素[③]。中南民族大学的李俊杰、马楠认为，基于产业资源相对承载力视角，民族地区产业发展应当遵循如下发展路径：第一产业应当在保证粮食等必要初级产品供给安全的前提下，调整结构，以特色资源为引导，进一步扩大产业特色资源的规模效益；第二产业必须以转变发展方式为主要任务，走集约发展路线，以产业资源承载能力及生态承载力为红线，保持产业适度规模；第三产业发展应当以扩大规模、提高质量、提升产业资源承载能力为主要任务，充分释放产业资源的资本化能力，推动经济发展[④]。

在技术创新与演化问题上，华中科技大学的孔东民、华南师范大学的徐茗丽和广州大学的孔高文利用中国上市公司数据，考察企业管理层与员工之间的薪酬差距对企业创新的影响。研究发现：第一，整体而言，研究结果支持锦标赛理论，即薪酬差距对创新产出存在正向影响。为了控制内生性，在基于个人所得税率与最低工资标准调整构造工具变量后，结论一致。第二，在薪酬差距水平较低的情况下，扩大薪酬差距显著提升了企业创新，表明锦标赛理论在创新活动中占主导；但在薪酬差距水平较高的情况下，扩大薪酬差距对企业创新有负向作用，表明比较理论开始呈现作用。第三，薪酬差距

---

① 孙元元、张建清：《市场一体化与生产率差距：产业集聚与企业异质性互动视角》，《世界经济》2017 年第 4 期。

② 张虎、韩爱华、杨青龙：《中国制造业与生产性服务业协同集聚的空间效应分析》，《数量经济技术经济研究》2017 年第 2 期。

③ 魏龙、王磊：《全球价值链体系下中国制造业转型升级分析》，《数量经济技术经济研究》2017 年第 6 期。

④ 李俊杰、马楠：《产业资源相对承载力视角下民族地区产业发展与经济增长路径研究》，《中国人口·资源与环境》2017 年第 3 期。

对创新的正向激励作用主要由管理层薪酬溢价驱动，员工薪酬溢价反而在一定程度上降低了创新产出[①]。中南财经政法大学的杨国超、首都经济贸易大学的刘静、华东政法大学的廉鹏和中欧国际工商学院的芮萌认为，研发收入之比的分布在法规门槛附近不连续，这确认了公司研发操纵行为的存在。基于分布不连续特征定义的研发操纵公司获得了更多的税收优惠和政府补助。进一步地，研发操纵现象在民营企业、盈利企业以及位于税收征管力度较弱地区的企业中更为显著，且研发操纵公司的研发投入与公司未来发明专利申请、发明专利授权数量间的正相关关系更弱[②]。武汉大学的吴先明、张楠、赵奇伟认为，工资扭曲可以提高初创期企业的生存概率，从而引致低种群密度条件下大量新创企业进入；而工资扭曲对技术创新的抑制效应以及种群密度产生的负向调节效应却加大了企业的退出风险；工资扭曲和种群密度在一定程度上解释了中国企业大量涌现与快速衰退的现象[③]。

在进出口与企业生产率的研究方面，中南财经政法大学的钱学锋、王备认为高生产率企业更倾向于进口中间投入品；通过进口产品转换，中间投入品生产要素流动引起企业要素密度的变动，最终提升企业的要素禀赋结构[④]。

对经济结构调整和政府政策问题，武汉大学的潘红波、陈世来研究发现，《中华人民共和国劳动合同法》对国有企业投资的影响较弱；但是会显著降低民营企业的投资水平，而且这种效应主要体现在劳动密集型行业，同时这些效应对民营上市公司存在一个“阵痛”期。进一步的检验发现，《中华人民共和国劳动合同法》对中国区域经济增长会产生负面影响，而且这种效应主要体现在民营经济投资占比高、民营经济提供就业多的区域。这表

① 孔东民、徐茗丽、孔高文：《企业内部薪酬差距与创新》，《经济研究》2017 年第 10 期。

② 杨国超、刘静、廉鹏、芮萌：《减税激励、研发操纵与研发绩效》，《经济研究》2017 年第 9 期。

③ 吴先明、张楠、赵奇伟：《工资扭曲、种群密度与企业成长：基于企业生命周期的动态分析》，《中国工业经济》2017 年第 10 期。

④ 钱学锋、王备：《中间投入品进口、产品转换与企业要素禀赋结构升级》，《经济研究》2017 年第 1 期。

明，相对于具有雇员软约束的国有企业，以强化员工保护为目的的《中华人民共和国劳动合同法》会降低民营企业的投资水平，进而拖累中国经济增长。就政府政策而言，要保持我国经济的持续快速增长，政府需要制定一些替代性的政策，以对冲《中华人民共和国劳动合同法》给企业增加的雇员负担①。

7. 劳动经济学

2017 年湖北高校、党校和社科院系统学者对劳动经济学的研究主要集中在劳动力工资、人力资本和劳动者的风险偏好这三个方面。

关于劳动力工资的研究，武汉大学的程虹、李唐就“大五”人格特征对于劳动力工资的影响效应进行了基于微观一手调查数据的实证检验，发现开放性、严谨性等积极的人格特征对于劳动力工资具有显著的促进作用，而对于现阶段中国劳动力市场而言，以开放性为代表的创新型人格特征较为稀缺，其对于工资收入的边际贡献更为明显。进一步地，他们就人格特征对于劳动力工资的因果效应进行了稳健性检验，发现开放性人格特征对于工资收入的促进效应至少在 5% 显著性水平上均满足因果推断的统计要求，而以员工冒险精神、风险偏好指数作为开放性人格特征的替代变量也得到了相似的估计结果②。

对于人力资本的研究，武汉大学的周楷唐和北京大学的麻志明、吴联生认为高管学术经历能够降低公司债务融资成本约 6. 4% 。高管学术经历通过降低企业信息风险和债务代理风险两个途径来影响债务融资成本。此外，研究还发现，高管学术经历降低企业债务融资成本的效应在贷款难、融资难问题更为突出的企业中更为明显；高管学术经历也有助于企业更容易从银行获得贷款③。华中科技大学的代昀昊、孔东民认为具有海归特征的企业投资效

① 潘红波、陈世来：《〈劳动合同法〉、企业投资与经济增长》，《经济研究》2017 年第 4 期。

② 程虹、李唐：《人格特征对于劳动力工资的影响效应——基于中国企业—员工匹配调查（CEES）的实证研究》，《经济研究》2017 年第 2 期。

③ 周楷唐、麻志明、吴联生：《高管学术经历与公司债务融资成本》，《经济研究》2017 年第 7 期。

率更高，并且高管的海外经历在中央国企中发挥的作用最为明显①。华中科技大学的王砾、代昀昊、孔东民认为，投资者对公告的反应显著为正，体现了员工持股计划对企业员工的激励效应；国有企业发布员工持股计划的公告效应更为显著，推行员工持股计划的企业的员工教育水平越高，市场反应也越显著；ESOP 草案的差异也会影响投资者的反应②。

在劳动者的风险偏好问题上，中南财经政法大学的赵颖认为，中国劳动力市场上存在较显著的风险代际传递现象，劳动者的风险态度不仅存在于个体间的差异，也存在于单一劳动者不同年龄层次上的差异；这种风险的代际传递影响着子女的职业选择，是代际职业流动性偏低的重要原因之一；导致这种风险代际传递的内在原因，在于子女同家庭成员间内部行为互动，以及子女与同群者的外部行为互动③。

8. 农业与农村经济

2017 年湖北高校、党校和社科院系统学者对农业与农村经济领域的研究主要集中在以下四个方面：一是农产品的价格；二是农村经济增长与城镇化问题；三是农村土地流转问题；四是生态农业。

对于农产品价格的研究，华中农业大学的李剑、李崇光引入价格泡沫理论与分析方法，提出了基于价格泡沫视角的农产品期货市场风险评价方法和分析框架，创建了“泡沫长度”“泡沫频度”“泡沫强度”3 个风险评价指标，对 2006 ~2014 年中国农产品期货市场历史风险水平进行了测量和评价。依据风险评价结果，本文将 10 种主要农产品期货品种划分为高、中、低 3 个风险等级，并总结出各个风险等级商品的风险特征和调控启示。研究结果显示，商品功能属性不能完全显示商品风险属性，有必要按照“分级监控、重点防范”的原则，完善农产品期货市场风险监管体系④。

① 代昀昊、孔东民：《高管海外经历是否能提升企业投资效率》，《世界经济》2017 年第 1 期。
② 王砾、代昀昊、孔东民：《激励相容：上市公司员工持股计划的公告效应》，《经济学动态》2017 年第 2 期。
③ 赵颖：《中国劳动者的风险偏好与职业选择》，《经济学动态》2017 年第 1 期。
④ 李剑、李崇光：《农产品期货市场风险评价——一个基于价格泡沫模型的新分析框架》，《中国农村经济》2017 年第 5 期。

关于农村经济增长与城镇化问题的研究，华中师范大学的项继权、周长友认为，在中国快速工业化和城镇化的过程中，“农村空心化”、“农业边缘化”和“农民老龄化”等现象日益突出，已经成为社会广泛关注的“新三农”问题。“新三农”问题的衍生有深刻的时代背景、内在动力和制度根源。破解“新三农”问题必须着力破除城乡二元结构，实现城乡之间人口和资源的自由流动及公共服务的均衡分配。如果说改革以来破除城乡二元体制改革的重点在城市，当前改革的重点和难点则在农村，尤其是破除农村经济和社会的封闭性。为此，必须进一步深化农村改革，实行“政经分开”“户产分离”，鼓励“市民下乡”为农村发展提供人力支持；“管住规划、放开市场”，允许“资本下乡”为农业现代化提供资源支持；“守住底线、多元供给”，通过“服务下乡”为农民提供基本的社会保障。通过政策调整和制度创新，在改革和发展中逐步化解“新三农”问题①。中国地质大学（武汉）的帅竞、成金华等认为，IFAD 项目脱贫效果显著：IFAD 项目的实施对项目区贫困农户脱贫率的净贡献为 18.71%，由于 IFAD 项目实施而摆脱贫困的受益人总数达到 80.746 万人，其中直接受益人 46.1137 万人，间接受益人为 34.6323 万人；从收入结构来看，IFAD 项目干预对贫困农户种植业收入增长的影响最大：采用 DID、包含控制变量的 DID、加权最小二乘 DID 和 PSM 方法分析的结果显示，IFAD 项目实施使项目受益人的种植业收入人均增长了 1031.15 元，且在 5% 的水平上显著；从家庭特征来看，市场便捷程度和户主学历对 IFAD 项目干预效果的影响最大②。武汉大学的辜胜阻、曹冬梅、韩龙艳认为，当前中国城镇化面临着以人为本不够、城镇化效率不高、绿色发展不够、城镇规模结构不平衡、市场化不足、协调发展不够等六大问题③。华中科技大学的文乐和彭代彦等认为，在未考虑内生性的情况

① 项继权、周长友：《“新三农”问题的演变与政策选择》，《中国农村经济》2017 年第10 期。

② 帅竞、成金华、帅传敏、李文静、郭晴、程欣、丁丽萍：《IFAD 中国项目精准脱贫绩效评价：基于农民人均收入视角》，《中国人口·资源与环境》2017 年第 2 期。

③ 辜胜阻、曹冬梅、韩龙艳：《“十三五”中国城镇化六大转型与健康发展》，《中国人口·资源与环境》2017 年第 4 期。

下房价对人口半城镇化的影响严重被低估。土地供给减少导致房价上涨，进而推升了人口半城镇化率，抑制了农村转移人口市民化。通过测算，他们发现房价每上涨一个百分点，人口半城镇化率大约上升 0.1894 个百分点。

关于农村土地流转问题的研究，中南财经政法大学的宋敏、雷耀认为，不同流向下农地城市流转产生的交通状况恶化、噪音污染、公共设施不足等七种类别负外部效应在类型和强度上有所差异；绝大多数居民对治理农地城市流转的负外部性具有支付意愿，且在参与程度和参与强度（支付额）方面因农地城市流转的不同流向而有所区别，并且居民的受教育程度和家庭收入水平对选择效用的影响具有显著性且呈正相关关系；不同流向下农地城市流转所产生的负外部效应的经济总量不容忽视，三种流向的负外部效应从大到小依次为农地流转为工矿仓储及交通运输用地、公共管理与公共服务用地、住宅及商服用地①。华中农业大学的高欣、张安录认为，在农地流转中，建议政府应考虑流转农户的差异化以及兼业程度的影响，针对转入户和转出户分别制定相应的土地政策②。

关于生态农业的研究，华中农业大学的黄炜虹、齐振宏、邬兰娅、胡剑认为，收入预期对农户从事生态循环农业的意愿与行为均有直接的积极影响，是促进农户从事生态循环农业的最重要的因素；焚烧秸秆惩罚政策和废弃物资源化补贴政策对农户从事生态循环农业的意愿有积极影响，沼气池建设补贴政策和废弃物资源化补贴政策对农户生态循环农业行为有促进作用；收入预期与废弃物资源化补贴政策在影响农户生态循环农业行为的过程中存在互补效应③。华中农业大学的张童朝、颜廷武等认为，农户秸秆还田投资意愿不高或因资本禀赋约束所致，因此应加强农户资本禀赋积累，优化农户

---

① 宋敏、雷耀：《基于 CE 的不同流向下农地城市流转负外部效应研究》，《中国人口·资源与环境》2017 年第 1 期。

② 高欣、张安录：《农地流转、农户兼业程度与生产效率的关系》，《中国人口·资源与环境》2017 年第 5 期。

③ 黄炜虹、齐振宏、邬兰娅、胡剑：《农户从事生态循环农业意愿与行为的决定：市场收益还是政策激励?》，《中国人口·资源与环境》2017 年第 8 期。

资本禀赋结构的政策建议，以促进秸秆还田等绿色生产方式的推广应用[①]。湖北经济学院的赵丽平，华中科技大学的侯德林和华中农业大学的王雅鹏、尹宁认为，城镇化和粮食生产技术效率之间的长期均衡关系对短期的影响存在功能区差异。对于全国层面、粮食主产区以及粮食主销区，长期正面效应大于短期负面效应，对于粮食平衡区，长期正面效应小于短期正面效应；总体来说，城镇化和粮食生产技术效率响应之间的变动为正，并逐渐趋向一个稳定的水平；城镇化和粮食生产技术效率的预测方差受自身的冲击要更高，且二者对预测方差的贡献度呈现出区域差异[②]。

9. 资源环境经济学

2017 年湖北高校、党校和社科院系统学者对资源环境经济问题的研究主要集中在以下五个方面：一是环境、碳排放和经济增长；二是碳市场和碳关税问题；三是在开放经济条件下，应对气候变化、对外贸易、FDI 与国内低碳经济建设；四是环境与低碳经济的地区特征；五是低碳环境建设中政府的作用。

如何处理经济增长和环境、碳排放的关系，实现环境友好的经济社会可持续发展，一直是理论界讨论的热点。中国地质大学（武汉）的黎江峰、吴巧生、汪金伟认为在国家大力推进生态文明建设的背景下，我国页岩气开发不能再走“先污染，后治理”的老路子，想要实现“既要金山银山，也要青山绿水”，就必须在生产和污染之间找到平衡点。因此，我国页岩气的开发必须走绿色发展的道路，一方面利用页岩气资源提高国家能源安全，另一方面也要控制页岩气资源开发过程中的环境风险，构建页岩气产业绿色发展路径[③]。华中科技大学的宋德勇和中南财经政法大学的杨柳青青简要介绍了生态宏观经济学的形成过程和主要观点，并对其前沿研究领域进行了阐

① 张童朝、颜廷武、何可、张俊飚：《资本禀赋对农户绿色生产投资意愿的影响——以秸秆还田为例》，《中国人口·资源与环境》2017 年第 8 期。

② 赵丽平、侯德林、王雅鹏、尹宁：《城镇化与粮食生产技术效率的互动关系研究》，《中国人口·资源与环境》2017 年第 8 期。

③ 黎江峰、吴巧生、汪金伟：《能源安全视角下我国页岩气产业绿色发展路径与保障政策》，《管理世界》2017 年第 8 期。

述。生态宏观经济学主要采用后凯恩斯主义宏观经济学的方法，探讨如何在资源环境约束下维持经济社会长期稳定和繁荣问题，并初步形成了相关的理论体系，重点研究了负增长、收入分配、气候政策及生态宏观经济的情景分析[①]。中国地质大学（武汉）的帅传敏、王静、程欣认为，地质灾害与土地、降雨、环保投资，脱贫人口与耕地、饮用水、人均纯收入间存在长期协整关系；环境污染和地质灾害治理方案均可减少贫困发生率；协调发展方案减贫效果最佳，万州区有望提前实现减贫目标[②]。

关于碳市场和碳关税的研究，湖北经济学院的滕泽伟、蒋西艳和中南财经政法大学的胡宗彪认为，中国服务业碳生产率整体呈增长趋势，技术进步是其增长的主要因素，技术效率并没有发挥出应有的提升服务业碳生产率的作用，利用效率的改善来提高服务业碳生产率增长还有很大的空间[③]。中国地质大学（武汉）的王忠认为，资源税对矿业权集聚水平和矿业经济增长具有正向刺激作用，但矿业经济增长并不利于地区经济的整体改进，也不利于区域贫困减缓[④]。湖北经济学院的陈菡和中国地质大学的于世为认为，22年间 PM2.5 的减排量有限，SO_2 和 NOx 的排放量分别增加 12.5% 和 122.7%。城市居民的人均排放降幅明显，而农村居民 2012 年 3 种污染物人均排放为前者的 1.2～8.2 倍，仍面临很高的暴露风险[⑤]。

在开放经济条件下，湖北经济学者主要研究了如何处理应对气候变化、对外贸易、FDI 与国内低碳经济建设的关系这些重大问题。武汉大学的严雅雪和碳排放权交易湖北省协同创新中心的齐绍洲认为，中国雾霾污染存在着显著的空间依赖性和区域异质性，FDI 对中国大部分城市的雾霾污染存在显

① 宋德勇、杨柳青青：《生态宏观经济学研究新进展》，《经济学动态》2017 年第 9 期。

② 帅传敏、王静、程欣：《三峡库区移民生态减贫策略的优化仿真研究》，《数量经济技术经济研究》2017 年第 1 期。

③ 滕泽伟、胡宗彪、蒋西艳：《中国服务业碳生产率变动的差异及收敛性研究》，《数量经济技术经济研究》2017 年第 3 期。

④ 王忠：《矿业权集聚、经济增长与区域贫困减缓》，《中国人口·资源与环境》2017 年第 2 期。

⑤ 陈菡、于世为：《中国生活能源消费的典型污染物排放与驱动因素研究中国居民能源消费的主要空气污染物排放与驱动力》，《中国人口·资源与环境》2017 年第 12 期。

著的增促效应[①]。武汉大学的刘传江、赵晓梦认为，根据产业的碳密集程度实施针对性的环境规制政策，持续加强中碳密集产业的环境规制力度，适度加强低碳密集产业的环境规制强度，高碳密集产业需根据不同阶段的经济水平设计具有针对性的环境规制政策，逐渐将三类产业的“遵循成本”效应转化为“创新补偿”效应，实现经济增长和环境保护的双赢[②]。华中科技大学的王班班、吴维认为，全国碳市场建立对中国工业吸引 FDI 的整体规模不会产生显著的负面影响，但有助于提高非高耗能行业的 FDI 流入，并降低高耗能行业的 FDI 流入，优化工业吸引外资的行业结构[③]。中南财经政法大学的李小平、李小克认为，扩大企业规模、提升市场化和对外开放水平，有利于提升企业应对环境规制的能力，并为下一阶段实施更为合理有效的环境规制政策提供支撑[④]。

从地区特征上来看，武汉大学的杨冕、王银认为，就空间特征而言，长江中下游地区 PM2. 5 污染较长江上游地区更为严重，长江北岸地区比长江南岸地区更为严重；PM2. 5 高浓度集聚地带主要位于鄂皖苏大部分地区，与空气质量较佳的云南及其周边地区呈“对角”分布状态[⑤]。中国地质大学（武汉）的张意翔、成金华、汤尚颖和李通屏认为除山西、新疆和内蒙古外，其他地区技术进步总体上偏向资本，偏向程度自东向西逐渐增大；技术进步偏向性程度越大则区域资本节能效应越小[⑥]。武汉大学的张建清、张岚、王嵩和范斐认为，2003 ~2015 年间各省市可持续发展效率整体呈现上

---

① 严雅雪、齐绍洲：《外商直接投资对中国城市雾霾（PM2. 5）污染的时空效应检验》，《中国人口·资源与环境》2017 年第 4 期。

② 刘传江、赵晓梦：《强“波特假说”存在产业异质性吗？——基于产业碳密集程度细分的视角》，《中国人口·资源与环境》2017 年第 6 期。

③ 王班班、吴维：《碳价格对中国工业外商直接投资的潜在影响》，《中国人口·资源与环境》2017 年第 10 期。

④ 李小平、李小克：《中国工业环境规制强度的行业差异及收敛性研究》，《中国人口·资源与环境》2017 年第 10 期。

⑤ 杨冕、王银：《长江经济带 PM2. 5 时空特征及影响因素研究》，《中国人口·资源与环境》2017 年第 1 期。

⑥ 张意翔、成金华、汤尚颖、李通屏：《技术进步偏向性、产权结构与中国区域能源效率》，《数量经济技术经济研究》2017 年第 8 期。

升趋势，但各地区效率水平及其变化幅度的差异较为显著；华中和东北地区可持续发展效率评价结果均低于全国平均水平，华北、华南和华东地区可持续发展效率评价结果相对较高，绝大多数年份位于全国平均水平之上，西北和西南大部分地区可持续发展效率评价结果波动不大且处于较低水平①。

关于低碳环境建设中政府的作用的研究，武汉大学的齐绍洲、张倩和华中科技大学的王班班认为，从新能源产业的现状考虑，一方面，应当使市场在资源配置中起决定性作用，实现新能源领域的要素自由流动和企业优胜劣汰，达到集约发展和结构调整的目的；另一方面，需要政府更好地发挥作用，在逐步减少新能源补贴等直接干预的同时，利用宏观调控体系为新能源企业创新能力的提高创造良好的制度环境②。武汉大学的范如国、冯晓丹认为，对于不同效用水平的消费者，地方政府价格补贴比例上限和配套比例补贴对新能源汽车零售价格所起的作用不同；地方政府补贴政策只有在小于或等于其最优配套比例或价格补贴比例上限时才会对新能源汽车推广产生正向影响③。中南财经政法大学的高利红、李胤认为，地方政府作为行政区划内环境质量的法定责任主体，其环境保护义务的有效履行与行政规则的合理化程度密切相关。然而现阶段以“农作物秸秆露天禁烧和综合利用”为代表的地方环境行政规制，普遍存在规制目的错位、规制手段单一、利益衡量片面等合理性欠缺的问题，不仅致使环境公共利益的缓慢增进、治理成本的高额投入与民众的热切期许难以协调，且环境行政规制自身的效能、效率、公平性等方面亦无法兼顾。探究地方环境行政规制合理化欠缺的症结，规制目的—手段的错位不容忽视④。华中科技大学的杨继生和中国中投证券博士后

① 张建清、张岚、王嵩、范斐：《基于 DPSIR-DEA 模型的区域可持续发展效率测度及分析》，《中国人口·资源与环境》2017 年第 11 期。

② 齐绍洲、张倩、王班班：《新能源企业创新的市场化激励——基于风险投资和企业专利数据的研究》，《中国工业经济》2017 年第 12 期。

③ 范如国、冯晓丹：《“后补贴”时代地方政府新能源汽车补贴策略研究》，《中国人口·资源与环境》2017 年第 3 期。

④ 高利红、李胤：《比例原则视角下地方环境行政规制合理化研究——以农作物秸秆禁烧为切入点》，《中国人口·资源与环境》2017 年第 12 期。

科研工作站的阳建辉认为居民对企业不同类型失责行为的反应具有选择性。对于利害关系直接并且权责明晰的产品质量和安全事故问题，居民反应强烈。对社会危害较大担负外部性较强的环境污染问题，居民反应淡漠。居民的选择性反应使企业可以借助资金实力或市场地位改善其收益，弱化社会监督效应。所以，市场对环境污染没有约束力，环境保护只能依赖于政府管制①。

10. 世界经济

2017 年湖北高校、党校和社科院系统学者对世界经济的研究主要集中在国内国际粮食价格上。

华中科技大学的柯善淦、卢新海等采用 2000～2016 年国内和国际小麦、玉米、大豆、稻谷的月平均价格和海外耕地规模数据，分别建立一致门槛自回归模型、非对称误差修正模型，以分析国内与国际粮食价格的联动效应及其非对称性，并分析海外耕地投资对该联动效应的非对称性的影响。研究结果表明：小麦、玉米、大豆、稻谷国内价格与国际价格之间存在显著的联动效应，且国内国际两个市场各类粮食价格的联动效应具有非对称性，国内粮食价格对国际粮食价格上涨的反应更灵敏；在引入海外耕地投资的背景下，海外耕地规模对国内与国际粮食价格的联动效应具有显著的缓冲作用。因此，充分利用国内与国际粮食价格的联动效应，积极参与海外耕地投资，是中国保障粮食安全的重要手段②。

11. 对外贸易与人民币国际化

2017 年，中国对外贸易和人民币国际化依然是湖北省高校、党校和社科院系统理论界研究的重点问题。

关于对外贸易的研究，中南财经政法大学的钱学锋、龚联梅认为，中国与两组区域贸易协定成员之间的贸易协议降低了中国面临的贸易政策不确定性，促进了中国制造业的出口；区域全面经济伙伴关系协定成员国之间的贸

① 杨继生、阳建辉：《企业失责行为与居民的选择性反应——来自上市企业的证据》，《经济学（季刊）》2017 年第 1 期。

② 柯善淦、卢新海、葛堃、李慧芳：《基于海外耕地投资的国内国际粮食价格联动效应分析》，《中国农村经济》2017 年第 12 期。

易协议给中国带来的相对贸易政策不确定性促进了中国制造业的出口①。华中科技大学的李昭华、吴梦认为在经济转型期，市场化改革与对外开放的发展是中国出口增长的首要推动力；在“入世”准备期，中国出口增长由制度因素、物质要素投入协同推动；在“入世”增长期，物质要素投入成为中国出口增长的首要来源；在全球引擎期，物质要素投入协同贸易潜力主导中国出口贸易的发展；地区间出口贸易差距主要源于贸易潜力、资本与制度因素的三重差异②。中国地质大学（武汉）的成金华、尤喆、朱永光和中国邮政储蓄银行湖北省分行的鄢红兵认为，铜贸易国的贸易量对铜价波动的贡献度要高于其他有色金属贸易国家；铝、铅、锌贸易国家的金融因素对铝、铅、锌价格的影响要强于铜贸易国家③。

在人民币国际化问题上，武汉大学的彭红枫、谭小玉认为受制于中国的政策制度和金融体系等结构性因素的不足，人民币在全球市场上使用的份额始终较低，但呈现出逐渐上升的趋势。经济实力、贸易规模和币值稳定性等基本面因素是决定货币国际化总量指数的关键。现阶段推进人民币国际化的关键在于完善我国的制度体系和金融市场等结构性因素④。武汉大学的彭红枫和谭小玉等发现人民币与现有国际货币具有相似的发展路径，经济规模仍然是人民币国际化最坚实的根基，成熟的金融市场和网络技术对货币国际化的促进作用会逐渐显现⑤。

12. 制度经济学

2017 年湖北高校、党校和社科院系统学者对制度经济学的研究主要集

① 钱学锋、龚联梅：《贸易政策不确定性、区域贸易协定与中国制造业出口》，《中国工业经济》2017 年第 10 期。

② 李昭华、吴梦：《改革开放以来中国出口增长推动力的阶段性演进及地区分布差异》，《数量经济技术经济研究》2017 年第 7 期。

③ 成金华、尤喆、朱永光、鄢红兵：《有色金属国际价格波动的影响因素研究》，《中国人口·资源与环境》2017 年第 7 期。

④ 彭红枫、谭小玉：《人民币国际化研究：程度测算与影响因素分析》，《经济研究》2017 年第 2 期。

⑤ 彭红枫、谭小玉、祝小全：《货币国际化：基于成本渠道的影响因素和作用路径研究》，《世界经济》2017 年第 11 期。

中在产权与交易费用、公司治理两个方面。

关于产权与交易费用的研究，华中师范大学的邓大才认为，产权的社会属性是超大型农业国家实现“无为而治”的制度基础，也是支撑农业文明长期延续的“产权密码”①。华中农业大学的张婷、张安录，江西省水利规划设计研究院的邓松林和农业部管理干部学院的胡越认为，交易费用的三个分析维度对交易费用的影响不尽一致，应根据其影响的差异性来制定相关政策，以达到降低市场交易费用的目的②。

在公司治理方面，武汉大学的王运通和中国人民大学的姜付秀认为，具有多个大股东的公司债务融资成本更低。当公司内大股东数量越多、非控股大股东持股越多、大股东间持股分散度越低时，大股东更容易发挥监督作用，公司的债务融资成本越低；当公司信息环境更好、公司所处地区法律环境更好时，大股东更容易发挥监督作用，多个大股东与债务融资成本间的负向关系也更加明显③。中南财经政法大学的李春涛、刘贝贝和香港大学的周鹏利用2006~2015年深交所A股上市公司数据，实证检验了卖空机制对信息披露质量的影响。在控制了一系列可能的影响因素，并使用倾向得分匹配、安慰剂检验和多个双重差分缓解了内生性问题以后，发现引入卖空机制显著提高了标的公司的信息披露质量。进一步使用融券余额作为卖空势力的测度指标并将ETF基金持股比例作为其工具变量来控制内生性后，以上结果依然稳健。进一步分析发现，在中介市场发育程度较高和法制环境较好的地区，做空对信息披露质量的改善作用更明显。最后，探究了做空提升信息披露质量的途径，证明卖空可以通过增加对管理层的激励和降低信息不对称来约束经理人的自利行为，进而提高上市公司的信息披露质量。因此，继续放开融券，并完善其相关制度，可以充分发挥卖空在中国资本市场上的公司

① 邓大才：《中国农村产权变迁与经验——来自国家治理视角下的启示》，《中国社会科学》2017年第1期。

② 张婷、张安录、邓松林、胡越：《交易费用三维度属性作用机理及交易方式选择意愿——佛山市南海区集体建设用地市场实证分析》，《中国人口·资源与环境》2017年第7期。

③ 王运通、姜付秀：《多个大股东能否降低公司债务融资成本》，《世界经济》2017年第10期。

治理作用①。武汉大学的李青原、黄威和暨南大学的王红建探究了最终控制人投资组合集中度对上市公司未来股票投资回报的影响，通过检验2009～2015年中国A股上市公司的相关数据，发现最终控制人投资组合集中度越高，上市公司未来股票投资回报越高。进一步探究其影响机制，结果显示最终控制人投资组合集中度高的企业，未来的公司业绩越好、内控质量越高、代理成本越低，即提高最终控制人投资组合集中度有利于提升公司价值。基于以上结论，利用最终控制人投资组合集中度构建了一个对冲策略，即买入最终控制人投资组合集中度高的公司，卖出最终控制人投资组合集中度低的公司，结果显示该对冲策略在短期与长期都可以获得显著为正的股票投资超额回报。这说明中国证券市场的投资者并没有完全理解最终控制人投资组合集中度所包含的信息。后续检验中，还发现最终控制人间接控制的公司比直接控制的公司对冲策略的有效性更强，信息透明度低的公司比信息透明度高的公司对冲策略的有效性更强②。

13. 经济史

2017年湖北高校、党校和社科院系统学者对经济史的研究主要集中在中国近代经济史和新中国经济史两个方面。

在中国近代经济史方面，华中师范大学的朱英认为，20世纪80年代初商会史研究的兴起是辛亥革命与资产阶级研究中探讨新视野、新思路的结果，章开沅先生运用马克思主义理论与方法对商会史研究率先予以大力倡导，具有开创之功。随后使商会史研究从附属于辛亥革命史的一个部分发展成为中国近代史研究中的一个重要独立领域，不仅推进了商会史研究的进一步深化，而且使“国家与社会”这一理论分析框架逐渐广泛运用于中国近代史研究的更多领域③。与此相呼应，华中师范大学的郑成林、史慧佳认

① 李春涛、刘贝贝、周鹏：《卖空与信息披露：融券准自然实验的证据》，《金融研究》2017年第9期。

② 李青原、黄威、王红建：《最终控制人投资组合集中度、股票投资回报与对冲策略》，《金融研究》2017年第8期。

③ 朱英：《近代商会史研究的缘起、发展及其理论与方法运用》，《近代史研究》2017年第5期。

为，国民政府鼎立南京后立即启动度量衡改制，以商会为主体的商人团体也积极参与其中，充分表达了商界对新制的期盼及诉求。但在新制与旧习、商人惯用的外国度量衡之间发生冲突时，商会往往代表商界与政府交涉，要求暂缓改制或依习惯对新制进行修正，少数地方商人和商会甚至不惜暴力抗拒[①]。此外，关于近代中国税收，华中师范大学的魏文享认为，鸦片战争之后西方各国外侨在中国借治外法权及租界壁垒导致中国税务行政长期难及于外侨，直到1936年南京国民政府正式开征所得税再次引发各界对中外税收平权问题的集中讨论。国民政府虽经努力，但仍难在税务行政范畴内解决问题，根本出路还在于中国与西方条约国家外交政治关系的重构[②]。

在新中国经济史研究方面，中南财经政法大学的张连辉从新的角度考察了新中国农药污染防治史，他认为20世纪50年代中国在大规模使用化学农药之初即开始积极探索农药污染的防治。因受到各种历史条件的制约，20世纪五六十年代的中国农药污染防治工作是在生产安全和劳动卫生理念下，围绕防治农药急性和亚急性中毒展开的，从而表现出明显的前现代性特征。这一时期的探索，为此后中国现代农药污染防治工作的起步奠定了重要知识、技术和制度基础[③]。中南财经政法大学的瞿商与许天成认为，1960年秋鉴于国内严峻的粮食供应形势，中国着手重启并扩大同加拿大的粮食贸易，此举得到了加拿大的响应。与此同时，作为世界市场另一主要粮食供应国的澳大利亚，一方面试图与加拿大在对华粮食贸易上建立攻守同盟，另一方面却坚持其反共疏华姿态。两国态度的差异，为中国于1961年5月最终争取到有利的粮食进口条件提供了便利。回顾这段历史，对中国在新的历史时期确保粮食安全和促进改革开放事业具有借鉴意义[④]。

关于中国经济史研究的新方向，中南财经政法大学的易棉阳与赵德馨提

① 郑成林、史慧佳：《南京国民政府度量衡改制中的商会参与》，《历史研究》2017年第4期。
② 魏文享：《华洋如何同税：近代所得税开征中的外侨纳税问题》，《近代史研究》2017年第5期。
③ 张连辉：《20世纪五六十年代中国的农药污染防治》，《中国经济史研究》2017年第2期。
④ 瞿商、许天成：《1960年秋至1961年5月中国自加拿大和澳大利亚的粮食进口》，《当代中国史研究》2017年第4期。

出构建中国经济发展学。他们区分了中国经济发展学和中国特色社会主义政治经济学，虽然两者同属于中国经济学范畴，但在逻辑起点、研究对象、研究任务上有显著的区别。中国经济发展学是揭示中国经济发展历程和规律的科学，它以中国经济发展史和经济发展状况为逻辑起点。构建中国经济发展学，既是中国经济发展和中国经济学发展的需要，也是世界经济发展的需要①。

（二）湖北省与江苏省经济学学术成果比较

湖北省与江苏省科研实力都长期位居全国前列，同为科教大省，存在许多相似之处。但近年来江苏省科研实力增长迅速，整体实力明显提升。从2017年两省科研主力军——高校的研究实力及学科发展可以看出一些新的变化。从“双一流”大学的分布来看，虽然两省各有两所“985”工程大学，但2017年江苏省在原有的11所“211”工程高校基础上，又新增4所（南京邮电大学、南京林业大学、南京信息工程大学、南京中医药大学）“双一流”学科大学。而湖北省依然只有7所原“211”工程大学入选“双一流”，虽然数量并没有减少，但是在全国“双一流”大学名单增加的情况下，湖北省的整体科研实力其实相对落后了。那么这种整体科研实力上的变化，会对经济学学科的研究产生什么样的影响？湖北省的经济学整体研究水平与江苏省相比如何？通过对湖北省与江苏省2017年经济学学科发展的横向比较，可以更清楚地定位湖北省经济学研究的水平与特色。

1. 经济学顶级期刊及分类

为了对比2017年湖北省与江苏省的经济学学科发展水平，本报告综合考虑经济学学术期刊的学术声誉、期刊排名及影响因子等因素，选取了11种代表经济学最高研究水平的顶级期刊，力求反映两省在经济学研究水平上的差异。其中第一档次期刊为《中国社会科学》1种，代表中国整个社会科学界最高级别学术成果；第二档次期刊为《经济研究》和《管理世界》2种，代表经济学界最高学术成就；第三档次期刊为《中国农村经

① 易棉阳、赵德馨：《中国经济发展学论纲》，《求索》2017年第10期。

济》《世界经济》《经济学动态》《中国工业经济》《数量经济技术经济研究》《中国人口·资源与环境》《金融研究》和《经济学》（季刊）等8种期刊，其中前7种为经济学各领域最高级别期刊，《经济学》（季刊）为经济学界后起之秀，学术界认可度极高。11种期刊及其出版单位、刊号和影响因子见表1。

表1　11种经济学顶级期刊及影响因子

期刊名称	出版单位	刊号	复合影响因子	综合影响因子
中国社会科学	中国社会科学院	CN11－1211/C	7.137	5.498
经济研究	中国社会科学院经济研究所	CN11－1081/F	10.597	7.896
管理世界	中华人民共和国国务院发展研究中心	CN11－1235/F	4.751	3.435
中国农村经济	中国社会科学院农村发展研究所	CN11－1262/F	4.564	3.324
世界经济	中国社会科学院世界经济与政治研究所	CN11－1138/F	5.795	4.215
经济学动态	中国社会科学院经济研究所	CN11－1057/F	2.264	1.598
中国工业经济	中国社会科学院工业经济研究所	CN11－3536/F	8.170	6.219
数量经济技术经济研究	数量经济与技术经济研究所	CN11－1087/F	3.358	2.483
中国人口·资源与环境	中国可持续发展研究会	CN37－1196/N	4.530	3.016
金融研究	中国金融学会	CN11－1268/F	2.741	2.203
经济学(季刊)	北京大学中国经济研究中心	CN11－6010/F	6.482	4.561

注：影响因子统计截至2018年2月4日。
资料来源：中国知网。

2. 湖北省与江苏省经济学学术成果整体水平对比

表2显示了2017年湖北省和江苏省在经济学顶级期刊发文的数量。由表2所示，可以发现，无论是总体数量还是质量，2017年湖北省经济学学科发展水平都高于江苏省。从总体发文数量看，湖北省要比江苏省多40篇。表3显示了三个档次的顶级期刊两省发文量对比，第一档次期刊两省都是1篇，但是第二档次期刊湖北省比江苏省多6篇。全部11种期刊中，除了

《经济学》（季刊）和《中国农村经济》，湖北省在其余9种期刊的发文数量都多于或等于江苏省，并且《经济研究》多2篇、《金融研究》多7篇、《经济学动态》多12篇、《中国人口·资源与环境》更是多了16篇。

表2　2017年湖北省和江苏省经济学顶级期刊发文对比

单位：篇

期刊	湖北	江苏	湖北－江苏
中国社会科学	1	1	0
经济研究	17	15	2
管理世界	15	11	4
中国农村经济	4	8	－4
世界经济	6	6	0
经济学动态	15	3	12
中国工业经济	10	10	0
数量经济技术经济研究	13	8	5
中国人口·资源与环境	38	22	16
金融研究	10	3	7
经济学(季刊)	2	4	－2
总数	131	91	40

注："湖北－江苏"表示湖北省与江苏省的差值，下同。

资料来源：中国知网。

表3　三个档次经济学顶级期刊发文对比

单位：篇

层次	湖北	江苏	湖北－江苏
第一档	1	1	0
第二档	32	26	6
第三档	98	64	34
总数	131	91	40

资料来源：中国知网。

3. 湖北省与江苏省经济学热点研究领域对比

分领域来看，湖北省和江苏省的经济学研究也呈现出一些相似点和不同点。表4显示了经济学不同领域两省的发文量对比。

皮书系列

2018年

智 库 成 果 出 版 与 传 播 平 台

社会科学文献出版社
SOCIAL SCIENCES ACADEMIC PRESS (CHINA)

社长致辞

蓦然回首，皮书的专业化历程已经走过了二十年。20年来从一个出版社的学术产品名称到媒体热词再到智库成果研创及传播平台，皮书以专业化为主线，进行了系列化、市场化、品牌化、数字化、国际化、平台化的运作，实现了跨越式的发展。特别是在党的十八大以后，以习近平总书记为核心的党中央高度重视新型智库建设，皮书也迎来了长足的发展，总品种达到600余种，经过专业评审机制、淘汰机制遴选，目前，每年稳定出版近400个品种。“皮书”已经成为中国新型智库建设的抓手，成为国际国内社会各界快速、便捷地了解真实中国的最佳窗口。

20年孜孜以求，“皮书”始终将自己的研究视野与经济社会发展中的前沿热点问题紧密相连。600个研究领域，3万多位分布于800余个研究机构的专家学者参与了研创写作。皮书数据库中共收录了15万篇专业报告，50余万张数据图表，合计30亿字，每年报告下载量近80万次。皮书为中国学术与社会发展实践的结合提供了一个激荡智力、传播思想的入口，皮书作者们用学术的话语、客观翔实的数据谱写出了中国故事壮丽的篇章。

20年跬步千里，“皮书”始终将自己的发展与时代赋予的使命与责任紧紧相连。每年百余场新闻发布会，10万余次中外媒体报道，中、英、俄、日、韩等12个语种共同出版。皮书所具有的凝聚力正在形成一种无形的力量，吸引着社会各界关注中国的发展，参与中国的发展，它是我们向世界传递中国声音、总结中国经验、争取中国国际话语权最主要的平台。

皮书这一系列成就的取得，得益于中国改革开放的伟大时代，离不开来自中国社会科学院、新闻出版广电总局、全国哲学社会科学规划办公室等主管部门的大力支持和帮助，也离不开皮书研创者和出版者的共同努力。他们与皮书的故事创造了皮书的历史，他们对皮书的拳拳之心将继续谱写皮书的未来！

现在，“皮书”品牌已经进入了快速成长的青壮年时期。全方位进行规范化管理，树立中国的学术出版标准；不断提升皮书的内容质量和影响力，搭建起中国智库产品和智库建设的交流服务平台和国际传播平台；发布各类皮书指数，并使之成为中国指数，让中国智库的声音响彻世界舞台，为人类的发展做出中国的贡献——这是皮书未来发展的图景。作为“皮书”这个概念的提出者，“皮书”从一般图书到系列图书和品牌图书，最终成为智库研究和社会科学应用对策研究的知识服务和成果推广平台这整个过程的操盘者，我相信，这也是每一位皮书人执着追求的目标。

“当代中国正经历着我国历史上最为广泛而深刻的社会变革，也正在进行着人类历史上最为宏大而独特的实践创新。这种前无古人的伟大实践，必将给理论创造、学术繁荣提供强大动力和广阔空间。”

在这个需要思想而且一定能够产生思想的时代，皮书的研创出版一定能创造出新的更大的辉煌！

社会科学文献出版社社长
中国社会学会秘书长

2017年11月

社会科学文献出版社简介

社会科学文献出版社（以下简称“社科文献出版社”）成立于1985年，是直属于中国社会科学院的人文社会科学学术出版机构。成立至今，社科文献出版社始终依托中国社会科学院和国内外人文社会科学界丰厚的学术出版和专家学者资源，坚持“创社科经典，出传世文献”的出版理念、“权威、前沿、原创”的产品定位以及学术成果和智库成果出版的专业化、数字化、国际化、市场化的经营道路。

社科文献出版社是中国新闻出版业转型与文化体制改革的先行者。积极探索文化体制改革的先进方向和现代企业经营决策机制，社科文献出版社先后荣获“全国文化体制改革工作先进单位”、中国出版政府奖·先进出版单位奖，中国社会科学院先进集体、全国科普工作先进集体等荣誉称号。多人次荣获“第十届韬奋出版奖”“全国新闻出版行业领军人才”“数字出版先进人物”“北京市新闻出版广电行业领军人才”等称号。

社科文献出版社是中国人文社会科学学术出版的大社名社，也是以皮书为代表的智库成果出版的专业强社。年出版图书2000余种，其中皮书400余种，出版新书字数5.5亿字，承印与发行中国社科院院属期刊72种，先后创立了皮书系列、列国志、中国史话、社科文献学术译库、社科文献学术文库、甲骨文书系等一大批既有学术影响又有市场价值的品牌，确立了在社会学、近代史、苏东问题研究等专业学科及领域出版的领先地位。图书多次荣获中国出版政府奖、“三个一百”原创图书出版工程、“五个‘一’工程奖”、“大众喜爱的50种图书”等奖项，在中央国家机关“强素质·做表率”读书活动中，入选图书品种数位居各大出版社之首。

社科文献出版社是中国学术出版规范与标准的倡议者与制定者，代表全国50多家出版社发起实施学术著作出版规范的倡议，承担学术著作规范国家标准的起草工作，率先编撰完成《皮书手册》对皮书品牌进行规范化管理，并在此基础上推出中国版芝加哥手册——《社科文献出版社学术出版手册》。

社科文献出版社是中国数字出版的引领者，拥有皮书数据库、列国志数据库、“一带一路”数据库、减贫数据库、集刊数据库等4大产品线11个数据库产品，机构用户达1300余家，海外用户百余家，荣获“数字出版转型示范单位”“新闻出版标准化先进单位”“专业数字内容资源知识服务模式试点企业标准化示范单位”等称号。

社科文献出版社是中国学术出版走出去的践行者。社科文献出版社海外图书出版与学术合作业务遍及全球40余个国家和地区，并于2016年成立俄罗斯分社，累计输出图书500余种，涉及近20个语种，累计获得国家社科基金中华学术外译项目资助76种、“丝路书香工程”项目资助60种、中国图书对外推广计划项目资助71种以及经典中国国际出版工程资助28种，被五部委联合认定为“2015-2016年度国家文化出口重点企业”。

如今，社科文献出版社完全靠自身积累拥有固定资产3.6亿元，年收入3亿元，设置了七大出版分社、六大专业部门，成立了皮书研究院和博士后科研工作站，培养了一支近400人的高素质与高效率的编辑、出版、营销和国际推广队伍，为未来成为学术出版的大社、名社、强社，成为文化体制改革与文化企业转型发展的排头兵奠定了坚实的基础。

宏 观 经 济 类

经济蓝皮书

2018 年中国经济形势分析与预测

李平 / 主编　2017 年 12 月出版　定价：89.00 元

◆　本书为总理基金项目，由著名经济学家李扬领衔，联合中国社会科学院等数十家科研机构、国家部委和高等院校的专家共同撰写，系统分析了 2017 年的中国经济形势并预测 2018 年中国经济运行情况。

城市蓝皮书

中国城市发展报告 No.11

潘家华　单菁菁 / 主编　2018 年 9 月出版　估价：99.00 元

◆　本书是由中国社会科学院城市发展与环境研究中心编著的，多角度、全方位地立体展示了中国城市的发展状况，并对中国城市的未来发展提出了许多建议。该书有强烈的时代感，对中国城市发展实践有重要的参考价值。

人口与劳动绿皮书

中国人口与劳动问题报告 No.19

张车伟 / 主编　2018 年 10 月出版　估价：99.00 元

◆　本书为中国社会科学院人口与劳动经济研究所主编的年度报告，对当前中国人口与劳动形势做了比较全面和系统的深入讨论，为研究中国人口与劳动问题提供了一个专业性的视角。

中国省域竞争力蓝皮书

中国省域经济综合竞争力发展报告（2017 ~ 2018）

李建平　李闽榕　高燕京 / 主编　2018 年 5 月出版　估价：198.00 元

◆　本书融多学科的理论为一体，深入追踪研究了省域经济发展与中国国家竞争力的内在关系，为提升中国省域经济综合竞争力提供有价值的决策依据。

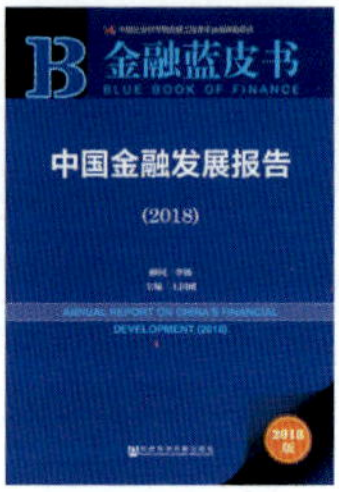

金融蓝皮书

中国金融发展报告（2018）

王国刚 / 主编　2018 年 6 月出版　估价：99.00 元

◆　本书由中国社会科学院金融研究所组织编写，概括和分析了 2017 年中国金融发展和运行中的各方面情况，研讨和评论了 2017 年发生的主要金融事件，有利于读者了解掌握 2017 年中国的金融状况，把握 2018 年中国金融的走势。

区域经济类

京津冀蓝皮书

京津冀发展报告（2018）

祝合良　叶堂林　张贵祥 / 等著　2018 年 6 月出版　估价：99.00 元

◆　本书遵循问题导向与目标导向相结合、统计数据分析与大数据分析相结合、纵向分析和长期监测与结构分析和综合监测相结合等原则，对京津冀协同发展新形势与新进展进行测度与评价。

社 会 政 法 类

社会蓝皮书

2018 年中国社会形势分析与预测

李培林　陈光金　张翼 / 主编　2017 年 12 月出版　定价：89.00 元

◆　本书由中国社会科学院社会学研究所组织研究机构专家、高校学者和政府研究人员撰写，聚焦当下社会热点，对 2017 年中国社会发展的各个方面内容进行了权威解读，同时对 2018 年社会形势发展趋势进行了预测。

法治蓝皮书

中国法治发展报告 No.16（2018）

李林　田禾 / 主编　2018 年 3 月出版　定价：128.00 元

◆　本年度法治蓝皮书回顾总结了 2017 年度中国法治发展取得的成就和存在的不足，对中国政府、司法、检务透明度进行了跟踪调研，并对 2018 年中国法治发展形势进行了预测和展望。

教育蓝皮书

中国教育发展报告（2018）

杨东平 / 主编　2018 年 3 月出版　定价：89.00 元

◆　本书重点关注了 2017 年教育领域的热点，资料翔实，分析有据，既有专题研究，又有实践案例，从多角度对 2017 年教育改革和实践进行了分析和研究。

社会体制蓝皮书

中国社会体制改革报告 No.6（2018）

龚维斌 / 主编　2018 年 3 月出版　定价：98.00 元

◆　本书由国家行政学院社会治理研究中心和北京师范大学中国社会管理研究院共同组织编写，主要对 2017 年社会体制改革情况进行回顾和总结，对 2018 年的改革走向进行分析，提出相关政策建议。

社会心态蓝皮书

中国社会心态研究报告（2018）

王俊秀　杨宜音 / 主编　2018 年 12 月出版　估价：99.00 元

◆　本书是中国社会科学院社会学研究所社会心理研究中心“社会心态蓝皮书课题组”的年度研究成果，运用社会心理学、社会学、经济学、传播学等多种学科的方法进行了调查和研究，对于目前中国社会心态状况有较广泛和深入的揭示。

华侨华人蓝皮书

华侨华人研究报告（2018）

贾益民 / 主编　2017 年 12 月出版　估价：139.00 元

◆　本书关注华侨华人生产与生活的方方面面。华侨华人是中国建设 21 世纪海上丝绸之路的重要中介者、推动者和参与者。本书旨在全面调研华侨华人，提供最新涉侨动态、理论研究成果和政策建议。

民族发展蓝皮书

中国民族发展报告（2018）

王延中 / 主编　2018 年 10 月出版　估价：188.00 元

◆　本书从民族学人类学视角，研究近年来少数民族和民族地区的发展情况，展示民族地区经济、政治、文化、社会和生态文明“五位一体”建设取得的辉煌成就和面临的困难挑战，为深刻理解中央民族工作会议精神、加快民族地区全面建成小康社会进程提供了实证材料。

产 业 经 济 类

房地产蓝皮书

中国房地产发展报告 No.15（2018）

李春华　王业强 / 主编　2018 年 5 月出版　估价：99.00 元

◆　2018 年《房地产蓝皮书》持续追踪中国房地产市场最新动态，深度剖析市场热点，展望 2018 年发展趋势，积极谋划应对策略。对 2017 年房地产市场的发展态势进行全面、综合的分析。

新能源汽车蓝皮书

中国新能源汽车产业发展报告（2018）

中国汽车技术研究中心　日产（中国）投资有限公司

东风汽车有限公司 / 编著　2018 年 8 月出版　估价：99.00 元

◆　本书对中国 2017 年新能源汽车产业发展进行了全面系统的分析，并介绍了国外的发展经验。有助于相关机构、行业和社会公众等了解中国新能源汽车产业发展的最新动态，为政府部门出台新能源汽车产业相关政策法规、企业制定相关战略规划，提供必要的借鉴和参考。

行 业 及 其 他 类

旅游绿皮书

2017 ~ 2018 年中国旅游发展分析与预测

中国社会科学院旅游研究中心 / 编　2018 年 1 月出版　定价：99.00 元

◆　本书从政策、产业、市场、社会等多个角度勾画出 2017 年中国旅游发展全貌，剖析了其中的热点和核心问题，并就未来发展作出预测。

民营医院蓝皮书

中国民营医院发展报告（2018）

薛晓林 / 主编　2018 年 11 月出版　估价：99.00 元

◆　本书在梳理国家对社会办医的各种利好政策的前提下，对我国民营医疗发展现状、我国民营医院竞争力进行了分析，并结合我国医疗体制改革对民营医院的发展趋势、发展策略、战略规划等方面进行了预估。

会展蓝皮书

中外会展业动态评估研究报告（2018）

张敏 / 主编　2018 年 12 月出版　估价：99.00 元

◆　本书回顾了 2017 年的会展业发展动态，结合“供给侧改革”、“互联网 +”、“绿色经济”的新形势分析了我国展会的行业现状，并介绍了国外的发展经验，有助于行业和社会了解最新的展会业动态。

中国上市公司蓝皮书

中国上市公司发展报告（2018）

张平　王宏淼 / 主编　2018 年 9 月出版　估价：99.00 元

◆　本书由中国社会科学院上市公司研究中心组织编写的，着力于全面、真实、客观反映当前中国上市公司财务状况和价值评估的综合性年度报告。本书详尽分析了 2017 年中国上市公司情况，特别是现实中暴露出的制度性、基础性问题，并对资本市场改革进行了探讨。

工业和信息化蓝皮书

人工智能发展报告（2017 ~ 2018）

尹丽波 / 主编　2018 年 6 月出版　估价：99.00 元

◆　本书国家工业信息安全发展研究中心在对 2017 年全球人工智能技术和产业进行全面跟踪研究基础上形成的研究报告。该报告内容翔实、视角独特，具有较强的产业发展前瞻性和预测性，可为相关主管部门、行业协会、企业等全面了解人工智能发展形势以及进行科学决策提供参考。

国际问题与全球治理类

世界经济黄皮书

2018 年世界经济形势分析与预测

张宇燕 / 主编　2018 年 1 月出版　定价：99.00 元

◆　本书由中国社会科学院世界经济与政治研究所的研究团队撰写，分总论、国别与地区、专题、热点、世界经济统计与预测等五个部分，对 2018 年世界经济形势进行了分析。

国际城市蓝皮书

国际城市发展报告（2018）

屠启宇 / 主编　2018 年 2 月出版　定价：89.00 元

◆　本书作者以上海社会科学院从事国际城市研究的学者团队为核心，汇集同济大学、华东师范大学、复旦大学、上海交通大学、南京大学、浙江大学相关城市研究专业学者。立足动态跟踪介绍国际城市发展时间中，最新出现的重大战略、重大理念、重大项目、重大报告和最佳案例。

非洲黄皮书

非洲发展报告 No.20（2017 ~ 2018）

张宏明 / 主编　2018 年 7 月出版　估价：99.00 元

◆　本书是由中国社会科学院西亚非洲研究所组织编撰的非洲形势年度报告，比较全面、系统地分析了 2017 年非洲政治形势和热点问题，探讨了非洲经济形势和市场走向，剖析了大国对非洲关系的新动向；此外，还介绍了国内非洲研究的新成果。

国别类

美国蓝皮书

美国研究报告（2018）

郑秉文　黄平 / 主编　2018 年 5 月出版　估价：99.00 元

◆　本书是由中国社会科学院美国研究所主持完成的研究成果，它回顾了美国 2017 年的经济、政治形势与外交战略，对美国内政外交发生的重大事件及重要政策进行了较为全面的回顾和梳理。

德国蓝皮书

德国发展报告（2018）

郑春荣 / 主编　2018 年 6 月出版　估价：99.00 元

◆　本报告由同济大学德国研究所组织编撰，由该领域的专家学者对德国的政治、经济、社会文化、外交等方面的形势发展情况，进行全面的阐述与分析。

俄罗斯黄皮书

俄罗斯发展报告（2018）

李永全 / 编著　2018 年 6 月出版　估价：99.00 元

◆　本书系统介绍了 2017 年俄罗斯经济政治情况，并对 2016 年该地区发生的焦点、热点问题进行了分析与回顾；在此基础上，对该地区 2018 年的发展前景进行了预测。

文化传媒类

新媒体蓝皮书

中国新媒体发展报告 No.9（2018）

唐绪军 / 主编　2018 年 6 月出版　估价：99.00 元

◆　本书是由中国社会科学院新闻与传播研究所组织编写的关于新媒体发展的最新年度报告，旨在全面分析中国新媒体的发展现状，解读新媒体的发展趋势，探析新媒体的深刻影响。

移动互联网蓝皮书

中国移动互联网发展报告（2018）

余清楚 / 主编　2018 年 6 月出版　估价：99.00 元

◆　本书着眼于对 2017 年度中国移动互联网的发展情况做深入解析，对未来发展趋势进行预测，力求从不同视角、不同层面全面剖析中国移动互联网发展的现状、年度突破及热点趋势等。

文化蓝皮书

中国文化消费需求景气评价报告（2018）

王亚南 / 主编　2018 年 3 月出版　定价：99.00 元

◆　本书首创全国文化发展量化检测评价体系，也是至今全国唯一的文化民生量化检测评价体系，对于检验全国及各地 " 以人民为中心 " 的文化发展具有首创意义。

地方发展类

北京蓝皮书

北京经济发展报告（2017 ~ 2018）

杨松 / 主编　2018 年 6 月出版　估价：99.00 元

◆　本书对 2017 年北京市经济发展的整体形势进行了系统性的分析与回顾，并对 2018 年经济形势走势进行了预测与研判，聚焦北京市经济社会发展中的全局性、战略性和关键领域的重点问题，运用定量和定性分析相结合的方法，对北京市经济社会发展的现状、问题、成因进行了深入分析，提出了可操作性的对策建议。

温州蓝皮书

2018 年温州经济社会形势分析与预测

蒋儒标　王春光　金浩 / 主编　2018 年 6 月出版　估价：99.00 元

◆　本书是中共温州市委党校和中国社会科学院社会学研究所合作推出的第十一本温州蓝皮书，由来自党校、政府部门、科研机构、高校的专家、学者共同撰写的 2017 年温州区域发展形势的最新研究成果。

黑龙江蓝皮书

黑龙江社会发展报告（2018）

王爱丽 / 主编　2018 年 1 月出版　定价：89.00 元

◆　本书以千份随机抽样问卷调查和专题研究为依据，运用社会学理论框架和分析方法，从专家和学者的独特视角，对 2017 年黑龙江省关系民生的问题进行广泛的调研与分析，并对 2017 年黑龙江省诸多社会热点和焦点问题进行了有益的探索。这些研究不仅可以为政府部门更加全面深入了解省情、科学制定决策提供智力支持，同时也可以为广大读者认识、了解、关注黑龙江社会发展提供理性思考。

宏观经济类

城市蓝皮书
中国城市发展报告（No.11）
著(编)者：潘家华 单菁菁
2018年9月出版 / 估价：99.00元
PSN B-2007-091-1/1

城乡一体化蓝皮书
中国城乡一体化发展报告（2018）
著(编)者：付崇兰
2018年9月出版 / 估价：99.00元
PSN B-2011-226-1/2

城镇化蓝皮书
中国新型城镇化健康发展报告（2018）
著(编)者：张占斌
2018年8月出版 / 估价：99.00元
PSN B-2014-396-1/1

创新蓝皮书
创新型国家建设报告（2018～2019）
著(编)者：詹正茂
2018年12月出版 / 估价：99.00元
PSN B-2009-140-1/1

低碳发展蓝皮书
中国低碳发展报告（2018）
著(编)者：张希良 齐晔
2018年6月出版 / 估价：99.00元
PSN B-2011-223-1/1

低碳经济蓝皮书
中国低碳经济发展报告（2018）
著(编)者：薛进军 赵忠秀
2018年11月出版 / 估价：99.00元
PSN B-2011-194-1/1

发展和改革蓝皮书
中国经济发展和体制改革报告No.9
著(编)者：邹东涛 王再文
2018年1月出版 / 估价：99.00元
PSN B-2008-122-1/1

国家创新蓝皮书
中国创新发展报告（2017）
著(编)者：陈劲　2018年5月出版 / 估价：99.00元
PSN B-2014-370-1/1

金融蓝皮书
中国金融发展报告（2018）
著(编)者：王国刚
2018年6月出版 / 估价：99.00元
PSN B-2004-031-1/7

经济蓝皮书
2018年中国经济形势分析与预测
著(编)者：李平　2017年12月出版 / 定价：89.00元
PSN B-1996-001-1/1

经济蓝皮书春季号
2018年中国经济前景分析
著(编)者：李扬　2018年5月出版 / 估价：99.00元
PSN B-1999-008-1/1

经济蓝皮书夏季号
中国经济增长报告（2017～2018）
著(编)者：李扬　2018年9月出版 / 估价：99.00元
PSN B-2010-176-1/1

农村绿皮书
中国农村经济形势分析与预测（2017～2018）
著(编)者：魏后凯 黄秉信
2018年4月出版 / 定价：99.00元
PSN G-1998-003-1/1

人口与劳动绿皮书
中国人口与劳动问题报告No.19
著(编)者：张车伟　2018年11月出版 / 估价：99.00元
PSN G-2000-012-1/1

新型城镇化蓝皮书
新型城镇化发展报告（2017）
著(编)者：李伟 宋敏
2018年3月出版 / 定价：98.00元
PSN B-2005-038-1/1

中国省域竞争力蓝皮书
中国省域经济综合竞争力发展报告（2016～2017）
著(编)者：李建平 李闽榕
2018年2月出版 / 定价：198.00元
PSN B-2007-088-1/1

中小城市绿皮书
中国中小城市发展报告（2018）
著(编)者：中国城市经济学会中小城市经济发展委员会
中国城镇化促进会中小城市发展委员会
《中国中小城市发展报告》编纂委员会
中小城市发展战略研究院
2018年11月出版 / 估价：128.00元
PSN G-2010-161-1/1

区域经济类

东北蓝皮书
中国东北地区发展报告（2018）
著(编)者：姜晓秋　2018年11月出版 / 估价：99.00元
PSN B-2006-067-1/1

金融蓝皮书
中国金融中心发展报告（2017～2018）
著(编)者：王力 黄育华　2018年11月出版 / 估价：99.00元
PSN B-2011-186-6/7

京津冀蓝皮书
京津冀发展报告（2018）
著(编)者：祝合良 叶堂林 张贵祥
2018年6月出版 / 估价：99.00元
PSN B-2012-262-1/1

西北蓝皮书
中国西北发展报告（2018）
著(编)者：王福生 马廷旭 董秋生
2018年1月出版 / 定价：99.00元
PSN B-2012-261-1/1

西部蓝皮书
中国西部发展报告（2018）
著(编)者：璋勇 任保平　2018年8月出版 / 估价：99.00元
PSN B-2005-039-1/1

长江经济带产业蓝皮书
长江经济带产业发展报告（2018）
著(编)者：吴传清　2018年11月出版 / 估价：128.00元
PSN B-2017-666-1/1

长江经济带蓝皮书
长江经济带发展报告（2017～2018）
著(编)者：王振　2018年11月出版 / 估价：99.00元
PSN B-2016-575-1/1

长江中游城市群蓝皮书
长江中游城市群新型城镇化与产业协同发展报告（2018）
著(编)者：杨刚强　2018年11月出版 / 估价：99.00元
PSN B-2016-578-1/1

长三角蓝皮书
2017年创新融合发展的长三角
著(编)者：刘飞跃　2018年5月出版 / 估价：99.00元
PSN B-2005-038-1/1

长株潭城市群蓝皮书
长株潭城市群发展报告（2017）
著(编)者：张萍 朱有志　2018年6月出版 / 估价：99.00元
PSN B-2008-109-1/1

特色小镇蓝皮书
特色小镇智慧运营报告（2018）：顶层设计与智慧架构标
著(编)者：陈劲　2018年1月出版 / 定价：79.00元
PSN B-2018-692-1/1

中部竞争力蓝皮书
中国中部经济社会竞争力报告（2018）
著(编)者：教育部人文社会科学重点研究基地南昌大学中国中部经济社会发展研究中心
2018年12月出版 / 估价：99.00元
PSN B-2012-276-1/1

中部蓝皮书
中国中部地区发展报告（2018）
著(编)者：宋亚平　2018年12月出版 / 估价：99.00元
PSN B-2007-089-1/1

区域蓝皮书
中国区域经济发展报告（2017～2018）
著(编)者：赵弘　2018年5月出版 / 估价：99.00元
PSN B-2004-034-1/1

中三角蓝皮书
长江中游城市群发展报告（2018）
著(编)者：秦尊文　2018年9月出版 / 估价：99.00元
PSN B-2014-417-1/1

中原蓝皮书
中原经济区发展报告（2018）
著(编)者：李英杰　2018年6月出版 / 估价：99.00元
PSN B-2011-192-1/1

珠三角流通蓝皮书
珠三角商圈发展研究报告（2018）
著(编)者：王先庆 林至颖　2018年7月出版 / 估价：99.00元
PSN B-2012-292-1/1

社会政法类

北京蓝皮书
中国社区发展报告（2017～2018）
著(编)者：于燕燕　2018年9月出版 / 估价：99.00元
PSN B-2007-083-5/8

殡葬绿书
中国殡葬事业发展报告（2017～2018）
著(编)者：李伯森　2018年6月出版 / 估价：158.00元
PSN G-2010-180-1/1

城市管理蓝皮书
中国城市管理报告（2017-2018）
著(编)者：刘林 刘承水　2018年5月出版 / 估价：158.00元
PSN B-2013-336-1/1

城市生活质量蓝皮书
中国城市生活质量报告（2017）
著(编)者：张连城 张平 杨春学 郎丽华
2017年12月出版 / 定价：89.00元
PSN B-2013-326-1/1

城市政府能力蓝皮书
中国城市政府公共服务能力评估报告（2018）
著(编)者：何艳玲　　2018年5月出版 / 估价：99.00元
PSN B-2013-338-1/1

创业蓝皮书
中国创业发展研究报告（2017～2018）
著(编)者：黄群慧 赵卫星 钟宏武
2018年11月出版 / 估价：99.00元
PSN B-2016-577-1/1

慈善蓝皮书
中国慈善发展报告（2018）
著(编)者：杨团　　2018年6月出版 / 估价：99.00元
PSN B-2009-142-1/1

党建蓝皮书
党的建设研究报告No.2（2018）
著(编)者：崔建民 陈东平　　2018年6月出版 / 估价：99.00元
PSN B-2016-523-1/1

地方法治蓝皮书
中国地方法治发展报告No.3（2018）
著(编)者：李林 田禾　　2018年6月出版 / 估价：118.00元
PSN B-2015-442-1/1

电子政务蓝皮书
中国电子政务发展报告（2018）
著(编)者：李季　　2018年8月出版 / 估价：99.00元
PSN B-2003-022-1/1

儿童蓝皮书
中国儿童参与状况报告（2017）
著(编)者：苑立新　　2017年12月出版 / 定价：89.00元
PSN B-2017-682-1/1

法治蓝皮书
中国法治发展报告No.16（2018）
著(编)者：李林 田禾　　2018年3月出版 / 定价：128.00元
PSN B-2004-027-1/3

法治蓝皮书
中国法院信息化发展报告 No.2（2018）
著(编)者：李林 田禾　　2018年2月出版 / 定价：118.00元
PSN B-2017-604-3/3

法治政府蓝皮书
中国法治政府发展报告（2017）
著(编)者：中国政法大学法治政府研究院
2018年3月出版 / 定价：158.00元
PSN B-2015-502-1/2

法治政府蓝皮书
中国法治政府评估报告（2018）
著(编)者：中国政法大学法治政府研究院
2018年9月出版 / 估价：168.00元
PSN B-2016-576-2/2

反腐倡廉蓝皮书
中国反腐倡廉建设报告 No.8
著(编)者：张英伟　　2018年12月出版 / 估价：99.00元
PSN B-2012-259-1/1

扶贫蓝皮书
中国扶贫开发报告（2018）
著(编)者：李培林 魏后凯　　2018年12月出版 / 估价：128.00元
PSN B-2016-599-1/1

妇女发展蓝皮书
中国妇女发展报告 No.6
著(编)者：王金玲　　2018年9月出版 / 估价：158.00元
PSN B-2006-069-1/1

妇女教育蓝皮书
中国妇女教育发展报告 No.3
著(编)者：张李玺　　2018年10月出版 / 估价：99.00元
PSN B-2008-121-1/1

妇女绿皮书
2018年：中国性别平等与妇女发展报告
著(编)者：谭琳　　2018年12月出版 / 估价：99.00元
PSN G-2006-073-1/1

公共安全蓝皮书
中国城市公共安全发展报告（2017～2018）
著(编)者：黄育华 杨文明 赵建辉
2018年6月出版 / 估价：99.00元
PSN B-2017-628-1/1

公共服务蓝皮书
中国城市基本公共服务力评价（2018）
著(编)者：钟君 刘志昌 吴正杲
2018年12月出版 / 估价：99.00元
PSN B-2011-214-1/1

公民科学素质蓝皮书
中国公民科学素质报告（2017～2018）
著(编)者：李群 陈雄 马宗文
2017年12月出版 / 定价：89.00元
PSN B-2014-379-1/1

公益蓝皮书
中国公益慈善发展报告（2016）
著(编)者：朱健刚 胡小军　　2018年6月出版 / 估价：99.00元
PSN B-2012-283-1/1

国际人才蓝皮书
中国国际移民报告（2018）
著(编)者：王辉耀　　2018年6月出版 / 估价：99.00元
PSN B-2012-304-3/4

国际人才蓝皮书
中国留学发展报告（2018）No.7
著(编)者：王辉耀 苗绿　　2018年12月出版 / 估价：99.00元
PSN B-2012-244-2/4

海洋社会蓝皮书
中国海洋社会发展报告（2017）
著(编)者：崔凤 宋宁而　　2018年3月出版 / 定价：99.00元
PSN B-2015-478-1/1

行政改革蓝皮书
中国行政体制改革报告No.7（2018）
著(编)者：魏礼群　　2018年6月出版 / 估价：99.00元
PSN B-2011-231-1/1

华侨华人蓝皮书
华侨华人研究报告（2017）
著(编)者：张禹东 庄国土　　2017年12月出版 / 定价：148.00元
PSN B-2011-204-1/1

互联网与国家治理蓝皮书
互联网与国家治理发展报告（2017）
著(编)者：张志安　　2018年1月出版 / 定价：98.00元
PSN B-2017-671-1/1

环境管理蓝皮书
中国环境管理发展报告（2017）
著(编)者：李金惠　　2017年12月出版 / 定价：98.00元
PSN B-2017-678-1/1

环境竞争力绿皮书
中国省域环境竞争力发展报告（2018）
著(编)者：李建平 李闽榕 王金南
2018年11月出版 / 估价：198.00元
PSN G-2010-165-1/1

环境绿皮书
中国环境发展报告（2017～2018）
著(编)者：李波　　2018年6月出版 / 估价：99.00元
PSN G-2006-048-1/1

家庭蓝皮书
中国“创建幸福家庭活动”评估报告（2018）
著(编)者：国务院发展研究中心“创建幸福家庭活动评估”课题组
2018年12月出版 / 估价：99.00元
PSN B-2015-508-1/1

健康城市蓝皮书
中国健康城市建设研究报告（2018）
著(编)者：王鸿春 盛继洪　　2018年12月出版 / 估价：99.00元
PSN B-2016-564-2/2

健康中国蓝皮书
社区首诊与健康中国分析报告（2018）
著(编)者：高和荣 杨叔禹 姜杰
2018年6月出版 / 估价：99.00元
PSN B-2017-611-1/1

教师蓝皮书
中国中小学教师发展报告（2017）
著(编)者：曾晓东 鱼霞
2018年6月出版 / 估价：99.00元
PSN B-2012-289-1/1

教育扶贫蓝皮书
中国教育扶贫报告（2018）
著(编)者：司树杰 王文静 李兴洲
2018年12月出版 / 估价：99.00元
PSN B-2016-590-1/1

教育蓝皮书
中国教育发展报告（2018）
著(编)者：杨东平　　2018年3月出版 / 定价：89.00元
PSN B-2006-047-1/1

金融法治建设蓝皮书
中国金融法治建设年度报告（2015～2016）
著(编)者：朱小黄　　2018年6月出版 / 估价：99.00元
PSN B-2017-633-1/1

京津冀教育蓝皮书
京津冀教育发展研究报告（2017～2018）
著(编)者：方中雄　　2018年6月出版 / 估价：99.00元
PSN B-2017-608-1/1

就业蓝皮书
2018年中国本科生就业报告
著(编)者：麦可思研究院　　2018年6月出版 / 估价：99.00元
PSN B-2009-146-1/2

就业蓝皮书
2018年中国高职高专生就业报告
著(编)者：麦可思研究院　　2018年6月出版 / 估价：99.00元
PSN B-2015-472-2/2

科学教育蓝皮书
中国科学教育发展报告（2018）
著(编)者：王康友　　2018年10月出版 / 估价：99.00元
PSN B-2015-487-1/1

劳动保障蓝皮书
中国劳动保障发展报告（2018）
著(编)者：刘燕斌　　2018年9月出版 / 估价：158.00元
PSN B-2014-415-1/1

老龄蓝皮书
中国老年宜居环境发展报告（2017）
著(编)者：党俊武 周燕珉　　2018年6月出版 / 估价：99.00元
PSN B-2013-320-1/1

连片特困区蓝皮书
中国连片特困区发展报告（2017～2018）
著(编)者：游俊 冷志明 丁建军
2018年6月出版 / 估价：99.00元
PSN B-2013-321-1/1

流动儿童蓝皮书
中国流动儿童教育发展报告（2017）
著(编)者：杨东平　　2018年6月出版 / 估价：99.00元
PSN B-2017-600-1/1

民调蓝皮书
中国民生调查报告（2018）
著(编)者：谢耘耕　　2018年12月出版 / 估价：99.00元
PSN B-2014-398-1/1

民族发展蓝皮书
中国民族发展报告（2018）
著(编)者：王延中　　2018年10月出版 / 估价：188.00元
PSN B-2006-070-1/1

女性生活蓝皮书
中国女性生活状况报告No.12（2018）
著(编)者：高博燕　　2018年7月出版 / 估价：99.00元
PSN B-2006-071-1/1

汽车社会蓝皮书
中国汽车社会发展报告（2017～2018）
著(编)者：王俊秀　2018年6月出版 / 估价：99.00元
PSN B-2011-224-1/1

青年蓝皮书
中国青年发展报告（2018）No.3
著(编)者：廉思　2018年6月出版 / 估价：99.00元
PSN B-2013-333-1/1

青少年蓝皮书
中国未成年人互联网运用报告（2017～2018）
著(编)者：季为民 李文革 沈杰
2018年11月出版 / 估价：99.00元
PSN B-2010-156-1/1

人权蓝皮书
中国人权事业发展报告No.8（2018）
著(编)者：李君如　2018年9月出版 / 估价：99.00元
PSN B-2011-215-1/1

社会保障绿皮书
中国社会保障发展报告No.9（2018）
著(编)者：王延中　2018年6月出版 / 估价：99.00元
PSN G-2001-014-1/1

社会风险评估蓝皮书
风险评估与危机预警报告（2017～2018）
著(编)者：唐钧　2018年8月出版 / 估价：99.00元
PSN B-2012-293-1/1

社会工作蓝皮书
中国社会工作发展报告（2016~2017）
著(编)者：民政部社会工作研究中心
2018年8月出版 / 估价：99.00元
PSN B-2009-141-1/1

社会管理蓝皮书
中国社会管理创新报告No.6
著(编)者：连玉明　2018年11月出版 / 估价：99.00元
PSN B-2012-300-1/1

社会蓝皮书
2018年中国社会形势分析与预测
著(编)者：李培林 陈光金 张翼
2017年12月出版 / 定价：89.00元
PSN B-1998-002-1/1

社会体制蓝皮书
中国社会体制改革报告No.6（2018）
著(编)者：龚维斌　2018年3月出版 / 定价：98.00元
PSN B-2013-330-1/1

社会心态蓝皮书
中国社会心态研究报告（2018）
著(编)者：王俊秀　2018年12月出版 / 估价：99.00元
PSN B-2011-199-1/1

社会组织蓝皮书
中国社会组织报告（2017-2018）
著(编)者：黄晓勇　2018年6月出版 / 估价：99.00元
PSN B-2008-118-1/2

社会组织蓝皮书
中国社会组织评估发展报告（2018）
著(编)者：徐家良　2018年12月出版 / 估价：99.00元
PSN B-2013-366-2/2

生态城市绿皮书
中国生态城市建设发展报告（2018）
著(编)者：刘举科 孙伟平 胡文臻
2018年9月出版 / 估价：158.00元
PSN G-2012-269-1/1

生态文明绿皮书
中国省域生态文明建设评价报告（ECI 2018）
著(编)者：严耕　2018年12月出版 / 估价：99.00元
PSN G-2010-170-1/1

退休生活蓝皮书
中国城市居民退休生活质量指数报告（2017）
著(编)者：杨一帆　2018年6月出版 / 估价：99.00元
PSN B-2017-618-1/1

危机管理蓝皮书
中国危机管理报告（2018）
著(编)者：文学国 范正青
2018年8月出版 / 估价：99.00元
PSN B-2010-171-1/1

学会蓝皮书
2018年中国学会发展报告
著(编)者：麦可思研究院　2018年12月出版 / 估价：99.00元
PSN B-2016-597-1/1

医改蓝皮书
中国医药卫生体制改革报告（2017～2018）
著(编)者：文学国 房志武
2018年11月出版 / 估价：99.00元
PSN B-2014-432-1/1

应急管理蓝皮书
中国应急管理报告（2018）
著(编)者：宋英华　2018年9月出版 / 估价：99.00元
PSN B-2016-562-1/1

政府绩效评估蓝皮书
中国地方政府绩效评估报告 No.2
著(编)者：贠杰　2018年12月出版 / 估价：99.00元
PSN B-2017-672-1/1

政治参与蓝皮书
中国政治参与报告（2018）
著(编)者：房宁　2018年8月出版 / 估价：128.00元
PSN B-2011-200-1/1

政治文化蓝皮书
中国政治文化报告（2018）
著(编)者：邢元敏 魏大鹏 龚克
2018年8月出版 / 估价：128.00元
PSN B-2017-615-1/1

中国传统村落蓝皮书
中国传统村落保护现状报告（2018）
著(编)者：胡彬彬 李向军 王晓波
2018年12月出版 / 估价：99.00元
PSN B-2017-663-1/1

中国农村妇女发展蓝皮书
农村流动女性城市生活发展报告（2018）
著(编)者：谢丽华　　2018年12月出版 / 估价：99.00元
PSN B-2014-434-1/1

宗教蓝皮书
中国宗教报告（2017）
著(编)者：邱永辉　　2018年8月出版 / 估价：99.00元
PSN B-2008-117-1/1

产业经济类

保健蓝皮书
中国保健服务产业发展报告 No.2
著(编)者：中国保健协会　　中共中央党校
2018年7月出版 / 估价：198.00元
PSN B-2012-272-3/3

保健蓝皮书
中国保健食品产业发展报告 No.2
著(编)者：中国保健协会
中国社会科学院食品药品产业发展与监管研究中心
2018年8月出版 / 估价：198.00元
PSN B-2012-271-2/3

保健蓝皮书
中国保健用品产业发展报告 No.2
著(编)者：中国保健协会
国务院国有资产监督管理委员会研究中心
2018年6月出版 / 估价：198.00元
PSN B-2012-270-1/3

保险蓝皮书
中国保险业竞争力报告（2018）
著(编)者：保监会　　2018年12月出版 / 估价：99.00元
PSN B-2013-311-1/1

冰雪蓝皮书
中国冰上运动产业发展报告（2018）
著(编)者：孙承华 杨占武 刘戈 张鸿俊
2018年9月出版 / 估价：99.00元
PSN B-2017-648-3/3

冰雪蓝皮书
中国滑雪产业发展报告（2018）
著(编)者：孙承华 伍斌 魏庆华 张鸿俊
2018年9月出版 / 估价：99.00元
PSN B-2016-559-1/3

餐饮产业蓝皮书
中国餐饮产业发展报告（2018）
著(编)者：邢颖
2018年6月出版 / 估价：99.00元
PSN B-2009-151-1/1

茶业蓝皮书
中国茶产业发展报告（2018）
著(编)者：杨江帆 李闽榕
2018年10月出版 / 估价：99.00元
PSN B-2010-164-1/1

产业安全蓝皮书
中国文化产业安全报告（2018）
著(编)者：北京印刷学院文化产业安全研究院
2018年12月出版 / 估价：99.00元
PSN B-2014-378-12/14

产业安全蓝皮书
中国新媒体产业安全报告（2016～2017）
著(编)者：肖丽　　2018年6月出版 / 估价：99.00元
PSN B-2015-500-14/14

产业安全蓝皮书
中国出版传媒产业安全报告（2017～2018）
著(编)者：北京印刷学院文化产业安全研究院
2018年6月出版 / 估价：99.00元
PSN B-2014-384-13/14

产业蓝皮书
中国产业竞争力报告（2018）No.8
著(编)者：张其仔　　2018年12月出版 / 估价：168.00元
PSN B-2010-175-1/1

动力电池蓝皮书
中国新能源汽车动力电池产业发展报告（2018）
著(编)者：中国汽车技术研究中心
2018年8月出版 / 估价：99.00元
PSN B-2017-639-1/1

杜仲产业绿皮书
中国杜仲橡胶资源与产业发展报告（2017～2018）
著(编)者：杜红岩 胡文臻 俞锐
2018年6月出版 / 估价：99.00元
PSN G-2013-350-1/1

房地产蓝皮书
中国房地产发展报告No.15（2018）
著(编)者：李春华 王业强
2018年5月出版 / 估价：99.00元
PSN B-2004-028-1/1

服务外包蓝皮书
中国服务外包产业发展报告（2017～2018）
著(编)者：王晓红 刘德军
2018年6月出版 / 估价：99.00元
PSN B-2013-331-2/2

服务外包蓝皮书
中国服务外包竞争力报告（2017～2018）
著(编)者：刘春生 王力 黄育华
2018年12月出版 / 估价：99.00元
PSN B-2011-216-1/2

工业和信息化蓝皮书
世界信息技术产业发展报告（2017~2018）
著(编)者：尹丽波　2018年6月出版 / 估价：99.00元
PSN B-2015-449-2/6

工业和信息化蓝皮书
战略性新兴产业发展报告（2017~2018）
著(编)者：尹丽波　2018年6月出版 / 估价：99.00元
PSN B-2015-450-3/6

海洋经济蓝皮书
中国海洋经济发展报告（2015~2018）
著(编)者：殷克东 高金田 方胜民
2018年3月出版 / 定价：128.00元
PSN B-2018-697-1/1

康养蓝皮书
中国康养产业发展报告（2017）
著(编)者：何莽　2017年12月出版 / 定价：88.00元
PSN B-2017-685-1/1

客车蓝皮书
中国客车产业发展报告（2017~2018）
著(编)者：姚蔚　2018年10月出版 / 估价：99.00元
PSN B-2013-361-1/1

流通蓝皮书
中国商业发展报告（2018~2019）
著(编)者：王雪峰 林诗慧
2018年7月出版 / 估价：99.00元
PSN B-2009-152-1/2

能源蓝皮书
中国能源发展报告（2018）
著(编)者：崔民选 王军生 陈义和
2018年12月出版 / 估价：99.00元
PSN B-2006-049-1/1

农产品流通蓝皮书
中国农产品流通产业发展报告（2017）
著(编)者：贾敬敦 张东科 张玉玺 张鹏毅 周伟
2018年6月出版 / 估价：99.00元
PSN B-2012-288-1/1

汽车工业蓝皮书
中国汽车工业发展年度报告（2018）
著(编)者：中国汽车工业协会
中国汽车技术研究中心
丰田汽车公司
2018年5月出版 / 估价：168.00元
PSN B-2015-463-1/2

汽车工业蓝皮书
中国汽车零部件产业发展报告（2017~2018）
著(编)者：中国汽车工业协会
中国汽车工程研究院深圳市沃特玛电池有限公司
2018年9月出版 / 估价：99.00元
PSN B-2016-515-2/2

汽车蓝皮书
中国汽车产业发展报告（2018）
著(编)者：中国汽车工程学会
大众汽车集团（中国）
2018年11月出版 / 估价：99.00元
PSN B-2008-124-1/1

世界茶业蓝皮书
世界茶业发展报告（2018）
著(编)者：李闽榕 冯廷佺
2018年5月出版 / 估价：168.00元
PSN B-2017-619-1/1

世界能源蓝皮书
世界能源发展报告（2018）
著(编)者：黄晓勇　2018年6月出版 / 估价：168.00元
PSN B-2013-349-1/1

石油蓝皮书
中国石油产业发展报告（2018）
著(编)者：中国石油化工集团公司经济技术研究院
中国国际石油化工联合有限责任公司
中国社会科学院数量经济与技术经济研究所
2018年2月出版 / 定价：98.00元
PSN B-2018-690-1/1

体育蓝皮书
国家体育产业基地发展报告（2016~2017）
著(编)者：李颖川　2018年6月出版 / 估价：168.00元
PSN B-2017-609-5/5

体育蓝皮书
中国体育产业发展报告（2018）
著(编)者：阮伟 钟秉枢
2018年12月出版 / 估价：99.00元
PSN B-2010-179-1/5

文化金融蓝皮书
中国文化金融发展报告（2018）
著(编)者：杨涛 金巍
2018年6月出版 / 估价：99.00元
PSN B-2017-610-1/1

新能源汽车蓝皮书
中国新能源汽车产业发展报告（2018）
著(编)者：中国汽车技术研究中心
日产（中国）投资有限公司
东风汽车有限公司
2018年8月出版 / 估价：99.00元
PSN B-2013-347-1/1

薏仁米产业蓝皮书
中国薏仁米产业发展报告No.2（2018）
著(编)者：李发耀 石明 秦礼康
2018年8月出版 / 估价：99.00元
PSN B-2017-645-1/1

邮轮绿皮书
中国邮轮产业发展报告（2018）
著(编)者：汪泓　2018年10月出版 / 估价：99.00元
PSN G-2014-419-1/1

智能养老蓝皮书
中国智能养老产业发展报告（2018）
著(编)者：朱勇　2018年10月出版 / 估价：99.00元
PSN B-2015-488-1/1

中国节能汽车蓝皮书
中国节能汽车发展报告（2017~2018）
著(编)者：中国汽车工程研究院股份有限公司
2018年9月出版 / 估价：99.00元
PSN B-2016-565-1/1

中国陶瓷产业蓝皮书
中国陶瓷产业发展报告（2018）
著(编)者：左和平 黄速建
2018年10月出版 / 估价：99.00元
PSN B-2016-573-1/1

装备制造业蓝皮书
中国装备制造业发展报告（2018）
著(编)者：徐东华
2018年12月出版 / 估价：118.00元
PSN B-2015-505-1/1

行业及其他类

“三农”互联网金融蓝皮书
中国“三农”互联网金融发展报告（2018）
著(编)者：李勇坚 王弢
2018年8月出版 / 估价：99.00元
PSN B-2016-560-1/1

SUV蓝皮书
中国SUV市场发展报告（2017～2018）
著(编)者：靳军 2018年9月出版 / 估价：99.00元
PSN B-2016-571-1/1

冰雪蓝皮书
中国冬季奥运会发展报告（2018）
著(编)者：孙承华 伍斌 魏庆华 张鸿俊
2018年9月出版 / 估价：99.00元
PSN B-2017-647-2/3

彩票蓝皮书
中国彩票发展报告（2018）
著(编)者：益彩基金 2018年6月出版 / 估价：99.00元
PSN B-2015-462-1/1

测绘地理信息蓝皮书
测绘地理信息供给侧结构性改革研究报告（2018）
著(编)者：库热西·买合苏提
2018年12月出版 / 估价：168.00元
PSN B-2009-145-1/1

产权市场蓝皮书
中国产权市场发展报告（2017）
著(编)者：曹和平
2018年5月出版 / 估价：99.00元
PSN B-2009-147-1/1

城投蓝皮书
中国城投行业发展报告（2018）
著(编)者：华景斌
2018年11月出版 / 估价：300.00元
PSN B-2016-514-1/1

城市轨道交通蓝皮书
中国城市轨道交通运营发展报告（2017～2018）
著(编)者：崔学忠 贾文峥
2018年3月出版 / 定价：89.00元
PSN B-2018-694-1/1

大数据蓝皮书
中国大数据发展报告（No.2）
著(编)者：连玉明 2018年5月出版 / 估价：99.00元
PSN B-2017-620-1/1

大数据应用蓝皮书
中国大数据应用发展报告No.2（2018）
著(编)者：陈军君 2018年8月出版 / 估价：99.00元
PSN B-2017-644-1/1

对外投资与风险蓝皮书
中国对外直接投资与国家风险报告（2018）
著(编)者：中债资信评估有限责任公司
中国社会科学院世界经济与政治研究所
2018年6月出版 / 估价：189.00元
PSN B-2017-606-1/1

工业和信息化蓝皮书
人工智能发展报告（2017～2018）
著(编)者：尹丽波 2018年6月出版 / 估价：99.00元
PSN B-2015-448-1/6

工业和信息化蓝皮书
世界智慧城市发展报告（2017～2018）
著(编)者：尹丽波 2018年6月出版 / 估价：99.00元
PSN B-2017-624-6/6

工业和信息化蓝皮书
世界网络安全发展报告（2017～2018）
著(编)者：尹丽波 2018年6月出版 / 估价：99.00元
PSN B-2015-452-5/6

工业和信息化蓝皮书
世界信息化发展报告（2017～2018）
著(编)者：尹丽波 2018年6月出版 / 估价：99.00元
PSN B-2015-451-4/6

工业设计蓝皮书
中国工业设计发展报告（2018）
著(编)者：王晓红 于炜 张立群 2018年9月出版 / 估价：168.00元
PSN B-2014-420-1/1

公共关系蓝皮书
中国公共关系发展报告（2017）
著(编)者：柳斌杰 2018年1月出版 / 定价：89.00元
PSN B-2016-579-1/1

公共关系蓝皮书
中国公共关系发展报告（2018）
著(编)者：柳斌杰　2018年11月出版 / 估价：99.00元
PSN B-2016-579-1/1

管理蓝皮书
中国管理发展报告（2018）
著(编)者：张晓东　2018年10月出版 / 估价：99.00元
PSN B-2014-416-1/1

轨道交通蓝皮书
中国轨道交通行业发展报告（2017）
著(编)者：仲建华 李闽榕
2017年12月出版 / 定价：98.00元
PSN B-2017-674-1/1

海关发展蓝皮书
中国海关发展前沿报告（2018）
著(编)者：干春晖　2018年6月出版 / 估价：99.00元
PSN B-2017-616-1/1

互联网医疗蓝皮书
中国互联网健康医疗发展报告（2018）
著(编)者：芮晓武　2018年6月出版 / 估价：99.00元
PSN B-2016-567-1/1

黄金市场蓝皮书
中国商业银行黄金业务发展报告（2017～2018）
著(编)者：平安银行　2018年6月出版 / 估价：99.00元
PSN B-2016-524-1/1

会展蓝皮书
中外会展业动态评估研究报告（2018）
著(编)者：张敏 任中峰 聂鑫焱 牛盼强
2018年12月出版 / 估价：99.00元
PSN B-2013-327-1/1

基金会蓝皮书
中国基金会发展报告（2017~2018）
著(编)者：中国基金会发展报告课题组
2018年6月出版 / 估价：99.00元
PSN B-2013-368-1/1

基金会绿皮书
中国基金会发展独立研究报告（2018）
著(编)者：基金会中心网　中央民族大学基金会研究中心
2018年6月出版 / 估价：99.00元
PSN G-2011-213-1/1

基金会透明度蓝皮书
中国基金会透明度发展研究报告（2018）
著(编)者：基金会中心网
清华大学廉政与治理研究中心
2018年9月出版 / 估价：99.00元
PSN B-2013-339-1/1

建筑装饰蓝皮书
中国建筑装饰行业发展报告（2018）
著(编)者：葛道顺 刘晓一
2018年10月出版 / 估价：198.00元
PSN B-2016-553-1/1

金融监管蓝皮书
中国金融监管报告（2018）
著(编)者：胡滨　2018年3月出版 / 定价：98.00元
PSN B-2012-281-1/1

金融蓝皮书
中国互联网金融行业分析与评估（2018～2019）
著(编)者：黄国平 伍旭川　2018年12月出版 / 估价：99.00元
PSN B-2016-585-7/7

金融科技蓝皮书
中国金融科技发展报告（2018）
著(编)者：李扬 孙国峰　2018年10月出版 / 估价：99.00元
PSN B-2014-374-1/1

金融信息服务蓝皮书
中国金融信息服务发展报告（2018）
著(编)者：李平　2018年5月出版 / 估价：99.00元
PSN B-2017-621-1/1

金蜜蜂企业社会责任蓝皮书
金蜜蜂中国企业社会责任报告研究（2017）
著(编)者：殷格非 于志宏 管竹笋
2018年1月出版 / 定价：99.00元
PSN B-2018-693-1/1

京津冀金融蓝皮书
京津冀金融发展报告（2018）
著(编)者：王爱俭 王璟怡　2018年10月出版 / 估价：99.00元
PSN B-2016-527-1/1

科普蓝皮书
国家科普能力发展报告（2018）
著(编)者：王康友　2018年5月出版 / 估价：138.00元
PSN B-2017-632-4/4

科普蓝皮书
中国基层科普发展报告（2017～2018）
著(编)者：赵立新 陈玲　2018年9月出版 / 估价：99.00元
PSN B-2016-568-3/4

科普蓝皮书
中国科普基础设施发展报告（2017～2018）
著(编)者：任福君　2018年6月出版 / 估价：99.00元
PSN B-2010-174-1/3

科普蓝皮书
中国科普人才发展报告（2017～2018）
著(编)者：郑念 任嵘嵘　2018年7月出版 / 估价：99.00元
PSN B-2016-512-2/4

科普能力蓝皮书
中国科普能力评价报告（2018～2019）
著(编)者：李富强 李群　2018年8月出版 / 估价：99.00元
PSN B-2016-555-1/1

临空经济蓝皮书
中国临空经济发展报告（2018）
著(编)者：连玉明　2018年9月出版 / 估价：99.00元
PSN B-2014-421-1/1

旅游安全蓝皮书
中国旅游安全报告（2018）
著(编)者：郑向敏 谢朝武　　2018年5月出版 / 估价：158.00元
PSN B-2012-280-1/1

旅游绿皮书
2017～2018年中国旅游发展分析与预测
著(编)者：宋瑞　　2018年1月出版 / 定价：99.00元
PSN G-2002-018-1/1

煤炭蓝皮书
中国煤炭工业发展报告（2018）
著(编)者：岳福斌　　2018年12月出版 / 估价：99.00元
PSN B-2008-123-1/1

民营企业社会责任蓝皮书
中国民营企业社会责任报告（2018）
著(编)者：中华全国工商业联合会
2018年12月出版 / 估价：99.00元
PSN B-2015-510-1/1

民营医院蓝皮书
中国民营医院发展报告（2017）
著(编)者：薛晓林　　2017年12月出版 / 定价：89.00元
PSN B-2012-299-1/1

闽商蓝皮书
闽商发展报告（2018）
著(编)者：李闽榕 王日根 林琛
2018年12月出版 / 估价：99.00元
PSN B-2012-298-1/1

农业应对气候变化蓝皮书
中国农业气象灾害及其灾损评估报告（No.3）
著(编)者：矫梅燕　　2018年6月出版 / 估价：118.00元
PSN B-2014-413-1/1

品牌蓝皮书
中国品牌战略发展报告（2018）
著(编)者：汪同三　　2018年10月出版 / 估价：99.00元
PSN B-2016-580-1/1

企业扶贫蓝皮书
中国企业扶贫研究报告（2018）
著(编)者：钟宏武　　2018年12月出版 / 估价：99.00元
PSN B-2016-593-1/1

企业公益蓝皮书
中国企业公益研究报告（2018）
著(编)者：钟宏武 汪杰 黄晓娟
2018年12月出版 / 估价：99.00元
PSN B-2015-501-1/1

企业国际化蓝皮书
中国企业全球化报告（2018）
著(编)者：王辉耀 苗绿　　2018年11月出版 / 估价：99.00元
PSN B-2014-427-1/1

企业蓝皮书
中国企业绿色发展报告No.2（2018）
著(编)者：李红玉 朱光辉
2018年8月出版 / 估价：99.00元
PSN B-2015-481-2/2

企业社会责任蓝皮书
中资企业海外社会责任研究报告（2017～2018）
著(编)者：钟宏武 叶柳红 张蒽
2018年6月出版 / 估价：99.00元
PSN B-2017-603-2/2

企业社会责任蓝皮书
中国企业社会责任研究报告（2018）
著(编)者：黄群慧 钟宏武 张蒽 汪杰
2018年11月出版 / 估价：99.00元
PSN B-2009-149-1/2

汽车安全蓝皮书
中国汽车安全发展报告（2018）
著(编)者：中国汽车技术研究中心
2018年8月出版 / 估价：99.00元
PSN B-2014-385-1/1

汽车电子商务蓝皮书
中国汽车电子商务发展报告（2018）
著(编)者：中华全国工商业联合会汽车经销商商会
北方工业大学
北京易观智库网络科技有限公司
2018年10月出版 / 估价：158.00元
PSN B-2015-485-1/1

汽车知识产权蓝皮书
中国汽车产业知识产权发展报告（2018）
著(编)者：中国汽车工程研究院股份有限公司
中国汽车工程学会
重庆长安汽车股份有限公司
2018年12月出版 / 估价：99.00元
PSN B-2016-594-1/1

青少年体育蓝皮书
中国青少年体育发展报告（2017）
著(编)者：刘扶民 杨桦　　2018年6月出版 / 估价：99.00元
PSN B-2015-482-1/1

区块链蓝皮书
中国区块链发展报告（2018）
著(编)者：李伟　　2018年9月出版 / 估价：99.00元
PSN B-2017-649-1/1

群众体育蓝皮书
中国群众体育发展报告（2017）
著(编)者：刘国永 戴健　　2018年5月出版 / 估价：99.00元
PSN B-2014-411-1/3

群众体育蓝皮书
中国社会体育指导员发展报告（2018）
著(编)者：刘国永 王欢　　2018年6月出版 / 估价：99.00元
PSN B-2016-520-3/3

人力资源蓝皮书
中国人力资源发展报告（2018）
著(编)者：余兴安　　2018年11月出版 / 估价：99.00元
PSN B-2012-287-1/1

融资租赁蓝皮书
中国融资租赁业发展报告（2017～2018）
著(编)者：李光荣 王力　　2018年8月出版 / 估价：99.00元
PSN B-2015-443-1/1

商会蓝皮书
中国商会发展报告No.5（2017）
著(编)者：王钦敏　2018年7月出版 / 估价：99.00元
PSN B-2008-125-1/1

商务中心区蓝皮书
中国商务中心区发展报告No.4（2017~2018）
著(编)者：李国红 单菁菁　2018年9月出版 / 估价：99.00元
PSN B-2015-444-1/1

设计产业蓝皮书
中国创新设计发展报告（2018）
著(编)者：王晓红 张立群 于炜
2018年11月出版 / 估价：99.00元
PSN B-2016-581-2/2

社会责任管理蓝皮书
中国上市公司社会责任能力成熟度报告No.4（2018）
著(编)者：肖红军 王晓光 李伟阳
2018年12月出版 / 估价：99.00元
PSN B-2015-507-2/2

社会责任管理蓝皮书
中国企业公众透明度报告No.4（2017~2018）
著(编)者：黄速建 熊梦 王晓光 肖红军
2018年6月出版 / 估价：99.00元
PSN B-2015-440-1/2

食品药品蓝皮书
食品药品安全与监管政策研究报告（2016~2017）
著(编)者：唐民皓　2018年6月出版 / 估价：99.00元
PSN B-2009-129-1/1

输血服务蓝皮书
中国输血行业发展报告（2018）
著(编)者：孙俊　2018年12月出版 / 估价：99.00元
PSN B-2016-582-1/1

水利风景区蓝皮书
中国水利风景区发展报告（2018）
著(编)者：董建文 兰思仁
2018年10月出版 / 估价：99.00元
PSN B-2015-480-1/1

数字经济蓝皮书
全球数字经济竞争力发展报告（2017）
著(编)者：王振　2017年12月出版 / 定价：79.00元
PSN B-2017-673-1/1

私募市场蓝皮书
中国私募股权市场发展报告（2017~2018）
著(编)者：曹和平　2018年12月出版 / 估价：99.00元
PSN B-2010-162-1/1

碳排放权交易蓝皮书
中国碳排放权交易报告（2018）
著(编)者：孙永平　2018年11月出版 / 估价：99.00元
PSN B-2017-652-1/1

碳市场蓝皮书
中国碳市场报告（2018）
著(编)者：定金彪　2018年11月出版 / 估价：99.00元
PSN B-2014-430-1/1

体育蓝皮书
中国公共体育服务发展报告（2018）
著(编)者：戴健　2018年12月出版 / 估价：99.00元
PSN B-2013-367-2/5

土地市场蓝皮书
中国农村土地市场发展报告（2017~2018）
著(编)者：李光荣　2018年6月出版 / 估价：99.00元
PSN B-2016-526-1/1

土地整治蓝皮书
中国土地整治发展研究报告（No.5）
著(编)者：国土资源部土地整治中心
2018年7月出版 / 估价：99.00元
PSN B-2014-401-1/1

土地政策蓝皮书
中国土地政策研究报告（2018）
著(编)者：高延利 张建平 吴次芳
2018年1月出版 / 定价：98.00元
PSN B-2015-506-1/1

网络空间安全蓝皮书
中国网络空间安全发展报告（2018）
著(编)者：惠志斌 覃庆玲
2018年11月出版 / 估价：99.00元
PSN B-2015-466-1/1

文化志愿服务蓝皮书
中国文化志愿服务发展报告（2018）
著(编)者：张永新 良警宇　2018年11月出版 / 估价：128.00元
PSN B-2016-596-1/1

西部金融蓝皮书
中国西部金融发展报告（2017~2018）
著(编)者：李忠民　2018年8月出版 / 估价：99.00元
PSN B-2010-160-1/1

协会商会蓝皮书
中国行业协会商会发展报告（2017）
著(编)者：景朝阳 李勇　2018年6月出版 / 估价：99.00元
PSN B-2015-461-1/1

新三板蓝皮书
中国新三板市场发展报告（2018）
著(编)者：王力　2018年8月出版 / 估价：99.00元
PSN B-2016-533-1/1

信托市场蓝皮书
中国信托业市场报告（2017~2018）
著(编)者：用益金融信托研究院
2018年6月出版 / 估价：198.00元
PSN B-2014-371-1/1

信息化蓝皮书
中国信息化形势分析与预测（2017~2018）
著(编)者：周宏仁　2018年8月出版 / 估价：99.00元
PSN B-2010-168-1/1

信用蓝皮书
中国信用发展报告（2017~2018）
著(编)者：章政 田侃　2018年6月出版 / 估价：99.00元
PSN B-2013-328-1/1

休闲绿皮书
2017～2018年中国休闲发展报告
著(编)者：宋瑞　2018年7月出版 / 估价：99.00元
PSN G-2010-158-1/1

休闲体育蓝皮书
中国休闲体育发展报告（2017～2018）
著(编)者：李相如 钟秉枢
2018年10月出版 / 估价：99.00元
PSN B-2016-516-1/1

养老金融蓝皮书
中国养老金融发展报告（2018）
著(编)者：董克用 姚余栋
2018年9月出版 / 估价：99.00元
PSN B-2016-583-1/1

遥感监测绿皮书
中国可持续发展遥感监测报告（2017）
著(编)者：顾行发 汪克强 潘教峰 李闽榕 徐东华 王琦安
2018年6月出版 / 估价：298.00元
PSN B-2017-629-1/1

药品流通蓝皮书
中国药品流通行业发展报告（2018）
著(编)者：佘鲁林 温再兴
2018年7月出版 / 估价：198.00元
PSN B-2014-429-1/1

医疗器械蓝皮书
中国医疗器械行业发展报告（2018）
著(编)者：王宝亭 耿鸿武
2018年10月出版 / 估价：99.00元
PSN B-2017-661-1/1

医院蓝皮书
中国医院竞争力报告（2017~2018）
著(编)者：庄一强　2018年3月出版 / 定价：108.00元
PSN B-2016-528-1/1

瑜伽蓝皮书
中国瑜伽业发展报告（2017~2018）
著(编)者：张永建 徐华锋 朱泰余
2018年6月出版 / 估价：198.00元
PSN B-2017-625-1/1

债券市场蓝皮书
中国债券市场发展报告（2017～2018）
著(编)者：杨农　2018年10月出版 / 估价：99.00元
PSN B-2016-572-1/1

志愿服务蓝皮书
中国志愿服务发展报告（2018）
著(编)者：中国志愿服务联合会
2018年11月出版 / 估价：99.00元
PSN B-2017-664-1/1

中国上市公司蓝皮书
中国上市公司发展报告（2018）
著(编)者：张鹏 张平 黄胤英
2018年9月出版 / 估价：99.00元
PSN B-2014-414-1/1

中国新三板蓝皮书
中国新三板创新与发展报告（2018）
著(编)者：刘平安 闻召林
2018年8月出版 / 估价：158.00元
PSN B-2017-638-1/1

中国汽车品牌蓝皮书
中国乘用车品牌发展报告（2017）
著(编)者：《中国汽车报》社有限公司
博世（中国）投资有限公司
中国汽车技术研究中心数据资源中心
2018年1月出版 / 定价：89.00元
PSN B-2017-679-1/1

中医文化蓝皮书
北京中医药文化传播发展报告（2018）
著(编)者：毛嘉陵　2018年6月出版 / 估价：99.00元
PSN B-2015-468-1/2

中医文化蓝皮书
中国中医药文化传播发展报告（2018）
著(编)者：毛嘉陵　2018年7月出版 / 估价：99.00元
PSN B-2016-584-2/2

中医药蓝皮书
北京中医药知识产权发展报告No.2
著(编)者：汪洪 屠志涛　2018年6月出版 / 估价：168.00元
PSN B-2017-602-1/1

资本市场蓝皮书
中国场外交易市场发展报告（2016～2017）
著(编)者：高峦　2018年6月出版 / 估价：99.00元
PSN B-2009-153-1/1

资产管理蓝皮书
中国资产管理行业发展报告（2018）
著(编)者：郑智　2018年7月出版 / 估价：99.00元
PSN B-2014-407-2/2

资产证券化蓝皮书
中国资产证券化发展报告（2018）
著(编)者：沈炳熙 曹彤 李哲平
2018年4月出版 / 定价：98.00元
PSN B-2017-660-1/1

自贸区蓝皮书
中国自贸区发展报告（2018）
著(编)者：王力 黄育华
2018年6月出版 / 估价：99.00元
PSN B-2016-558-1/1

国际问题与全球治理类

“一带一路”跨境通道蓝皮书
“一带一路”跨境通道建设研究报（2017～2018）
著(编)者：余鑫 张秋生　　2018年1月出版 / 定价：89.00元
PSN B-2016-557-1/1

“一带一路”蓝皮书
“一带一路”建设发展报告（2018）
著(编)者：李永全　　2018年3月出版 / 定价：98.00元
PSN B-2016-552-1/1

“一带一路”投资安全蓝皮书
中国“一带一路”投资与安全研究报告（2018）
著(编)者：邹统钎 梁昊光　　2018年4月出版 / 定价：98.00元
PSN B-2017-612-1/1

“一带一路”文化交流蓝皮书
中阿文化交流发展报告（2017）
著(编)者：王辉　　2017年12月出版 / 定价：89.00元
PSN B-2017-655-1/1

G20国家创新竞争力黄皮书
二十国集团（G20）国家创新竞争力发展报告（2017～2018）
著(编)者：李建平 李闽榕 赵新力 周天勇
2018年7月出版 / 估价：168.00元
PSN Y-2011-229-1/1

阿拉伯黄皮书
阿拉伯发展报告（2016～2017）
著(编)者：罗林　　2018年6月出版 / 估价：99.00元
PSN Y-2014-381-1/1

北部湾蓝皮书
泛北部湾合作发展报告（2017～2018）
著(编)者：吕余生　　2018年12月出版 / 估价：99.00元
PSN B-2008-114-1/1

北极蓝皮书
北极地区发展报告（2017）
著(编)者：刘惠荣　　2018年7月出版 / 估价：99.00元
PSN B-2017-634-1/1

大洋洲蓝皮书
大洋洲发展报告（2017～2018）
著(编)者：喻常森　　2018年10月出版 / 估价：99.00元
PSN B-2013-341-1/1

东北亚区域合作蓝皮书
2017年“一带一路”倡议与东北亚区域合作
著(编)者：刘亚政 金美花
2018年5月出版 / 估价：99.00元
PSN B-2017-631-1/1

东盟黄皮书
东盟发展报告（2017）
著(编)者：杨静林 庄国土　2018年6月出版 / 估价：99.00元
PSN Y-2012-303-1/1

东南亚蓝皮书
东南亚地区发展报告（2017～2018）
著(编)者：王勤　　2018年12月出版 / 估价：99.00元
PSN B-2012-240-1/1

非洲黄皮书
非洲发展报告No.20（2017～2018）
著(编)者：张宏明　　2018年7月出版 / 估价：99.00元
PSN Y-2012-239-1/1

非传统安全蓝皮书
中国非传统安全研究报告（2017～2018）
著(编)者：潇枫 罗中枢　　2018年8月出版 / 估价：99.00元
PSN B-2012-273-1/1

国际安全蓝皮书
中国国际安全研究报告（2018）
著(编)者：刘慧　　2018年7月出版 / 估价：99.00元
PSN B-2016-521-1/1

国际城市蓝皮书
国际城市发展报告（2018）
著(编)者：屠启宇　　2018年2月出版 / 定价：89.00元
PSN B-2012-260-1/1

国际形势黄皮书
全球政治与安全报告（2018）
著(编)者：张宇燕　　2018年1月出版 / 定价：99.00元
PSN Y-2001-016-1/1

公共外交蓝皮书
中国公共外交发展报告（2018）
著(编)者：赵启正 雷蔚真　　2018年6月出版 / 估价：99.00元
PSN B-2015-457-1/1

海丝蓝皮书
21世纪海上丝绸之路研究报告（2017）
著(编)者：华侨大学海上丝绸之路研究院
2017年12月出版 / 定价：89.00元
PSN B-2017-684-1/1

金砖国家黄皮书
金砖国家综合创新竞争力发展报告（2018）
著(编)者：赵新力 李闽榕 黄茂兴
2018年8月出版 / 估价：128.00元
PSN Y-2017-643-1/1

拉美黄皮书
拉丁美洲和加勒比发展报告（2017～2018）
著(编)者：袁东振　　2018年6月出版 / 估价：99.00元
PSN Y-1999-007-1/1

澜湄合作蓝皮书
澜沧江-湄公河合作发展报告（2018）
著(编)者：刘稚　　2018年9月出版 / 估价：99.00元
PSN B-2011-196-1/1

欧洲蓝皮书
欧洲发展报告（2017～2018）
著(编)者：黄平 周弘 程卫东
2018年6月出版 / 估价：99.00元
PSN B-1999-009-1/1

葡语国家蓝皮书
葡语国家发展报告（2016～2017）
著(编)者：王成安 张敏 刘金兰
2018年6月出版 / 估价：99.00元
PSN B-2015-503-1/2

葡语国家蓝皮书
中国与葡语国家关系发展报告·巴西（2016）
著(编)者：张曙光
2018年8月出版 / 估价：99.00元
PSN B-2016-563-2/2

气候变化绿皮书
应对气候变化报告（2018）
著(编)者：王伟光 郑国光
2018年11月出版 / 估价：99.00元
PSN G-2009-144-1/1

全球环境竞争力绿皮书
全球环境竞争力报告（2018）
著(编)者：李建平 李闽榕 王金南
2018年12月出版 / 估价：198.00元
PSN G-2013-363-1/1

全球信息社会蓝皮书
全球信息社会发展报告（2018）
著(编)者：丁波涛 唐涛 2018年10月出版 / 估价：99.00元
PSN B-2017-665-1/1

日本经济蓝皮书
日本经济与中日经贸关系研究报告（2018）
著(编)者：张季风 2018年6月出版 / 估价：99.00元
PSN B-2008-102-1/1

上海合作组织黄皮书
上海合作组织发展报告（2018）
著(编)者：李进峰 2018年6月出版 / 估价：99.00元
PSN Y-2009-130-1/1

世界创新竞争力黄皮书
世界创新竞争力发展报告（2017）
著(编)者：李建平 李闽榕 赵新力
2018年6月出版 / 估价：168.00元
PSN Y-2013-318-1/1

世界经济黄皮书
2018年世界经济形势分析与预测
著(编)者：张宇燕 2018年1月出版 / 定价：99.00元
PSN Y-1999-006-1/1

世界能源互联互通蓝皮书
世界能源清洁发展与互联互通评估报告（2017）：欧洲篇
著(编)者：国网能源研究院
2018年1月出版 / 定价：128.00元
PSN B-2018-695-1/1

丝绸之路蓝皮书
丝绸之路经济带发展报告（2018）
著(编)者：任宗哲 白宽犁 谷孟宾
2018年1月出版 / 定价：89.00元
PSN B-2014-410-1/1

新兴经济体蓝皮书
金砖国家发展报告（2018）
著(编)者：林跃勤 周文
2018年8月出版 / 估价：99.00元
PSN B-2011-195-1/1

亚太蓝皮书
亚太地区发展报告（2018）
著(编)者：李向阳 2018年5月出版 / 估价：99.00元
PSN B-2001-015-1/1

印度洋地区蓝皮书
印度洋地区发展报告（2018）
著(编)者：汪戎 2018年6月出版 / 估价：99.00元
PSN B-2013-334-1/1

印度尼西亚经济蓝皮书
印度尼西亚经济发展报告（2017）：增长与机会
著(编)者：左志刚 2017年11月出版 / 定价：89.00元
PSN B-2017-675-1/1

渝新欧蓝皮书
渝新欧沿线国家发展报告（2018）
著(编)者：杨柏 黄森
2018年6月出版 / 估价：99.00元
PSN B-2017-626-1/1

中阿蓝皮书
中国-阿拉伯国家经贸发展报告（2018）
著(编)者：张廉 段庆林 王林聪 杨巧红
2018年12月出版 / 估价：99.00元
PSN B-2016-598-1/1

中东黄皮书
中东发展报告No.20（2017～2018）
著(编)者：杨光 2018年10月出版 / 估价：99.00元
PSN Y-1998-004-1/1

中亚黄皮书
中亚国家发展报告（2018）
著(编)者：孙力
2018年3月出版 / 定价：98.00元
PSN Y-2012-238-1/1

国别类

澳大利亚蓝皮书
澳大利亚发展报告（2017-2018）
著(编)者：孙有中 韩锋　2018年12月出版 / 估价：99.00元
PSN B-2016-587-1/1

巴西黄皮书
巴西发展报告（2017）
著(编)者：刘国枝　2018年5月出版 / 估价：99.00元
PSN Y-2017-614-1/1

德国蓝皮书
德国发展报告（2018）
著(编)者：郑春荣　2018年6月出版 / 估价：99.00元
PSN B-2012-278-1/1

俄罗斯黄皮书
俄罗斯发展报告（2018）
著(编)者：李永全　2018年6月出版 / 估价：99.00元
PSN Y-2006-061-1/1

韩国蓝皮书
韩国发展报告（2017）
著(编)者：牛林杰 刘宝全　2018年6月出版 / 估价：99.00元
PSN B-2010-155-1/1

加拿大蓝皮书
加拿大发展报告（2018）
著(编)者：唐小松　2018年9月出版 / 估价：99.00元
PSN B-2014-389-1/1

美国蓝皮书
美国研究报告（2018）
著(编)者：郑秉文 黄平　2018年5月出版 / 估价：99.00元
PSN B-2011-210-1/1

缅甸蓝皮书
缅甸国情报告（2017）
著(编)者：祝湘辉
2017年11月出版 / 定价：98.00元
PSN B-2013-343-1/1

日本蓝皮书
日本研究报告（2018）
著(编)者：杨伯江　2018年4月出版 / 定价：99.00元
PSN B-2002-020-1/1

土耳其蓝皮书
土耳其发展报告（2018）
著(编)者：郭长刚 刘义　2018年9月出版 / 估价：99.00元
PSN B-2014-412-1/1

伊朗蓝皮书
伊朗发展报告（2017～2018）
著(编)者：冀开运　2018年10月 / 估价：99.00元
PSN B-2016-574-1/1

以色列蓝皮书
以色列发展报告（2018）
著(编)者：张倩红　2018年8月出版 / 估价：99.00元
PSN B-2015-483-1/1

印度蓝皮书
印度国情报告（2017）
著(编)者：吕昭义　2018年6月出版 / 估价：99.00元
PSN B-2012-241-1/1

英国蓝皮书
英国发展报告（2017～2018）
著(编)者：王展鹏　2018年12月出版 / 估价：99.00元
PSN B-2015-486-1/1

越南蓝皮书
越南国情报告（2018）
著(编)者：谢林城　2018年11月出版 / 估价：99.00元
PSN B-2006-056-1/1

泰国蓝皮书
泰国研究报告（2018）
著(编)者：庄国土 张禹东　刘文正
2018年10月出版 / 估价：99.00元
PSN B-2016-556-1/1

文化传媒类

“三农”舆情蓝皮书
中国“三农”网络舆情报告（2017～2018）
著(编)者：农业部信息中心
2018年6月出版 / 估价：99.00元
PSN B-2017-640-1/1

传媒竞争力蓝皮书
中国传媒国际竞争力研究报告（2018）
著(编)者：李本乾 刘强 王大可
2018年8月出版 / 估价：99.00元
PSN B-2013-356-1/1

传媒蓝皮书
中国传媒产业发展报告（2018）
著(编)者：崔保国
2018年5月出版 / 估价：99.00元
PSN B-2005-035-1/1

传媒投资蓝皮书
中国传媒投资发展报告（2018）
著(编)者：张向东 谭云明
2018年6月出版 / 估价：148.00元
PSN B-2015-474-1/1

非物质文化遗产蓝皮书
中国非物质文化遗产发展报告（2018）
著(编)者：陈平 2018年6月出版 / 估价：128.00元
PSN B-2015-469-1/2

非物质文化遗产蓝皮书
中国非物质文化遗产保护发展报告（2018）
著(编)者：宋俊华 2018年10月出版 / 估价：128.00元
PSN B-2016-586-2/2

广电蓝皮书
中国广播电影电视发展报告（2018）
著(编)者：国家新闻出版广电总局发展研究中心
2018年7月出版 / 估价：99.00元
PSN B-2006-072-1/1

广告主蓝皮书
中国广告主营销传播趋势报告No.9
著(编)者：黄升民 杜国清 邵华冬 等
2018年10月出版 / 估价：158.00元
PSN B-2005-041-1/1

国际传播蓝皮书
中国国际传播发展报告（2018）
著(编)者：胡正荣 李继东 姬德强
2018年12月出版 / 估价：99.00元
PSN B-2014-408-1/1

国家形象蓝皮书
中国国家形象传播报告（2017）
著(编)者：张昆 2018年6月出版 / 估价：128.00元
PSN B-2017-605-1/1

互联网治理蓝皮书
中国网络社会治理研究报告（2018）
著(编)者：罗昕 支庭荣
2018年9月出版 / 估价：118.00元
PSN B-2017-653-1/1

纪录片蓝皮书
中国纪录片发展报告（2018）
著(编)者：何苏六 2018年10月出版 / 估价：99.00元
PSN B-2011-222-1/1

科学传播蓝皮书
中国科学传播报告（2016~2017）
著(编)者：詹正茂 2018年6月出版 / 估价：99.00元
PSN B-2008-120-1/1

两岸创意经济蓝皮书
两岸创意经济研究报告（2018）
著(编)者：罗昌智 董泽平
2018年10月出版 / 估价：99.00元
PSN B-2014-437-1/1

媒介与女性蓝皮书
中国媒介与女性发展报告（2017~2018）
著(编)者：刘利群 2018年5月出版 / 估价：99.00元
PSN B-2013-345-1/1

媒体融合蓝皮书
中国媒体融合发展报告（2017~2018）
著(编)者：梅宁华 支庭荣
2017年12月出版 / 定价：98.00元
PSN B-2015-479-1/1

全球传媒蓝皮书
全球传媒发展报告（2017~2018）
著(编)者：胡正荣 李继东 2018年6月出版 / 估价：99.00元
PSN B-2012-237-1/1

少数民族非遗蓝皮书
中国少数民族非物质文化遗产发展报告（2018）
著(编)者：肖远平（彝） 柴立（满）
2018年10月出版 / 估价：118.00元
PSN B-2015-467-1/1

视听新媒体蓝皮书
中国视听新媒体发展报告（2018）
著(编)者：国家新闻出版广电总局发展研究中心
2018年7月出版 / 估价：118.00元
PSN B-2011-184-1/1

数字娱乐产业蓝皮书
中国动画产业发展报告（2018）
著(编)者：孙立军 孙平 牛兴侦
2018年10月出版 / 估价：99.00元
PSN B-2011-198-1/2

数字娱乐产业蓝皮书
中国游戏产业发展报告（2018）
著(编)者：孙立军 刘跃军 2018年10月出版 / 估价：99.00元
PSN B-2017-662-2/2

网络视听蓝皮书
中国互联网视听行业发展报告（2018）
著(编)者：陈鹏 2018年2月出版 / 定价：148.00元
PSN B-2018-688-1/1

文化创新蓝皮书
中国文化创新报告（2017·No.8）
著(编)者：傅才武 2018年6月出版 / 估价：99.00元
PSN B-2009-143-1/1

文化建设蓝皮书
中国文化发展报告（2018）
著(编)者：江畅 孙伟平 戴茂堂
2018年5月出版 / 估价：99.00元
PSN B-2014-392-1/1

文化科技蓝皮书
文化科技创新发展报告（2018）
著(编)者：于平 李凤亮 2018年10月出版 / 估价：99.00元
PSN B-2013-342-1/1

文化蓝皮书
中国公共文化服务发展报告（2017~2018）
著(编)者：刘新成 张永新 张旭
2018年12月出版 / 估价：99.00元
PSN B-2007-093-2/10

文化蓝皮书
中国少数民族文化发展报告（2017~2018）
著(编)者：武翠英 张晓明 任乌晶
2018年9月出版 / 估价：99.00元
PSN B-2013-369-9/10

文化蓝皮书
中国文化产业供需协调检测报告（2018）
著(编)者：王亚南 2018年3月出版 / 定价：99.00元
PSN B-2013-323-8/10

文化蓝皮书
中国文化消费需求景气评价报告（2018）
著(编)者：王亚南　2018年3月出版 / 定价：99.00元
PSN B-2011-236-4/10

文化蓝皮书
中国公共文化投入增长测评报告（2018）
著(编)者：王亚南　2018年3月出版 / 定价：99.00元
PSN B-2014-435-10/10

文化品牌蓝皮书
中国文化品牌发展报告（2018）
著(编)者：欧阳友权　2018年5月出版 / 估价：99.00元
PSN B-2012-277-1/1

文化遗产蓝皮书
中国文化遗产事业发展报告（2017～2018）
著(编)者：苏杨 张颖岚 卓杰 白海峰 陈晨 陈叙图
2018年8月出版 / 估价：99.00元
PSN B-2008-119-1/1

文学蓝皮书
中国文情报告（2017～2018）
著(编)者：白烨　2018年5月出版 / 估价：99.00元
PSN B-2011-221-1/1

新媒体蓝皮书
中国新媒体发展报告No.9（2018）
著(编)者：唐绪军　2018年7月出版 / 估价：99.00元
PSN B-2010-169-1/1

新媒体社会责任蓝皮书
中国新媒体社会责任研究报告（2018）
著(编)者：钟瑛　2018年12月出版 / 估价：99.00元
PSN B-2014-423-1/1

移动互联网蓝皮书
中国移动互联网发展报告（2018）
著(编)者：余清楚　2018年6月出版 / 估价：99.00元
PSN B-2012-282-1/1

影视蓝皮书
中国影视产业发展报告（2018）
著(编)者：司若 陈鹏 陈锐
2018年6月出版 / 估价：99.00元
PSN B-2016-529-1/1

舆情蓝皮书
中国社会舆情与危机管理报告（2018）
著(编)者：谢耘耕
2018年9月出版 / 估价：138.00元
PSN B-2011-235-1/1

中国大运河蓝皮书
中国大运河发展报告（2018）
著(编)者：吴欣　2018年2月出版 / 估价：128.00元
PSN B-2018-691-1/1

地方发展类-经济

澳门蓝皮书
澳门经济社会发展报告（2017～2018）
著(编)者：吴志良 郝雨凡
2018年7月出版 / 估价：99.00元
PSN B-2009-138-1/1

澳门绿皮书
澳门旅游休闲发展报告（2017～2018）
著(编)者：郝雨凡 林广志
2018年5月出版 / 估价：99.00元
PSN G-2017-617-1/1

北京蓝皮书
北京经济发展报告（2017～2018）
著(编)者：杨松　2018年6月出版 / 估价：99.00元
PSN B-2006-054-2/8

北京旅游绿皮书
北京旅游发展报告（2018）
著(编)者：北京旅游学会
2018年7月出版 / 估价：99.00元
PSN G-2012-301-1/1

北京体育蓝皮书
北京体育产业发展报告（2017～2018）
著(编)者：钟秉枢 陈杰 杨铁黎
2018年9月出版 / 估价：99.00元
PSN B-2015-475-1/1

滨海金融蓝皮书
滨海新区金融发展报告（2017）
著(编)者：王爱俭 李向前　2018年4月出版 / 估价：99.00元
PSN B-2014-424-1/1

城乡一体化蓝皮书
北京城乡一体化发展报告（2017～2018）
著(编)者：吴宝新 张宝秀 黄序
2018年5月出版 / 估价：99.00元
PSN B-2012-258-2/2

非公有制企业社会责任蓝皮书
北京非公有制企业社会责任报告（2018）
著(编)者：宋贵伦 冯培
2018年6月出版 / 估价：99.00元
PSN B-2017-613-1/1

福建旅游蓝皮书
福建省旅游产业发展现状研究（2017~2018）
著(编)者：陈敏华 黄远水 2018年12月出版 / 估价：128.00元
PSN B-2016-591-1/1

福建自贸区蓝皮书
中国（福建）自由贸易试验区发展报告（2017~2018）
著(编)者：黄茂兴 2018年6月出版 / 估价：118.00元
PSN B-2016-531-1/1

甘肃蓝皮书
甘肃经济发展分析与预测（2018）
著(编)者：安文华 罗哲 2018年1月出版 / 定价：99.00元
PSN B-2013-312-1/6

甘肃蓝皮书
甘肃商贸流通发展报告（2018）
著(编)者：张应华 王福生 王晓芳
2018年1月出版 / 定价：99.00元
PSN B-2016-522-6/6

甘肃蓝皮书
甘肃县域和农村发展报告（2018）
著(编)者：包东红 朱智文 王建兵
2018年1月出版 / 定价：99.00元
PSN B-2013-316-5/6

甘肃农业科技绿皮书
甘肃农业科技发展研究报告（2018）
著(编)者：魏胜文 乔德华 张东伟
2018年12月出版 / 估价：198.00元
PSN B-2016-592-1/1

甘肃气象保障蓝皮书
甘肃农业对气候变化的适应与风险评估报告（No.1）
著(编)者：鲍文中 周广胜
2017年12月出版 / 定价：108.00元
PSN B-2017-677-1/1

巩义蓝皮书
巩义经济社会发展报告（2018）
著(编)者：丁同民 朱军 2018年6月出版 / 估价：99.00元
PSN B-2016-532-1/1

广东外经贸蓝皮书
广东对外经济贸易发展研究报告（2017~2018）
著(编)者：陈万灵 2018年6月出版 / 估价：99.00元
PSN B-2012-286-1/1

广西北部湾经济区蓝皮书
广西北部湾经济区开放开发报告（2017~2018）
著(编)者：广西壮族自治区北部湾经济区和东盟开放合作办公室
广西社会科学院
广西北部湾发展研究院
2018年5月出版 / 估价：99.00元
PSN B-2010-181-1/1

广州蓝皮书
广州城市国际化发展报告（2018）
著(编)者：张跃国 2018年8月出版 / 估价：99.00元
PSN B-2012-246-11/14

广州蓝皮书
中国广州城市建设与管理发展报告（2018）
著(编)者：张其学 陈小钢 王宏伟 2018年8月出版 / 估价：99.00元
PSN B-2007-087-4/14

广州蓝皮书
广州创新型城市发展报告（2018）
著(编)者：尹涛 2018年6月出版 / 估价：99.00元
PSN B-2012-247-12/14

广州蓝皮书
广州经济发展报告（2018）
著(编)者：张跃国 尹涛 2018年7月出版 / 估价：99.00元
PSN B-2005-040-1/14

广州蓝皮书
2018年中国广州经济形势分析与预测
著(编)者：魏明海 谢博能 李华
2018年6月出版 / 估价：99.00元
PSN B-2011-185-9/14

广州蓝皮书
中国广州科技创新发展报告（2018）
著(编)者：于欣伟 陈爽 邓佑满 2018年8月出版 / 估价：99.00元
PSN B-2006-065-2/14

广州蓝皮书
广州农村发展报告（2018）
著(编)者：朱名宏 2018年7月出版 / 估价：99.00元
PSN B-2010-167-8/14

广州蓝皮书
广州汽车产业发展报告（2018）
著(编)者：杨再高 冯兴亚 2018年7月出版 / 估价：99.00元
PSN B-2006-066-3/14

广州蓝皮书
广州商贸业发展报告（2018）
著(编)者：张跃国 陈杰 荀振英
2018年7月出版 / 估价：99.00元
PSN B-2012-245-10/14

贵阳蓝皮书
贵阳城市创新发展报告No.3（白云篇）
著(编)者：连玉明 2018年5月出版 / 估价：99.00元
PSN B-2015-491-3/10

贵阳蓝皮书
贵阳城市创新发展报告No.3（观山湖篇）
著(编)者：连玉明 2018年5月出版 / 估价：99.00元
PSN B-2015-497-9/10

贵阳蓝皮书
贵阳城市创新发展报告No.3（花溪篇）
著(编)者：连玉明 2018年5月出版 / 估价：99.00元
PSN B-2015-490-2/10

贵阳蓝皮书
贵阳城市创新发展报告No.3（开阳篇）
著(编)者：连玉明 2018年5月出版 / 估价：99.00元
PSN B-2015-492-4/10

贵阳蓝皮书
贵阳城市创新发展报告No.3（南明篇）
著(编)者：连玉明 2018年5月出版 / 估价：99.00元
PSN B-2015-496-8/10

贵阳蓝皮书
贵阳城市创新发展报告No.3（清镇篇）
著(编)者：连玉明 2018年5月出版 / 估价：99.00元
PSN B-2015-489-1/10

贵阳蓝皮书
贵阳城市创新发展报告No.3（乌当篇）
著(编)者：连玉明　2018年5月出版 / 估价：99.00元
PSN B-2015-495-7/10

贵阳蓝皮书
贵阳城市创新发展报告No.3（息烽篇）
著(编)者：连玉明　2018年5月出版 / 估价：99.00元
PSN B-2015-493-5/10

贵阳蓝皮书
贵阳城市创新发展报告No.3（修文篇）
著(编)者：连玉明　2018年5月出版 / 估价：99.00元
PSN B-2015-494-6/10

贵阳蓝皮书
贵阳城市创新发展报告No.3（云岩篇）
著(编)者：连玉明　2018年5月出版 / 估价：99.00元
PSN B-2015-498-10/10

贵州房地产蓝皮书
贵州房地产发展报告No.5（2018）
著(编)者：武廷方　2018年7月出版 / 估价：99.00元
PSN B-2014-426-1/1

贵州蓝皮书
贵州册亨经济社会发展报告（2018）
著(编)者：黄德林　2018年6月出版 / 估价：99.00元
PSN B-2016-525-8/9

贵州蓝皮书
贵州地理标志产业发展报告（2018）
著(编)者：李发耀 黄其松　2018年8月出版 / 估价：99.00元
PSN B-2017-646-10/10

贵州蓝皮书
贵安新区发展报告（2017~2018）
著(编)者：马长青 吴大华　2018年6月出版 / 估价：99.00元
PSN B-2015-459-4/10

贵州蓝皮书
贵州国家级开放创新平台发展报告（2017~2018）
著(编)者：申晓庆 吴大华 季泓
2018年11月出版 / 估价：99.00元
PSN B-2016-518-7/10

贵州蓝皮书
贵州国有企业社会责任发展报告（2017~2018）
著(编)者：郭丽　2018年12月出版 / 估价：99.00元
PSN B-2015-511-6/10

贵州蓝皮书
贵州民航业发展报告（2017）
著(编)者：申振东 吴大华　2018年6月出版 / 估价：99.00元
PSN B-2015-471-5/10

贵州蓝皮书
贵州民营经济发展报告（2017）
著(编)者：杨静 吴大华　2018年6月出版 / 估价：99.00元
PSN B-2016-530-9/9

杭州都市圈蓝皮书
杭州都市圈发展报告（2018）
著(编)者：洪庆华 沈翔　2018年4月出版 / 定价：98.00元
PSN B-2012-302-1/1

河北经济蓝皮书
河北省经济发展报告（2018）
著(编)者：马树强 金浩 张贵　2018年6月出版 / 估价：99.00元
PSN B-2014-380-1/1

河北蓝皮书
河北经济社会发展报告（2018）
著(编)者：康振海　2018年1月出版 / 定价：99.00元
PSN B-2014-372-1/3

河北蓝皮书
京津冀协同发展报告（2018）
著(编)者：陈璐　2017年12月出版 / 定价：79.00元
PSN B-2017-601-2/3

河南经济蓝皮书
2018年河南经济形势分析与预测
著(编)者：王世炎　2018年3月出版 / 定价：89.00元
PSN B-2007-086-1/1

河南蓝皮书
河南城市发展报告（2018）
著(编)者：张占仓 王建国　2018年5月出版 / 估价：99.00元
PSN B-2009-131-3/9

河南蓝皮书
河南工业发展报告（2018）
著(编)者：张占仓　2018年5月出版 / 估价：99.00元
PSN B-2013-317-5/9

河南蓝皮书
河南金融发展报告（2018）
著(编)者：喻新安 谷建全
2018年6月出版 / 估价：99.00元
PSN B-2014-390-7/9

河南蓝皮书
河南经济发展报告（2018）
著(编)者：张占仓 完世伟
2018年6月出版 / 估价：99.00元
PSN B-2010-157-4/9

河南蓝皮书
河南能源发展报告（2018）
著(编)者：国网河南省电力公司经济技术研究院
河南省社会科学院
2018年6月出版 / 估价：99.00元
PSN B-2017-607-9/9

河南商务蓝皮书
河南商务发展报告（2018）
著(编)者：焦锦淼 穆荣国　2018年5月出版 / 估价：99.00元
PSN B-2014-399-1/1

河南双创蓝皮书
河南创新创业发展报告（2018）
著(编)者：喻新安 杨雪梅
2018年8月出版 / 估价：99.00元
PSN B-2017-641-1/1

黑龙江蓝皮书
黑龙江经济发展报告（2018）
著(编)者：朱宇　2018年1月出版 / 定价：89.00元
PSN B-2011-190-2/2

湖南城市蓝皮书
区域城市群整合
著(编)者：童中贤 韩未名 2018年12月出版 / 估价：99.00元
PSN B-2006-064-1/1

湖南蓝皮书
湖南城乡一体化发展报告（2018）
著(编)者：陈文胜 王文强 陆福兴
2018年8月出版 / 估价：99.00元
PSN B-2015-477-8/8

湖南蓝皮书
2018年湖南电子政务发展报告
著(编)者：梁志峰 2018年5月出版 / 估价：128.00元
PSN B-2014-394-6/8

湖南蓝皮书
2018年湖南经济发展报告
著(编)者：卞鹰 2018年5月出版 / 估价：128.00元
PSN B-2011-207-2/8

湖南蓝皮书
2016年湖南经济展望
著(编)者：梁志峰 2018年5月出版 / 估价：128.00元
PSN B-2011-206-1/8

湖南蓝皮书
2018年湖南县域经济社会发展报告
著(编)者：梁志峰 2018年5月出版 / 估价：128.00元
PSN B-2014-395-7/8

湖南县域绿皮书
湖南县域发展报告（No.5）
著(编)者：袁准 周小毛 黎仁寅
2018年6月出版 / 估价：99.00元
PSN G-2012-274-1/1

沪港蓝皮书
沪港发展报告（2018）
著(编)者：尤安山 2018年9月出版 / 估价：99.00元
PSN B-2013-362-1/1

吉林蓝皮书
2018年吉林经济社会形势分析与预测
著(编)者：邵汉明 2017年12月出版 / 定价：89.00元
PSN B-2013-319-1/1

吉林省城市竞争力蓝皮书
吉林省城市竞争力报告（2017~2018）
著(编)者：崔岳春 张磊
2018年3月出版 / 定价：89.00元
PSN B-2016-513-1/1

济源蓝皮书
济源经济社会发展报告（2018）
著(编)者：喻新安 2018年6月出版 / 估价：99.00元
PSN B-2014-387-1/1

江苏蓝皮书
2018年江苏经济发展分析与展望
著(编)者：王庆五 吴先满
2018年7月出版 / 估价：128.00元
PSN B-2017-635-1/3

江西蓝皮书
江西经济社会发展报告（2018）
著(编)者：陈石俊 龚建文 2018年10月出版 / 估价：128.00元
PSN B-2015-484-1/2

江西蓝皮书
江西设区市发展报告（2018）
著(编)者：姜玮 梁勇
2018年10月出版 / 估价：99.00元
PSN B-2016-517-2/2

经济特区蓝皮书
中国经济特区发展报告（2017）
著(编)者：陶一桃 2018年1月出版 / 估价：99.00元
PSN B-2009-139-1/1

辽宁蓝皮书
2018年辽宁经济社会形势分析与预测
著(编)者：梁启东 魏红江 2018年6月出版 / 估价：99.00元
PSN B-2006-053-1/1

民族经济蓝皮书
中国民族地区经济发展报告（2018）
著(编)者：李曦辉 2018年7月出版 / 估价：99.00元
PSN B-2017-630-1/1

南宁蓝皮书
南宁经济发展报告（2018）
著(编)者：胡建华 2018年9月出版 / 估价：99.00元
PSN B-2016-569-2/3

内蒙古蓝皮书
内蒙古精准扶贫研究报告（2018）
著(编)者：张志华 2018年1月出版 / 定价：89.00元
PSN B-2017-681-2/2

浦东新区蓝皮书
上海浦东经济发展报告（2018）
著(编)者：周小平 徐美芳
2018年1月出版 / 定价：89.00元
PSN B-2011-225-1/1

青海蓝皮书
2018年青海经济社会形势分析与预测
著(编)者：陈玮 2018年1月出版 / 定价：98.00元
PSN B-2012-275-1/2

青海科技绿皮书
青海科技发展报告（2017）
著(编)者：青海省科学技术信息研究所
2018年3月出版 / 定价：98.00元
PSN G-2018-701-1/1

山东蓝皮书
山东经济形势分析与预测（2018）
著(编)者：李广杰 2018年7月出版 / 估价：99.00元
PSN B-2014-404-1/5

山东蓝皮书
山东省普惠金融发展报告（2018）
著(编)者：齐鲁财富网
2018年9月出版 / 估价：99.00元
PSN B2017-676-5/5

山西蓝皮书
山西资源型经济转型发展报告（2018）
著(编)者：李志强　　2018年7月出版 / 估价：99.00元
PSN B-2011-197-1/1

陕西蓝皮书
陕西经济发展报告（2018）
著(编)者：任宗哲 白宽犁 裴成荣
2018年1月出版 / 定价：89.00元
PSN B-2009-135-1/6

陕西蓝皮书
陕西精准脱贫研究报告（2018）
著(编)者：任宗哲 白宽犁 王建康
2018年4月出版 / 定价：89.00元
PSN B-2017-623-6/6

上海蓝皮书
上海经济发展报告（2018）
著(编)者：沈开艳　　2018年2月出版 / 定价：89.00元
PSN B-2006-057-1/7

上海蓝皮书
上海资源环境发展报告（2018）
著(编)者：周冯琦 胡静　　2018年2月出版 / 定价：89.00元
PSN B-2006-060-4/7

上海蓝皮书
上海奉贤经济发展分析与研判（2017～2018）
著(编)者：张兆安 朱平芳　　2018年3月出版 / 定价：99.00元
PSN B-2018-698-8/8

上饶蓝皮书
上饶发展报告（2016～2017）
著(编)者：廖其志　　2018年6月出版 / 估价：128.00元
PSN B-2014-377-1/1

深圳蓝皮书
深圳经济发展报告（2018）
著(编)者：张骁儒　　2018年6月出版 / 估价：99.00元
PSN B-2008-112-3/7

四川蓝皮书
四川城镇化发展报告（2018）
著(编)者：侯水平 陈炜　　2018年6月出版 / 估价：99.00元
PSN B-2015-456-7/7

四川蓝皮书
2018年四川经济形势分析与预测
著(编)者：杨钢　　2018年1月出版 / 定价：158.00元
PSN B-2007-098-2/7

四川蓝皮书
四川企业社会责任研究报告（2017～2018）
著(编)者：侯水平 盛毅　　2018年5月出版 / 估价：99.00元
PSN B-2014-386-4/7

四川蓝皮书
四川生态建设报告（2018）
著(编)者：李晟之　　2018年5月出版 / 估价：99.00元
PSN B-2015-455-6/7

四川蓝皮书
四川特色小镇发展报告（2017）
著(编)者：吴志强　　2017年11月出版 / 定价：89.00元
PSN B-2017-670-8/8

体育蓝皮书
上海体育产业发展报告（2017~2018）
著(编)者：张林 黄海燕
2018年10月出版 / 估价：99.00元
PSN B-2015-454-4/5

体育蓝皮书
长三角地区体育产业发展报（2017～2018）
著(编)者：张林　　2018年6月出版 / 估价：99.00元
PSN B-2015-453-3/5

天津金融蓝皮书
天津金融发展报告（2018）
著(编)者：王爱俭 孔德昌
2018年5月出版 / 估价：99.00元
PSN B-2014-418-1/1

图们江区域合作蓝皮书
图们江区域合作发展报告（2018）
著(编)者：李铁　　2018年6月出版 / 估价：99.00元
PSN B-2015-464-1/1

温州蓝皮书
2018年温州经济社会形势分析与预测
著(编)者：蒋儒标 王春光 金浩
2018年6月出版 / 估价：99.00元
PSN B-2008-105-1/1

西咸新区蓝皮书
西咸新区发展报告（2018）
著(编)者：李扬 王军
2018年6月出版 / 估价：99.00元
PSN B-2016-534-1/1

修武蓝皮书
修武经济社会发展报告（2018）
著(编)者：张占仓 袁凯声
2018年10月出版 / 估价：99.00元
PSN B-2017-651-1/1

偃师蓝皮书
偃师经济社会发展报告（2018）
著(编)者：张占仓 袁凯声 何武周
2018年7月出版 / 估价：99.00元
PSN B-2017-627-1/1

扬州蓝皮书
扬州经济社会发展报告（2018）
著(编)者：陈扬
2018年12月出版 / 估价：108.00元
PSN B-2011-191-1/1

长垣蓝皮书
长垣经济社会发展报告（2018）
著(编)者：张占仓 袁凯声 秦保建
2018年10月出版 / 估价：99.00元
PSN B-2017-654-1/1

遵义蓝皮书
遵义发展报告（2018）
著(编)者：邓彦 曾征 龚永育
2018年9月出版 / 估价：99.00元
PSN B-2014-433-1/1

地方发展类-社会

安徽蓝皮书
安徽社会发展报告（2018）
著(编)者：程桦　2018年6月出版 / 估价：99.00元
PSN B-2013-325-1/1

安徽社会建设蓝皮书
安徽社会建设分析报告（2017～2018）
著(编)者：黄家海 蔡宪
2018年11月出版 / 估价：99.00元
PSN B-2013-322-1/1

北京蓝皮书
北京公共服务发展报告（2017～2018）
著(编)者：施昌奎　2018年6月出版 / 估价：99.00元
PSN B-2008-103-7/8

北京蓝皮书
北京社会发展报告（2017～2018）
著(编)者：李伟东
2018年7月出版 / 估价：99.00元
PSN B-2006-055-3/8

北京蓝皮书
北京社会治理发展报告（2017～2018）
著(编)者：殷星辰　2018年7月出版 / 估价：99.00元
PSN B-2014-391-8/8

北京律师蓝皮书
北京律师发展报告 No.4（2018）
著(编)者：王隽　2018年12月出版 / 估价：99.00元
PSN B-2011-217-1/1

北京人才蓝皮书
北京人才发展报告（2018）
著(编)者：敏华　2018年12月出版 / 估价：128.00元
PSN B-2011-201-1/1

北京社会心态蓝皮书
北京社会心态分析报告（2017～2018）
北京市社会心理服务促进中心
2018年10月出版 / 估价：99.00元
PSN B-2014-422-1/1

北京社会组织管理蓝皮书
北京社会组织发展与管理（2018）
著(编)者：黄江松
2018年6月出版 / 估价：99.00元
PSN B-2015-446-1/1

北京养老产业蓝皮书
北京居家养老发展报告（2018）
著(编)者：陆杰华 周明明
2018年8月出版 / 估价：99.00元
PSN B-2015-465-1/1

法治蓝皮书
四川依法治省年度报告No.4（2018）
著(编)者：李林 杨天宗 田禾
2018年3月出版 / 定价：118.00元
PSN B-2015-447-2/3

福建妇女发展蓝皮书
福建省妇女发展报告（2018）
著(编)者：刘群英　2018年11月出版 / 估价：99.00元
PSN B-2011-220-1/1

甘肃蓝皮书
甘肃社会发展分析与预测（2018）
著(编)者：安文华 谢增虎 包晓霞
2018年1月出版 / 定价：99.00元
PSN B-2013-313-2/6

广东蓝皮书
广东全面深化改革研究报告（2018）
著(编)者：周林生 涂成林
2018年12月出版 / 估价：99.00元
PSN B-2015-504-3/3

广东蓝皮书
广东社会工作发展报告（2018）
著(编)者：罗观翠　2018年6月出版 / 估价：99.00元
PSN B-2014-402-2/3

广州蓝皮书
广州青年发展报告（2018）
著(编)者：徐柳 张强
2018年8月出版 / 估价：99.00元
PSN B-2013-352-13/14

广州蓝皮书
广州社会保障发展报告（2018）
著(编)者：张跃国　2018年8月出版 / 估价：99.00元
PSN B-2014-425-14/14

广州蓝皮书
2018年中国广州社会形势分析与预测
著(编)者：张强 郭志勇 何镜清
2018年6月出版 / 估价：99.00元
PSN B-2008-110-5/14

贵州蓝皮书
贵州法治发展报告（2018）
著(编)者：吴大华　2018年5月出版 / 估价：99.00元
PSN B-2012-254-2/10

贵州蓝皮书
贵州人才发展报告（2017）
著(编)者：于杰 吴大华
2018年9月出版 / 估价：99.00元
PSN B-2014-382-3/10

贵州蓝皮书
贵州社会发展报告（2018）
著(编)者：王兴骥　2018年6月出版 / 估价：99.00元
PSN B-2010-166-1/10

杭州蓝皮书
杭州妇女发展报告（2018）
著(编)者：魏颖
2018年10月出版 / 估价：99.00元
PSN B-2014-403-1/1

河北蓝皮书
河北法治发展报告（2018）
著(编)者：康振海　2018年6月出版 / 估价：99.00元
PSN B-2017-622-3/3

河北食品药品安全蓝皮书
河北食品药品安全研究报告（2018）
著(编)者：丁锦霞
2018年10月出版 / 估价：99.00元
PSN B-2015-473-1/1

河南蓝皮书
河南法治发展报告（2018）
著(编)者：张林海　2018年7月出版 / 估价：99.00元
PSN B-2014-376-6/9

河南蓝皮书
2018年河南社会形势分析与预测
著(编)者：牛苏林　2018年5月出版 / 估价：99.00元
PSN B-2005-043-1/9

河南民办教育蓝皮书
河南民办教育发展报告（2018）
著(编)者：胡大白　2018年9月出版 / 估价：99.00元
PSN B-2017-642-1/1

黑龙江蓝皮书
黑龙江社会发展报告（2018）
著(编)者：王爱丽　2018年1月出版 / 定价：89.00元
PSN B-2011-189-1/2

湖南蓝皮书
2018年湖南两型社会与生态文明建设报告
著(编)者：卞鹰　2018年5月出版 / 估价：128.00元
PSN B-2011-208-3/8

湖南蓝皮书
2018年湖南社会发展报告
著(编)者：卞鹰　2018年5月出版 / 估价：128.00元
PSN B-2014-393-5/8

健康城市蓝皮书
北京健康城市建设研究报告（2018）
著(编)者：王鸿春 盛继洪
2018年9月出版 / 估价：99.00元
PSN B-2015-460-1/2

江苏法治蓝皮书
江苏法治发展报告No.6（2017）
著(编)者：蔡道通 龚廷泰
2018年8月出版 / 估价：99.00元
PSN B-2012-290-1/1

江苏蓝皮书
2018年江苏社会发展分析与展望
著(编)者：王庆五 刘旺洪
2018年8月出版 / 估价：128.00元
PSN B-2017-636-2/3

民族教育蓝皮书
中国民族教育发展报告（2017·内蒙古卷）
著(编)者：陈中永
2017年12月出版 / 定价：198.00元
PSN B-2017-669-1/1

南宁蓝皮书
南宁法治发展报告（2018）
著(编)者：杨维超　2018年12月出版 / 估价：99.00元
PSN B-2015-509-1/3

南宁蓝皮书
南宁社会发展报告（2018）
著(编)者：胡建华　2018年10月出版 / 估价：99.00元
PSN B-2016-570-3/3

内蒙古蓝皮书
内蒙古反腐倡廉建设报告 No.2
著(编)者：张志华　2018年6月出版 / 估价：99.00元
PSN B-2013-365-1/1

青海蓝皮书
2018年青海人才发展报告
著(编)者：王宇燕　2018年9月出版 / 估价：99.00元
PSN B-2017-650-2/2

青海生态文明建设蓝皮书
青海生态文明建设报告（2018）
著(编)者：张西明 高华　2018年12月出版 / 估价：99.00元
PSN B-2016-595-1/1

人口与健康蓝皮书
深圳人口与健康发展报告（2018）
著(编)者：陆杰华 傅崇辉
2018年11月出版 / 估价：99.00元
PSN B-2011-228-1/1

山东蓝皮书
山东社会形势分析与预测（2018）
著(编)者：李善峰　2018年6月出版 / 估价：99.00元
PSN B-2014-405-2/5

陕西蓝皮书
陕西社会发展报告（2018）
著(编)者：任宗哲 白宽犁 牛昉
2018年1月出版 / 定价：89.00元
PSN B-2009-136-2/6

上海蓝皮书
上海法治发展报告（2018）
著(编)者：叶必丰　2018年9月出版 / 估价：99.00元
PSN B-2012-296-6/7

上海蓝皮书
上海社会发展报告（2018）
著(编)者：杨雄 周海旺
2018年2月出版 / 定价：89.00元
PSN B-2006-058-2/7

社会建设蓝皮书
2018年北京社会建设分析报告
著(编)者：宋贵伦 冯虹　2018年9月出版 / 估价：99.00元
PSN B-2010-173-1/1

深圳蓝皮书
深圳法治发展报告（2018）
著(编)者：张骁儒　2018年6月出版 / 估价：99.00元
PSN B-2015-470-6/7

深圳蓝皮书
深圳劳动关系发展报告（2018）
著(编)者：汤庭芬　2018年8月出版 / 估价：99.00元
PSN B-2007-097-2/7

深圳蓝皮书
深圳社会治理与发展报告（2018）
著(编)者：张骁儒　2018年6月出版 / 估价：99.00元
PSN B-2008-113-4/7

生态安全绿皮书
甘肃国家生态安全屏障建设发展报告（2018）
著(编)者：刘举科 喜文华
2018年10月出版 / 估价：99.00元
PSN G-2017-659-1/1

顺义社会建设蓝皮书
北京市顺义区社会建设发展报告（2018）
著(编)者：王学武　2018年9月出版 / 估价：99.00元
PSN B-2017-658-1/1

四川蓝皮书
四川法治发展报告（2018）
著(编)者：郑泰安　2018年6月出版 / 估价：99.00元
PSN B-2015-441-5/7

四川蓝皮书
四川社会发展报告（2018）
著(编)者：李羚　2018年6月出版 / 估价：99.00元
PSN B-2008-127-3/7

四川社会工作与管理蓝皮书
四川省社会工作人力资源发展报告（2017）
著(编)者：边慧敏　2017年12月出版 / 定价：89.00元
PSN B-2017-683-1/1

云南社会治理蓝皮书
云南社会治理年度报告（2017）
著(编)者：晏雄 韩全芳
2018年5月出版 / 估价：99.00元
PSN B-2017-667-1/1

地方发展类-文化

北京传媒蓝皮书
北京新闻出版广电发展报告（2017~2018）
著(编)者：王志　2018年11月出版 / 估价：99.00元
PSN B-2016-588-1/1

北京蓝皮书
北京文化发展报告（2017~2018）
著(编)者：李建盛　2018年5月出版 / 估价：99.00元
PSN B-2007-082-4/8

创意城市蓝皮书
北京文化创意产业发展报告（2018）
著(编)者：郭万超 张京成　2018年12月出版 / 估价：99.00元
PSN B-2012-263-1/7

创意城市蓝皮书
天津文化创意产业发展报告（2017~2018）
著(编)者：谢思全　2018年6月出版 / 估价：99.00元
PSN B-2016-536-7/7

创意城市蓝皮书
武汉文化创意产业发展报告（2018）
著(编)者：黄永林 陈汉桥　2018年12月出版 / 估价：99.00元
PSN B-2013-354-4/7

创意上海蓝皮书
上海文化创意产业发展报告（2017~2018）
著(编)者：王慧敏 王兴全　2018年8月出版 / 估价：99.00元
PSN B-2016-561-1/1

非物质文化遗产蓝皮书
广州市非物质文化遗产保护发展报告（2018）
著(编)者：宋俊华　2018年12月出版 / 估价：99.00元
PSN B-2016-589-1/1

甘肃蓝皮书
甘肃文化发展分析与预测（2018）
著(编)者：马廷旭 戚晓萍　2018年1月出版 / 定价：99.00元
PSN B-2013-314-3/6

甘肃蓝皮书
甘肃舆情分析与预测（2018）
著(编)者：王俊莲 张谦元　2018年1月出版 / 定价：99.00元
PSN B-2013-315-4/6

广州蓝皮书
中国广州文化发展报告（2018）
著(编)者：屈哨兵 陆志强　2018年6月出版 / 估价：99.00元
PSN B-2009-134-7/14

广州蓝皮书
广州文化创意产业发展报告（2018）
著(编)者：徐咏虹　2018年7月出版 / 估价：99.00元
PSN B-2008-111-6/14

海淀蓝皮书
海淀区文化和科技融合发展报告（2018）
著(编)者：陈名杰 孟景伟　2018年5月出版 / 估价：99.00元
PSN B-2013-329-1/1

河南蓝皮书
河南文化发展报告（2018）
著(编)者：卫绍生　　2018年7月出版 / 估价：99.00元
PSN B-2008-106-2/9

湖北文化产业蓝皮书
湖北省文化产业发展报告（2018）
著(编)者：黄晓华　　2018年9月出版 / 估价：99.00元
PSN B-2017-656-1/1

湖北文化蓝皮书
湖北文化发展报告（2017~2018）
著(编)者：湖北大学高等人文研究院
中华文化发展湖北省协同创新中心
2018年10月出版 / 估价：99.00元
PSN B-2016-566-1/1

江苏蓝皮书
2018年江苏文化发展分析与展望
著(编)者：王庆五 樊和平　　2018年9月出版 / 估价：128.00元
PSN B-2017-637-3/3

江西文化蓝皮书
江西非物质文化遗产发展报告（2018）
著(编)者：张圣才 傅安平　　2018年12月出版 / 估价：128.00元
PSN B-2015-499-1/1

洛阳蓝皮书
洛阳文化发展报告（2018）
著(编)者：刘福兴 陈启明　　2018年7月出版 / 估价：99.00元
PSN B-2015-476-1/1

南京蓝皮书
南京文化发展报告（2018）
著(编)者：中共南京市委宣传部
2018年12月出版 / 估价：99.00元
PSN B-2014-439-1/1

宁波文化蓝皮书
宁波“一人一艺”全民艺术普及发展报告（2017）
著(编)者：张爱琴　　2018年11月出版 / 估价：128.00元
PSN B-2017-668-1/1

山东蓝皮书
山东文化发展报告（2018）
著(编)者：涂可国　　2018年5月出版 / 估价：99.00元
PSN B-2014-406-3/5

陕西蓝皮书
陕西文化发展报告（2018）
著(编)者：任宗哲 白宽犁 王长寿
2018年1月出版 / 定价：89.00元
PSN B-2009-137-3/6

上海蓝皮书
上海传媒发展报告（2018）
著(编)者：强荧 焦雨虹　　2018年2月出版 / 定价：89.00元
PSN B-2012-295-5/7

上海蓝皮书
上海文学发展报告（2018）
著(编)者：陈圣来　　2018年6月出版 / 估价：99.00元
PSN B-2012-297-7/7

上海蓝皮书
上海文化发展报告（2018）
著(编)者：荣跃明　　2018年6月出版 / 估价：99.00元
PSN B-2006-059-3/7

深圳蓝皮书
深圳文化发展报告（2018）
著(编)者：张骁儒　　2018年7月出版 / 估价：99.00元
PSN B-2016-554-7/7

四川蓝皮书
四川文化产业发展报告（2018）
著(编)者：向宝云 张立伟　　2018年6月出版 / 估价：99.00元
PSN B-2006-074-1/7

郑州蓝皮书
2018年郑州文化发展报告
著(编)者：王哲　　2018年9月出版 / 估价：99.00元
PSN B-2008-107-1/1

皮书起源

“皮书”起源于十七、十八世纪的英国，主要指官方或社会组织正式发表的重要文件或报告，多以“白皮书”命名。在中国，“皮书”这一概念被社会广泛接受，并被成功运作、发展成为一种全新的出版形态，则源于中国社会科学院社会科学文献出版社。

皮书定义

皮书是对中国与世界发展状况和热点问题进行年度监测，以专业的角度、专家的视野和实证研究方法，针对某一领域或区域现状与发展态势展开分析和预测，具备原创性、实证性、专业性、连续性、前沿性、时效性等特点的公开出版物，由一系列权威研究报告组成。

皮书作者

皮书系列的作者以中国社会科学院、著名高校、地方社会科学院的研究人员为主，多为国内一流研究机构的权威专家学者，他们的看法和观点代表了学界对中国与世界的现实和未来最高水平的解读与分析。

皮书荣誉

皮书系列已成为社会科学文献出版社的著名图书品牌和中国社会科学院的知名学术品牌。2016 年，皮书系列正式列入“十三五”国家重点出版规划项目；2013~2018 年，重点皮书列入中国社会科学院承担的国家哲学社会科学创新工程项目；2018 年，59 种院外皮书使用“中国社会科学院创新工程学术出版项目”标识。

中国皮书网

（网址：www.pishu.cn）

发布皮书研创资讯，传播皮书精彩内容
引领皮书出版潮流，打造皮书服务平台

栏目设置

关于皮书：何谓皮书、皮书分类、皮书大事记、皮书荣誉、
皮书出版第一人、皮书编辑部

最新资讯：通知公告、新闻动态、媒体聚焦、网站专题、视频直播、下载专区

皮书研创：皮书规范、皮书选题、皮书出版、皮书研究、研创团队

皮书评奖评价：指标体系、皮书评价、皮书评奖

互动专区：皮书说、社科数托邦、皮书微博、留言板

所获荣誉

2008 年、2011 年，中国皮书网均在全国新闻出版业网站荣誉评选中获得“最具商业价值网站”称号；

2012 年，获得“出版业网站百强”称号。

网库合一

2014 年，中国皮书网与皮书数据库端口合一，实现资源共享。

表 4　分领域经济学顶级期刊发文对比

单位：篇

领域	湖北	江苏	湖北 - 江苏
政治经济学	2	1	1
宏观经济学	7	10	-3
财政学	1	0	1
金融学	13	6	7
收入分配	4	2	2
产业组织理论	6	1	5
劳动经济学	5	4	1
农业与农村经济	9	11	-2
资源环境经济学	17	16	1
世界经济	1	2	-1
国际贸易	6	10	-4
制度经济学	5	0	5
经济史	2	0	2
其他	49	43	6
总数	127	106	21

资料来源：中国知网。

除去一些无法归类的学术论文，我们分十三个经济学领域列出了2017年两省的发文数量。由表4可知，2017年湖北省经济学界最热衷于研究资源环境经济学、金融学以及农业与农村经济三大类，这三个领域的论文数量占了总数的31%。而江苏省经济学界最热衷于研究资源环境经济学、农业与农村经济、宏观经济学三个领域的经济问题，这三者占了总数的35%。此外国际贸易也是江苏省经济学研究的重点，该领域论文数占总数的9%。虽然资源环境经济学和农村与农业经济学都是两省经济学研究的热点，但是也各有各的特色。除了两大热点之外，湖北省经济学界对金融学和宏观经济学问题也关注较多，两个领域共有20篇顶级期刊论文，相比之下江苏省经济学界对国际贸易与宏观经济学更感兴趣，两类共有20篇顶级期刊论文。显然，这也体现了两省的一些地域特色，我们留在下一部分介绍。

不过当进一步考察两省共同的经济学研究热点领域资源环境经济学和农业与农村经济学时，我们发现两省发文期刊过于集中在某一刊物，这需要引起警惕。具体期刊分布见表5。

表5 资源环境经济学和农业与农村经济研究成果分布

单位：篇

领域	期刊	湖北	江苏	湖北-江苏
农业与农村经济 湖北(9) 江苏(11)	中国社会科学			0
	经济研究			0
	管理世界		1	-1
	中国农村经济	2		2
	世界经济			0
	经济学动态			0
	中国工业经济			0
	数量经济技术经济研究			0
	中国人口·资源与环境	7	10	-3
	金融研究			0
	经济学(季刊)			0
资源环境经济学 湖北(17) 江苏(16)	中国社会科学			0
	经济研究		1	-1
	管理世界	1		1
	中国农村经济			0
	世界经济			0
	经济学动态	1		1
	中国工业经济	1		1
	数量经济技术经济研究	3	1	2
	中国人口·资源与环境	10	14	-4
	金融研究			0
	经济学(季刊)	1		1

资料来源：中国知网。

（三）荆楚特色

回顾2017年，湖北省经济学研究的深度和广度都取得了丰硕的成就，是中国经济学界一支举足轻重的力量。就2017年湖北省经济学学科发展特色来看，主要有以下三点。

首先，对现实问题的关注切中当前经济社会发展的热点、重点和难点。湖北省经济学者响应2017年中央一号文件的号召，对农业与农村问题高度重视。本年度湖北省经济学者就农业与农村问题的论述，2篇发表于《中国农村经济》，10篇发表于《中国人口·资源与环境》。这12篇成果中，有4篇是研究农村经济增长与城镇化问题，3篇研究生态农业问题，显示出湖北学者对农业及农村经济问题的高度关注，在国内也有相当影响力。比农业与农村经济问题更受学者青睐的研究领域是资源环境经济学，2017年湖北省的经济学者在这一领域共发文17篇，雄居经济学各领域之首。学者们主要围绕低碳经济、政府在低碳经济中的作用以及国际贸易与低碳经济等展开研究，产生了10篇高水平论文。碳排放与碳关税是另一个热点话题，围绕碳市场与碳关税问题，湖北经济学界发表了6篇论文。显示出湖北经济学界对环境问题的严重关切，也切合当前我国经济发展的热点，这些文献在全国产生了较大的影响。

其次，湖北省经济学研究的重点逐渐从国际转向国内、从宏观转向微观，但是具有湖北特色的研究不多。从统计的131篇顶级期刊论文看，没有一篇论文标题是针对“湖北”的，但有68篇论文标题明确了是针对“中国”的研究，还有3篇分别是针对“三峡库区”、“一带一路”和“民族地区”的研究，其余没有明示的基本是暗含为针对全国的研究。

最后，湖北经济学界热衷于研究金融学。这一领域湖北省比身为发达地区的江苏省的顶级期刊发文量还要多7篇。这一方面显示了湖北省经济学有较高的研究水平，另一方面也说明目前针对湖北现实经济问题的研究还较少。

三　湖北经济学学科发展展望

回顾2017年的湖北经济学学科发展，也清醒地看到，湖北省经济学科的发展还面临着许多挑战，还有许多困难需要克服，主要表现在以下几个方面。

（一）如何构建具有中国特色的经济学理论体系

目前中国流行的经济学方法是在西方主流经济学框架内解释中国经济问题，但作为一个崛起中的世界第二经济大国，中国经济学者应该也必须对中国现阶段经济建设和改革开放的实践进行概括和总结，创建具有中国特色经济学理论体系，用来指导本国经济实践。从一般性来看，世界各国的经济活动有其内在联系和共同规律，所以西方经济学所揭示的资本主义社会化大生产和市场经济的一般规律及其分析问题的方法，我们应该继承和学习。但从特殊性看，显然中国现实的经济制度、基本国情、文化传统等都与西方经济学的假定前提不同，脱离文化、历史、制度、国民心理等背景的理论移接，必然会出现“水土不服”。

从西方国家的经济发展历程来看，在各国发展的不同阶段以及其同一发展阶段下的不同国家，也有不同的经济理论。从早期亚当·斯密开创的古典经济学，到近代马歇尔奠定的新古典经济学和20世纪中期兴起的凯恩斯主义经济学，一直到当代的以萨缪尔森、弗里德曼、斯蒂格利茨等人为代表的种种经济学理论，都是为不同阶段的资本主义服务的。西方经济学的形成和发展已有两百多年历史，它既经过了实践的检验，又对发达的市场经济做出过较强的解释，并为现代市场经济理论研究提供了广泛的思维逻辑空间和方法论空间，这无疑对我国建立社会主义市场经济体制、认识市场经济的一般规律具有重要的借鉴意义。因此，构建具有中国特色的理论经济学体系必须吸收和借鉴西方经济学中的优秀成分，尤其是方法论上的长处。但作为中国经济学者，一定要牢牢把握住其中的关键和难点——如何把马克思主义经济学和西方经济学中的有关理论和方法有机结合起来，融入中国经济学理论体系，并与当前的经济学教学内容体系统一起来，这需要湖北乃至中国经济学界持续不断的努力。

（二）如何在马克思主义政治经济学体系下研究中国和湖北经济问题

由于历史原因，我国长期以来一直把马克思主义政治经济学分为资本主义和社会主义两部分。我国确立面向市场经济的改革后，为了加强马克思主义经济学在理论经济学中的主导地位，一些学者尝试努力打通资本主义部分和社会主义部分，重构政治经济学理论体系，但收效甚微——不仅很难实现两者在逻辑上的一致性，反而使《资本论》的逻辑体系支离破碎，破坏了马克思主义政治经济学本身的严密性。在马克思主义政治经济学体系下研究湖北和中国经济问题，经济学者不仅要通过马克思主义理论分析社会经济活动实践，还应该充分吸收西方主流经济学，运用主流分析方法构建具有中国特色的理论经济学体系，如此方能逐渐建立经济学界的“中国话语权”。

（三）如何凸显荆楚特色，打造湖北经济学流派

除了放眼世界与全中国，湖北的经济学者也要扎根于湖北现实经济土壤，运用马克思主义经济学和西方经济学中的优秀思想理论，对湖北正在发生的重大现实经济问题进行分析和研究。如同中国的经济学研究若脱离中国独特的政治、历史和经济等环境也就失去了生命力一样，湖北的经济学者如果不紧跟湖北的发展，积极讲述湖北的“经济故事”，构建中国经济学界的“湖北流派”，那么湖北的经济学研究的特色和生命力也会黯淡许多。

B.4

湖北法学学科发展报告（2017）

夏　雨*

摘　要： 2017 年湖北法学学科在凸显中国特色社会主义理论和制度的建设中取得重要进展，研究队伍充满活力、持续壮大，学科体系日益健全与完善，研究水平不断提升，创新能力也有了一定程度的提高。本年度法学学科门类下的法学、政治学、社会学、民族学四个主要一级学科的研究各具特色，形成了以问题为突破口、聚焦人民实践进行学术创造的研究氛围。

关键词： 法治建设　法学学科　科学发展　区域特色

一　湖北法学学科发展概况

2017 年，湖北省法学学科建设在可持续发展的道路上继续前行，研究队伍充满活力、渐趋壮大，学科体系日益健全与完善，研究水平不断提升，创新能力也有了一定程度的提高。本部分拟按法学学科门类下的法学、政治学、社会学、民族学四个主要一级学科分别进行阐述。

（一）研究队伍

2017 年，湖北省高校、党校以及研究机构从事法学相关研究与教学工

* 夏雨，法学博士，湖北大学政法与公共管理学院副教授，硕士生导师，美国华盛顿圣路易斯大学法学院访问学者。主要研究方向为国际法、法理学。

作的人员共有1456人，其中教授235人，约占总人数的16%；副教授499人，约占总人数的34%；具有博士学位的557人，约占总人数的38%；具有硕士学位的701人，约占总人数的48%；教育部“长江学者”特聘教授4人，教育部“长江学者”青年学者5人。从事政治学相关研究与教学工作的人员有425人，其中教授90人，约占总人数的21%；副教授152人，约占总人数的36%；具有博士学位的168人，约占总人数的40%；具有硕士学位的184人，约占总人数的43%。从事社会学相关研究与教学工作的人员422人，其中教授49人，约占总人数的12%；副教授118人，约占总人数的28%；具有博士学位的192人，约占总人数的45%；具有硕士学位的171人，约占总人数的41%；教育部“长江学者”特聘教授2人。从事民族学相关研究与教学工作的人员有134人，其中教授30人，约占总人数的22%；副教授58人，约占总人数的43%；具有博士学位的65人，约占总人数的49%；具有硕士学位的44人，约占总人数的33%。

（二）学科建设

“双一流”建设：2017年9月21日，教育部公布了“双一流”建设高校和“双一流”建设学科名单。全国进入“双一流”建设学科名单法学类的高校共有6所，湖北省占有2席，分别为武汉大学和中南财经政法大学，其中武汉大学属于上榜一流大学建设A类的36所高校之一，中南财经政法大学属于列入一流学科建设的95所高校之一。全国进入“双一流”建设学科名单政治学类的高校共有6所，湖北省占有1席，为华中师范大学。湖北省尚没有高校入围社会学与民族学的双一流学科建设名单。

学位点建设：湖北省现拥有武汉大学和中南财经政法大学2个法学一级学科博士学位授权点，拥有武汉大学和华中师范大学2个政治学一级学科博士学位授权点；拥有华中科技大学1个社会学一级学科博士学位授权点，拥有中南民族大学1个民族学一级学科博士学位授权点。另外，武汉大学拥有我国唯一的体育法学博士点，华中科技大学拥有1个法律社会学二级学科博士点，武汉大学、华中师范大学各拥有1个社会学二级学科博士点。湖北省拥有法学一级学科硕士学位授权点的单位为：武汉大学、中南财经政法大学、华中科技大学、华中师范大学、中国地质大学（武汉）、湖北大学、三峡大学、中南民族大学、武汉工程大学。武汉理工大学拥有 2 个法学二级学科硕士学位授权点，分别为经济法学、民商法学。华中农业大学拥有 1 个法学二级学科硕士学位授权点，为经济法学。武汉科技大学、武汉工程大学各拥有 1 个法学二级学科硕士学位授权点，为马克思主义法学。湖北省委党校拥有 1 个法学二级学科硕士学位授权点，为宪法与行政法学。湖北省拥有法律硕士专业学位授权点的单位为：武汉大学、华中科技大学、中国地质大学（武汉）、武汉理工大学、华中师范大学、中南财经政法大学、中南民族大学、长江大学、武汉工程大学、湖北师范大学。湖北省拥有政治学一级学科硕士学位授权点的单位为：武汉大学、华中师范大学、湖北大学、中南财经政法大学、湖北省委党校。湖北省社会科学院拥有 2 个政治学二级学科硕士学位授权点：分别为政治学理论和中共党史。湖北省拥有社会学一级学科硕士学位授权点的单位为：武汉大学、华中师范大学、华中科技大学、华中农业大学、中南财经政法大学、中南民族大学。另外，华中师范大学拥有 2 个社会学二级学科硕士学位授权点，分别为人口学、民俗学。中南民族大学拥有 2 个社会学硕士二级学科授权点，分别为社会学、民俗学。武汉科技大学拥有 1 个社会学二级学科硕士学位授权点，为社会保障。湖北省拥有社会工作专业硕士学位授权点的单位为：武汉大学、华中科技大学、中南财经政法大学、华中师范大学、华中农业大学、中南民族大学、武汉科技大学、长江大学、湖北师范大学。湖北省拥有 2 个民族学一级学科硕士学位授权点，分别为中南民族大学、湖北民族学院。

截至 2017 年底，湖北省建设有一批国家级和省级法学类重点学科。其中，国家级重点学科有：武汉大学的国际法学和环境与资源保护法学 2 个国家级重点学科、宪法与行政法学 1 个国家重点（培育）学科，中南财经政法大学的民商法 1 个国家级重点学科，华中师范大学的科学社会主义与国际共产主义运动、中外政治制度 2 个国家级重点学科，武汉大学的社会保障 1 个国家级重点学科。省级重点学科有：武汉大学、中南财经政法大学、华中科技大学、华中师范大学、中南民族大学和武汉工程大学的法学，华中师范大学和武汉大学的政治学，武汉大学、华中师范大学和华中农业大学的社会学等。

（三）研究平台

至2017年底，湖北省在研究平台的建设上已形成较为完备的系列，其中国家级研究平台6个、省部级平台10个。

湖北省建设的法学研究平台主要有：武汉大学的教育部人文社会科学重点研究基地——“国际法研究所”和“环境法研究所”，国际法研究所同时为国家高端智库，且是法学领域唯一的一家国家级高端智库。中南财经政法大学的教育部人文社会科学重点研究基地——“知识产权研究中心”等。

湖北省建设的政治学研究平台主要有：华中师范大学的教育部人文社会科学重点研究基地——“中国农村问题研究中心”。武汉大学的湖北省重点智库——“湖北政治建设研究院”，湖北省改革智库——“政府治理创新研究中心”等。华中师范大学的国家民政部重点研究基地——“湖北省城市社区建设研究中心”，该中心是全国民政政策理论研究四大重点基地之一，还是湖北省高校人文社会科学重点研究基地；国务院农村综合改革工作小组办公室研究基地——“中国农村综合改革协同创新研究中心”等。中南财经政法大学的国家民政部重点研究基地——“全国民政政策理论研究基地”等。

湖北省建设的社会学研究平台主要有：华中师范大学的湖北省高校人文社会科学重点研究基地——“社会政策与社会发展研究中心”。

湖北省建设的民族学研究平台主要有：中南民族大学的国家民委人文社会科学重点研究基地——“南方少数民族非物质文化研究中心”，湖北省高校人文社会科学重点研究基地——“南方少数民族研究中心”，湖北省政协研究基地——“湖北省区域历史文化研究中心”等。湖北民族学院的国家民委人文社科重点研究基地——“武陵山少数民族经济社会发展研究基地”

和“武陵山民族理论政策研究基地”，及湖北省高校人文社科重点研究基地——“南方少数民族研究中心”和“鄂西生态文化旅游研究中心”等。

（四）课题研究与交流

2017 年，湖北省哲学社会科学研究成绩斐然，法学学科大类共获得各级各类课题 3798 项[①]，课题总经费 11286. 592 万元。从课题立项数来看，法学 1616 项，约占课题总量的 43%；政治学 641 项，约占课题总量的 17%；社会学 1193 项，约占课题总量的 31%；民族学 348 项，约占课题总量的 9%。从课题经费来看，法学 4910. 675 万元，约占经费总量的 44%；政治学 1603. 223 万元，约占经费总量的 14%；社会学 3339. 494 万元，约占经费总量的 30%；民族学 1433. 2 万元，约占经费总量的 13%。特别值得一提的是，湖北省仅国家社科基金各类项目立项就达到 63 项。其中，湖北省共获得国家社科基金重大项目 4 项。包括：政治学 1 项，立项单位为华中师范大学；民族学 3 项，立项单位均为中南民族大学。湖北省获得国家社科基金重点项目 6 项。包括：法学 2 项，立项单位为武汉大学和中南财经政法大学；社会学 2 项，立项单位为华中师范大学和华中农业大学；民族学 2 项，立项单位为中南民族大学。湖北省共获得国家社科基金一般项目 28 项。包括：法学 12 项，其中武汉大学 3 项，中南财经政法大学 3 项，中国地质大学（武汉）3 项，华中科技大学、华中农业大学、武汉工程大学各 1 项；政治学 3 项，中南财经政法大学、华中师范大学、华中科技大学各 1 项；社会学 8 项，华中科技大学 1 项，中南民族大学 1 项，华中农业大学 2 项，湖北大学 1 项，华中师范大学 1 项，武汉科技大学 2 项；民族学 5 项，其中中南民族大学 3 项，湖北民族学院 1 项，湖北经济学院 1 项。湖北省共获得国家社科基金青年项目 19 项。包括：法学 9 项，中南财经政法大学 4 项，武汉大学 3 项，华中农业大学 1 项，湖北大学 1 项；政治学 3 项，其中中南民族大学 1 项，华中农业大学 1 项，武汉大学 1 项；社会学 4 项，中南财经政法大

① 数据信息来源于教育部教社科年报 5 -1 表。

学 2 项，武汉大学 1 项，华中科技大学 1 项；民族学 3 项，华中师范大学、三峡大学、江汉大学各 1 项。湖北省共获得国家社科基金后期资助项目 6 项。包括：法学 3 项，武汉大学 2 项，中南财经政法大学 1 项；社会学 2 项，湖北经济学院和湖北民族学院各 1 项；民族学 1 项，立项单位为长江大学等。

同时，湖北省还获得教育部各类基金项目合计 16 项。其中，湖北省获得教育部人文社会科学研究规划基金项目 4 项。4 项均为法学学科，包括武汉大学 1 项、中南财经政法大学 2 项、长江大学 1 项。湖北省获得教育部人文社会科学研究规划青年基金项目共 10 项。其中，法学 5 项，武汉大学 2 项、中南财经政法大学 1 项、华中科技大学 1 项、湖北文理学院 1 项；政治学 1 项，立项单位为武汉大学；社会学 3 项，武汉大学 2 项，武汉工程大学 1 项；民族学 1 项，立项单位为中南民族大学。湖北省获得教育部哲学社会科学研究重大课题攻关项目 2 项。其中法学 1 项，立项单位为武汉大学；政治学 1 项，立项单位为华中师范大学。

从学术交流来看，业内交流层次高、内容丰富、形式多样。据不完全统计，在法学学科方向，湖北省组织召开了 4 次国家级会议，分别为中南财经政法大学的“法权秩序与中国道路”研讨会、“中国法学会保险法学研究会 2017 年年会”、“中国宪法学青年论坛・国家机构”会议和华中师范大学的“推进法学期刊引领与服务中国特色社会主义法治理论研究——2017 年三大刊作者・读者・编者恳谈会”，8 次省级会议；此外，华中科技大学还参加了 1 次国际性的“中德文化差异和商法比较研讨会”。在政治学学科方向，湖北省组织召开了 1 次国际性会议，为华中师范大学的“纪念十月革命胜利 100 周年国际学术研讨会暨华中师范大学第四届国际共产主义运动论坛”会议；国家级会议 2 次，分别为中南财经政法大学的“2017 年中国美国经济学会第十届会员代表大会暨特朗普当选总统后美国经济走势与中美经贸关系”研讨会和华中师范大学的“第七届中国农村法治论坛”；1 次省级会议。在社会学学科方向，湖北省组织召开了 1 次国际性会议，为三峡大学与华中师范大学、台湾中研院近代史所联合主办的“‘乡土、移民与国家’近代中国（国际）研习营”，2 次省级会议。在民族学学科方向，湖北省组织召开了 1 次国际性会议，即中南民族大学的“民族文化生态保护区暨民族地区小康社会建设”研讨会；3 次国家级会议，分别为中南民族大学的“新时代中国人类学民族学学科建设”会议、三峡大学的“全国民族学学科建设”研讨会和湖北科技学院的“‘中国古瑶文化之乡’、‘中国古瑶文化研究中心’考察验收会暨中国古瑶文化高峰论坛”。

（五）研究成果与获奖

2017 年，湖北省出版法学学科类著作总计 288 部，出版教材 56 部，发表论文 2028 篇，发布各类咨询报告 311 篇，被各级政府部门采纳的政策建议报告 261 篇①。

法学方面的成果主要有：专著 133 部，外文专著 1 部，教材 46 部，译著 13 部。发表学术论文 1015 篇，其中大陆学术刊物 976 篇，国外学术刊物 28 篇，港澳台地区刊物 11 篇。发布研究与咨询报告 176 篇，被采纳的有 158 篇。从法学学科有代表性的期刊来看，湖北省在《中国法学》上发表法学类论文 4 篇，其中武汉大学 3 篇，中南财经政法大学 1 篇；在《法学研究》上发表法学类论文 8 篇，其中武汉大学 3 篇，中南财经政法大学 4 篇，武汉理工大学 1 篇。

政治学方面的主要成果有：专著 25 部，教材 4 部，译著 6 部。发表学术论文 361 篇，其中国内学术刊物 359 篇，国外学术刊物 2 篇。发布研究与咨询报告 74 篇，被采纳的有 54 篇。从政治学学科有代表性的期刊来看，湖北省在《政治学研究》上发表政治学类论文 3 篇，其中华中科技大学 2 篇、华中师范大学 1 篇；在《中国行政管理》上发表政治学类论文 14 篇，其中华中科技大学 3 篇、武汉大学 2 篇、中南财经政法大学 3 篇、华中农业大学 1 篇、中南民族大学 1 篇、武汉理工大学 1 篇、湖北大学 1 篇、湖北工业大学 1 篇、武汉科技大学 1 篇。

---

① 数据信息来源于教育部教社科年报 6－1 表。

社会学方面的主要成果有：专著29部，被译成外文的著作1部，教材2部，译著2部。发表学术论文431篇，其中大陆学术刊物400篇，国外学术刊物30篇，港澳台地区刊物1篇。发布研究与咨询报告51篇，被采纳的有40篇。从社会学学科有代表性的期刊来看，湖北省在《社会学研究》上发表社会学类论文4篇，其中华中师范大学2篇、华中科技大学2篇；在《青年研究》上发表社会学类论文3篇，其中华中科技大学1篇、华中农业大学1篇、湖北省社会科学院1篇。

民族学方面的主要研究成果有：专著19部，教材6部，译著3部。发表学术论文223篇，其中大陆学术刊物222篇，港澳台地区刊物1篇。发布研究与咨询报告10篇，被采纳的有9篇。从民族学学科有代表性的期刊来看，湖北省在《民族研究》上发表民族学类论文4篇，其中华中科技大学1篇、中南民族大学2篇、湖北省博物馆1篇；在《中央民族大学学报》（哲学社会科学版）上发表民族学类论文1篇，发表单位为中南民族大学。

厚实的科学研究，必然带来丰硕的回馈。在2017年，湖北省共获得全国民族工作优秀调研报告社会科学成果奖5项。其中，中南民族大学的《关于“营改增”对民族地区财政收入和产业转型带来的影响分析报告——基于湖北省恩施自治州的调查分析》获一等奖；中南民族大学的《高寒藏区特殊类型贫困调查与反贫困对策研究》获二等奖；中南民族大学的《手足相亲，守望相助：武汉市促进各民族交往交流交融工作调查》、武汉科技大学的《我国东南沿海城市穆斯林流动人口的社会融入趋势及政策建议》、湖北民族学院的《乡村教育：民族地区脱贫攻坚的基础工程——武陵山片区一所偏远乡村小学的调查与思考》获三等奖。2017年湖北省共获得全国行政学院第四届优秀科研成果奖6项。其中，湖北省委党校的《非自愿移民贫困风险规避研究》《提升城镇化质量引领“四化”同步发展的路径探讨》获二等奖，湖北省委党校的《完善官员个人事项报告制度的六条思路》《共享发展的县域之路——以荆县为例》和武汉科技大学的《基于信息驱动的网络突发事件应急处置体系研究》及湖北省行政学院的《网络谣言传播的动力机制》获三等奖。

二 湖北法学学科研究进展、创新与荆楚特色

（一）学术研究进展与创新

2017 年是国际与国内突发重大事件频繁的一年，在这一年中，湖北省的法学研究一方面受到这些突发重大事件的影响，呈现出鲜明的年代特征；另一方面，湖北省的法学研究继续沿着服务于我国市场经济和法治国家建设的轨迹稳步前行，致力于社会生活中的实践热点和难点问题以及学科体系的研究。大致而言，湖北省法学研究的内容分为两个主要层次，一是制度建设，二是具体领域的治理问题。同时，因为研究议题比较广泛，研究视角也较为丰富，既有全国视野下的宏观阐释，也有基于区域或个案的微观分析；既有理论层面的探讨，又有表象特征的描述。

1. 法学研究

（1）法理学与法律史学研究：以新思路为指导，寻求创新与突破

学者李龙提出“构建人类命运共同体”与“一带一路”建设是当今世界震撼全球的重大事件①，“构建人类命运共同体”伟大构想与“一带一路”的世纪工程是借用我国古代丝绸之路的历史符号和郑和下西洋的壮举而提出和实施的震撼世界的、范围更广泛的、内容更丰富的、思想更深刻的更大的思想解放运动。它们在促进人类文明、引导人的全面发展方面引起了人们法理角度的思考。

学者徐亚文认为邓小平法律监督思想是其法治思想的重要组成部分，对于当今的反腐败工作以及监察体制改革具有重要的理论价值与实践意义②。邓小平法律监督思想的基本价值取向在于权力制约，权力制约包括权力制约权力、法律制约权力、道德制约权力、社会力量制约权力四个

① 李龙：《伟大的构想　世纪的工程——“构建人类命运共同体”与“一带一路”建设的法理解读》，《社会治理法治前沿年刊》2017 年第 00 期。

② 徐亚文：《论邓小平法律监督思想》，《大连海事大学学报》（社会科学版）2017 年第 4 期。

方面。邓小平法律监督思想的基本原则主要有法治原则、党要管党原则，实现的基本路径在于实行干部任期制、推行责任制、落实民主协商制三个方面。

学者陈柏峰提出社科法学研究的重要任务之一是重建中国法理学，在一般性法律现象、法律关系之外讨论中国的法律体制、法律运行等问题，在经验基础上阐释中国法治实践①。

（2）宪法学与行政法学：以中国特色社会主义理论为基础，研究具体法律制度的完善

学者周叶中认为在“治国必先治党，治党务必从严，从严必有法度，法度必求完备”的逻辑思路下，中国共产党将“体系化”思维引入党内法规建设进程，提出了“形成完善的党内法规体系”这一现实命题②。对此，为了实现党内法规体系化，不仅要从宏观层面科学合理地设计党内法规体系的总体框架，而且需要从健全基础主干性中央党内法规、完善配套中央党内法规、健全部门和地方党内法规、统筹推进党内法规立改废释工作等四个方面予以综合推进。

学者江国华提出作为一项重大的政治制度改革，国家监察委员会改革有望极大地优化国家的政权治理结构。基于现实条件，建议“国家监察委员采行‘先总后分’的模式进行立法，在先出台具有基本法属性的《中华人民共和国监察法》之后，等待条件成熟再制定《国家监察委员会组织法》和《国家监察程序法》等配套单行法律”③。

学者张定淮、底高扬讨论了“一国两制”下中央对香港特别行政区的授权到底是什么性质的授权，认为可以从授权环境的双重性、授权地位的超越性、授权变迁的复合性、授权效力的独立性等基本维度进行界定④。

---

① 陈柏峰：《事理、法理与社科法学》，《武汉大学学报》（哲学社会科学版）2017 年第 1 期。

② 周叶中：《关于中国共产党党内法规体系化的思考》，《武汉大学学报》（哲学社会科学版）2017 年第 5 期。

③ 江国华：《国家监察体制改革的逻辑与取向》，《学术论坛》2017 年第 3 期。

④ 张定淮、底高扬：《论一国两制下中央对香港特别行政区授权的性质》，《政治与法律》2017 年第 5 期。

（3）民商法研究：理论研究与立法进程的有效互动

学者冉克平认为夫妻团体与个体行为的主要财产基础分属夫妻共同财产与个人财产，建议在强调人格独立与意思自治的背景之下，立法上应该以“家庭利益”作为界分夫妻团体债务与个人债务的法技术标准，通过日常家事代理权、共同财产管理、合理证明责任以及债务清偿、补偿规则等制度的构造，达到既维系和增进夫妻团体关系，同时保护个人的独立人格与市场交易安全的社会目标①。

学者吴汉东指出人工智能是人类社会的伟大发明，同时也存在巨大的社会风险。智能革命为当下的法律规则和法律秩序带来一场前所未有的挑战，法律制度产品供给存有缺陷。对于由人工智能引发的现代性的负面影响，人们有必要采取风险措施，即预防性行为和因应性制度。面向未来时代的调整规范构成，应以人工智能的发展与规制为主题，形成制度性、法治化的社会治理体系。借鉴国外经验，立足本土需要，当前应尽快出台“国家发展战略”，及时制定“机器人伦理章程”，适时进行机器人专门立法②。

学者徐明认为 Web 2.0 标志着大数据时代的到来，也意味着隐私危机的到来：隐私侵权变得十分容易、普遍，行为方式变得更加隐秘，性质更难以确定，后果多样化且程度更严重，行为与结果之间的因果关系更松散。为扩大隐私侵权救济之可能性，有必要重新构筑侵权规则：明确以隐私权保护而非个人数据保护为基点的路线；采取形式的隐私权定义加实质判断标准相结合的方法判定隐私利益的存在；扩张隐私损害结果的范围；适用过错推定原则以增加被侵权人胜诉之可能性③。

学者孟勤国提出人格权独立成编既是民法典体例问题，更是一个关系中国民法典能否适应现代中国社会的根本问题。只有人格权独立成编，才能充分容纳现代中国的人格权问题，才能科学规定现代中国的具体人格权，才能合理保护现代中国的人格利益。期望国家立法机关自觉追求民法典现代化和

---

① 冉克平：《夫妻团体债务的认定及清偿》，《中国法学》2017 年第 5 期。
② 吴汉东：《人工智能时代的制度安排与法律规制》，《法律科学》2017 年第 5 期。
③ 徐明：《大数据时代的隐私危机及其侵权法应对》，《中国法学》2017 年第 1 期。

中国化，尽快将人格权编纳入立法计划①。

（4）经济法学、环境法学、劳动法学研究：绿色生态原则下的探索

学者熊伟提出鉴于房地产税具有高度地方性，其立法又必须嵌入地方视角，纵向授权不可避免，为保障其高效实施，需要在税收法定原则指导下，围绕被授权的事项、主体和权能，构建多元立体的机制；另外，还有必要为未来地方立法权的拓展预留空间②。

学者秦天宝提出集体林权制度的改革对我国经济社会的可持续发展具有深远影响，必须在可持续发展的思维之下对林权制度改革建构一条平衡生态效益、社会效益与经济效益的可持续发展路径③。

学者尤明青提出环境质量标准兼具技术属性和法律属性，具有以分类管理为理念、以整体主义为价值观和方法论、以阶段性控制目标为依据、以政策选择为结果的特征。从规范的角度分析，环境质量标准不可用于认定环境污染侵权责任。但从事实的角度分析，环境质量标准对于认定环境污染侵权责任能够发挥有限的证明作用：可为证明环境影响的消极性提供科学支撑，有助于认定加害行为要件；可在有限的范围内缓解损害要件的举证难度；可用于证明加害行为与损害之间的关联性④。

学者喻术红提出人口老龄化已是国际趋势。作为应对措施，延迟退休年龄、促进高龄劳动者就业是许多国家普遍采取的做法。对高龄劳动者而言，由于就业竞争力不足，延迟退休很可能使他们在能够领取养老金之前处于失业境地⑤。因此，延迟退休方案的实施，有赖于系列配套措施的执行。其中，加强对高龄群体的法律保护、反对就业歧视、促进高龄劳动者就业，是落实延迟退休方案必须解决的基本问题。此外，劳动法应为高龄劳动者提供

① 孟勤国：《人格权独立成编是中国民法典的不二选择》，《东方法学》2017年第6期。

② 熊伟：《房地产税立法中的地方自主空间》，《广东社会科学》2017年第4期。

③ 秦天宝：《可持续发展视域下的集体林权制度改革之反思——从“物权化”走向“生态化”》，《人大法律评论》2017年第2辑。

④ 尤明青：《论环境质量标准与环境污染侵权责任的认定》，《中国法学》2017年第6期。

⑤ 喻术红：《老龄化背景下的高龄劳动者就业促进问题》，《武汉大学学报》（哲学社会科学版）2017年第5期。

充分的保护，必须修改《中华人民共和国劳动法》和《中华人民共和国就业促进法》相应条款，在时机成熟时制定《高龄劳动者就业促进法》。

（5）刑法学研究：在已经繁荣的道路上稳步前行

学者莫洪宪认为“溯责禁止”是一种在特殊犯罪类型中排除结果溯责于前行为人的规范性、技术性规则，宜根据所介入的行为因素为标准分为第三人行为介入和被害人行为介入两大类探讨结果在客观上的归责问题①。在“溯责禁止”的适用层面，应该以归责关联性为判断总基准，考察因果关联性和意志自由关联性两项前提条件，以风险实现关联性为核心标准，以规范目的关联性为补充规则。

学者皮勇提出给网络服务提供者设定管理义务是各国立法的趋势。国内外立法规定的义务内容基本相同，主要是协助执法、内容信息监管、用户数据保护，我国相关立法在管理义务的类型化、区别化方面与外国立法差距较大。我国网络服务提供者除可能构成作为犯形式的帮助犯外，还可能单独构成帮助他人利用信息网络犯罪活动罪和拒不履行信息网络安全管理义务罪，我国刑法中所规定的“拒不履行信息网络安全管理义务罪”对网络服务提供者的法律责任规定过于严苛，产生了过度犯罪化的问题②。

（6）讼法学研究：立足解决审判实践问题展开深入探究

学者占善刚认为在民事诉讼中，当事人应当及时行使程序异议权，迟延行使将会导致程序异议权的丧失。当事人可以舍弃程序异议权，舍弃程序异议权与程序异议权的丧失具有同一法律效果并成为自始有效的诉讼行为③。

学者姚莉提出如何有效保障被告人认罪认罚的真实性和自愿性是认罪认罚从宽制度改革成败的关键，而值班律师制度是其中非常重要的保障措施④。为此，值班律师应被赋予“准辩护人”的身份，且需突出其“量刑结

① 莫洪宪：《论结果客观归责中的溯责禁止》，《法律科学（西北政法大学学报）》2017 年第 6 期。

② 皮勇：《论网络服务提供者的管理义务及刑事责任》，《法商研究》2017 年第 5 期。

③ 占善刚：《民事诉讼中的程序异议权研究》，《法学研究》2017 年第 2 期。

④ 姚莉：《认罪认罚程序中值班律师的角色与功能》，《法商研究》2017 年第 6 期。

果协商者”和“诉讼程序监督者”的功能定位，而并非其“司法机关合作者”的功能定位，据此来合理有效化解值班律师的“角色定位与协商功能”“监督功能与站台效应”“诉讼功能与制度激励”间存在的张力和矛盾。

（7）国际法学研究：关注国际国内热点问题

学者肖永平提出有效共建“一带一路”亟须提升中国司法的国际公信力。为此目的，中国法院需淡化“司法主权”观念，强调树立“大国司法”理念，即形成“平等保护、合作共赢、开放高效”的司法理念；注意完善公平司法制度，其中的重点是对外国当事人诉讼权利提供保障，对专属管辖范围适当缩小，对平行诉讼问题给予妥当处理。同时，创新“和谐司法”理念与方法，关键点是对“不方便法院”原则积极适用，对互惠关系主动加以确认，对相关国际条约与国际惯例进行准确而全面的适用，对指导性案例的引领作用进行有效发挥。此外，还应弘扬有中华特色的包容司法文化，具体内容包括大力支持发展多元的纠纷解决机制体制，尽力做到查明并且能够正确适用有关外国法律①。

学者崔晓静认为“走出去”企业在“一带一路”国家投资过程中可能存在受到税收歧视或者不公平待遇等多种税收风险，以及在投资过程中与当地税务机关发生的税务争议如何解决等问题，建议有关企业要注意收集和了解我国同投资东道国所签订的税收协定之内容，对其中“利息、股息、特许权使用费”等各种协定优惠安排应积极主动地加以利用，以此有效降低企业的各种涉税成本和风险。如有关企业与投资东道国发生了税务争议，则应有效应对，向我国的税务主管当局迅速提出申请，通过启动国家间的相互协商程序来寻求权益救济，以切实维护其合法权利和利益②。

学者杨泽伟提出海上共同开发中先存权问题的处理方式主要有明确承认先存权、不正式承认先存权、先存权重新授权、回避先存权问题和单方废除

① 肖永平：《提升中国司法的国际公信力：共建“一带一路”的抓手》，《武大国际法评论》2017年第1期。

② 崔晓静：《中国与“一带一路”国家税收协定优惠安排与适用争议研究》，《中国法学》2017年第2期。

先存权等。中国政府可以分别采取阻断、纳入和顾及等策略，来应对今后可能出现的各种先存权问题①。

学者张庆麟认为随着晚近以来国际投资协定日益丰富，在国际投资协定的条约实践中有关东道国规制权的内容也逐渐增加，中国长期以来积极参与国际投资协定的谈判，对于晚近在协定中增设规制权的做法应当仍予以支持，同时，不必主张所谓的“身份”混同而有所不同②。

2. 政治学研究

关于我国的民主理论问题：学者徐勇认为长期以来，西方一些学者将“东方”作为一个无差别的整体，并将东方国家政治都简单归之于“东方专制主义”概念框架之中③。通过大量的实地调查，已经发现除了国家治水以外，中国还存在大量自愿联合的基层治水。中国农村很早就超越村社制，以家户为农村基本组织单元。基层治水与家户制度不仅创造了丰富的农业文明，而且塑造了主动、积极的自主人格，使得基层社会内产生着活力与动力，并对国家政治产生积极影响。传统中国没有像其他东方国家陷入消极停滞奴役状态，即与此相关。

学者庞明礼、薛金刚以分权化改革为观察对象，梳理政策模糊与治理绩效的相关性。研究发现，分权化改革的政策模糊是单一制国家的公共权力自上而下配置与公共服务自下而上需求之间平衡后的无奈选择，目的在于保证中央意志的执行与地方治理主动性的统一④。良好的政策效果使得双方受益，政策效果差时也会自动实现社会风险向地方转移，不会影响政治稳定这一国家治理终极目标的实现。但是，从长期来看，须实现治理有效性向治理正当性转变，这就要求政策模糊程度必须根据权力配置与政治稳定的关系进

① 杨泽伟：《海上共同开发的先存权问题研究》，《法学评论》2017 年第 1 期。

② 张庆麟：《论国际投资协定中东道国规制权的实践及中国立场》，《政法论丛》2017 年第 6 期。

③ 徐勇：《从中国事实看“东方专制论”的限度——兼对马克思恩格斯有关东方政治论断的辨析与补充》，《政治学研究》2017 年第 4 期。

④ 庞明礼、薛金刚：《政策模糊与治理绩效：基于对政府间分权化改革的观察》，《中国行政管理》2017 年第 10 期。

行灵活抉择。

关于我国的政治实践研究：学者仇叶、贺雪峰认为当前的农村低保制度在实践过程中呈现出了悖论，即尽管国家在不断增加公共资源的投入，但农民福利状态以及基层社会秩序却未实现同步改善。低保制度存在的泛福利化问题是理解这一制度悖论的关键所在①。国家再分配能力的增强，有赖于社会保障资源的持续增加，但更重要的是以制度建设为前提来实现资源合理配置。具体而言，农村的社会保障体系要从单轨道运行转向多轨道运行，或者说应从过度依靠低保制度逐步转向分工明确的综合性保障制度。转向过程中，有两项关键工作，其一是回归低保底线救助的本质属性，其二是专项救助制度的完善，以此促成农村社会保障体系的全面平衡发展。

学者桂华认为集体土地具有公共利益属性，已经成为激活村民自治运转的经济基础②。开展集体土地民主管理活动，需要在国家政策前提下进行，外部制度供给变化会带来村庄政治格局变化。但是，过于细致和具体的国家政策，深入村庄公共事务内部，形成国家替代集体进行村级治理的局面，压缩村民自治发挥作用的合法空间，消解村庄自主治理机制。村级制度建设要做到规范化并保持村民自治活力的平衡，才能有利于村庄善治局面的达成。

学者谢海林、王国华、杨腾飞提出，近年来 PPP 模式在我国基础设施建设中的应用日益广泛，但在推广应用中也存在众多不容忽视且亟待解决的问题③。当前，构建我国基础设施建设中“互联网 + PPP”的模式，需要创新政府和社会合作关系，转变政府职能，通过充分授权，建立“准入”，建立联审、联批、联合办公的协调机制等措施，完善相关政策，促进 PPP 发

① 仇叶、贺雪峰：《泛福利化：农村低保制度的政策目标偏移及其解释》，《政治学研究》2017 年第 3 期。

② 桂华：《农村土地制度与村民自治的关联分析——兼论村级治理的经济基础》，《政治学研究》2017 年第 1 期。

③ 谢海林、王国华、杨腾飞：《我国基础设施建设的互联网 + PPP 模式及其政策支持研究》，《中国行政管理》2017 年第 4 期。

展，促进我国基础设施供给侧的改革。

关于我国政府治理体系问题：学者叶慧、陈敏莉认为现代财政制度包括税收、预算与财政分权三大体系，贫困县统筹整合使用财政涉农资金涉及后两者的改革创新①。基于此，国家级贫困县在整合财政涉农资金过程中应该明确以县为主体的各级政府分工责任，建立供需匹配的县级政府资金整合机制，建立“五个统一”的县级政府项目管理机制，建立松紧适度的中央和省级部门支持保障机制。

学者丁煌、陈晓方认为纵向“职责同构”导致政府职责体系及行政管理活动“碎片化”的问题在市县级政府表现尤为突出，为解决有关问题，对我国汕头市濠江区的行政体制改革进行了调研，发现其在科学构建市县职责体系、破解“碎片化”问题等方面进行了有益的探索②。同时，还认为发达国家“整体性政府”理论和实践经验，为进一步深化改革，研究破解“碎片化”问题提供了有益借鉴。

关于公共物品与公共服务供给：学者吕普生认为中国义务教育的供给实践显示，经典公共物品理论有关纯公共物品应该而且只能由政府单一供给的论断存在可疑之处，这要求我们寻求新的替代方案。我国义务教育供给模式应是政府主导型复合供给模式，并根据不同地区实行供给机制的具体选择与复合方式③。

学者李国敏、王一鸣、卢珂认为耕地占补平衡是一项严控耕地总量下滑的耕地保护政策，但该政策在实施过程中出现了占多补少、占优补劣、挪用补偿、浪费土地资源等执行偏差④。为此，在耕地保护过程中，应促成地方

① 叶慧、陈敏莉：《国家级贫困县整合财政涉农资金的问题及对策——基于湖北省 A 县的案例研究》，《中国行政管理》2017 年第 9 期。

② 丁煌、陈晓方：《整体性政府视角下市县政府职责体系构建研究——以汕头市濠江区行政体制改革为例》，《中国行政管理》2017 年第 8 期。

③ 吕普生：《政府主导型复合供给：中国义务教育供给模式整体构想》，《中国行政管理》2017 年第 1 期。

④ 李国敏、王一鸣、卢珂：《耕地占补平衡政策执行偏差及纠偏路径》，《中国行政管理》2017 年第 2 期。

政府秉持公共性之责，坚守公共利益价值取向的底线，并建立地方政府主税种财政体系，拓宽地方财政收入渠道，消除地方政府的土地财政动机；矫正府级之间的利益博弈格局，调和地方与中央的府际关系；建立有效的耕地保护激励机制，激发地方政府耕地保护的积极性。

学者孙新华、钟涨宝认为既有研究在解释规模农业发展动力时，忽视了地方政府的治理逻辑，因此，在经验调查的基础上，系统分析了当前我国规模农业发展的地方治理便利化逻辑，提出为防止县乡政府过度推动规模农业发展，既要明令禁止其各种不当行为，又要优化其在农业治理中与农民的对接模式①。

3. 社会学研究

关于农村社会发展问题：学者张兆曙、王建立足于农民收入的空间转换逻辑和城乡关系的差序类型，并借助相关数据系统检验了促进农户增收的三种机制是否存在空间差异②。研究发现以下几点。第一，地区非农化对距离城市较近的农户增收有着明显的积极作用；家庭非农化的影响则表现出逆向差序的特征。第二，文化性人力资本对靠近城市的农户增收的边际效用较大；技能性人力资本促进农户增收的效应则没有表现出明显的空间差异。第三，社会网络对农户增收的积极影响在远离城市的偏远农村更为突出。

关于农村社会治理：学者吕方、梅琳认为“授权”基层政府有助于促进有效治理，但同时也增加了基层政府利用信息优势，以及在其自由裁量空间产生“道德风险”问题的可能性③。鉴于此，在“复杂政策”的治理领域中，除常规目标任务设定和督查考核外，中央政府还应通过纲领性、指导性专项政策的出台和社区参与的扩大等多种调控手段纠正地方政府被“授权”时的偏差行为。“复杂政策”治理模式要形成一个中心，即建成“央—地”间的相互协作机制，注意中央和地方两个层面的积极性发挥，以此弥

① 孙新华、钟涨宝：《地方治理便利化：规模农业发展的治理逻辑——以皖南河镇为例》，《中国行政管理》2017 年第 3 期。

② 张兆曙、王建：《城乡关系、空间差序与农户增收——基于中国综合社会调查的数据分析》，《社会学研究》2017 年第 4 期。

③ 吕方、梅琳：《“复杂政策”与国家治理——基于国家连片开发扶贫项目的讨论》，《社会学研究》2017 年第 3 期。

合政策推进中的中央政府总体控制与行政实践中的地方政府行使自由裁量权彼此间的张力。就实践效果而言，该模式的确是一种有益的探索，不过还有进一步优化与完善的必要。

关于网络社会治理：学者姜利标认为产生于现实生活的庆安事件经微博介入后，原本客观本体性的事件转化为话语性的虚拟表达事件①。它历经了网络舆论的点燃、助推、分岔及消退四个阶段，与此同时，在参与过程中，网民会不自觉地根据自我经验做出行为选择，从而出现无意识或有意识的个体行为分化现象。而且，这种建立在“现实事件、网络主体以及话语表达”框架基础之上的过程分析性结论，对“根植于现实且又在网络传播的类似事件”具有参照意义。

关于社会群体行为问题：学者郑丹丹、狄金华通过对 CGSS2006 家庭卷数据的分析，考察了女性家庭权力及夫妻关系对家庭代际资源分配的影响及其作用机制，认为子代家庭中妻子权力越大，子代家庭对父系家长的经济支持越少；同时移情机制也影响着家庭资源代际分配，夫妻感情越好的子代家庭对父系家长和母系家长的经济支持都会越多。另外，夫妻感情还会对家庭权力的作用产生调节作用：夫妻关系越好，妻子的家庭权力对父系代际支持的反向作用则越小②。

学者蔡玲通过对 20 位从事传统女性工作类别的男性工作者的访谈，探讨了他们在跨越传统性别工作概念之后所产生的自我认同、个体适应与应对策略③。认为在传统文化的社会化影响下，当今中国社会的劳动力市场依旧存在着较强的性别认同与性别期待，系统化的性别概念对初入传统女性劳动职场的男做女职者具有一定的影响作用，且对部分劳动者的升迁具有抑制作用。而且不同职业的劳动者往往采取不同的应对策略和反应方式来转换个人

---

① 姜利标：《现实事件、网络话语和双重表达——以庆安事件微博传播为个案》，《青年研究》2017 年第 5 期。

② 郑丹丹、狄金华：《女性家庭权力、夫妻关系与家庭代际资源分配》，《社会学研究》2017 年第 1 期。

③ 蔡玲：《性别的藩篱：男做女职者职业处境、性别气质建构分析》，《青年研究》2017 年第 5 期。

在职场中的压力，并借以重构其在职场中的社会关系。

学者刘珊、石人炳基于来自湖南、广东、广西、上海、甘肃、浙江、福建、江苏8省市2000多名中学生问卷调查的数据，探讨了青少年的道德推脱程度、亲社会行为状况及其内部结构、道德推脱对青少年亲社会行为的影响。认为青少年的道德推脱程度较低；亲社会行为水平较高。而且道德推脱可以显著地反向预测青少年的亲社会行为，即道德推脱程度越高，青少年的亲社会行为水平越低；不同的道德推脱机制可以显著影响青少年不同维度的亲社会行为①。

4. 民族学研究

关于民族区域发展问题：学者李波、刘丽娜、李俊杰提出高寒藏区具有“高度的政策依赖性、农户总体收入水平偏低，整体贫困与内部发展不均衡并存以及贫困率高”等特性。与非贫困户相比，贫困户对扶贫政策的依赖性更高、自主进行反贫困的能力较差，人力、物质、社会资本均处于劣势地位；对扶贫政策的依赖度和自身反贫困能力较弱又明显影响了农户收入，使其收入水平偏低；随着收入分位点的增加，扶贫政策依赖行为以及心理对农户减贫增收的边际贡献呈现缓慢上升态势；通过自主反贫，低收入农户的减贫增收效应并不明显，不过伴随着收入水平的提高，低收入农户自主反贫能力的边际作用表现出增强趋势②。基于研究结论，在增强扶贫政策的社会认同感的同时，应充分利用农户对于扶贫政策的依赖性来提升政策效应和有效受益率。此外，应注重高寒藏区人力资本投资，着重培养农户的自主反贫困能力。

学者成艾华、赵凡、何立华根据2000～2015年民族8省区数据，分析了民族地区农村人口老龄化的大致情况，可能影响人口老龄化的主要因素和未来的发展走向。认为民族地区农村2002年开始步入了老龄社会，并且“城乡倒置”“未富先老”特征突出；民族地区农村人口老龄化是多种因素

① 刘珊、石人炳：《青少年道德推脱与亲社会行为》，《青年研究》2017年第5期。

② 李波、刘丽娜、李俊杰：《高寒藏区农村反贫困政策依赖性研究：基于分位数回归模型的经验分析》，《中央民族大学学报》（哲学社会科学版）2017年第5期。

共同作用的结果，其中医疗卫生条件、居民收入以及省际人口流动等具有显著的正向效应，出生率、死亡率以及教育发展等则具有显著的抑制作用；“十三五”末期民族地区农村人口的老龄化程度将进一步加深，迈入老年型Ⅱ期的省区将增加到4个，新疆农村人口中65岁及以上人口占比也将超过7%①。为了有效应对民族地区农村人口老龄化带来的问题和挑战，政策措施方面迫切需要“摸家底”“夯基础”“强保障”“聚合力”。

学者李忠斌、郑甘甜指出我国民族地区新型城镇化肩负着重要的历史使命，探索民族地区新型城镇化的模式选择具有重要的理论及现实意义，认为民族地区新型城镇化的重点在于创新与因势利导，难点在于如何将新型城镇化的结构演进与民族生命力的可持续性相统一，倡导在遵循客观规律的前提下走定制化与特色化的新型城镇化道路。同时，提出了民族地区新型城镇化的六种模式设想，为实现以人为本、以文化为脉、以生态为基、以耦合共生为目标的民族地区新型城镇化提供理论借鉴②。

关于民族区域安全问题：学者崔榕认为边疆民族地区的意识形态安全具有极端重要性，鉴于此，要维护边疆民族地区意识形态安全，需要多方联动，多措并举，推动经济社会发展，加强主流意识形态教育，净化意识形态安全的外围环境，提高新传媒的治理能力③。

关于族别问题研究：学者聂虹、李吉和认为在语言使用方面，穆斯林流动人口能做到运用通用语言展开交流活动，不过仅有其中的一部分人能掌握并较好地运用进入地的当地方言，他们对于学习并掌握当地方言的意愿不强烈，对当地的风俗习惯了解不多，也没有进一步深入了解的意愿；在办事习惯方面，穆斯林流动人口在当地城市的办事习惯仍然以老家为准，也有部分人会根据不同事情和不同情况选择合适的办事方式，而完全遵循当地办事习

① 成艾华、赵凡、何立华：《民族地区农村人口老龄化及其发展趋势研究——基于2000~2015年省际面板数据的经验分析》，《民族研究》2017年第4期。

② 李忠斌、郑甘甜：《民族地区新型城镇化发展的现实困境与模式选择》，《民族研究》2017年第5期。

③ 崔榕：《边疆民族地区意识形态安全面临的挑战与对策》，《中南民族大学学报》（人文社会科学版）2017年第3期。

惯的则非常少；而在教育思想观念方面有很大的改变；城市的社会环境与穆斯林人口流出地存在较大差异，由于城市中宗教场所不多，而且基于其通常从事职业的特点，穆斯林流动人口每天的礼拜次数以及每周参加主麻日活动的次数均显著下降，难以在宗教生活上进行深层次的融合①。

关于民族学学科建设：学者哈正利认为“一带一路”倡议的提出，无疑是新的历史条件下，回族学学科拓展和超越的好契机。在这一国家倡议的背景下，回族学要取得内涵式发展，那就必须在反思学科建设的基础上，进一步加强学科基础理论的建设，澄清学科的本体论、认识论、方法论、实践论等方面的基本问题，规划未来努力的方向和目标，以实现学科发展与国家发展的同步超越②。

（二）荆楚特色

1. 坚持以问题为导向，形成聚焦人民实践开展学术创造的研究氛围

学术发展始于问题，任何一种成熟的理论或学科的形成都是首先提出问题和预见。马克思曾深刻指出：“问题就是时代的口号，是它表现自己精神状态的最实际的呼声。”总体来看，湖北省法学研究的关注领域较为广泛，涉及了各一级学科的概念、性质、基本理论、基本内容等诸多方面。学者们的研究视域之所以较为开阔和发散，正是因为大多数的研究成果坚持了问题导向的研究进路，把对社会问题的把握作为自己学术创新的起点和研究的动力源。学者们立足各自的研究领域，注意找寻典型性或代表性问题，有关的问题或者是基于中国特色实践所产生的新问题，如关于农民收入受空间转换影响的研究；或者是借鉴西方和继承传统的既有理论对当下社会实践不再具有充分解释力的问题，如关于西方义务教育理论是否适合于中国的研究；或者是具体概念的统一与歧义问题，即对西方经常使用的某些概念进行中国实践语境下的概念明晰和更新，如关于东方专治主义概念厘清的研究。所有的

① 聂虹、李吉和：《中、东部地区城市穆斯林流动人口融入状况研究——基于武汉、广州、杭州、宁波的调查》，《中南民族大学学报》（人文社会科学版）2017 年第 2 期。

② 哈正利：《“一带一路”倡议与回族学的超越》，《黄河文明与可持续发展》2017 年第13 辑。

这些研究都体现了时代的特色，是思考和研究社会生活突出矛盾和问题的结果，彰显了研究的人民主体性。

2. 遵循学科发展规律，形成学术性与政治性、民族性与世界性、文本研究与现实研究的良性耦合

法学是一门科学，所涉及的主要研究内容是具有中国特色社会主义治理体系的重要组成部分，这决定了“法学学科一方面富有学术性，另一方面又具有较强的意识形态性，即高度的政治性”①。湖北省的法学研究，力求契合国家发展方略，如关于“扶贫”“低保”“人口老龄化”“大数据”等的研究成果均十分注重政治性和学术性的统一；而关于“人类命运共同体”“一带一路”“海上联合开发”等的研究成果则讲究民族性和世界性的统一，明确提出在多文化前提下，倡导发展具有中国特色的制度规范与文化精髓，并在国际上产生应有的影响。另外，研究成果均凸显了文本与现实的统一，内容上多是特定制度下的补充完善措施研究或解决问题的对策性研究，据其表现而言，有的是揭示了一条规律，有的是完善了某种学说，有的则是提供了解决问题的办法与路径。

3. 以促进人的全面发展为内核，形成人本取向的价值研究路线

现阶段，我国正进入全面建成小康社会的新阶段，这意味着社会发展必须走出一条新的创新之路。“创新转型”首先要求我们在思想观念上发生彻底的实质性的改变，这种改变意味着把过去“以物为本”的发展理念转向“以人为本”的发展理念，并在此基础上进行理论探索，探寻学术支持。换言之，学术研究不仅要从宏观层面上对促进人的全面发展有总体谋划，而且需从微观层面上提供具体激发人的积极性、主动性和创造性的措施与方案。从湖北省的法学研究来看，贯之始终的研究目的正是围绕着如何促进人的全面发展而展开。

概略言之，法学一级学科的研究凸显了“共建共享”的理念，调整了过往“就法论法”的研究思路，从规范、程序、制度三个方面出发探析

---

① 马怀德：《构建中国特色法学学科体系》，《中国高校社会科学》2017 年第 4 期。

了尊重与保障人权的各种方式方法，体现了权利与义务设置的平衡、开放和绿色。政治学一级学科的研究凸显了政治体制机制的创新，致力于切实维护社会各个层面、各种不同情境下的公正与公开，努力为全体社会成员提供公平平等的制度平台；社会学一级学科的研究凸显了和谐社会的建构，从多角度出发，以行为和群体为主要研究对象讨论如何给予社会成员最直接最现实的利益关怀；民族学一级学科的研究凸显了“和而不同”的民族共存模式，考虑到不同民族在社会发展中的起点差异性，以民族团结和共同繁荣为研究抓手，力图通过保护和开发并举的路径促进民族地区经济社会的可持续发展和民族文化根脉的传承，同时助力国家安全和社会稳定工作的推进。

三　湖北法学学科发展展望与建议

现阶段，国家正大力推进“一带一路”倡议和长江经济带建设、长江中游城市群发展等重大战略，处于长江之“腰”的湖北，战略地位更加突出，在这一变革和转型的过程中，湖北省应当积极地同国际融通、同国内其他地区融通。在湖北省积极开展国际、国内融通的过程中，获得并展现出具有湖北特色的“话语权”是首要的任务。众所周知，无论是“话语权”的有效获得，还是有力彰显，均需要哲学社会科学体系给予强大的理论支持与论证。鉴于法学是哲学社会科学体系中的重要组成部分，“克服发展短板、加快建设湖北特色法学学科体系”这一任务就显得特别必要与紧迫。

（一）湖北法学学科发展中的不足

尽管近年来湖北省的法学学科建设取得了可喜进步，学科建设整体局面比较活跃，特别是高层次人才培养的规模和质量都有了较大程度的发展，可以说为我国哲学社会科学事业的繁荣发达贡献了自己的湖北力量；但文献资料和统计数据的相关信息同时也显示出湖北省的法学学科建设还存有一些不足，问题集中体现为发展格局的不平衡。

1. 既有成果的学术视野与学科本身的引领性、综合性特质之间存在不平衡

首先，虽然湖北省法学学科的研究一直与时代主题密切相关，关注重点和研究范围也在不断调整，但学科参与面仍较为狭窄，传统的研究领域依然是法学学科关注的重点。其次，学科研究手段亦有待进一步多样化，在湖北省的法学学科建设中，居于核心研究地位的仍是基础性理论研究，学科体系下各个具体领域与不同层次层面的实证调查研究、国际省际比较研究数量较少。若持续如此，必然不利于法学学科知识面、研究面的深度挖掘与边际拓展。

2. 法学门类下主要一级学科的发展水平之间存在“不平衡”

一方面，就各主要一级学科科研成果产出的横向对比来看，在论文的产出数量、国家级重要课题的立项数量以及重要研究基地与平台的搭建上，法学一级学科居于湖北省的绝对领先地位。在某种程度上，社会各界大多是通过法学一级学科了解和认知湖北省的法学学科。另一方面，在推进法学学科的发展过程中，政治学、社会学、民族学等一级学科的确提供了较多的具有社会影响力的优秀成果，学科的社会影响亦有了稳步提升，但与有些学术发达省市，如江苏、北京、上海等相比，这些一级学科在全国的学术地位尚不够凸显，学术实力不足。为此，需努力推进高层次科研成果的获得率并注意积极促进社会关注度的提高，否则一级学科中存在的建设“短板”会对湖北省法学学科整体实力的全面彰显形成现实桎梏，制约其长远发展、局限其学术空间。

3. 湖北省内法学学科的校际实力“不平衡”

以一级学科博士点的分布为例，从“量”的层面而言，湖北省四个主要一级学科博士点的规模可以说达到了国家对建构和传播意识形态的基本要求。不过，湖北省计有一百多所高校和研究机构，而一级学科的博士点主要集中在五所高校，其他学校的学科点在“质”的建设上与其存在较大的差距，部分高校甚至连相关的二级学科硕士点都没有，这种校际实力上的“不平衡”状态，也在整体上影响了湖北省法学学科预期的社会影响力。

（二）学科发展展望与建议

习近平总书记指出，“大学是一个研究学问、探索真理的地方”[①]，是人类先进思想的集散地。有鉴于此，所有学科的建设都应当围绕三个要素展开，三个要素能达到什么水平直接反映了该学科的建设状态与水平层次。三个要素的第一个要素为师资力量，第二个要素为推动创新型的科研，第三个要素为培养创新型人才和高层次人才[②]。在以国家与社会发展需要为基石的前提下，湖北省法学学科的建设须把专业共同体的基本素质要求和地方建设的区域属性要求作为努力的抓手，基于以上三个要素加大学科发展力度，以期学科建设取得飞跃。

1. 加强研究队伍建设，实行高端人才引进与省内人才内部培育并举的双轨制

法学学科要发展，必须有人才的保证，而人才的保证依赖于研究队伍的壮大。与科学技术研究有所不同，对于人文社会科学而言，人才的作用更加关键，人文社会科学研究创新能力的强弱直接取决于人才的专业素质水平。不言而喻，高端人才是人才聚集的核心，尤其是具有国际影响力的学术大师更是学科建设的无价之宝，为此可以高端人才作为团队构建的核心点，形成人才集聚圈，获得有力的聚合效应。因此，在湖北省内高端人才尚不足够的情况下，应考虑以法学学科建设为导向，引入一定数量的国际或者至少是国内一流的高端人才；然后以高端人才为中心，吸收相关领域的各种人才组建专门团队，打造结构合理、动力十足、业务精湛的优质专业建设队伍。同时，还需尽力创造人性化的人才自给自足培育机制，形成湖北省内人才快速进步成长的内生土壤并聚焦专业学科方向加以发力。这需要中共湖北省委、湖北省

① 《习近平：青年要自觉践行社会主义核心价值观——在北京大学师生座谈会上的讲话》（2014年5月4日），新华网，http：//www.xinhuanet.com/politics/2014－05/05/c_1110528066_3.htm。

② 徐显明：《以创新和守成两种能力推动法学学科建设》，《光明日报》2017年12月29日，第12版。

人民政府在人才的引进与培育政策等方面进行适度调整，引导各高校和有关科研院所团结一心，构建专业学科建设的力量核心。当然，每所学校和科研单位都有自身的历史积淀与发展基础，人才的引进同样要体现出学科规划与资源运用的特殊性。另外，还需整合研究力量，建成省内与省际直至国际的法学学科协同发展体系，力求形成多元主体共同参与和广泛合作的学科队伍群。

2. 以守成为基础，创新为突破，通过两种能力的锻造推动学科突破

学科建设之根基在于学术研究，如果欠缺坚实而系统的学术分析，学科建设的精神内核和动力源泉就会丢失。法学属于实践性极强的学科门类，其研究对象通常是各种制度，“守成”的特点相对鲜明，但法学作为哲学社会科学的重要门类，又必须对社会的现状、变迁与趋势进行精准把握，为此，必须通过守成和创新两种能力的建设推动法学学科发展。

（1）进一步拓展关注视域，促进学科发展视野的宽泛化

法学学科是不断发展的理论体系，这决定了法学学科必须坚持与时俱进和开放发展的建设理路。现代社会分工渐趋复杂、越发精细，社会各领域的态势与全貌根本不可能由哪一门单一的学科进行完整且体系化的阐释，与之相适应，学科建设的科学发展必须表现出多元化的发展脉络。必须积极拓展法学学科的发展视野，推动其加入其他学科体系的更广阔范畴，如此，既可对法学学科知识结构体系的更新与完善产生重大的促进作用，还可以进一步加深法学学科在其他学科和领域内的表达力和影响力。

（2）革新研究思维，促进法学学科建设过程的科学化

法学学科关涉世界观、方法论以及价值论，其本身已构成一个庞大的、极具逻辑性的自恰体系。法学学科在建设过程中，仅靠纯粹的基础理论研究或者是单纯的国家政策研究都很难涵盖其应有的内涵，也很难体现其本来的活力。为确保学科发展走向具有合理性和科学性，就必须根据学科议题和关注对象的特性，进行研究路径和方法上的革新，打通理论与实践的互动平台，以先进的理论来观照和指引社会实践，从而压实学科发展的基础内容。

（3）做到高质量论著和重要科研奖项量与质的双重提高

学科建设的衡量标准中包括了高质量论著和重要科研奖项两个极富显示

度的指标。高质量论著能展示学科建设的风貌气质、反映学科水平程度，而重要科研奖项则是学科建设获得权威肯定的关键系数和典型标杆。因此，以学科各主要研究方向为基础形成系列论著是学科建设事半功倍的好方法。通过出版系列论著，不仅可以发掘深化学科的基础理论资源，而且可以形成专题效应，将某个具体的学科方向打造成精品。特别值得强调的是，结合学科方向推出系列论著，既可以说明该学科凝练出了稳定的方向和特色，另一方面丰富的研究成果自然为重要奖项的获得奠定了坚实基础。

（4）借助智库建设，以高位阶的决策咨询报告传递学术形象、形成社会作用力

智库功能强大，主要具有“战略研究；建言献策，出有中国特色的方案、观点和建议；舆论引导，对党和国家大政方针释疑解惑；反映人民群众普遍关心的问题；人才培养”[①] 等功能。因此，学科发展应用好智库，为问题解决提供新视角和新思路，并以此为平台开展成果转换与推介，这不但有助于理论付诸实践，而且有利于资政育人目标的实现。换言之，通过聚合一批专家学者，依托他们的理论积淀、前瞻眼光、智慧火花和专业责任心，面向重大现实问题和学术研究前沿，以理性和正向思维为指引，根据服务于决策抓重点、可以适当超前抓引领以及相对独立抓成效的要求，提出具有相当水准又有所差异的决策咨询报告，并能为有关决策部门所用，如此必将助力学科良好形象的传播和社会作用力的迅速扩大。

3. 以人才培养为核心，夯实法学学科建设

人才培养不但是学校有社会效益的成果显示，也是学科建设取得成功的依托之本、关键内核和重要标志[②]。高校作为人才输出的主要机构，其现实价值在于不断提高人才增量而不是简单的重复。为此，从新时代法学学科人才培养的要求出发，综合法学学科既是国民基础教育学科，又为人力资源建设教育学科的双重属性，法学学科的人才培养应大致确定为以通识教育为基

① 程宏、刘志光：《智库、智库学与智库文化》，《智库理论与实践》2016 年第 3 期。

② 姜睿馨：《学科建设与创新人才培养的协同互动》，《长春大学学报》2017 年第 4 期。

础进行差别化探索，不能僵化，也不能单一；以大众教育为基础进行分层化培养，以兴趣和能力为前提规划个性化的进步方向；以知识传承为基础进行创新化展开，通过各种对内对外交流激发学生的创新思维和实践活动。与人才培养定位相适应，法学学科当以“创新式学习与研究性教学”的有机结合为重要的人才培养方式，应促进、启迪、支持、引导学生创造性地思维和学习，践行“信仰、知识、能力”全面发展的复合人才培养目标。同时考虑到现代教育已经与信息技术、大数据开始逐渐融合的趋势，学生所处的知识空间和文化氛围亦已发生重大改变，在人才培养中必须以服务社会为所有工作的宗旨，注意吸纳新鲜的教学手段，实行动态化教学机制，适时更新补充教育内容、调适改良教育方式。

B.5

湖北教育学学科发展报告（2017）

黄平　于洋　李新平　吴鹏　易钦仁*

摘　要： 2017年是湖北教育学科取得明显进步和丰富成果的一年。教育学门类下的教育学、心理学和体育学三个一级学科都取得了丰硕的研究成果。教育学在教育现代化、公民教育、道德教育等方面研究成果丰硕。心理学在网络心理与行为、当代中国人文化认同与工业心理学等方面有明显理论创新。体育学研究成果主要集中在体育产业、全民健身、学校体育、武术和政府公共服务等领域。

关键词： 教育学　心理学　体育学　学科发展

当代中国正经历着一场广泛而深刻的社会变革，正在进行宏伟而独特的实践创新。这场前无古人的伟大变革实践，给理论创新提供了强大动力，为学术繁荣创造了广阔空间。2017年，湖北教育学类学科研究工作持续深入推进，学科发展与科学研究取得了一系列新的成果。

---

* 黄平，教育学博士，湖北大学教育学院教育学副教授，硕士生导师，主要研究领域为教育原理与高等教育学。于洋，教育学博士，湖北大学教育学院副教授，硕士生导师，主要研究领域为课程与教学论、教育史。李新平，硕士，湖北大学教育学院副教授，硕士生导师，主要研究方向为教育技术学。吴鹏，心理学博士，湖北大学教育学院副教授，硕士生导师，主要研究方向为教育心理学。易钦仁，湖北大学体育学院副教授，硕士生导师，主要研究方向为体育人文社会学。

一　湖北教育学学科发展概况

（一）教育学发展概况

1. 学科建设

截至2017年，湖北具有教育学博士、硕士授权点的高校共有13所。其中华中师范大学和华中科技大学具有一级博士学位授予权，武汉大学、中国地质大学（武汉）、武汉理工大学、中南民族大学、湖北大学、长江大学、三峡大学、湖北师范大学8所高校具有一级硕士学位授予权，海军工程大学、武汉工程大学、湖北工业大学3所高校具有二级硕士学位授予权。华中师范大学、华中科技大学2所高校具有教育专业博士授予权，武汉大学（含职业技术教育试点单位）、华中科技大学、华中师范大学、中南民族大学、湖北大学、湖北师范大学、黄冈师范学院、中国地质大学（武汉）、湖北工业大学和江汉大学10所高校具有教育专业硕士授予权。

全国第四轮学科评估的结果显示，华中师范大学教育学科为A，华中科技大学教育学科为B^{+}，湖北大学、中南民族大学教育学科为C，湖北师范大学教育学科为C^{-}。2017年，华中科技大学教育科学研究院荣获中国高等教育学会的“第五届全国优秀高等教育研究机构”称号，这是该院连续五届获此荣誉称号。

2. 课题研究与学术交流

2017年，湖北获得国家社科基金教育学立项13项，全国教育科学规划教育部重点项目和青年项目9项，教育部人文社会科学规划基金、青年基金项目9项。

2017年，湖北教育学学科通过举办一系列的学术会议，加强了学术交流。

1月3日，“智慧教育创新研究”国际研讨会在华中师范大学科学会堂举行。1月15日，湖北省数字媒体专业建设研讨会暨“华中师大数字媒体专业十年巡礼”活动在华中师范大学举行。3 月 21 日，2017 年中芬教育云合作论坛在华中师范大学举行。3 月 27 日，湖北省陶行知研究会第五次会员代表大会在华中师范大学召开。4 月 21 日至 23 日，湖北省高等学校教育技术研究会 2017 年学术年会在华中师范大学召开。5 月 4 日，由华中科技大学教育科学研究院主办的“中国高校教与学大数据分析与咨询中心”成立揭牌仪式暨“大数据背景下的课程教学质量保障与评价”交流会在华中科技大学举行。5 月 20 日，由湖北省民办高校联盟和武汉工商学院共同主办的“新形势下民办高校发展战略高峰论坛”在武汉工商学院举行。6 月 24 日，“2017 湖北省智能制造技术技能人才培养论坛”在武汉职业技术学院举行，围绕湖北省智能制造技术技能人才培养展开热烈的交流和讨论。10 月 21 日，全国第五届教育伦理学学术研讨会在湖北大学举行。会议讨论并通过了《新师德宣言》。11 月 1 日，2017 年华中科学教育与科学传播高层论坛在华中师范大学隆重举行，围绕主题“信息时代的学习科学与科学教育”展开交流与讨论。11 月 2 日，“教育大数据建设及应用研讨会”在华中师范大学举行。11 月 23 日至 24 日，由教育部教育管理信息中心、湖北省教育厅、国家数字化学习工程技术研究中心、华中师范大学主办的第十七届中国教育信息化创新与发展论坛在武汉隆重召开。11 月 24 日至 25 日，由中南民族大学教师教学发展中心、中南民族大学教育学院承办的民族院校教师教学发展第三届年会暨民族院校发展研究学术研讨会在中南民族大学举行，会议以“双一流”形势下的民族院校发展为主题展开研讨。11 月 26 日，中国教育发展战略学会未来教育专委会第二届学术年会暨未来教育论坛在华中师范大学召开。11 月 30 日，湖北省创业研究会 2017 年年会暨高校创新创业教育体系建设方略高峰论坛在武汉科技大学举行。12 月 22 日，“多元文化与高等教育质量保障第二届国际论坛”在中南民族大学举行。

3. 研究成果与获奖

2017 年，湖北教育学科共发表论文 2246 篇，其中 CSSCI 论文 253 篇。湖北教育学科在教育学科权威和重要学术期刊上发表论文数量和质量都达到较高水平。在权威期刊《教育研究》发文 12 篇，占总发文量的 4.8%；在

《高等教育研究》发文36篇，占总发文量的18%；在《电化教育研究》发文16篇，占总发文量的7.1%；在《课程·教材·教法》发文13篇，占总发文量的5.8%。湖北教育学研究者积极关注教育实际，撰写研究与咨询报告31篇，被采用报告达到19篇。

湖北教育学学科发表的论文研究领域十分广泛，取得了丰硕的成果。教育学原理的研究在教育现代化、公民教育、道德教育和教育哲学等方面有一定进展和理论创新。课程与教学论的研究以导学案与课程设计、教师有效教学和深度教学、学生核心素养发展等方面为主要热点。在教育史研究方面，以教育身体史、教育史学新生长点的研究、不同时期教育理论与实践的研究、国内外教育史学发展研究为主要关注点。在比较教育学方面，以比较教育学自身建设的检视和反思的探讨、教育家教育思想的对比研究等为重点。学前教育学研究的主题集中在幼儿园教师专业发展、农村地区的学前教育、学前教育专业学生发展路径等。高等教育学研究主要集中在高等教育价值与功能、高等教育发展与“双一流”建设、高等教育国际化、教育治理与高等教育体制、高等教育质量评估与建设、教育教学过程与人才培养模式、高校教师发展与人才工作、院校研究、博士研究生教育等领域。成人教育学研究主要涉及高校继续教育发展、继续教育的人才培养模式、继续教育课程教学、继续教育学习者自主学习能力的培养等主题，另外对中国新生代农民工继续教育也进行了探讨。职业技术教育学研究主题集中在职业院校学生发展和就业、职业教育师资队伍建设、职业院校办学和职业教育国际化、课程与教学改革、职业教育人才培养和专业建设等领域。特殊教育学研究主要涉及“互联网+”背景下的特殊教育变革、特殊教育政策、特殊教育学教材、特殊教育转衔相关问题、全纳教育等主题。教育技术学研究主要涉及教育技术基础理论、教育信息化发展、教育数据挖掘及学习分析、在线学习、MOOC、STEM及创客教育、信息化教学及新教学模式、视频互动同步课堂教学、师范生培养、教师研修、教师工作坊等主题。

2017年，湖北教育学科出版著作136部，其中专著76部，出版译著11部。华中师范大学周洪宇教授独著的*Changing the World through Education*:

the Life of Tao Xingzhi 和主编的 *Life Education——Selected Readings of Tao Xingzhi's English Works* 在国际著名出版公司“美国时代出版公司”（CN Times Books，Inc.）出版。华中师范大学李永与他人合著的《郭秉文画传》由山东教育出版社出版。11 月 25 日《中国教育活动通史》首发式暨座谈会在北京举行。《中国教育活动通史》共八卷，由华中师范大学教育学院周洪宇教授任总主编，申国昌教授任副总主编，是我国教育史学界继 1987 年出版的《中国教育通史》、1997 年出版的《中国教育思想通史》、2000 年出版的《中国教育制度通史》之后的第四套通史。该套通史以“全球视野、中国立场、问题意识、实践导向”为立足点，探寻了教育历史的具体场景，展现了教育历史的生动面貌，是教育史研究领域的重大成果，填补了教育史学研究的空白。

教育技术学科出版了 3 部专著，分别是上超望著《Web 项目管理与系统构建》，华中师范大学出版社出版；王继新、岳奎著《种田人代际更替语境下的农村信息化建设研究》，中国社会科学出版社；王志锋编著《人机交互技术》，华中师范大学出版社出版。

由华中师范大学教育学院董泽芳教授主编的《高等教育与社会发展论丛》入选 2017 年度国家出版基金资助项目，是国内首套系统研究和探索高等教育与社会协调发展规律的专业书系。

2017 年 1 月，武汉大学教育学院李保强教授、陈忠伟博士的成果《教师责任范畴：内涵、外延及其架构》获得湖北省社会科学优秀成果奖三等奖。湖北民族学院戴小明的研究报告《乡村教育：民族地区脱贫攻坚的基础工程——武陵山片区一所偏远乡村小学的调查与思考》获得国家民委社会科学研究成果三等奖。2017 年 6 月，在第十三届高等教育学优秀博士学位论文评选中，华中科技大学教育科学研究院张青根博士、方华梁博士获奖。

（二）心理学发展概况

1. 学科建设

截至 2017 年，湖北共有 17 所高校设有心理学本科专业，9 所高校有心理学硕士点，2 所高校有心理学博士点。2017 年国务院学位委员会开展了博士、硕士学位授权审核工作，湖北的心理学硕士学位点有所调整和增加。其中，湖北大学、中国地质大学（武汉）原有的心理学二级硕士学位授权点升为一级硕士学位授权点，江汉大学获得应用心理专业硕士点。从全国来看，湖北心理学学科处于第二梯队，与天津市、重庆市、浙江省与江苏省的发展水平相当；从全省来看，华中师范大学心理学学科的发展显著领先于湖北其他高校的心理学科，发展极为不平衡。

2. 研究成果

2017 年，湖北心理学学科的研究人员共发表学术论文 108 篇，完成研究与咨询报告 7 篇，其中 5 篇被采用。湖北心理学研究论文具有较高质量，其中 SCI/SSCI 收录 8 篇，19 篇论文在《心理学报》发表，占该刊发文总数的 14.5%。湖北心理学学科 2017 年共获得 8 项国家级及教育部科研项目。2017 年，湖北心理学学科在“网络心理与行为”、“当代中国人文化认同”与“社会认知”等方面取得了大量研究成果。在社会冲突、交叉分类、群体多样化、刻板印象消除等一系列既具有理论挖掘深度又极具实践探索价值的研究方面，华中师范大学佐斌教授带领的团队取得了一系列成果，发现交叉分类曝光评价对性别刻板印象的多样化效应、角色扮演任务通过激活角色刻板印象特质从而对被试自我评价产生改变的心理机制等。华中师范大学青少年网络心理与行为教育部重点实验室，围绕“网络认知学习与教学”“网络社会行为”“网络与青少年心理健康”“青少年网络文化与内容安全”四个研究方向也取得了一系列的成果。

本年度湖北心理学科共出版著作 9 部。《维果茨基全集》的出版是 2017 年湖北心理学界的重要事件。华中师范大学心理学院资深教授刘华山组织翻译的《维果茨基全集》由安徽教育出版社出版。该全集总结了著名苏联心理学家列·谢·维果茨基（Lev Vygotsky，1896～1934）在理论心理学、社会心理学、儿童心理学、教育心理学、艺术心理学、思维心理学、个性心理学、缺陷心理学、心理语言学等领域的研究成果，包括《对传统心理学的反思》《高级心理机能的社会起源理论》《新心理学的基本理论》（上下卷）、《年龄心理学问题》《教育心理学》《缺陷儿童心理学研究》《文艺心理学》《对〈哈姆雷特〉的心理分析》等九卷。该全集的出版，对维果茨基思想在中国的传播与实践有重要的促进作用。

3. 学术交流

2017 年，湖北心理学学科积极开展学术交流与培训活动，不断提高学术影响力。在重庆举行的中国心理学会第十二届一次全国会员代表大会上，湖北心理学者周宗奎当选第十二届理事会常务理事，江光荣、佐斌当选第十二届理事会理事。2017 年 11 月 24 ~26 日，中国心理学会社会心理学分会 2017 年学术年会暨福建省社会心理学会 2017 年海峡高峰论坛在福州召开，佐斌教授当选为中国心理学会社会心理学分会理事长，王伟、温芳芳两位老师当选为理事。

2017 年 7 月 4 ~7 日，由教育部高等学校心理学教学指导委员会和中国心理学会教学工作委员会牵头，华中师范大学心理学国家级实验教学示范中心、心理与行为国家级虚拟实验教学中心、青少年网络心理与行为教育部重点实验室以及人的发展与心理健康湖北省重点实验室联合主办的“2017 年全国心理学实验实践教学技能培训班”在华中师范大学召开，数十位来自全国各大高校社会学科与实验教学有关的中青年教师和技术人员参加了本次培训。

2017 年 6 月 22 ~25 日，湖北省心理学会与湖南、安徽、江西、河南和山西五省心理学会在宜昌联合主办了第七届中部心理学高峰论坛（湖北省暨武汉心理学会 2017 学术年会），来自中部六省的心理学会会员以及海内外心理学工作者、相关学科学者、社会各界人士共 360 多人，围绕“心理健康和社会心态建设”这一主题，聚焦于“社会中人”的幸福感提升展开学术交流。

（三）体育学发展概况

2017 年，湖北体育学学科研究机构和研究队伍保持稳定，体育科研工作者把体育事业发展融入实现“两个一百年”奋斗目标，把体育强国梦作为实现中国梦重要内容，积极进取，体育科研取得丰硕成果，学科发展获得新的成就。

1. 学科建设

2017 年，湖北体育学学科布局结构基本稳定，具有体育学博士、硕士授权点的共有 10 所高校，其中华中师范大学和武汉体育学院 2 所高校具有一级博士学位授予权，具有一级硕士学位授予权的有 3 所院校，具有二级硕士学位授予权的有 7 所院校。

2. 研究平台

湖北体育学学科研究机构集中在少数高校，研究实力较强、水平较高的研究平台主要有华中师范大学体育文化研究中心、武汉体育学院体育社会科学研究中心、湖北体育产业研究中心、运动与健康创新发展研究中心和湖北休闲体育发展研究中心等。

3. 课题研究与学术交流

2017 年，湖北高校在体育学学科共获得省（部）级以上课题 18 项。其中国家社科基金一般项目 6 项，教育部人文社会科学规划基金 6 项，青年基金 2 项。

2017 年，湖北体育学学科积极开展学术研讨与学术交流，召开了一系列学术会议。其中比较重要的学术会议有：5 月 14 日，2017 年中国武汉汽车运动与汽车休闲产业发展论坛在武汉举行。华中科技大学联合北京大学、清华大学等 10 所大学共同发起组建了“全国高校学生体质健康测试工作联盟”，全国 62 所高校成为联盟会员单位，8 月 1 日，联盟成立大会在华中科技大学召开。9 月 22 日，WLSA 首届休闲体育东湖国际论坛在湖北大学召开。9 月 28 日，中国体育产业高端论坛由华中科技大学主办。10 月 27 日，来自美国、法国、澳大利亚、新西兰、日本和中国的近 200 名中外专家、学者齐聚武汉，召开了 2017 中国 · 武汉国际马产业高峰论坛。12 月 2 日至 3 日，武汉体育学院、中国体育科学学会体能训练分会及中国体育科学学会体育科普工作委员会在武汉联合主办第三届国际科学健身峰会，本次峰会以“科学运动干预体重管理”为主题。

4. 研究成果

2017 年，湖北体育学科研究人员出版著作 117 部，发表论文 764 篇，完成研究与咨询报告12篇（被采用10篇）。体育学科发表在体育类核心期刊上的论文137篇，其中《体育科学》6篇、《中国体育科技》8篇、《体育学刊》6篇、《上海体育学院学报》5篇、《北京体育大学学报》12篇。成果涉及体育产业、运动训练、全民健身、学校体育、武术、政府公共服务、体育场馆、校园足球、体育心理、运动竞赛、民族体育、体育教育、健康中国、兴奋剂、休闲体育和运动生理等诸多领域；体育产业25篇、全民健身20篇、学校体育20篇、武术16篇和政府公共服务9篇，以上领域论文共90篇，占发文总数的65.69%。

二　湖北教育学学科研究进展、创新与荆楚特色

2017年，湖北教育学学科以坚实厚重的学术底蕴、勇于担当的学术情怀，推动教育学基础学科和应用学科不断发展，取得一系列研究成果，部分成果有比较明显的理论创新性。

（一）教育学

1. 教育学原理

教育学原理方面的研究在教育现代化、公民教育、道德教育和教育哲学等方面有一定进展和理论创新。

（1）教育现代化研究

教育现代化是本年度教育研究的重要领域，教育治理现代化尤被大力提倡。大数据背景下，教育治理现代化面临挑战，应该顺应时代发展，注入大数据思维，更新完善教育治理理念，通过搭建教育大数据治理平台来实现教育大数据的自由流动①。把大数据作为一种资源、技术、思维模式应用于教育宏观治理，构建教育大数据治理平台，完善社会参与数据治教机

① 申国昌、郭景川：《大数据促进教育治理现代化体制建构》，《河北师范大学学报》（教育科学版）2017年第5期。

制、加强教育宏观治理中的大数据立法，有助于我国教育宏观治理体制的现代化变革[①]。大数据时代教育治理现代化包括教育治理体系和治理能力两个层面，教育治理现代化体系构建应实现数据、制度、政府、学校、社会的“五位一体”，需要确立治理理念、治理主体、治理方式、治理模式和治理维度五个方面的新愿景[②]。

当前，人类社会面临“第三次教育革命”的冲击。“第三次教育革命”是教育的根本性变革，是从规模化教育走向生态化、分散化、网络化、生命化的个性化教育，其源于社会、生产方式、教育个性化发展以及人才成长模式大变革的需要，会给个人、国家和世界的发展带来机遇[③]。有学者阐发了联合国教科文组织教育 2030 框架对中国教育现代化 2030 的启示，指出与联合国教科文组织教育 2030 框架对接的中国教育现代化 2030 应该是一个更加包容、更加开放的新格局、新框架，应是在对教育和知识进行重新定义基础上的新设想，是与新变革相统一的系统化新框架。中国教育现代化 2030 方案要把可持续作为核心关切，坚持人文主义方法，通过教育和学习把人类生存的各个方面结合起来，进而在世界上率先构建起真正意义的终身教育体系和学习型社会[④]。

高等教育面向社会需求、面向人的需求，是我国高等教育走向 2030 现代化的核心理念之一。实现这一理念，需要构建政府、高校、社会三者的新型关系，需要完善高校、学者、学生的选择性机制，以致力于宏观环境营造；需要抓住中观结构中的学校差异化发展，需要解决微观结构中的人才培养模式多样化等这些结构性关键问题，以完善我国高等教

---

① 申国昌、郭景川：《大数据时代的教育宏观治理体制现代化变革》，《教育研究与实验》2017 年第 2 期。

② 刘来兵：《大数据时代教育治理现代化的内涵、愿景及体系构建》，《教育研究与实验》2017 年第 2 期。

③ 周洪宇、鲍成中：《论第三次教育革命的基本特征及其影响》，《中国教育学刊》2017 年第 3 期。

④ 周洪宇、徐莉：《联合国教科文组织教育 2030 框架对中国教育现代化 2030 的启示》，《河北师范大学学报》（教育科学版）2017 年第 9 期。

育功能再造[①]。

（2）公民教育研究

公民教育方面的研究成果主要涉及公民教育的基础缺失和责任公民培养问题。

公民社会的崛起，催生了公民教育。学校作为社会培育学生的重要场所，应有效地开展公民教育。有学者认为，学校开展公民教育存在学校公共生活基础平等性、参与性、公开性三维缺失的问题，即控制思维导致学校公共生活的平等性缺失，旁观的实践导致学校公共生活的参与性缺失，封闭的设置导致学校公共生活的公开性缺失[②]。

关于责任公民的培养，有研究者认为，要想促使年青一代成长为值得信托的责任公民，必须着眼于未来，培养具有自主负责的品质。责任教育的目标是让学生化知为行，承担各方面的责任：首先要厘清人生责任的逻辑结构；其次要正视学会负责未来的向度；最后促进学生自主负责[③]。

（3）道德教育的新理解与德育路径的探索

道德是一个由道德认识、道德情感、道德品质和道德行为构成的复杂社会现象，也是以一定善恶观为指导、以追求善为指向的社会价值体系，社会可以通过这一体系来规范和引导人们的行为。道德教育的内涵总是在时代的变迁中出现新的理解。有学者指出，道德是人类借以更好地生存的智慧，因而它是人类的生存方式，是智慧的生存方式。道德教育是人类的智慧，是作为最佳人类生存方式的实践智慧，是一种价值体系[④]。

道德教育内涵与观念的变化，总是与德育的实践相关联的。有学者提出形象德育是一种德育的新形态。形象德育源于、基于和诉诸人的形象思维活动和能力，是一种依托和运用生动具体的形象开展的思想道德教育。形象德

① 张建林：《我国高等教育2030核心理念之面向两个需求》，《河北师范大学学报》（教育科学版）2017年第5期。

② 孙银光：《学校公共生活的三维缺失研究》，《中国教育学刊》2017年第1期。

③ 刘长海、庚青：《培养值得信托的责任公民：学校如何指引学生责任担当》，《教育科学研究》2017年第11期。

④ 江畅：《全面理解道德和道德教育》，《中国德育》2017年第1期。

育能有效地传载、传递、传播人们的思想、道德、情感，在培养人的思想道德素质的德育活动中发挥着重要功能①。

有研究者提出学校德育需要从“知晓的德育”转向“智行的德育”，重视建立培育道德的理性智慧，提升道德的价值智慧和彰显道德的行动智慧的目标与相关路径②。有学者基于王阳明“知行合一”学说的阐释，提出通过培育学生的良知，化解学校德育知行脱节问题③。

道德智慧主要是指个体在面对复杂的情境时所表现出的情感、思维、行为和意志，反映着个体道德理性，表达着个体道德情感。儿童道德智慧的发展是德育的目标指向。儿童作为特殊的群体，其身心发展不够完善。基于儿童的智慧基础，儿童道德智慧的生成路径是：在道德体验中孕育道德情感智慧，让儿童换位思考；在道德对话中提升道德理性智慧，培养儿童向“善”思维；在道德实践中践行道德行为智慧，培养儿童社会意识；在道德反思中涵养道德意志智慧，能将良好的道德品质内化为自身的素养④。

（4）教育哲学新进展

一是关于教育哲学的人学意蕴及转向。人是教育哲学的中心，教育哲学具有丰富的人学意蕴。推动教育哲学的人学转向，要明确“人”在教育哲学中的核心地位，拓宽教育哲学的人学研究主题，聚焦现实教育生活中真实生动的人⑤。

二是关于教育人学观的变迁及重构。近代哲学在与神性的斗争中，捍卫了人的尊严，随着现代哲学的日益壮大，人的核心地位逐渐被强化；随着后工业时代的到来，后现代哲学重新对人进行了定位，人从中心逐渐滑落至边缘，教育的中心化人学观开始崩塌。建构新的人学观，需要从哲学的视角来

---

① 骆郁廷、孙婷婷：《形象德育：一种新的德育形态》，《教育研究》2017 年第 6 期。

② 靖国平、涂雨轩：《从“知晓的德育”转向“智行的德育”——当前学校德育变革的目标导向及其路径选择》，《中国教育学刊》2017 年第 2 期。

③ 郭微微、程红艳：《王阳明“知行合一”学说对于化解学校德育知行脱节的启示》，《教育科学研究》2017 年第 7 期。

④ 雷晶、靖国平：《儿童道德智慧的发展目标与生成路径》，《中国德育》2017 年第 9 期。

⑤ 刘军豪、岳伟：《论教育哲学的人学意蕴及其转向》，《教育研究与实验》2017 年第 5 期。

洞察当前人学观存在的问题，并吸纳后现代哲学的有益思维，以完成教育人学观的重构①。

三是思辨遭遇的人学意蕴及其教育应对。教育者需用脱敏法慢慢帮助学生走出或摆脱身处的遭遇，提醒他们理解遭遇的状况、程度，唤醒他们内心深处的智慧并泰然处之；学生自己要主动在遭遇中做出正确的选择，思考生存、生活和生命世界，检验什么对他是真实的、什么是虚假的；提高自我心理素质是对当今世界的显性或隐性潜在遭遇最好的准备②。

四是提出教育数据伦理研究问题。教育数据伦理即是对教育数据产生、采集、存储和分析利用过程中所应秉持的道德信念和行为规范的理性审视。当前亟须建构教育数据伦理的研究与分析方法论，促进相关价值观的形成与认同。明确教育数据的价值定位，界定教育主体的数据权利，厘清教育数据的教育效用，是教育数据伦理面临的基本问题③。

2. 课程与教学论

2017 年，课程与教学论方面的研究可谓成果丰硕。研究成果主要集中在导学案与课程设计、深度教学与有效教学、知识与学习、学生核心素养与学科课程思想五个方面。

（1）导学案与课程设计

有学者从导学案入手，基于对话教学的视角指出，导学案是教师为提升对话效果而准备的话题提纲④。导学案设计在课程教学中十分重要。要真正实现导学案在课堂教学中的价值，导学案的设计需要联系学生的生活经验，引导学生走向深度学习；需要正视知识结构，帮助学生形成认知网络；需要

---

① 陈亚凌、孙银光、王坤庆：《从中心到边缘：教育人学观的变迁及重构》，《现代大学教育》2017 年第 6 期。

② 陈金花、卢世林：《“遭遇”的人学意蕴及其教育应对》，《教育理论与实践》2017 年第 13 期。

③ 刘三女牙、杨宗凯、李卿：《教育数据伦理：大数据时代教育的新挑战》，《教育研究》2017 年第 4 期。

④ 周东明、王锋、赵赤颖：《导学案课堂观察量表的编制及使用建议》，《教育实践与研究》2017 年第 7 期。

实现过程价值，引导学生建构学习的意义①。从微课设计角度来看，当前微课已成为我国教育信息化发展的热点。以用户体验蜂窝模型为理论依据，有学者提出了微课用户体验的概念模型，构建了面向用户体验的微课设计框架②。有学者从文化开放的角度，阐述在改革开放的大背景下，我国基础教育语文课程在内容、目标、策略等方面重新设计，给语文课程带来了积极变化，当前还需要不断从世界母语课程的新发展中汲取营养，努力做到文化开放的深度相知与理性相和③。

（2）深度教学与有效教学

关于教师教学方式，很多学者认为教师要进行有效教学、深度教学。有学者指出："深度教学的根本基础是知识观和学习观的深刻转变，强调知识处理的充分广度、充分深度和充分关联度，促进反思性学习和批判性思维，实现知识的意义生成和多样性价值。"④ 深度教学的"深度"建立在完整而深刻地处理和理解知识的基础之上⑤。深度教学理念走向实践，必须直面课堂变革的技术主义取向，确立"深度教学"促进深度学习的三个内在标准，即学习的意义感标准、自我感标准和效能感标准⑥。深度教学是真正能够提升课堂教学发展性的教学理念⑦。

有学者强调注重手段或过程的有效教学即为"过程有效的教学"，要实现"过程有效的教学"，必须建构过程性评价制度，充分简化教导过程，尽量繁化学习过程⑧。教学决策是有效教学的基本实践环节。有学者探讨了教

① 伍远岳、杨莹莹：《知识学习视野下导学案设计的困境与突围》，《中国教育学刊》2017年第12期。

② 蒋立兵、万力勇、陈佑清：《面向用户体验的微课设计框架构建与应用》，《电化教育研究》2017年第2期。

③ 雷实：《语文课程设计与文化开放》，《课程·教材·教法》2017年第7期。

④ 郭元祥：《论深度教学：源起、基础与理念》，《教育研究与实验》2017年第6期。

⑤ 郭元祥：《深度学习：本质与理念》，《新教师》2017年第7期。

⑥ 郭元祥：《"深度教学"如何真实发生》，《今日教育》2017年第9期。

⑦ 伍远岳：《论深度教学：内涵、特征与标准》，《教育研究与实验》2017年第8期。

⑧ 罗祖兵：《有效教学的过程性阐释》，《教育研究》2017年第9期。

学决策的伦理品性问题，认为教学决策存在伦理缺失现象①。教学中人与文本之间的对话有着重大的教育意义，教学中的“人－文”对话是对话教学的基础，能充分实现文本的发展价值②。

（3）知识与学习

在学生核心素养的发展方面，学者们各有所见。有学者指出，从个体整体学习和有序发展的意义上讲，学习具有自由性、不厌性、觉悟性和转化性四个根本属性③。有学者主张引导学生综合学习、跨领域学习，以及以问题为导向的实践学习，从而打破单一的知识训练的局限性④。理解深度学习理论对深化我国的教学改革具有重要的意义。深度学习注重让学生沉浸于知识的情境和学习的情境，强调批判性思维，注重实现知识的内在价值⑤。有学者提倡知识的发展价值，从而扩展学生的视界，提高学生的能力。为有效实现知识的发展价值，教师应树立发展性的知识教学观，重视已有经验的基础作用，让学生生动活泼地掌握知识⑥。有学者对知识的本质进行了再认识，认为详细考察知识的本质及其变化，有助于改变人们的思维方式，从一种新的视角认识、澄清和解决教育问题⑦。

（4）学生核心素养与课程开发

有研究者提示认识学生发展核心素养需要厘清其内在价值定位；学生发展核心素养应该是学科素养抽象化的产物，而不是各个学科素养要素机械叠加的综合⑧。有研究论述了以核心素养为导向开发校本课程的意义，提出了

---

① 凌鹏飞、陈佑清：《教学决策的伦理品性及其生成》，《教育发展研究》2017 年第 4 期。

② 罗祖兵、宋正艳：《教学中“人－文”对话困境及其突围》，《中国教育学刊》2017 年第 9 期。

③ 靖国平：《论学习的本质属性及其意蕴》，《课程·教材·教法》2017 年第 3 期。

④ 郭元祥：《学习的边界》，《新教师》2017 年第 9 期。

⑤ 郭元祥：《深度学习：本质与理念》，《新教师》2017 年第 7 期。

⑥ 罗祖兵、宋正艳：《知识的发展价值及其实现》，《教育导刊》2017 年第 1 期。

⑦ 杨旸、祝文芳：《知识祛魅的教育学反思——对知识本质的再认识》，《湖北大学学报》（哲学社会科学版）2017 年第 3 期。

⑧ 于洋：《认识学生发展核心素养需厘清的几个问题》，《河北师范大学学报》（教育科学版）2017 年第 5 期。

以核心素养为导向的校本课程开发策略和路径①。有研究者认为研学旅行通过变革教育方式将成为培养学生核心素养的一个有力杠杆②。

（5）课程适应性与学科课程思想

课程的适应性即课程的个性化、选择性与包容性。现代教育大数据的发展、学习行为分析技术以及学校课程审议制度的完善，为学校建构具有适应性的课程提供了契机，为真正实现课程对每个学生的发展价值提供了可能③。有学者讨论了学科课程思想的内涵、特征及其对教学的观照意义，认为学科课程思想是学科系统内所隐含的能够对学科发展与教师的教、学生的学具有观照价值的核心思想观念；学科课程思想能够通过激活教学形态，延展教学时空，开阔教学视界来促进学生的层进式、沉浸式、整合式学习；学科课程思想观照下教学的回应体现为复演知识生发的历程，挖掘教材的潜藏价值，打破课堂的文化界限④。

3. 教育史与比较教育学

2017 年，湖北教育史学科持续发展，学术影响力明显提升。11 月 29 日，华中师范大学教育学院周洪宇教授入选《中国教育报》推出的 90 位当代教育家名单。2017 年，教育史与比较教育学在教育身体史、陶行知研究、教育救国、教师薪资、教育智库与教育治理几个分面有新的进展。

（1）教育身体史

有学者提出，教育身体史是身体史、身体哲学等在教育史研究的综合性应用和发展，是专门研究历史上教育参与者因教育乃至时代、社会环境影响下“身体”的生成与改变，以及“身体”变化对教育、社会、时代产生何种影响的新领域⑤。

---

① 陈文娇：《以核心素养为导向的校本课程开发》，《成才》2017 年第 9 期。

② 陈光春：《论研学旅行》，《河北师范大学学报》（教育科学版）2017 年第 5 期。

③ 伍远岳：《论课程的适应性与学校课程重建》，《课程·教材·教法》2017 年第 5 期。

④ 陈娜、郭元祥：《学科课程思想的内涵、特征及其对教学的观照》，《课程·教材·教法》2017 年第 8 期。

⑤ 周洪宇、李艳莉：《教育身体史：教育史学新生长点》，《教育研究》2017 年第 1 期。

（2）陶行知研究

2017 年，对中国历史上教育家的研究较为深入，尤其是对陶行知先生教育贡献的研究。“纵观陶行知一生在我国教育事业、民主事业等的事迹和贡献，他的历史定位应是教育家、思想家、政治家、文学家，或者说陶行知是中国近现代历史上集教育、思想、政治和文学四大家于一身的综合型文化巨人，是享誉全球的世界级教育大师。”① 这是对陶行知的贡献新的历史定位。陶行知的“三力论”和“常能论”在原则、结构和内容等方面可为构建 21 世纪核心素养体系提供诸多启示。对比分析国内外相关研究，从当前我国实际出发，结合陶行知的“三力论”和“常能论”，研究者尝试提出了一种“学生核心素养”的中国表述②。有学者深入分析了陶行知的教育理论对义务教育普及的影响③。有学者研究了陶行知与郭秉文的交往合作，“1917～1923 年间，郭陶两人先后以校长和教务主任的身份，以‘教育救国’为使命，在南京高等师范学校——国立东南大学校内推行‘教授法’，倡导男女同校，开办暑期学校，邀请学者讲学，多方筹措经费；在校外，他们借改进社之力，推进教育进步，参与国际会议，发出中国声音”④。

（3）教育救国

有学者对张謇的教育救国思想进行了研究。张謇于 1902 年创办了第一所民立师范学校——通州师范学校，形成了一套较为完整的师范教育办学思想，为普及教育、提高国民素质培养了大量优秀的师资，影响深远⑤。有学者在《抗日战争时期国民政府对入关东北学生的教育救济》一文中指出，抗日战争时期，东北遭到破坏，国民政府教育部采取一系列措施救济入关的

① 周洪宇：《陶行知历史定位新论》，《华中师范大学学报》（人文社会科学版）2017 年第 3 期。

② 周洪宇：《核心素养的中国表述：陶行知的“三力论”和“常能论”》，《华东师范大学学报》（教育科学版）2017 年第 1 期。

③ 申国昌、唐子雯：《陶行知义务教育理论与实践及当代价值》，《华中师范大学学报》（人文社会科学）2017 年第 3 期。

④ 李永、柯琪：《1917～1923 年陶行知与郭秉文的交往与合作》，《南京晓庄学院学报》2017 年第 4 期。

⑤ 王瑶、申国昌：《张謇的师范教育思想与实践》，《教师教育论坛》2017 年第 11 期。

东北籍学子，借助这种教育救济来缓解东北学生失学的严峻情形[①]。有学者论述了在1860～1947年间旧金山华人争取平等教育权利的抗争，最终也动摇了种族隔离教育的根基[②]。

（4）教师薪资

教师工资和教学时间是衡量公立初中教师工作生态环境的两个主要量度，两者不仅是对教师工作的物质肯定和劳动强度的反映，也是吸引并稳定教师队伍的主要途径。有研究者将我国初中教师工资与教学时间及其相关性和OECD国家进行了比较，发现以色列、希腊、卢森堡、葡萄牙和澳大利亚等国的教师工资与教学时间呈正相关，而日本、匈牙利、丹麦、英格兰、美国和冰岛等国的教师工资与教学时间呈负相关。虽然我国公立初中教师工资与教学时间的相关性并不明显，但两方面的数值都低于OECD国家平均水平。这不利于我国初中教师队伍的稳定，影响师资队伍建设的整体水平，因而要重视提高我国教师薪资待遇，早日达到公务员收入平均线以上水平[③]。

（5）教育智库与教育治理

美国教育政策研究联盟（CPRE）作为大学教育智库共同体，在美国乃至世界范围内具有重大影响。有学者对美国大学教育智库进行了分析，认为CPRE作为世界大学教育智库共同体的典范，注重组织协同合作、研究队伍多元化，注重问题导向和基于证据的研究，注重研究对象本土化、研究时间的延续性、成果传播的广泛性与针对性，值得我们借鉴[④]。

关于教育治理的研究，有学者基于对美国印第安人教育治理权的历史变迁的研究，提出多民族共存的国家制定政策应考虑到各民族的需求，谋求共

---

① 余子侠、王海凤：《抗日战争时期国民政府对入关东北学生的教育救济》，《华中师范大学学报》（人文社会科学版）2017年第3期。

② 李永：《旧金山华人争取平等教育权利的抗争（1860～1947年）》，《中南民族大学学报》（人文社会科学版）2017年第1期。

③ 越佳佳、刘牧：《公立初中教师工资与教学时间的关系——基于OECD和我国数据的实证分析》，《现代教育科学》2017年第10期。

④ 周洪宇、付睿：《美国大学教育智库共同体的特点及启示——以美国教育政策研究联盟（CPRE）为例》，《全球教育展望》2017年第1期。

赢局面；要充分尊重各民族保护和传承自己文化的权利，并体现在教育政策中[①]。随着全球化的发展，全球教育治理逐渐成为一种趋势。有学者分析了全球教育治理中的“全球教育伙伴关系组织”的治理方式及成效，认为“全球教育伙伴关系组织”通过举办会议、财政和技术支持以及构建合作伙伴关系的方式积极参与全球教育治理，在全球层面和国家层面的教育治理中发挥了积极的作用，推动了全民教育的发展，带动了发展中国家教育治理方式的转变[②]。

4. 学前教育学

2017 年，湖北学前教育学研究方面发表的论文主题呈现以下特点：一是关于幼儿园教师专业发展的研究成果较多；二是农村地区的学前教育问题受到重点关注；三是重视学前教育专业学生问题的研究；四是对学前教育中融入其他诸如快乐体操、美术、信息技术等课程进行了较为深入的探讨。

（1）学前教育观念与质量保障体系

学前教育观念方面的研究从借鉴传统教育思想和学习外国理论实践两个方向展开。我国当前发展农村幼教可借鉴陶行知的思想，在普及农村幼教、改变教学观念、提高教师素养、开发乡土化的课程等方面都有启示意义[③]。关于学习国外的实践和理论，有学者引介了印度的“脑靶向教学法”[④]；有学者基于对美国、澳大利亚幼儿园教师专业伦理规范特点的研究，提出我国需要在建立专业组织、厘清内容结构和重视实践研究三个方面做出努力[⑤]。

普惠性民办幼儿园内部教育质量保障体系是“在质量管理理论的指导下，在普惠性民办幼儿园内部建立的旨在促进幼儿身心健康、和谐，可持续

① 甘永涛、胡甜：《美国印第安人教育治理权的历史变迁》，《民族教育研究》2017 年第 4 期。

② 王建梁、单丽敏：《全球教育治理中的“全球教育伙伴关系组织”：治理方式及成效》，《外国教育研究》2017 年第 8 期。

③ 郑刚、马乐：《浅析陶行知乡村幼儿教育思想及其启示》，《江汉大学学报》（社会科学版）2017 年第 3 期。

④ 单丽敏：《印度实践“脑靶向教学法”》，《上海教育》2017 年第 20 期。

⑤ 陶亚哲、张莉：《美国、澳大利亚幼儿园教师专业伦理规范的特点及其启示》，《早期教育》（教科研版）2017 年第 6 期。

发展为目标的组织与程序系统”①。普惠性民办幼儿园内部教育质量保障体系包括教育质量决策、执行、督导与评价、保障支持、信息五个系统，构建质量保障体系可以从幼儿园教育质量目标和标准、内部教育质量评价体系、内部教育质量保障组织体系、教师在职学习与培训机制、办园保障质量的多元评价主体五个方面展开②。

（2）幼儿园教师专业发展

促进幼儿园教师专业发展的路径有以下几方面。一是对教师进行培训。助推幼儿教师专业发展，需要以“问题”为抓手来开展幼儿教师培训，以静心“拾”问题为基础，通过精心“排”内容、匠心“用”方式增强培训效果③。学前教师信息化教学接受度受到多种因素影响，要将硬件设施和软件资源结合起来，发挥信息化领导力和团队合力，通过培训来培养教师的能力并提高使用意向和行为④。二是从不同视角关注教师发展。基于终身教育视角，学前教师队伍建设需要构建一体化培训体系、大幅增加学前教育财政投入、争取社会力量的支持⑤。在混龄模式下，需要从内部发展和外部支持两个方面为幼儿教师专业发展提供路径，内部发展指幼儿园教师进行自我教育，外部支持包括家长、幼儿园、社会的支持⑥。

（3）学前专业学生发展路径

关于合理构建课程体系。目前，我国高校在建立科学有效的实践类课程体系中仍存在着一些问题，要从课程目标、评价机制、管理制度等方面入手解决⑦。

---

① 王声平、皮军功、黄建春：《普惠性民办幼儿园内部教育质量保障体系：阐释与构建》，《天津师范大学学报》（基础教育版）2017 年第 4 期。

② 王声平、皮军功：《我国普惠性民办幼儿园内部教育质量保障体系构建》，《教育评论》2017 年第 10 期。

③ 向晶：《以“问题”为抓手开展幼儿教师培训》，《教育导刊（下半月）》2017 年第 10 期。

④ 李红霞、赵呈领、蒋志辉、梁云真：《学前教师信息化教学接受度的影响因素——基于 UTAUT 模型的实证分析》，《学前教育研究》2017 年第 4 期。

⑤ 夏婧、徐煜：《终身教育视角下对我国学前教师队伍建设的思考》，《湖北师范大学学报》（哲学社会科学版）2017 年第 3 期。

⑥ 王叶：《混龄教育模式下幼儿教师专业发展的路径探析》，《教育导刊》2017 年第 6 期。

⑦ 张丽娟：《基于专业标准构建高校学前教育专业实践课程体系的思考》，《早期教育》（教科研版）2017 年第 3 期。

合理构建五年制学前教育课程体系需要调整课程内容、优化课程结构、加强课程实践[①]。学前教育专业人才培养目标特色不鲜明，课程设置是影响人才培养满意度的关键因素，要根据学生认知规律优化学前教育专业课程体系[②]。关于培养学前专业学生不同方面的能力。学者从当前实际出发，认为高职高专学前专业学生应具备的多媒体技术应用能力，包括幼儿教育资源检索与获取的能力、多媒体素材采集与处理的能力、多媒体课件制作的能力[③]。培养学前教育专业学生幼儿园主题环境创设能力，需要加强学生对幼儿园主题环境创设的重视及实践训练，加强他们对幼儿的关注、具体指导[④]。

（4）学前教育发展问题研究

在幼儿园发展研究方面，有研究者对十堰市幼儿园现状进行翔实调研，明确指出在促进区域发展过程中，提升师资队伍的质量是促进学前教育发展的重中之重[⑤]。有研究者以某幼儿园为例，指出了当前幼小衔接存在的问题，认为“解决问题的关键，不应仅仅从教师或家长的微观角度出发，更应该在宏观的调控上做出努力”[⑥]。在学前儿童发展研究方面，有学者深入分析数码媒介在瑞吉欧·艾米利亚幼儿学习中的应用，指出当前幼儿园应引导幼儿正确使用数码媒介，培养幼儿的信息素养及信息技术素养[⑦]。有学者对2006～2015年学前儿童数学认知能力发展研究情况做出分析[⑧]。在课程设置研究方面，不少学者将视线聚焦到不同课程对幼儿发展的影响上。对于

① 李岱：《五年制学前教育课程体系研究》，《课程教育研究》2017年第10期。

② 赵红霞、张保明：《学前教育本科专业人才培养学生满意度实证研究——以某地方本科高校S学院为例》，《荆楚学刊》2017年第6期。

③ 郝迎英：《高职高专学前教育专业学生多媒体技术应用能力的培养研究》，《汉江师范学院学报》2017年第4期。

④ 万晶：《如何培养学前教育专业学生幼儿园主题环境创设的能力》，《西部素质教育》2017年第2期。

⑤ 曾跃霞、周勤慧、于娜：《十堰市幼儿园教育现状与思考》，《汉江师范学院学报》2017年第5期。

⑥ 艾馨：《幼小衔接现状调查与思考——以J市某幼儿园为例》，《学周刊》2017年第35期。

⑦ 王叶、张莉：《数码媒介在瑞吉欧·艾米利亚幼儿教育中的应用及启示》，《幼儿教育》2017年第Z6期。

⑧ 李姿雨：《学前儿童数学认知能力发展研究新进展》，《基础教育研究》2017年第3期。

快乐体操，学者认为快乐体操的重点在于要使儿童快乐地参与锻炼，重视幼儿的学习兴趣与需要，寻求游戏性与体育性的共生①。

5. 高等教育学

2017 年，湖北高等教育研究方面公开发表论文 400 余篇，涉及主题非常广泛，主要集中在高等教育价值与功能、高等教育发展与“双一流”建设、高等教育国际化、教育治理与高等教育体制、高等教育质量评估与建设、教育教学过程与人才培养模式、高校教师发展与人才工作、院校研究和博士研究生教育等领域。

（1）高等教育价值与功能研究

“走出高等教育‘适应论’”是一个具有理论和实践意义的问题，对此深化研究要将立足点从高等教育本质层面转换到高等教育系统的层面②。关于高等教育的经济功能，有学者研究了高校数量对经济增长的空间溢出效应③。关于高等教育社会功能的研究，有研究者认为，高等教育的社会成层机制依凭于高等教育自身的依附型、自主型两种不同性质与地位型、生存型两种不同类型所扮演的角色④。有学者研究分析了高等教育对社会信任的影响及其作用机制，对比分析不同时代背景下高等教育对社会信任影响的动态变迁过程。结果说明，中国已经很好地释放了高等教育的经济效应，并且正在向释放高等教育的非经济效应转变，这对我国的高等教育建设和社会信任的培育有重要启示作用⑤。

（2）高等教育发展与“双一流”建设

我国高等教育发展的主导思想主要有规模发展、分类发展、重点发展、

---

① 王珺：《学前教育中开展快乐体操的探讨》，《运动》2017 年第 6 期。

② 冯向东：《如何深化“走出高等教育‘适应论’”的讨论——对教育“适应论”讨论的再反思》，《复旦教育论坛》2017 年第 4 期。

③ 高杨、张艳芸、李静晶：《中国高校数量规模对经济增长的空间溢出效应研究》，《中国高教研究》2017 年第 8 期。

④ 刘焕然：《高等教育的成层机制与社会流动功能的发挥》，《江苏高教》2017 年第 9 期。

⑤ 蔡蔚萍：《高等教育对社会信任的影响及其作用机制变迁》，《湖北社会科学》2017 年第 2 期。

特色发展、协同发展和创新发展等。高等教育发展中遇到诸多矛盾和问题，应不断改革创新，建设和谐的现代高等教育体系，高度重视文化建设，并将无限的育人目标具体化，努力推进高等教育发展①。有学者认为，实现创新、协调、绿色、开放和共享发展是“十三五”或更长时期内需要明确的中国教育的新发展目标和新发展样态②。有学者从学生消费主义视角讨论了高等教育发展问题，认为建设高等教育强国需顺应学生消费主义时代市场变更趋势，不断提升高等教育质量和国际化水平③。

教育公平是多年持续关注的主题。有研究者回顾了恢复高考以来高等教育机会分配政策，发现高等教育机会公平仍然有待进一步改善④。有学者认为，高质量高等教育公平的核心理念是创建不同层次类型的一流，让每个学生都接受适合自己的“最好的教育”，高等教育后大众化阶段仍然存在“优质”“特质”高等教育供给不足、增长缓慢、分布不均等问题⑤。基于罗尔斯的正义论，有研究者分析《支援中西部地区招生协作计划》后指出，当前化解高校招生公平冲突要继续坚持差异化原则和补偿性原则，实现考试招生公平的根本途径在于不断缩小区域、民族及群体间的经济地位与收入水平差异⑥。

“双一流”建设是当前的热门话题。有学者指出，“双一流”建设从学者梦想到国家战略历经百年，在价值层面凸显我国高等教育的成熟与自信，表现为中国特色彰显与世界一流共性并存，从世界高等教育的参与者转向推

① 刘献君：《我国高等教育发展的主导思想及面临的主要矛盾》，《高等教育研究》2017 年第 1 期。

② 程斯辉、李汉学：《以五大发展理念引领教育事业新发展》，《教育研究》2017 年第 6 期。

③ 陶美重、骆秋成：《学生消费主义功用与高等教育发展反思》，《教育与经济》2017 年第 3 期。

④ 李梦竹、王志章：《跨越四十年：中国高等教育机会公平政策演进、现状测度与提升路径》，《国家教育行政学院学报》2017 年第 10 期。

⑤ 张继平、董泽芳：《高质量高等教育公平：理念诠释、现状分析与政策进路》，《大学教育科学》2017 年第 1 期。

⑥ 李木洲、叶晓芳：《化解高校招生公平冲突的困境与出路——基于〈支援中西部地区招生协作计划〉的分析》，《重庆高教研究》2017 年第 2 期。

动者[①]。一流的大学文化对“双一流”建设至关重要，要将大学文化建设纳入“双一流”建设的大格局，以社会主义核心价值观引领大学文化建设，增强文化自信[②]。有研究者提出，工科类高水平行业特色型大学建设世界一流大学的可行路径，要坚持社会逻辑和学术逻辑结合的办学取向，体现知识创造和服务国家的有机统一[③]。在推进高等教育综合改革的背景下，地方政府有效推进“双一流”建设需注重高等教育体系结构的优化、省域高校的科学分类、人才引进与培养并重、政策设计的系统布局[④]。有研究者梳理了美国麻省理工学院（MIT）四大办学经验对我国“双一流”建设的启示[⑤]。

关于学科建设，有研究者在梳理一流学科建设现实逻辑的基础上分析了其理性逻辑，认为学科建设的重心在二级学院，大学层面要关注学科群构建，政府关注的重点是制度保障和生态体系等政策思路[⑥]。重点学科建设是学科社会建构的重要体现，具有行政性、自我封闭性、荣誉性等特征。地方高等教育系统中的重点学科建设经历了初始期、发展期和转型期三个阶段，形成了国家重点学科、省级重点学科和校级重点学科三个层次[⑦]。民族院校的重点学科建设延续了国家重点建设逻辑，政府需要从学科发展的内在逻辑出发，减少行政干预，建立学科发展的自适应机制，推动民族院校重点学科建设“破茧而出”[⑧]。关于教育学学科建设，有学者指出，教育研究正从理

① 李太平、黄富琨：《“双一流”建设让高等教育成熟自信》，《河北师范大学学报》（教育科学版）2017 年第 3 期。

② 蔡红生、杨琴：《大学文化：“双一流”建设的灵魂》，《思想教育研究》2017 年第 1 期。

③ 谢辉祥：《工科类高水平行业特色型大学“双一流”建设路径研究》，《高等工程教育研究》2017 年第 6 期。

④ 褚照锋：《地方政府推进一流大学与一流学科建设的策略与反思——基于 24 个地区“双一流”政策文本的分析》，《中国高教研究》2017 年第 8 期。

⑤ 项凡：《麻省理工学院办学经验对我国“双一流”建设的启示》，《江苏高教》2017 年第 1 期。

⑥ 马陆亭：《一流学科建设的逻辑思考》，《高等工程教育研究》2017 年第 1 期。

⑦ 胡炳仙：《重点学科建设对地方高等教育系统的影响：以 H 省为例》，《大学教育科学》2017 年第 5 期。

⑧ 胡炳仙、陈达云：《国家重点学科建设对民族院校的影响及“破茧”路径》，《西南民族大学学报》（人文社科版）2017 年第 10 期。

论理性转向实践理性，要基于实践理性认识US合作的功能和合作双方的互动生成关系①。有学者认为面对高等教育学的危机，必须在坚持高等教育学学科化发展方向的前提下，致力于学科建制层面的“再学科化”②。有学者基于期刊类型、研究机构、研究人员、研究主题四个维度的分析，提出了未来高等教育学学科发展的努力方向③。

（3）高等教育国际化

高等教育国际化是经济全球化发展的必然结果，为我国高等教育事业带来了前所未有的发展机遇。然而，高等教育国际化进程中，我国付出了不小的代价。研究者希望了解和正视高等教育国际化对我国带来的不利影响及为此付出的高昂代价，努力使我国高等教育回归理性发展轨道④。

有研究者认为，底部沉重与松散联合的大学组织结构要求大学国际化以院系为中心，院系国际化是大学国际化的基础。我国大学院系自主权不足和管理高度集中统一使院系国际化的实施面临着诸多困境⑤。

在知识与经济结合更加紧密的时代，高等教育服务贸易已经成为各国推动经济发展的重要力量。有研究者指出，目前中国高等教育服务贸易的发展规模较小，结构有待优化，中国应抓住“一带一路”这一契机，对高等教育服务贸易的发展做出相应的政策与制度安排⑥。境外专任教师的引入是我国高等教育师资国际化的重要内容，有研究对目前我国境外专任教师的引入现状进行了分析⑦。

---

① 李太平、李星：《教育研究转型背景下U－S合作功能再认识——兼论合作双方的关系》，《高等教育研究》2017年第5期。

② 张应强：《当前我国高等教育学的危机与应对》，《高等教育研究》2017年第1期。

③ 褚照锋、陈廷柱、李明忠：《高等教育学学科学术论文生产现状的多维分析——基于C100指数视角》，《高教探索》2017年第9期。

④ 陶美重、江南：《我国高等教育国际化代价与风险分析》，《教育导刊》2017年第9期。

⑤ 王祖林：《我国大学院系国际化实施困境与推进策略》，《高校教育管理》2017年第4期。

⑥ 李洁、邓莹：《“一带一路”背景下高等教育服务贸易发展研究》，《宁波大学学报》（教育科学版）2017年第5期。

⑦ 李函颖、徐蕾、王秋燕、赵楠：《师资国际化新动向：“985工程”高校境外专任教师引入的分析》，《中国高教研究》2017年第11期。

（4）教育治理与高等教育体制

有研究者提出构建政府、社会和高校的三元治理模式，强调高等教育管理权在政府、社会团体和高校之间的分散和制衡①。有学者借助权能的分析路径，认为高校办学自主权应当具有“自主决策权”、“自主执行权”和“自主监督权”三项权能②。高校信息公开是高校外部治理和内部治理体系中实现多主体参与和民主决策的必要之举。基于利益相关者理论，有研究者从国家层面、社会层面、学校层面和个人层面分析治理体系中高校信息公开的阻滞表征及破解途径③。单位制与项目制是两种高等教育资源分配的制度机制。单位制度对高等教育资源的“初次分配”与高等教育整体的“初次分割”决定了项目制度下高等教育资源分配格局，项目制度下的高等教育资源竞争结果只不过是完成了对高等教育的地位传递与再制④。有学者指出，以行政型分权和以权力分散及权力委托为主的高等教育分权模式等因素，导致省级政府高等教育统筹权在实践中被弱化，摆脱这一困境须通过高等教育立法和配套制度建设⑤。

我国重点大学建设具有强烈的工具理性主义取向，呈现出目标的外向性，重点建设资源控制和分配的“国家中心模式”以及政策手段选择的技术取向等特点，高等教育治理体系亟须变革⑥。我国重点大学建设采用了小步快走、积小变为大变的政策模式，呈现出渐进性特征，重点大学建设的渐进模式具有竞争缺失和改革乏力的风险⑦。在治理视野框架下，政府和民办

---

① 姚金雨、徐玉特：《构建政府、社会和高校三元治理模式》，《高教发展与评估》2017 年第 1 期。

② 陈兵：《论高校办学自主权的权能》，《高教探索》2017 年第 8 期。

③ 郭兆红：《治理体系中高校信息公开的阻滞因素及破解——基于利益相关者理论》，《江苏高教》2017 年第 9 期。

④ 游玉佩、熊进：《单位制与项目制：高等教育资源分配的制度逻辑及反思》，《江苏高教》2017 年第 2 期。

⑤ 贾永堂、孔维申：《省级政府高等教育统筹权：渊源、内涵、困境及对策》，《高等教育研究》2017 年第 11 期。

⑥ 张洋磊：《我国高等教育治理的工具理性主义特征分析——以重点大学建设为例》，《高等教育研究》2017 年第 2 期。

⑦ 胡炳仙：《我国重点大学建设的渐进模式》，《高等教育研究》2017 年第 5 期。

高校将形成新型的合作伙伴关系，积极鼓励社会力量以多种形式参与办学、共建“府学合作机制”已经成了当前政府治理民办高等教育的新的命题和主要趋势①。

大学内部权力形成了相互依赖、共生共荣的密切关系，合作博弈是权力互动的价值取向，走向大学内部权力良性互动的治理理性需要一种基于契约的新型信任文化的支撑②。有研究者从新制度主义视角探讨了中国大学科层制的形成、异化与回归问题，建议通过重塑制度化的信念、规则和角色，打破组织资源依赖，充分发挥组织行动者的作用等策略来推动中国现代大学科层制向理想型回归③。大学跨学科学术组织是学术组织创新的重要形式，我国大学跨学科学术组织在发展中面临着制度环境、组织架构、文化价值等多重冲突，亟须向“内生性制度创新”变革④。

我国高校的院系治理改革面临学院数量较多与权力较小两个方面的挑战。将窄型院系组织结构调整为宽型院系组织结构，并同时优化校院系权力结构，是我国高校推进院系治理结构改革的最佳路径⑤。高校在深化改革的过程中，面临“大学办学院”还是“学院办大学”的选择。为了突破二级学院虚体化困境，应该在深层结构中寻找大学学院制改革的“否决点”，增强行动者的动力机制，建立行动者的利益协调机制⑥。

（5）高等教育质量评估与建设

高等教育评估模式的现代化是教育治理现代化的重要方面。在教育治理

---

① 唐静：《治理理论视域下政府与民办高等教育合作机制研究》，《湖北社会科学》2017年第5期。

② 向东春、张应强：《大学共治的内源动力与价值取向——基于大学内部权力互动关系的分析》，《高等教育研究》2017年第10期。

③ 罗家才、赵智兴：《中国大学科层制的形成、异化与回归——新制度主义的视角》，《学术探索》2017年第10期。

④ 张洋磊、张应强：《大学跨学科学术组织发展的冲突及其治理》，《教育研究》2017年第9期。

⑤ 陈廷柱：《院系治理改革的路径选择及其系统化策略》，《中国高教研究》2017年第1期。

⑥ 贾永堂、张晓霞：《我国大学二级学院的虚体化困境与出路》，《学习与探索》2017年第4期。

现代化强调多元利益主体围绕共同的教育目标协调与互动的背景下，作为一种确保大学健康发展的动力，高等教育评估模式仍然有待厘清①。有研究者认为，将审核评估的理念和方式融入新建本科院校内部质量保障体系是完善校内教学质量保障的运行机制，推动学校教学管理改革，全面提升教育教学质量的需要②。有研究者从学校、学生和社会三个方面构建了大学生职业生涯规划教育的评价体系③。信息素养是信息社会对人才提出的基本要求。有学者基于成就目标分类理论提出了信息素养评估的四种价值取向类型，对国内外典型的学生信息素养评估标准、评估框架和评估指标体系进行了比较分析④。有研究者从地位、规模、结构、质量和贡献五个角度探究高等教育强省的特征，构建了评价指标体系⑤。

高等教育质量是一个灰色系统，我国高等教育质量建设既需要创新体制机制，又要着力建设高等教育质量文化，形成各利益相关者之间基于信任的高等教育质量治理体系⑥。有研究者通过考察欧洲大学的“质量文化工程”，提出过程、参与者和质量结构是决定大学能否成功嵌入质量文化的三个基本要素⑦。有研究者提出，在“一带一路”倡议背景下，建设顺畅的课程建设机制有助于深入推进中国与沿线国在高等教育课程领域的合作⑧。当前我国正在建设专业层次的教学质量国家标准，课程标准比专业标准更聚焦质量核

① 黄明东、陶夏：《高等教育评估模式构建中必须厘清的几个问题——基于教育治理现代化的视角》，《教师教育论坛》2017 年第 9 期。

② 丁玲、孙华、钟守昌、凌明成：《审核评估融入新建本科院校内部质量保障体系的路径探析》，《煤炭高等教育》2017 年第 3 期。

③ 严岿、黄涛：《面向职业生涯规划的高等教育质量多元化评估研究》，《武汉理工大学学报》（信息与管理工程版）2017 年第 3 期。

④ 朱莎、吴砥、石映辉、余丽芹：《学生信息素养评估国际比较及启示》，《中国电化教育》2017 年第 9 期。

⑤ 熊俊峰、索凯峰：《高等教育强省的内涵、特征与指标体系的构建》，《湖北经济学院学报》（人文社会科学版）2017 年第 11 期。

⑥ 张应强：《高等教育质量建设：创新体制机制与培育质量文化》，《江苏高教》2017 年第 1 期。

⑦ 徐赟、马萍：《欧洲大学质量文化建设：实践及启示》，《外国教育研究》2017 年第 9 期。

⑧ 沈曦、黄夫真：《“一带一路”视阈下的高等教育课程建设机制》，《电子科技大学学报》（社科版）2017 年第 5 期。

心，课程比专业更需要国家标准的规范，因此教学质量国家标准需要从专业深化至课程①。

美国高等教育在数百年的演化发展过程中逐渐形成了评估、监测、质量管理等共同构成的高等教育质量保障体系，分析美国高等教育监测评估的过程及特点将有助于我国建立健全监测评估体系，构建具有国际视野的高等教育质量保障体系②。20 世纪 80 年代中期，美国高等教育效能运动兴起，其发展得益于问责背景下认证机构的强势推动，体现了一种新型质量文化③。基于美国经验的分析，有研究者建构了大学问责动力机制的解释框架，并探讨了大学自主的脆弱性及其与问责发展的理论问题④。

（6）教育教学过程变革

由教转向学是教育教学过程变革研究的明显倾向。"学生为中心"的本科教学改革理念包括以学生发展为中心、以学生学习为中心和以学习效果为中心三个方面。"学生为中心"的本科教学改革是范式变革，需要教学活动和支持系统两方面的努力⑤。学习共同体是一种以自愿为前提，以共同愿景为纽带，以参与、对话和合作为核心的学习型组织。学习共同体模式能有效促进大学生自主学习，对提高大学生课程学习效果、提升大学课堂教学质量和丰富大学教学方法具有重要意义⑥。大数据时代对信息管理学科人才培养模式提出了新的要求。有研究者认为大数据时代信息管理学科人才培养模式改革应注重顺应大数据时代需要确定人才培养目标，针对大数据内容调整课

① 彭湃：《从专业走向课程——本科教学质量国家标准之建设路径》，《高等教育研究》2017 年第 9 期。

② 杨秀芹、左佩莹、李婷：《美国高等教育监测评估：特征及导向》，《清华大学教育研究》2017 年第 1 期。

③ 魏署光、威廉姆·奈特：《美国高等教育效能运动：学理基础、历史发展及基本特征》，《中国高教研究》2017 年第 10 期。

④ 柳亮、刘小平：《系统扩张与结构紧张：美国公立大学问责的动力机制》，《清华大学教育研究》2017 年第 4 期。

⑤ 赵炬明、高筱卉：《关于实施"以学生为中心"的本科教学改革的思考》，《中国高教研究》2017 年第 8 期。

⑥ 廖旭梅：《以学习共同体模式促进大学生自主学习——基于文华学院学习指导工作坊的探索》，《中国高教研究》2017 年第 1 期。

程体系，依托大数据平台完善人才培养途径[①]。

（7）高校教师发展与人才工作

有研究者发现，社会阶层背景对大学教师的职业发展存在显著的影响[②]。有研究者以角色冲突理论为基础，探究大学教师学术创业的角色间冲突，并从个人、人际关系、组织环境三个层面分析原因，提出相应的调适对策[③]。有学者基于对四所美国大学（Harvard，MIT，Northwestern，UIUC）的实地考察发现，这几所世界一流大学在教师组织管理上的系、院、校协调，重全程和重基层的系统化，建议一流大学教师队伍建设要重视院系责任[④]。

长聘教职制度不仅是高校教师聘任和激励制度，而且是一种市场筛选和选拔制度、资源配置制度、社会分层制度、职业安全制度。高校长聘教职制度的变迁是不同利益相关者复杂利益关系共同作用的结果，推进长聘教职改革的关键在于能否形成不同利益群体的共识，从而实现在新的大学治理环境下各方利益的平衡和最大化[⑤]。破解中国高校长聘教职制度的当下困境的可能途径包括深化高校事业单位编制改革、营造长聘教职制度改革的外部环境、建立完善的学术劳动力市场、形成多样化的学术聘任方式等[⑥]。

用学术水平评价作为教学能力评价、评价过程与人才培养目标不匹配是当前一些高校教师教学评价信度和效度不高的内在原因。建构一种促进教师教学能力提升的评价需要将“知识、设计、表达、实施、态度、效果”等

---

① 周耀林、黄川川：《大数据时代信息管理学科人才培养模式改革研究》，《中国高教研究》2017 年第 10 期。

② 李爱萍、沈红：《社会阶层背景对大学教师职业发展的影响——基于“2014 大学教师调查”》，《中国高教研究》2017 年第 2 期。

③ 殷朝晖、李瑞君：《大学教师学术创业的角色冲突及其调适策略》，《江苏高教》2017 年第 4 期。

④ 沈红、王建慧：《一流大学教师队伍建设的院系责任——基于四所世界一流大学的实地调研》，《教育研究》2017 年第 11 期。

⑤ 李志峰、江俐：《高校教师长聘教职制度：权利博弈与制度变迁》，《高等教育研究》2017 年 2 期。

⑥ 李志峰：《高校长聘教职制度：实践困境与改进策略》，《清华大学教育研究》2017 年第 4 期。

六个基本要素纳入对于评价价值指向、指标设置倾向、评价方法选择、评价主体选择、结果解释和运用的综合考量之中①。有学者基于自我决定理论视角，考察了科研绩效考核导向对高校教师创新动机和学术创新行为的影响，指出高校教师普遍对于现行的高校科研绩效考核持消极态度，绩效考核不利于学术创新②。

20 世纪 90 年代以来，人才项目的制度安排配置了“项目人才”的高等级学术劳动力。“项目人才”的嵌入解构与重构了原有学术劳动力市场，形成了学术劳动力市场的分割结构，学术劳动力市场的竞争重心转移至“项目人才”行动的主要学术劳动力市场中③。我国大学高层次人才引进误区有三大表征：行动先于目标，人才的“镂空式”、集中化与高端化引进，重外生变量轻内生变量与集群效应。应通过重塑与回归大学人才引进的学术本位，树立组织系统与行动者互构的引才、用才观念，建立以教育性价值为基础的支持型政校信任合作体制，实现大学高层次人才引进的科学化④。

6. 职业技术教育学

2017 年，湖北职业技术教育学的研究主题集中在职业院校学生发展和就业、职业教育师资队伍建设、职业院校办学和职业教育国际化、课程与教学改革、职业教育人才培养和专业建设等领域。

（1）职业院校办学和职业教育国际化的研究

职业教育校企合作方面，有学者认为在校企合作共建实训基地时，必须建立一套完备、系统的管理机制，选择多功能、开放、全面的运行模式，以此实现实训基地的持续性发展⑤。高职校企合作应从宏观层面重视政府主体责任，

① 黄彬：《高校教师教学能力评价：反思与建构》，《教育研究》2017 年第 2 期。

② 王忠军、刘丽丹：《绩效考核能否促进高校教师突破性学术创新行为——基于自我决定理论的实证研究》，《高等教育研究》2017 年第 4 期。

③ 谢冬平：《人才项目嵌入与高校学术劳动力市场状态审视》，《高校教育管理》2017 年第 6 期。

④ 罗家才：《自为之抑或他驱之：大学高层次人才引进误区再解读——基于组织分析理论的视角》，《江苏高教》2017 年第 5 期。

⑤ 黄志高：《“双主体”人才培养模式下校企共建实训基地研究与实践》，《当代教育实践与教学研究》2017 年第 6 期。

从中观层面畅通合作共赢渠道，从微观层面强化使命担当意识[①]。有学者对国外校企合作机制典型案例分析后，提出强调政府主导地位、提高技术工人收入及社会地位、鼓励企业主动参与以及建立健全监督机制等建议[②]。

职业教育混合所有制改革方面，有学者认为社会力量和地方政府的利益损益是影响混合所有制职业院校兴起的关键因素[③]。为推进高职院校混合所有制改革，需要明确高职院校混合所有制改革的主体、基本出发点、改革路径和核心内容[④]。有学者基于文献分析的视角，提出当前公办混合所有制高职院校应实行“党委会领导、校长负责、董事会监督”的治理结构[⑤]。

职业院校办学经费筹措方面，有学者提出建立具有中国特色的职业教育多元化筹资体制[⑥]。有学者认为我国高职教育经费投入体制的完善应从法律支持体系、管理体制和问责机制方面入手[⑦]。还有学者提出通过发挥组织激励作用，采取声誉激励措施，运用税费优惠政策等措施来解决我国当前企业投资高等职业教育积极性不高的问题[⑧]。

职业教育国际化发展方面，有学者认为我国内陆节点城市职业教育国际合作还存在“窄浅化”发展的问题，需要通过提升办学实力，形成国际显性优势；加强多方沟通交流，建立国际化的沟通网络；掌握教育主动权，积极参与国际通行职教标准制定；加强各方的协调工作，推动政府、企业、院

① 蔡运荃：《供给侧改革背景下高职校企合作的困境与出路》，《教育与职业》2017 年第 6 期。
② 张争：《国外典型案例对职业院校校企合作机制研究的启示》，《黄冈职业技术学院学报》2017 年第 2 期。
③ 万卫：《混合所有制职业院校的兴起》，《职业技术教育》2017 年第 12 期。
④ 王俊杰：《高等职业教育混合所有制改革的基本定位及其实践路径》，《中国高教研究》2017 年第 6 期。
⑤ 孔新：《混合所有制高职院校内涵、建设意义及内部治理的若干思考——基于文献分析的视角》，《湖北职业技术学院学报》2017 年第 4 期。
⑥ 姜亮：《企业投资高等职业教育的现状及思考》，《武汉船舶职业技术学院学报》2017 年第 2 期。
⑦ 汪文敏：《发达国家高职教育经费投入体制特征及借鉴意义——以美、德、日为例》，《武汉交通职业学院学报》2017 年第 3 期。
⑧ 杨红荃、夏雪薇：《比较视野中的高等职业教育经费投入研究》，《职教论坛》2017 年第 34 期。

校各方的互动来解决[①]。

（2）职业教育师资队伍建设的研究

在“双师”队伍建设问题上，有学者认为“双师型”教师资格认证标准的制定应以提高标准实施效用为根本，以开展过程导向认证为路径，以促进教师个体成长为动力，以遵循教师发展规律为重点[②]。有学者主张通过创建专业教师资源库、完善专任教师“师傅化”和企业师傅“教师化”长效机制、构建多元开放的发展性教师评价制度来解决现阶段双师队伍建设的瓶颈[③]。

在教师专业能力发展问题上，一些学者集中于探讨互联网+背景下教师专业能力的发展：有学者认为应从知识素质、教学理念、教师培训和道德情操四个方面入手提高英语教师的职业素养[④]；有学者认为还应重视教师网上学习共同体和开展现代信息技术学习的作用[⑤]。有学者主张在实施分类考核管理的总的绩效考评体系下，通过构建立体多层的考核体系促进教师职业能力发展[⑥]。

在高层次师资培养问题上，有学者通过对重点师范大学发展现代职业教育进行SWOT分析来研究我国高层次职教师资培养问题，认为重点师范大学对于完善我国高层次职教师资培养体系具有明显的优势，他们需要克服观念误区，扬长避短，选好定位，找准切入点，有所为有所不为[⑦]。

---

① 李梦卿、姜维：《一带一路我国内陆节点城市职业教育国际化发展研究》，《职教论坛》2017年第1期。

② 李梦卿、刘晶晶：《“双师型”教师资格认证标准设计的理性思考与现实选择》，《教育发展研究》2017年第21期。

③ 李俊：《现代学徒制模式下高职双师队伍建设的思路》，《哈尔滨职业技术学院学报》2017年第1期。

④ 刘芳：《浅议在互联网+时代高等职业院校英语教师的职业素养》，《佳木斯职业学院学报》2017年第11期。

⑤ 袁晓洲：《“互联网+”背景下高职教师专业发展研究》，《辽宁省交通高等专科学校学报》2017年第5期。

⑥ 张辉、张明娥：《基于教师职业能力发展的立体多层考核体系构建与实践》，《科教文汇》（上旬刊）2017年第3期。

⑦ 涂山青、卢子洲、杨斌、黄俊伟：《缺位与补位：体系视角下当前我国高层次职教师资培养问题思考——重点师范大学发展现代职业教育的SWOT分析》，《高等继续教育学报》2017年第4期。

（3）职业技术教育人才培养和专业建设的研究

有学者通过借鉴英国现代学徒制，提出我国职业教育应以政府为主导，以工作过程为导向①。对于技能培训的研究，有学者以钳工教学为例，从训练方案制订的科学性、教学手段的多样性、理论知识的实用性、训练项目的针对性和可操作性等方面提高钳工教学质量②。有学者重点研究了专业建设不同发展阶段的侧重点，认为初创时期应培育理念；发展时期应掌握技术；成熟时期应展示效果③。

（4）职业教育教学与评价制度改革的研究

关于教学方法的研究，一方面有学者关注传统的教学相长问题。另一方面，许多学者探讨了现代教学方法在具体学科中的运用，例如，关于情境教学法在职业教育计算机课程教学中的应用④。关于在线教学模式的研究，有学者探究SPOC模式在高职计算机文化基础课程的课前、课中和课后的具体的应用⑤。

关于实践教学的研究，有的学者提出应建立以专业能力为核心、专业技能为中心的新型的实践教学基地⑥。还有学者对于实践教学的研究是从具体的专业开展的。例如有学者认为我国高职经济管理类专业实践教学存在对实践教学不重视、教学目标不明确、教学基地滞后、教学形式单一等问题⑦。

关于教育评价制度的研究，有学者探讨了高职课堂教学评价体系，主张通过运用层次分析法，借助判断矩阵来设计指标权重，使得整个评价体系更为科学化和合理化⑧。有学者针对我国高职教育社会评价出现的问题，主张

① 王丹亚：《英国现代学徒制对我国高职物流专业人才培养的启示》，《武汉船舶职业技术学院学报》2017年第1期。

② 段明忠、王小华：《浅谈如何提高职业院校专业技能训练质量——以钳工教学为例》，《现代职业教育》2017年第22期。

③ 肖开勇：《专业建设不同发展阶段的侧重点研究》，《鄂州大学学报》2017年第5期。

④ 张爱国、季春元、吴耀文：《情境教学法在职业教育计算机课程教学中的应用研究》，《考试周刊》2017年第88期。

⑤ 胡骏：《探究SPOC模式在高职计算机文化基础课程中的应用》，《通讯世界》2017年第4期。

⑥ 张勤：《对高职实践教学基地建设的再研究》，《武汉船舶职业技术学院学报》2017年第4期。

⑦ 徐敏：《高职经济管理类专业实践教学改革探索》，《产业与科技论坛》2017年第3期。

⑧ 李岚：《基于层次分析法的高职课堂教学评价体系的研究》，《学术探讨》2017年第9期。

通过完善法律制度建设、政府部门简政放权、完善评价指标、重视专家队伍建设和建立有效监督机制来解决①。有学者对第三方评价问题进行了探索，提出以制度建设、政府职能转变和院校质量意识为抓手来优化职业教育第三方评价的路径②。

（5）职业教育学生发展和就业的研究

关于学生职业精神发展的研究，有学者认为高职教育应坚持用工匠精神引导开展创新创业教育，让“工匠精神”内化为学生自带的一种职业素质，最终成为学生的核心竞争力③。有学者提出高职学生职业精神培育应从职业精神培育制度、课程体系和培育氛围三方面入手④。还有学者主张通过增强学生对志愿服务行为的认同感，从而弘扬学生的志愿者精神和工匠精神⑤。

关于学生能力发展，有学者认为我国职业院校应切实树立基于能力本位的教育观，坚持职业活动导向教学模式，积极构建渗透性的教育平台来加强学生职业核心能力培养⑥。有学者按照能力导向、知行合一原则，以培养“全面协调可持续发展的高素质技术人才”为核心，将我国职业院校学生关键能力标准体系分为十六项关键能力与操守⑦。

关于学生就业的研究，有学者认为我国高职学生就业存在外部环境有待改善、就业体系有待健全、教学模式有待改革的问题⑧。还有学者关注辅导

---

① 黄雅茹：《我国高职院校社会评价制度研究》，湖北工业大学 2017 年硕士学位论文。

② 李梦卿、杨秋月：《职业教育第三方评价：试水·反响·路径——以 2017 年福建省职业教育教学成果奖评审为例》，《职业技术教育》2017 年第 27 期。

③ 李丽莉：《高职院校工匠精神与创新创业教育的研究》，《科教导刊》（中旬刊）2017 年第 17 期。

④ 侯红英：《论高职学生职业精神的培育价值及路径》，《学校党建与思想教育》2017 年第 2 期。

⑤ 朱艳丽：《增强职业院校学生对志愿服务行为认同感的思考》，《产业与科技论坛》2017 年第 1 期。

⑥ 涂运祥：《略论高职院校加强学生职业核心能力培养的重要性》，《中国培训》2017 年第 15 期。

⑦ 郭广军、刘兰明：《新形势下我国职业院校学生关键能力定位与培养体系研究》，《中国职业技术教育》2017 年第 5 期。

⑧ 宋迎春、王雨蒙：《高职院校毕业生就业现状及对策》，《江西电力职业技术学院学报》2017 年第 1 期。

员作为学生就业指导教师的作用，并提出辅导员不仅要重视和落实就业工作，还要重视企业调研回访和职业规划与创业教育，培养学生职业意识①。

7. 教育技术学

2017 年，湖北教育技术学科的研究主要涉及教育技术基础理论、教育信息化发展、教育数据挖掘及学习分析、在线学习、MOOC、STEM 及创客教育、信息化教学及新教学模式、视频互动同步课堂教学、师范生培养、教师研修、教师工作坊等主题。

（1）关于教育技术基础理论研究

关于教育技术文化范畴，有学者提出教育技术应注重展现其整体的文化气质，教育技术文化范畴是探索教育技术文化存在、揭示教育技术文化本质和形成教育技术文化概念的思维分析方式②。关于信息技术与教育融合，有学者认为它是一个异常复杂的过程，唯一的出路就是多方合作、协同创新，形成合力③。

皮亚杰与布鲁纳是 20 世纪教育与心理研究领域内两位非常有影响的人物。有学者从教育技术学视角对皮亚杰与布鲁纳进行了全面解读。此外，对布鲁纳教育研究范式转换及其当代意义进行了深入探讨④。

有学者对百余年来的学习研究进行了回顾与前瞻，指出目前学习科学迎来了第二次重大转折，即教育与认知神经科学的崛起，整合对大脑、心理与经验的探索，把学习研究的微观、中观和宇观“三个世界”统一起来⑤。

（2）关于教育信息化研究

有学者勾勒了未来教育发展轮廓，以技术的视角指出未来教育的演进途径⑥。

---

① 计四勇：《高职院校辅导员开展学生就业服务工作的相关研究》，《西部素质教育》2017 年第 19 期。

② 覃泽宇：《教育技术文化范畴引论》，《现代教育技术》2017 年第 8 期。

③ 左明章、卢强、杨浩：《协同推进机制创新：促进信息技术与教育深度融合的可能之路》，《现代教育技术》2017 年第 4 期。

④ 郑旭东、陈荣、梁美荣：《从“结构”到“文化”的演进：布鲁纳教育研究范式转换及其当代意义》，《现代远程教育研究》2017 年第 1 期。

⑤ 郑旭东、王美倩：《学习科学：百年回顾与前瞻》，《电化教育研究》2017 年第 7 期。

⑥ 杨宗凯：《从信息化视角展望未来教育》，《电化教育研究》2017 年第 6 期。

有研究者从组织机构、发展路线、推进策略及评估机制等四个方面深入分析了发达国家教育信息化政策推进路径及其典型特征①。有学者从大学、政府、企业和中小学校四方协同的视角建构了区域教育信息化协同推进机制②。

智慧教育是教育发展的方向。有学者从智慧教育发展的视角对全国教育信息化示范区校建设情况进行分析③。有研究者构建了一个针对高等教育信息化应用的核心评估模型④。教育信息化在促进教育均衡发展同时，也可能造成新的不均衡。有研究者对国际数字鸿沟领域的研究现状、热点、关键文献及前沿进行了全方位、系统的分析与解读⑤。

有学者基于成就目标分类理论提出了信息素养评估的四种价值取向类型，对国内外典型的学生信息素养评估标准、评估框架和评估指标体系进行了比较分析⑥。有研究者探究了场馆学习中的家庭行为模式、表征元素、形成机制与基本类型⑦。有学者提出未来推进我国互联网教育立法的两条路径⑧。

（3）关于教育数据挖掘及学习分析研究

学习分析模型的研究有助于给予学习分析正确的指引。有学者构建了基

---

① 吴砥、余丽芹、李枞枞、尉小荣：《发达国家教育信息化政策的推进路径及启示》，《电化教育研究》2017 年第 9 期。

② 左明章、卢强：《区域教育信息化协同推进机制创新与实践》，《中国电化教育》2017 年第 1 期。

③ 李文昊、肖佳裔、祝智庭：《全国教育信息化示范区校特征分析：智慧教育发展的视角》，《中国电化教育》2017 年第 11 期。

④ 陈敏、范超、吴砥、徐建、王娟：《高等教育信息化应用核心评估模型研究》，《中国电化教育》2017 年第 3 期。

⑤ 朱莎、杨浩、冯琳：《国际“数字鸿沟”研究的现状、热点及前沿分析——兼论对教育信息化及教育均衡发展的启示》，《远程教育杂志》2017 年第 1 期。

⑥ 朱莎、吴砥、石映辉、余丽芹：《学生信息素养评估国际比较及启示》，《中国电化教育》2017 年第 9 期。

⑦ 郑旭东、王婷：《场馆学习中的家庭行为模式：表征元素、形成机制与基本类型》，《中国电化教育》2017 年第 9 期。

⑧ 易凌云、周洪宇、王明雯、万力勇：《推动我国互联网教育立法的思考与建议》，《现代远程教育研究》2017 年第 1 期。

于数据驱动的自适应学习分析模型[①]。有学者提出了数字化课堂内容语义分析方法，以及社会化学习中的内容语义分析模型和应用框架[②]。

有研究者利用 Google Analytics 网站流量分析工具对宾夕法尼亚州立大学一门开放课程中长达六年的网站流量数据进行了收集与分析，揭示了高校开放课程中学习者社群和学习行为总体特点和衍变趋势[③]。有学者通过文献分析法归纳出网络环境下社会网络分析法在学习分析中应用的六个主要方面[④]。

（4）关于在线学习与 MOOC 的研究

有学者采用数据挖掘和机器学习的方法，从教育数据中挖掘影响在线学习者学业成绩的因素并构建分类预测模型[⑤]。为全面描述学习者特征以满足自适应学习和精准化服务需求，有研究者构建了包括学习者偏好特征、认知行为、学习情境特征和学习策略及动力特征的学习者模型[⑥]。为了探究云环境下教学资源有效性的表现维度和影响因素，有研究构建了 IFE（Influence Factors & Effectiveness，影响因素和有效性）模型[⑦]。

移动语言学习已成为现代语言学习的重要模式之一，有学者基于位置情境和模糊推荐技术，设计了 M-Oral 辅助英语学习系统[⑧]。以“测测 SAT 平

---

① 李香勇、左明章、王志锋：《数据驱动的自适应学习分析模型研究》，《现代教育技术》2017 年第 10 期。

② 刘清堂、张思、范桂林、王洋、吴林静：《教育大数据视角下的内容语义分析模型及应用研究》，《电化教育研究》2017 年第 1 期。

③ 罗恒、杨婷婷、伊丽莎·理查德森、左明章：《开放课程中的学习行为分析：来自 Google Analytics 的证据》，《中国电化教育》2017 年第 10 期。

④ 刘三、石月凤、刘智、彭晛、孙建文：《网络环境下群体互动学习分析的应用研究——基于社会网络分析的视角》，《中国电化教育》2017 年第 2 期。

⑤ 陈子健、朱晓亮：《基于教育数据挖掘的在线学习者学业成绩预测建模研究》，《中国电化教育》2017 年第 12 期。

⑥ 丁继红、刘华中：《影响教育资源选择的学习者模型构建》，《远程教育杂志》2017 年第 4 期。

⑦ 张伟平、王继新：《云环境下教学资源有效性的实证研究——以大学新生研讨课为例》，《远程教育杂志》2017 年第 6 期。

⑧ 杨兵、卢国庆、Tiong-Thye Goh、杨旸：《基于位置情境的移动语言学习研究》，《现代教育技术》2017 年第 2 期。

台”为案例，从学习资源可视化和学习行为数据的可视化两个视角，提出了在线学习系统数据可视化的设计原则，建立了在线学习系统数据可视化的过程模型①。研究发现：教学视频中教师的呈现方式对学习者的社会存在感和学习效果有显著影响②。课程类型、课程来源、授课时段、课程教师和教学距离五个属性，影响着学生选择网络联盟共享课程的行为③。

网络学习空间应用的目的是促进学习者的学习投入和知识建构。有学者提出了网络学习空间中学习者在线学习投入模型，并指出学习投入各维度的度量方式④。有研究者基于网络学习空间建设与使用的研究现状，以技术接受模型和自我决定理论为基础，深入探讨了大学生使用网络学习空间的影响因素⑤。

有学者从大数据的视角，应用语义分析的方法对慕课评论进行了分析和挖掘，提出了一种面向大数据的慕课评论语义分析模型⑥。有学者以果壳网MOOC学院的“财务分析与决策”课程为对象，通过分析课程评论帖进行学习者话题的挖掘⑦。有学者从提升学习者内部学习动机的角度，指出优质的课程导学的重要性和“课程承诺书”的有效性，强调在学习和引入国外课程教学模式时要重视中西文化差异的影响⑧。

---

① 杨兵、卢国庆、邢宏根、Tiong-Thye Goh：《在线学习系统数据可视化研究与实现——以“测测SAT平台”为例》，《现代教育技术》2017年第12期。

② 曹建霞、傅安娜、王锐、周莉萍、黄磊：《教学视频中教师呈现方式对学习者社会存在感和学习效果的影响》，《现代教育技术》2017年第7期。

③ 张俊、徐小双、王锋、胡珊珊、汪仕梦：《“互联网+”课程的学生参与行为研究》，《远程教育杂志》2017年第6期。

④ 张思、刘清堂、雷诗捷、王亚如：《网络学习空间中学习者学习投入的研究——网络学习行为的大数据分析》，《中国电化教育》2017年第4期。

⑤ 赵呈领、周凤伶、蒋志辉、梁云真：《TAM与SDT视角下网络学习空间使用意向之影响因素研究》，《现代远距离教育》2017年第5期。

⑥ 吴林静、刘清堂、毛刚、黄焕、黄景修：《大数据视角下的慕课评论语义分析模型及应用研究》，《电化教育研究》2017年第11期。

⑦ 刘三女牙、彭晛、刘智、孙建文、刘海：《面向MOOC课程评论的学习者话题挖掘研究》，《电化教育研究》2017年第10期。

⑧ 徐碧波、李添、石希：《MOOC、翻转课堂和SPOC的学习动机分析及其教育启示》，《中国电化教育》2017年第9期。

(5) 关于信息化教学以及新教学模式研究

APT是张屹教授近年的理论创新：设计了基于评价的APT教学促进大学生研究能力提升的教学模式①；融合信息化教学模型APT的教学理念，设计了基于移动终端的PBL教学模式②。

“互联网+”的浪潮给各行各业都带来革命性变化，现有的职业技能培养培训模式面临着极大的挑战。研究者分析比较了当前涌现的三种具有代表性的新型“互联网+”职业技能培养培训模式③。有研究者提出了基于SPOC的翻转课堂2.0教学模式设计，该模式的教学活动强调“一个任务、二种个性、三次内化”，教学评价融合了学习态度、学习能力与学习成效④。有学者在翻转课堂2.0理论基础上，融合体验学习和创造驱动的学习理念，提出了创造取向的翻转课堂教学样式模型，设计了一个指导性和操作性强的翻转课堂教学样式信息结构⑤。有研究者以华师云课堂为例，对基于云课堂的混合式教学模式进行设计⑥。有学者以新的课堂教学行为分析编码系统为基础，从行为主体和行为活动方式两个维度出发，建立了课堂教学行为云坐标系，提出课堂教学行为云模型的构建方法⑦。

并不是所有交互都有助于学习，如何促进交互深度、提高学习成效，一直是研究者关注的核心领域。有研究提出了课堂教学行为交互深度量化分析

① 张屹、陈蓓蕾、陈珍、白清玉、赵亚萍、林利、沈爱华、赵佳：《智慧教室中的教学对大学生研究能力和元认知的影响——基于量规的干预》，《电化教育研究》2017年第7期。

② 张屹、陈珍、白清玉、李晓艳、朱映辉、陈蓓蕾、熊曳：《基于移动终端的PBL教学对小学生元认知能力的影响研究——以小学科学课程“地球的运动”为例》，《中国电化教育》2017年第7期。

③ 王继新、陈文竹、万冰怡：《“互联网+”职业技能培养培训模式探析》，《中国电化教育》2017年第7期。

④ 丁永刚、金梦甜、张馨、张雨琴：《基于SPOC的翻转课堂2.0教学模式设计与实施路径》，《中国电化教育》2017年第6期。

⑤ 彭红超、陈林林、庞浩、祝智庭：《创造取向的翻转课堂教学样式：理论与实践的桥梁》，《中国电化教育》2017年第7期。

⑥ 王鹂、杨倬：《基于云课堂的混合式教学模式设计——以华师云课堂为例》，《中国电化教育》2017年第4期。

⑦ 程云、刘清堂、王艳丽、王锋、毛刚：《课堂教学行为分析云模型的构建与应用研究》，《远程教育杂志》2017年第2期。

的基本过程模型，为课堂教学行为交互深度的量化分析提供了新的思路①。有学者基于活动理论的视角，提出包括学情分析阶段、核心要素设计阶段、问题解决阶段的“三阶段”协作问题解决学习活动模型②。

关于视频互动同步课堂教学研究。针对视频互动同步课堂教学目前教学模式单一、课堂互动参与度低的问题，有研究者在改进的视频互动同步课堂教学环境中设计了更多的教学互动方式，并开展了教学实验进行了验证③。有研究者提出通过划分单位课时和利用微课进行辅助的方法，来增加课堂互动，改善现有模式的弊端④。

（6）关于师范生培养研究

有学者指出，数据意识、数据采集能力、数据分析能力、数据呈现能力、数据决策能力和数据伦理道德是构成教师数据素养的关键因素⑤。有学者基于实证测评视角，构建了教师信息技术应用能力提升发展规划研制的路径⑥。

从技术增强型社会教师专业发展面临的挑战出发，有研究者通过TPACK概念框架描述了教师技术、教学法与学科内容整合知识发展与整体能力提升的迫切需要。在此基础上引入“在设计中学习”这一新的方法以促进教师对技术知识的学习⑦。有学者将TPACK游戏用于教师培训，开展

① 程云、王艳丽、王锋、黄克斌、张冉：《课堂教学行为交互深度量化分析方法研究》，《现代教育技术》2017年第9期。

② 梁云真、朱珂、赵呈领：《协作问题解决学习活动促进交互深度的实证研究》，《电化教育研究》2017年第10期。

③ 汪学均：《视频互动同步课堂教学效果实验研究》，《现代教育技术》2017年第2期。

④ 王忠华、张鸽子、马方：《咸安“1+2”同步课堂互动问题与对策研究》，《现代教育技术》2017年第2期。

⑤ 张斌、刘三女牙、刘智、孙建文：《基于大数据的师范生数据素养培养策略研究》，《电化教育研究》2017年第12期。

⑥ 张屹、陈蓓蕾、范福兰、沈爱华、刘铮、白清玉、祝园：《基于实证测评的教师信息技术应用能力提升发展规划研究——以广东省惠州市某区为例》，《中国电化教育》2017年第4期。

⑦ 吴秀圆、施枫：《在设计中学习：技术增强型社会教师发展的新视角》，《中国电化教育》2017年第4期。

了师范生的“现代教育技术应用”课堂教学实践研究[①]。

随着互联网的普及和在教育中的应用升级，孕育出的“教育O2O”成为一种重要的教育实践活动模式。有学者基于教师研修的五要素（PCAEM）视角，构建了教师混合式研修O2O模式的理论模型[②]。有学者在分析教师网络教研存在问题的基础上，以活动理论为依据，构建了CTMA区域网络教研模式[③]。

（二）心理学

2017年度，湖北心理学科的研究取得了丰富的成果，在“网络心理与行为”、“当代中国人文化认同”与“工业心理学”等方面有明显理论创新。

1. 青少年网络心理与行为的研究

有学者探讨手机成瘾对青少年睡眠质量的影响及其作用机制，揭示了手机成瘾是如何影响青少年睡眠质量，以及手机成瘾在何种条件下对青少年睡眠质量的影响更强/更弱，研究结果对移动互联网时代维护与促进青少年身心健康有一定启示意义[④]。

虚拟化身是个体在虚拟环境中的自我呈现，化身形象是与特定刻板印象相联系的虚拟化身的外在表象。虚拟化身与攻击性的关系还尚需探讨。有学者采用线索启动的实验考察化身形象、游戏暴力性和玩家性别对化身认同和攻击性的影响，以及化身认同和攻击性之间的关系[⑤]。

有研究者在社会比较理论和乐观的保护性作用的视角下，通过对问卷调研数据的整理和分析，揭示了被动性社交网站使用行为对自尊以及自我概念

---

① 黄磊、蒋玲、张春梅：《师范生TPACK游戏教学的效果：教师信念的调节作用》，《电化教育研究》2017年第12期。

② 赵呈领、蒋志辉、李红霞：《五要素视角下教师混合式研修模式构建研究》，《电化教育研究》2017年第3期。

③ 武滨、左明章、阚伟、张俭、李香勇：《基于活动理论的CTMA区域网络教研模式研究》，《中国电化教育》2017年第9期。

④ 刘庆奇、周宗奎、牛更枫：《手机成瘾与青少年睡眠质量：中介与调节作用分析》，《心理学报》2017年第12期。

⑤ 衡书鹏、周宗奎、牛更枫：《虚拟化身对攻击性的启动效应：游戏暴力性、玩家性别的影响》，《心理学报》2017年第11期。

清晰性的影响及其作用机制，这对维护与促进个体自我概念健康发展有一定启示意义①。

对道德情绪与道德推理在道德行为中的作用，道德心理学研究者还存在一定的争议。传统道德心理学理论认为道德推理应该起重要作用。最新的道德心理模型则认为道德情绪也起重要作用，但在情绪与推理的作用大小上存在争议。实验研究结果表明道德情绪对网络助人行为的直接影响及道德推理的部分中介作用，不支持道德动机社会直觉模型，支持道德双加工模型②。

2. 当代中国人文化认同的研究

随着改革开放和市场经济的发展完善，当代中国呈现出主流文化与非主流文化、本土文化与外来文化、先进文化与保守落后文化等多元文化生态并存的局面，人们虽然认同以中国化的马克思主义为指导的社会主义先进文化，但是受多元的价值观念和思想意识的影响，一些社会成员在理想信念、道德观念等方面存在困惑、分化或混乱，特别是其人生价值观明显呈现出向经济价值、物质金钱和个人主义倾斜的趋势。当代中国人的文化认同呈现出鲜明的时代特点，具有多元化特征，与改革开放之前相比，不同人群的文化认同出现分化，代与代之间、阶层之间、区域之间的文化认同存在差异③。

3. 社会认知的研究

以往关于交叉分类对刻板印象的影响主要集中于自然分类的交叉，较少关注社会分类与自然分类的交叉。有学者研究发现交叉分类会影响刻板印象评价④。

关于权力对自利行为的影响研究发现，权力和地位对自利行为的影响不同。权力能够降低认知性观点采择水平，进而使个体更加关注自身利益；地

① 刘庆奇、牛更枫、范翠英：《被动性社交网站使用与自尊和自我概念清晰性：有调节的中介模型》，《心理学报》2017 年第 1 期。

② 吴鹏、范晶、刘华山：《道德情绪对网络助人行为的影响——道德推理的中介作用》，《心理学报》2017 年第 12 期。

③ 佐斌、温芳芳：《当代中国人的文化认同》，《中国科学院院刊》2017 年第 2 期。

④ 宋静静、佐斌、温芳芳、谭潇、赵苗苗：《交叉分类对刻板印象的影响：穷富与年龄维度交叉为例》，《心理学探新》2017 年第 2 期。

位能够提升认知性观点采择水平，进而使个体推测他人思想与感受，考虑他人利益。然而，权力和地位通过认知性观点采择对自利行为的影响可能受到情境性质的调节①。

有研究者采用眼动技术比较相貌和人格词汇的认知加工模式。研究表明相貌和人格词汇认知加工的早期阶段不存在显著差异，在认知加工的晚期阶段存在显著差异；相比于内在人格而言，被试可能更加看重外在的相貌②。

4. 工业心理学及基础心理学的研究

有研究者以时空一致性理论为基础，探索品牌中数字大小对消费者态度的影响。研究验证了从品牌中数字大小到新旧评估到感知价值再到消费者态度的因果链模型，进一步检验了主效应的理论逻辑③。关于评论不一致性对消费者的双面影响的研究发现，评论不一致性会通过影响消费者对产品的风险和独特性感知进而影响其购买意向；垂直属性评论（水平属性）不一致性越高，越会激发消费者的风险感知（独特性感知），进而降低（提高）购买意向；并且消费者调节定向对产品属性的调节作用会进一步调节④。

作为企业氛围重要元素，幽默可以促进沟通效果，实践中许多企业运用幽默来回应消费者抱怨。既有文献对于幽默能否以及如何有效化解抱怨缺乏系统深入的研究。有学者基于良性冲突理论与关系范式理论探究了企业幽默式抱怨回应策略对不同关系范式下消费者的影响⑤。

许多研究集中于年轻人和老年人视听整合的多样性。为了阐明中老年人

① 金剑、李晔、陈冬明：《权力和地位对自利行为的影响及其机制》，《心理科学进展》2017年第5期。

② 张妍、张丽丽、孔繁昌：《“内在”与“外在”谁更加重要？相貌与人格词汇认知加工的眼动研究》，《心理学探新》2017年第2期。

③ 冯文婷、汪涛：《数字的力量：品牌中数字大小对消费者态度的影响》，《心理学报》2017年第12期。

④ 黄敏学、王艺婷、廖俊云：《评论不一致性对消费者的双面影响：产品属性与调节定向的调节》，《心理学报》2017年第3期。

⑤ 朱华伟、张艳艳、龚璇：《企业幽默能否化解消费者抱怨：幽默类型与关系范式的匹配》，《心理学报》2017年第4期。

的视听整合特征，有研究者指示中青年成年人进行听觉/视觉刺激辨别实验。研究结果表明，中老年人的视听整合在衰减[①]。

（三）体育学

2017 年，湖北体育学学科研究者在体育类核心期刊发表的论文，研究主题十分广泛，涉及诸多领域。按照不同主题成果数量统计，研究成果主要集中在体育产业、全民健身、学校体育、武术和政府公共服务等领域。下面对这几个领域的主要研究进展和创新进行扼要概述。

1. 体育产业

体育产业研究的成果主要分布在体育场馆运营、网络体育直播平台、体育特色小镇和体育彩票等方面。

俱乐部参与场（馆）运营对于俱乐部发展和提升场（馆）使用率均具有重要意义。目前，国内俱乐部在参与场（馆）运营方面存在参与不足、合约期限较短、事后参与和俱乐部话语权较弱等问题。有学者提出场（馆）经营权入股俱乐部、委托俱乐部管理、长期租赁、ROT、成立合资场（馆）运营公司和俱乐部自建场（馆）等六种俱乐部参与场（馆）运营的可行路径[②]。

有学者研究了我国网络体育直播平台的发展现状及趋势[③]。围绕内容生产、内容传播、内容消费，我国网络体育直播平台形成了基本的运作架构，但在传播秩序的维护、优质赛事资源的开发、内容的传输和制作、主播的持久影响力等方面存在问题。网络体育直播平台未来发展趋势主要表现为内容生产趋向多元化、垂直化、定制化，新技术更好地服务于体育直播，品牌打造是转化粉丝注意力的关键举措，移动终端有望成为重点开发领域。

---

① Yang，W.、Ren，Y.：*Attenuated audiovisual integration in middle-aged adults in a discrimination task*，*Cogn Process*，2017 年第 1 期。

② 陈元欣、黄昌瑞、王健：《职业体育俱乐部参与体育场（馆）运营研究》，《体育科学》2017 年第 8 期。

③ 王真真、王相飞、李进：《我国网络体育直播平台的发展现状及趋势》，《体育文化导刊》2017 年第 6 期。

体育特色小镇有利于加快体育产业的转型升级、扩大有效供给和促进产业跨界融合。沈克印、杨毅然认为，产业关联、制度供给、消费需求和科技发展是体育产业跨界融合的基本要素，建设体育特色小镇策略包括做好科学规划、明确体育产业定位、优化资源配置、加强跨界融合、完善运营管理和重视动态评估等内容①。

有学者对竞猜型体育彩票开设的初始机制进行了研究，认为项目的市场影响力是竞猜开设的基础，诱发赌博风险是催化和驱动力。为探究两者交互作用下的竞猜开设可能性，在逻辑上建构了市场影响力和诱发赌博风险组合的“理想类型”，并考察了我国足球、篮球、乒乓球、排球和赛马运动在分类中的位置及与竞猜的不同关联②。

2. 全民健身

关于全民健身的研究呈现出方法多样、理论与实践并重的特点，主要在全民健身政策、动商、农民体育文化、民俗体育参与等方面有突出成果。

以习近平同志为核心的党中央提出健康中国发展战略，对于我国全民健身事业的发展是机遇也是挑战，需要准确把握新时期全民健身政策的主要内容和发展指向。有学者从政策分析的视角，对全民健身政策背景、地位、政策沿革和政策指向进行研究，提出了相关政策建议：以监督评价落实全民健身机制创新，强化政府主导；以社会组织深化全民健身主体建设，强化社会治理；以法规政策规范全民健身活动组织，强化制度建设；以健康产业激发全民健身供给效应，强化市场供给③。

动商作为一种反映个体综合运动能力的新概念，对个体成长、学校体育教育和社会发展具有重要作用。动商概念界定不清、理论建构缺乏和测量工具效度不足是当前动商研究需要解决的重要问题。有学者对动商概念界定、

① 沈克印、杨毅然：《体育特色小镇：供给侧改革背景下体育产业跨界融合的实践探索》，《武汉体育学院学报》2017 年第 6 期。

② 吴林隐、王斌、江立华：《影响我国竞猜型体育彩票开设的初始机制——一个“理想类型”的提炼与分析》，《武汉体育学院学报》2017 年第 8 期。

③ 柳鸣毅：《健康中国背景下全民健身公共政策分析》，《中国体育科技》2017 年第 1 期。

类型划分与测量工具进行了再审视①。

城镇化进程是农民实现其居住地由农村向城镇的地理空间转移，农民体育文化也伴随此过程而发生冲突、迁移和重构。地理空间转移下的体育文化内涵产生变异，逐渐由生产性锻炼向需求性锻炼转变。吴胜涛提出实现“农转城”农民体育文化重构的基本路径②。

有学者对民俗体育参与的性别变化进行了田野研究，认为不同场域中性别融合与隔离并存的原因在于民俗体育文化在现代变迁中出现了“前台”与“后台”之隔，它们分别对应不同的功能需求，也因此塑造不同的性别参与特征③。

3. 学校体育

关于学校体育的研究在学校体育政策执行推进、中小学体育教师评价、高校校园体育文化建设等方面的成果较为显著。

政策执行难是学校体育政策实践中的突出问题，阻碍着学校体育政策目标的实现和改革的推进。有学者基于“观念·利益·制度”的分析框架，对我国学校体育政策执行情况进行了逻辑辨识并提出推进策略认为政策参与者支持政策与否，并非源于对观念的守持，而是基于对利益的权衡，而利益的协调又离不开制度的规约。因此，推进学校体育政策的有效执行，必须在加强政策教化的同时，着力进行制度的改造与创新，使政策参与者切身利益的获取与其政策遵守情况密切关联④。

中小学体育教师评价是学校体育的基本问题。有学者从评价目的、评价内容、评价方法、评价主体、评价结果的运用等方面指出中小学体育教师评价的应然与实然之间存在的差距；产生差距的原因主要有缺乏科学合理的评

---

① 祝大鹏、陈蔚：《动商：概念界定、类型划分与测量工具的再审视》，《上海体育学院学报》2017 年第 1 期。

② 吴胜涛：《“农转城”农民体育文化的冲突与重构》，《中国体育科技》2017 年第 3 期。

③ 吴林隐、杨海晨、韦金亮：《隔离抑或融合：民俗体育参与的性别变化研究——广西马山县壮族会鼓与打扁担的田野考察》，《体育科学》2017 年第 8 期。

④ 潘凌云、王健、樊莲香：《我国学校体育政策执行的逻辑辨识与推进策略——基于“观念·利益·制度”的分析框架》，《体育科学》2017 年第 3 期。

价标准、体育学科的边缘地位、体育教师自身的主动性不足、教师评价与教师管理混同、体育教师工作的复杂性等①。

高校校园体育文化建设存在不同的路径。有学者基于“三生教育”视角，发掘“三生教育”与高校校园体育文化的内在联系，将“三生教育”与高校体育文化紧密结合起来，提出通过专题式、渗透式的方法以“三生教育”理念重塑高校体育教学，多维度建设课外体育活动、优化体育文化环境，以期能够充分展现“三生教育”的价值，促进高校校园体育文化建设改革，改善大学生现今生命、生存、生活状态②。

4. 武术

武术领域的研究主要体现在武术文化、岳家拳传承治理等方面。

作为培育和践行国家层面核心价值观的目的和手段，武术责无旁贷，挖掘、整合、诠释其内涵并力促其社会认知、认同及自觉践行，武术人能够有所作为。凝聚国家富强精神、承载国家民主信仰、增进国家文明意识、演绎国家和谐理念的价值内核是武术担当的文化使命③。

有学者对岳家拳传承治理的特征、问题与路径进行了研究，认为岳家拳传承治理已经发生转变，提出拓展传承视野、聚集传承资源、扩大传承影响力等传承路径④。

5. 政府公共服务

关于政府公共服务的研究主要围绕体育体制的理性重塑、政府购买公共体育服务制度和公共体育服务财政政策法规等问题展开。

体育体制的理性化重塑是改进政府公共服务的基础。有学者在对新时期我国体育体制重塑的实质、基本依据、目标与核心、动力机制进行剖析的基础上，构建了一个集“理论依据－应然目标－动力机制”于一体的三维联

① 董国永、刘丽、王健、鲁长芬、王先茂：《中小学体育教师评价的应然与实然》，《体育学刊》2017 年第 6 期。

② 潘晓波、陈媛媛：《“三生教育”视域下高校校园体育文化建设路径探索》，《体育文化导刊》2017 年第 8 期。

③ 郑薇娜、王宏：《武术文化使命研究》，《体育文化导刊》2017 年第 3 期。

④ 汤立许：《岳家拳传承治理的特征、问题与路径》，《体育学刊》2017 年第 1 期。

动分析框架。根据分析框架提出了我国体育体制理性化重塑的政策建议：遵循“功能匹配”原则，确定政府转移职能的权力属性；建立“三个清单”制度，迈开政府职能转变的关键一步；探索“协作性治理”，让离实践最近的主体有决策权建设“绩效型政府”，发挥评估和行政问责的杠杆效应[①]。

政府购买公共体育服务对于优化体育资源配置、培育体育社会组织、提高政府工作效率等具有重要意义。政府购买公共服务作为政府职能转变的一项制度安排，逐渐拓展到公共体育服务领域。沈克印、吕万刚基于社会学制度主义的分析视角，探讨了我国政府购买公共体育服务的制度建设问题，从规制性、规范性与文化—认知三个层面，分析政府购买公共体育服务的制度性要素[②]。

我国不同地区公共体育服务财政法规政策实施过程出现的各地财政能力不均衡、财政投入不均衡、项目财政支出不均衡和体育设施建设投入不均衡的现象。周东华、兰自力从横向和纵向分析财政政策的执行效果，并从政策颁布者层面、政策执行者层面以及公众认识层面进行原因剖析且提出对策建议[③]。

三　湖北教育学学科发展展望与建议

2017 年是我国进入中国特色社会主义新时代的第一年，湖北在教育学研究上取得较大进步，并产生了一定影响。2018 年将迎来教育事业的优先发展，对教育学研究来说也必然是一个新的起点。

（一）教育学发展展望与建议

2018 年，湖北教育学研究仍然会在各学科广泛推进。教育治理与教育

① 刘亮、吕万刚、付志华、慎承允、苏建蛟：《新时期我国体育体制的理性化重塑——研究路径回顾与分析框架探索》，《体育科学》2017 年第 7 期。

② 沈克印、吕万刚：《我国政府购买公共体育服务的制度建设研究——基于社会学制度主义的分析视角》，《成都体育学院学报》2017 年第 1 期。

③ 周东华、兰自力：《我国公共体育服务财政政策法规发展脉络、执行现状及对策研究》，《山东体育学院学报》2017 年第 6 期。

现代化、素质教育与基础教育改革、职业技术教育改革、学前教育政策实施、教育信息化与学校教育教学的深度融合、“双一流”与高等教育质量建设等将会得到更加深入的研究，创造更加丰硕的研究成果。

2018 年，湖北教育学科要树立学科自信，增进学科认同；要加强学科基本理论研究，促进学科理论体系日臻完善，形成学科研究规范；要直面教育实践，提升问题解决能力，满足社会发展需求；要在全国范围内，进一步加强校际联系，开展协同创新研究；要进一步加强国际学术交流。

（二）心理学发展展望与建议

心理学科在我国发展不充分，目前发展形势越来越好。在 2018 年教育部“基础学科拔尖学生培养计划”工作研讨会上，心理学进入了“拔尖计划”2.0 版。自 2017 年下半年开始，各试点省份的中小学教师资格考试政策要求初中、高中、中职文化课类别增设“心理健康教育”学科。湖北省心理学会也正在筹建中小学心理健康教育专委会。可以预见，在习近平新时代中国特色社会主义思想成为中国社会重要指导思想的新时期，心理学必将在基础研究与社会应用方面做出更大的贡献。

湖北心理学的研究在网络心理与行为、刻板印象、老年人心理等方面已经取得了大量的成果。这些领域的研究将继续受到重视并取得更多重要成果。此外，湖北心理学研究者已经在社区服务、空巢老人、儿童心理健康、病患心理等方面开展了卓有成就的社会服务活动，将来可以在员工心理健康、母婴关系等方面开展更多的活动，为心理学研究走向社会生活提供更加广阔的空间，有利于提高心理学的社会影响力。

（三）体育学发展展望与建议

习近平同志指出，加快建设体育强国，要把握体育强国梦与中国梦息息相关的定位，把体育事业融入实现“两个一百年”奋斗目标大格局中去谋划。体育科研是建设体育强国的重要内容，体育人文社会科学在确定体育发展方向、传播体育价值、传承体育文化、建构体育学科体系、完善体育制度、规范体育行为、促进全民健身和奥运争光计划的实施等方面发挥着重要作用。2018 年湖北体育学学科在应用研究方面将进一步加强，研究方法将趋于多样，若干领域可能重点突破。

应用研究将进一步加强。随着我国社会政治、经济、文化发展对体育提出越来越高的要求，应用研究将会得到进一步加强。全国高校学生体质健康测试工作联盟的成立，将发挥智库的作用；体育产业特别是健康休闲产业应用研究会继续成为热点。

研究方法将趋于多样。近年来，体育社科研究取得显著的进步，得益于研究方法的多样化。人文社会科学研究方法规范化、综合多元将成为研究方法发展的主流：首先，研究方法的综合运用，如文献研究与田野调查相结合、定性研究与定量研究相结合、理论分析与经验总结相结合、宏观研究与微观研究相结合；其次，实证研究受到重视，如个案研究方法、实验研究方法等，定量研究日益成为人文社会学科研究的主要方式之一；最后，跨学科、多学科的研究团队将成为今后以及重大课题研究的主体。

若干领域重点突破。在新时期我国体育体制重塑与政府绩效评价、大型体育场馆经营权改革、中国武术深度国际化传播、“健康中国”战略引领下我国学校体育场馆发展模式、健康中国背景下我国校园足球生态系统、“一带一路”背景下马术运动后备人才培养等方面要重点研究，在中大型体育场馆经营权改革和中国武术深度国际化传播这两个方面可能会有新的突破。

B.6

湖北文学学科发展报告（2017）

黄晓华　王　雪*

摘　要： 2017年，湖北文学学科发展势态良好，各方面都取得了长足进步，在人才队伍建设以及国家与教育部重大招标项目等方面取得了显著成绩，成果丰硕，湖北文学学科在全国地位得到提升。虽然湖北文学学科2017年总体态势良好，但依然存在一些问题。针对目前存在的问题，可以通过强化学科内部交流，完善各种学会平台；实现基地动态调整，充分发挥基地作用；凝练学科特色，有意识地强化文学学科的荆楚特色等措施，促进湖北文学学科实现更好更快发展。

关键词： 湖北　文学学科　荆楚特色

作为传统优势学科门类，湖北地区文学门类下的中国语言文学、新闻学、外国语言文学等一级学科在全国都有重要学术影响，一直是全国相关研究的高地。近年来，在湖北省委省政府的大力支持下，湖北各相关单位加快了文学学科内部结构的优化与调整，加快了培育新的学术增长点的步伐，取得了相当显著的成绩。

---

* 黄晓华，博士，湖北大学文学院教授，博士生导师，中华文化发展湖北协同创新中心研究员，主要从事叙事理论与中国现当代文学研究。王雪，湖北大学文学院文艺学专业2017级直博生，主要从事文学理论研究。

一 湖北文学学科发展概况

（一）研究队伍

湖北文学学科人才队伍整齐，据教育部2017年《全国普通高等学校科技统计年报表（人文、社科类）》的统计，截至2017年，湖北省从事文学学科研究的教授有603人，副教授2109人。国家级领军人才数量较多，其中国务院学位委员会学科组成员1人：华中科技大学张昆；教育部长江学者特聘教授4人：武汉大学尚永亮、陈文新、单波，华中师范大学王泽龙；万人计划教学名师1人：华中师范大学胡亚敏；万人计划领军人才1人：湖北大学周新民。

（二）学科建设

经过长期科学规划与不断完善，湖北省在文学学科的建设上取得了长足的进步。据教育部学位与研究生教育发展中心公布的全国第四轮学科评估结果显示，湖北省文学三大学科发展状态良好，在评估中多个高校的相关学科排在全国前列。具体的评估结果为：在中国语言文学学科中，武汉大学进入全国前10%，评估成绩为A^-，华中师范大学评估成绩为B^+，华中科技大学评估成绩为B^-，湖北大学评估成绩为B^-，中南民族大学评估成绩为C；在新闻与传播学学科中，华中科技大学进入全国前5%，评估成绩为A，武汉大学进入全国前10%，评估成绩为A^-，华中师范大学评估结果为C^-；在外国语言文学学科中，武汉大学评估结果为B^+，华中科技大学评估结果为B，华中师范大学评估结果为B，湖北大学评估结果为C。

从第四轮学科评估结果看，湖北省在文学学科建设上取得了较为瞩目的成绩，武汉大学的中国语言文学学科和新闻学与传播学、华中科技大学的新闻学与传播学学科实力进入全国顶尖行列；华中师范大学、华中科技大学及湖北大学的中国语言文学学科以及武汉大学、华中科技大学和华中师范大学的外国语言文学学科均位列全国前列，学科水平较强；而中南民族大学的中国语言文学、华中师范大学的新闻与传播学学科以及湖北大学的外国语言文学也排在全国靠前位置，具备一定的实力。概括而言，湖北省的文学学科综合实力较强，发展较为均衡，整体水平居于全国前列。

湖北文学门类博士、硕士授权点数量在全国处于领先地位，分布较为均衡。截至2017年，湖北中国语言文学学科共有武汉大学、华中科技大学、华中师范大学、湖北大学4个一级博士学位授权点，中南民族大学、三峡大学、湖北师范大学3个一级硕士学位授权点，湖北民族学院文艺学二级硕士学位授权点，另有武汉大学、华中科技大学、华中师范大学、湖北大学、湖北工业大学、湖北师范大学、中南民族大学7所学校设有汉语国际教育专业学位硕士点。新闻与传播学学科有武汉大学、华中科技大学2个一级博士学位授权点，中国地质大学（武汉）、武汉理工大学、华中师范大学、中南财经政法大学、湖北大学5个硕士一级学位授权点，华中农业大学、中南民族大学设有传播学二级硕士学位授权点，武汉大学、华中科技大学、华中师范大学、武汉理工大学、中南财经政法大学、湖北大学、中南民族大学、湖北民族学院、武汉体育学院、武汉纺织大学10所高校拥有新闻与传播专业硕士学位授予权。外国语言文学学科有武汉大学1个一级学科博士授权点，华中师范大学设有英语语言文学1个二级学科博士授权点，华中科技大学、中国地质大学（武汉）、武汉理工大学、华中师范大学、中南财经政法大学、湖北大学、中南民族大学、武汉科技大学8所高校设有一级学科硕士授权点，长江大学、湖北工业大学2所高校设有二级学科硕士授权点。武汉大学、华中科技大学、中国地质大学（武汉）、武汉理工大学、华中师范大学、中南财经政法大学、中南民族大学、湖北大学、三峡大学、武汉科技大学、武汉工程大学、华中农业大学、湖北中医药大学、武汉纺织大学14所高校拥有翻译专业硕士学位授予权。

（三）研究平台

在省部级及以上研究平台的搭建和人文社科重点研究基地的建设方面，

湖北文学门类也取得了优异的成绩。其中，教育部人文社会科学重点研究基地有 2 个：武汉大学媒体发展研究中心、华中师范大学语言与语言教育研究中心。

湖北各单位根据自己的研究专长，进行跨校跨专业合作，打造了不少科研平台，入选湖北省人文社科重点研究基地的就是其中的优秀代表。如武汉大学的湖北语言与智能信息处理研究基地、湖北现代人文资源调查与研究中心，华中科技大学的媒介技术与传播发展研究中心，华中师范大学的汉语国际推广研究基地、湖北文学理论与批评研究中心，中南民族大学的中南少数民族审美文化研究中心，湖北大学的当代文艺创作研究中心，三峡大学的影视文化与产业发展研究中心，江汉大学的武汉语言文化研究中心，湖北师范大学的语言学研究中心，湖北第二师范学院的湖北方言文化研究中心等。

（四）科学研究

2017 年，湖北文学研究界开展了多层次、宽范围的课题研究。在国家社会科学基金方面，武汉大学陈文新的“中国文学史著作整理、研究及数据库建设”、金宏宇的“中国现代文学名著异文汇校、集成及文本演变史研究”获批国家社会科学基金重大项目。华中科技大学郭小平的“老龄化的风险议题、媒介话语转型与‘积极老龄化’社会建设研究”获批国家社会科学基金重点项目；此外，有 27 个项目获批国家社会科学基金一般项目，7 个项目获批国家社会科学基金后期资助项目；5 个项目获批国家社会科学基金青年项目，2 个项目获批国家社会科学基金西部项目。

在教育部社会科学基金方面，华中科技大学陈先红的“讲好中国故事与提升我国国际话语权和文化软实力研究”获批教育部重大招标项目。此外还有 3 个项目获批教育部人文社会科学研究规划基金项目，21 个项目获批教育部人文社会科学研究青年基金项目。

此外，武汉大学强月新的“互联网传播形态与中国传播能力建设研究”、石义彬的“互联网传播形态与中西部社会治理”和华中师范大学姚双云的“现代汉语口语语法多层面多角度研究”、汪国胜的“湖北方言及汉语方言语法比较研究”等4个项目获批教育部人文社会科学重点研究基地重大项目。

（五）成果与获奖

随着湖北文学学科的不断发展，湖北创办的各个学术期刊也逐渐具备全国性影响。湖北学者以学术期刊为阵地，抢攻学术前沿，占据学术高地，扩大了学科在全国的影响。目前湖北创办的大量专业性质的期刊大多已成为具有全国影响的核心期刊，如华中师范大学的《汉语学报》《外国文学研究》，华中科技大学的《语言研究》，武汉大学的《出版科学》。《汉语学报》由教育部主管、华中师范大学主办，由国内著名语言学家邢福义任主编，知名学者汪国胜、徐杰、谢晓明任副主编。《汉语学报》主要关注汉语规律探讨、对外汉语教学与语言信息处理问题，形成了自己的鲜明特色。《语言研究》由华中科技大学中国语言研究所主办，主编为尉迟治平。《语言研究》以中国境内各语言为研究对象，探讨语言基础理论、各民族方言描写、亲属语言历史脉络、语言现代化等问题。《外国文学研究》是由中华人民共和国教育部主管、华中师范大学主办的权威学术期刊。期刊主旨是探讨、借鉴、吸收和应用外国文学理论及思潮。《出版科学》是经当时的国家新闻出版总署批准，由湖北省新闻出版广电局主管、湖北省编辑学会主办、武汉大学信息管理学院承办的一份面向全国的出版专业学术期刊。刊物宗旨为立足本省，面向全国，为出版学、编辑学研究提供园地，对编辑出版实践给予理性指导，理论性与实用性并重，总结介绍图书、期刊、音像制品、电子出版和网络出版的编辑出版经验，促进编辑出版学理论研究和学科建设。其他如华中师范大学的《华中学术》、武汉大学的《长江学术》、湖北大学的《中文论坛》、湖北省文艺评论家协会的《长江文艺评论》等专业学术期刊、集刊，在全国的影响也越来越大。

近年来，湖北文学学科研究成果丰硕，相当一部分研究成果产生了较大反响。在第十届湖北省社会科学优秀成果奖评选中，一些成果获得了高度肯定。其中获得一等奖的成果有3项，分别是湖北大学舒怀主编的《中华大典·语言文字典·文字分典》、华中师范大学聂珍钊的《文学伦理学批评导论》、华中农业大学吴平的《中国编辑思想史》。武汉大学王兆鹏的《宋代文学传播探源》、三峡大学吴芳的《先秦汉语时间词汇形成发展的认知·文化机制》、湖北大学石锓的《〈元曲选〉状态词用法词典》、湖北大学李霞的 *A Grammar of Zoulei，Southwest China*、华中师范大学王齐洲的《中国古代文学观念发生史》、武汉大学周翔的《传播学内容分析研究与应用》、湖北师范大学张道俊的《〈说文解字注〉古韵订补》、武汉大学程芸的《元明清戏曲考论》等8部专著，以及华中师范大学高华平的《楚国诸子学研究》（系列论文）等9项成果获湖北省社会科学优秀成果二等奖。

二　湖北文学学科研究进展、创新与荆楚特色

2017年，湖北文学门类学术研究依旧保持旺盛的创造力，在全国发出了具有影响力的声音，产生了较大的学术反响。

（一）中国语言文学

作为在全国具有相当优势的学科，湖北中国语言文学研究在部分领域依旧走在全国前列。以相关的教育部人文社科重点研究基地以及省级重点研究基地为平台，以国家与教育部重大项目及一般项目立项课题为中心问题，湖北中国语言文学研究界推出了一系列较有影响力的成果。

1. 文艺学

湖北文艺学界目前拥有万人计划教学名师1人：华中师范大学胡亚敏；拥有省级人文社科研究基地2个：华中师范大学湖北文学理论与批评研究中心，中南民族大学中南少数民族审美文化研究中心。截至2017年，有3个国家重大课题在研项目：华中师范大学胡亚敏主持的“马克思主义文学批评的中国形态研究”（11&ZD078），中南民族大学彭修银主持的“日本馆藏近代以来中国留日文艺理论家文献资料整理与研究”（12&ZD163），武汉大学李建中主持的“中国文化元典关键词研究”（12&ZD153）。以相关平台及

课题为中心，湖北文艺学研究逐渐形成了自己的特色，逐渐发展成文艺学研究的国内高地。

（1）注重中马互动

马克思主义文论是当代中国重要的文艺理论资源，在马克思主义的中国化与当代化的过程中，面对新的社会环境与新的文学问题，自然会不断变化发展。胡亚敏的重大课题正是试图回应这一问题。2017 年，以胡亚敏的重大课题的研究为中心，湖北学者继续推进了中国当代文论与马克思主义文论之间的互动，对一些重要问题进行了深入探讨。

在理论研究推进方面，胡亚敏的《马克思艺术生产论的当代拓展》从马克思的艺术生产理论出发，对当代中国艺术生产与艺术消费之间的关系进行了深入探讨，揭示了二者相互矛盾又相互依存的关系，建议通过实现艺术生产中个性化、综合性、公益性的结合，实现艺术规律与市场规律的统一①。王庆卫的《马克思主义文学批评中的人类学形态概观》指出，人类学思想可以视为马克思主义社会研究的一部分，对马克思主义的相关研究也可以置于人类学的视角下进行审视，该文同时梳理了马克思主义理论中的人类学思想的发生与嬗变过程，剖析了其理论动机和功能特征，从方法、问题域和理论目的等角度呈现了马克思主义人类学批评的理论概貌②。龚举善的《文学经济学批评范式的生成逻辑与方法论意义》认为，中国当代文学批评中的经济学批评范式的建立，与马克思主义的艺术生产理论直接相关，同时也与市场经济的体制化运作、文学及其批评中的经济要素的参与关系密切。对于文学经济学批评，作者认为既有积极的方法论价值，也存在自身局限，应该提倡并践行社会主义文学批评的多元发展观③。

黄念然重点探讨了马克思主义文论中国化的历史进程。2017 年，黄念然发表了一系列论文，对马克思文论中国化过程中的多位关键人物与关键事

① 胡亚敏：《马克思艺术生产论的当代拓展》，《江西师范大学学报》（哲学社会科学版）2017 年第 4 期。

② 王庆卫：《马克思主义文学批评中的人类学形态概观》，《外国文学研究》2017 年第 4 期。

③ 龚举善：《文学经济学批评范式的生成逻辑与方法论意义》，《河北学刊》2017 年第 1 期。

件进行了专题探讨。如鲁迅、冯雪峰、周扬、周恩来等重要人物，以及早期马克思主义文论的传播①、日本在马克思文论中国化中的地位与作用②、延安时期的“民族形式”论争③、十七年的文学批评实践等重要实践④，通过对这些人物与实践的分析，黄念然认为，“马克思主义文艺理论中国化是一个由世界性理论向民族性理论转化的本土化过程；由经典性理论向当代性理论转化的时代化过程；由普遍性真理向具体性实践转化的实践化过程；由精英化理论向群众性意志转化的大众化过程”⑤。

（2）推进中外对话

2017年，湖北文艺学界继续努力推进中外文论的比较与对话。在中外文论的影响研究方面，彭修银围绕主持的国家重大课题，继续推出《王国维的“美术”义界及其“日本因缘”》《马克思主义文艺理论中国化早期进程中“日本因素”的当代意义》等论文，深化了中日文艺理论的影响研究⑥。同样是影响研究，庄桂成《俄国文论里的中国画论关键词——以查瓦茨卡娅的〈中国古代绘画美学问题〉为中心》的研究思路却正好相反，注重的是中国文论对外国文论的影响⑦。作者认为该书作者在阐述中国古代绘画美学的关键词时，采用了“以西释中”“以中释中”“中西互释”等方法，超越“异国情调”和“东方主义”，体现为一种“多元共生”。

中西文论不仅可以进行影响研究，也可以进行平行研究，尤其是关键词

① 黄念然、李耀威：《论中国早期马克思主义文艺理论的译介与传播》，《重庆三峡学院学报》2017年第2期。

② 黄念然、高越：《日本与马克思主义文艺理论中国化》，《长江学术》2017年第2期。

③ 黄念然、刘芳：《“民族形式”论争与马克思主义文学批评的中国化探索》，《学习与实践》2017年第3期。

④ 黄念然：《论“十七年”马克思主义文学批评的中国化探索》，《社会科学辑刊》2017年第2期。

⑤ 黄念然：《马克思主义文艺理论中国化的历史进程》，《中国社会科学报》2017年9月29日。

⑥ 彭修银、尹一帆：《马克思主义文艺理论中国化早期进程中“日本因素”的当代意义》，《中国社会科学院研究生院学报》2017年第5期。

⑦ 庄桂成：《俄国文论里的中国画论关键词——以查瓦茨卡娅的〈中国古代绘画美学问题〉为中心》，《学术界》2017年第6期。

的比较研究。胡亚敏、刘知萌的《中西“空白”概念比较研究》从中西“空白”与空间、读者的关系，阐释中西文论对这一重要概念理解与阐释的异同，并从中把握中西宇宙观的差异，即中国对“无”的重视与西方对“有”的关注①。李建中、李远的《论“陌生化”和“象征化”的异同》的研究思路与胡文相似，重点比较中国文论中的“象征化”与西方文论中的“陌生化”的异同，认为二者虽然都是通过认知—陌生—认知的过程，完成其对事物的“陌生化”和“象征化”，但二者具有不同的特质，从而产生了不同的效果和影响②。陌生化的“一次性”与“时效性”特征导致其无法长时间对某个事物产生稳定的影响，而象征化通过不断重复和循环，最终获得了一种稳定性。李建中、孙盼盼的《文章与 literature：中西文论如何言说“文学”》则通过根性结构、语义流变和话语转换等不同层面比较中国的“文章”与西方的“literature”的异同，从而在更深入地理解中西文论言说“文学”的异同的同时，为重构中国文论话语体系与意义世界提供借鉴③。

强制阐释作为中外文论交流中的一个重要现象，自 2014 年由张江提出之后，就成为文艺学界关注的重要话题，湖北文艺学界对此也进行了探讨，发出了自己的声音。黄念然、高畅的《现当代西方形式主义文论中的“强制阐释”》认为，西方文论尤其是当代形式主义文论中存在诸多强制解释的现象，并以此为基点对其进行了批判④。而李建中的《汉字批评：文论阐释的中国路径》则更重视建构，认为中国文论避免强制阐释的一条途径就是回归汉字思维、汉字意识与汉字本位，由此逐渐通达于追根、问境和致用之际⑤。

尽管大家都认识到强制阐释的局限，但在中西文论对话中，中国文论依

① 胡亚敏、刘知萌：《中西“空白”概念比较研究》，《学术研究》2017 年第 1 期。

② 李建中、李远：《论“陌生化”和“象征化”的异同》，《中国文学研究》2017 年第 4 期。

③ 李建中、孙盼盼：《文章与 literature：中西文论如何言说“文学”》，《学术研究》2017 年第 5 期。

④ 黄念然、高畅：《现当代西方形式主义文论中的“强制阐释”》，《江汉论坛》2017 年第 1 期。

⑤ 李建中：《汉字批评：文论阐释的中国路径》，《江汉论坛》2017 年第 5 期。

旧处于弱势地位，如何借鉴西方文论来解释中国当下的文艺与文化现象，依旧是中国当下文艺学界需要重视的重要话题。龚举善的《图像叙事的发生逻辑及语图互文诗学的运行机制》①《视觉审美文化当代转型的总体路向》和李娟、刘春阳的《逃逸与背离：语言与图像关系的再审视》等论文，将西方理论与中国问题结合起来，为文艺学更好地回应现实做出了有益尝试②。

（3）致力古今转化

古代文论的创造性转化一直是中国文论界关注的热点话题。李建中主持的国家重大项目“中国文化元典关键词研究”，显然也是对这一问题的回应。李建中、陈硕的《中华审美文化的四个元关键词》认为，中国审美文化与四个汉字（元关键词）密切相关，心物一体之“人”建构审美主客体，可法可畏之“天”彰显审美境界，心生言立之“文”诠释审美言说，亦行亦止之“道”揭示审美规律③。李建中的《洪范九畴，彝伦攸叙：批评史书写的新范式》更是提出建构以关键词为经、以历史时序为纬的批评史书写的“洪范九畴”范式，深度阐释中国文论的核心观念，精心建构中国文论的话语体系，开辟一条文论阐释的中国路径④。

李建中的研究视野开阔、立论宏阔，高文强、王婧的《传统“遗忘”理论对当代文艺创新的启示》则从具体而微的问题入手，探讨古代文论现代转化的具体路径与现实资源，认为传统“得意忘言”的“遗忘”机制，可以使创作主体由“去蔽与澄明”的审美心胸到“因忘而通”的审美境界，从而实现文艺创新的自由⑤。李有光的《中国诗学“从变”与“从义”阐释思想研究》则对董仲舒的“从变从义”论对中国诗歌阐释实践的影响进

---

① 龚举善：《图像叙事的发生逻辑及语图互文诗学的运行机制》，《文学评论》2017 年第 1 期。

② 李娟、刘春阳：《逃逸与背离：语言与图像关系的再审视》，《湖南师范大学社会科学学报》2017 年第 1 期。

③ 李建中、陈硕：《中华审美文化的四个元关键词》，《江西师范大学学报》（哲学社会科学版）2017 年第 1 期。

④ 李建中：《洪范九畴，彝伦攸叙：批评史书写的新范式》，《北方论丛》2017 年第 1 期。

⑤ 高文强、王婧：《传统“遗忘”理论对当代文艺创新的启示》，《中国文艺评论》2017 年第 10 期。

行了系统梳理，其中潜含着当下意义①。王先霈的《〈管锥编〉的体式、成就及其局限平议》不仅是在对《管锥编》的学术价值进行再判断，同样也是在对古代文论的现代转化进行反思②。

2. 中国古代文学

截至2017年，湖北中国古代文学学科拥有长江学者特聘教授2人：武汉大学尚永亮、陈文新；拥有在研国家社会科学基金重大项目2项：武汉大学王兆鹏主持的“中国文学编年地理研究及信息平台建设”（12&ZD154），武汉大学陈文新主持的“中国文学史著作整理、研究及数据库建设”（17ZDA243）。作为湖北传统优势学科之一，湖北中国古代文学研究2017年推出了不少研究成果。这些成果主要表现出在两个层面进行了新的探索。

（1）开拓微观研究新领域

作为一个传统学科，中国古代文学研究面临着研究对象被前人充分研究的问题，这也就迫使研究者不断挖掘新的选题，开掘新的领域。湖北古代文学研究界因此注重微观方面的开掘，不断发现新的研究话题。

首先是对传统作家作品的新发现。尚永亮的《佛学影响与儒者情怀——柳宗元、刘禹锡贬后心态侧窥》探讨了柳宗元与刘禹锡内心深处的矛盾，他们一方面心香佛典，一方面难忘社会，他们的狷与狂，奠定了他们自我心性和执着意识的基石③。在考证方面，《范仲淹边塞词的现场勘查与词意新释》④、《欧阳修对扬州平山堂景观的建构与书写》⑤、《宋人张昇行实考》⑥、

① 李有光：《中国诗学“从变”与“从义”阐释思想研究》，《河南社会科学》2017年第9期。

② 王先霈：《〈管锥编〉的体式、成就及其局限平议》，《深圳大学学报》（人文社会科学版）2017年第1期。

③ 尚永亮：《佛学影响与儒者情怀——柳宗元、刘禹锡贬后心态侧窥》，《铜仁学院学报》2017年第5期。

④ 王兆鹏、肖鹏：《范仲淹边塞词的现场勘查与词意新释》，《文艺研究》2017年第2期。

⑤ 王兆鹏：《欧阳修对扬州平山堂景观的建构与书写》，《新疆大学学报》（哲学·人文社会科学版）2017年第3期。

⑥ 黄盼、王兆鹏：《宋人张昇行实考》，《南京师范大学文学院学报》2017年第3期。

《宋代〈赤壁赋〉的“多媒体”传播》①、《宋南渡诗人张嵲早期事迹考》②等一系列论文代表了王兆鹏及其团队取得的一系列新成绩。吴光正的《道眼观世界——王重阳诗词的审美思维》《试论金元全真高道辞世颂的史学价值和文学价值》《楚石梵琦的禅净双修与〈西斋净土诗〉创作》等论文，分别探讨了王重阳、楚石梵琦等人诗词创作的思想价值与艺术价值，这种对宗教界人士文学创作的关注，可以说也是古代文学研究的一个增长点③。曹建国的《类比、还原与谶纬之〈诗〉学——纬书的情性〈诗〉学观谫论》对董仲舒以情性说《诗》的源与流进行了系统梳理，认为《诗纬》在《诗》与天地阴阳之间建立一种匹配关系，对后世诗学理论产生了重大影响④。

结合目前的古籍、出土文献等资料，古代文学研究呈现出新的活力。钟书林的《敦煌吐鲁番文书的又一新发现：“冯氏藏墨中〈重译妙法莲华经〉长卷”》⑤、《敦煌写本〈为肃州刺史刘臣壁答南蕃书〉疏证——兼论唐代中期的唐、蕃关系及书信创作时间》⑥ 等论文与专著《五至十一世纪敦煌文学研究》，以及曹建国的《游道与养生：北大藏简〈魂魄赋〉谫论》⑦等可以算是这方面的代表性成果。2017 年 10 月 28 ~ 29 日，第六届出土文献与中国文学史研究讨论会在华中师范大学召开，来自中国人民大学、清华大学、山东大学、陕西师范大学、南昌大学等 40 多所高校的专家学者就文学与文献的关系进行了交流，推动了文献与文学的结合。

发掘传统经典意象的新内涵，也是古代文学研究的一种重要路向。尚永亮、刘晓的《“灞桥风雪驴子背”——一个经典意象的多元嬗变与诗、画解

① 王兆鹏：《宋代〈赤壁赋〉的“多媒体”传播》，《文学遗产》2017 年第 6 期。

② 王可喜、王兆鹏：《宋南渡诗人张嵲早期事迹考》，《江汉论坛》2017 年第 12 期。

③ 吴光正：《道眼观世界——王重阳诗词的审美思维》，《学术研究》2017 年第 2 期。

④ 曹建国：《类比、还原与谶纬之〈诗〉学——纬书的情性〈诗〉学观谫论》，《中南民族大学学报》（人文社会科学版）2017 年第 4 期。

⑤ 钟书林：《敦煌吐鲁番文书的又一新发现：“冯氏藏墨中〈重译妙法莲华经〉长卷”》，《江汉论坛》2017 年第 1 期。

⑥ 钟书林：《敦煌写本〈为肃州刺史刘臣壁答南蕃书〉疏证——兼论唐代中期的唐、蕃关系及书信创作时间》，《中国典籍与文化》2017 年第 4 期。

⑦ 曹建国：《游道与养生：北大藏简〈魂魄赋〉谫论》，《长江学术》2017 年第 3 期。

读》系统梳理了“灞桥风雪驴背”这一经典意象从唐诗到宋画的演变历程，揭示传统文人赋予这一经典意象的意趣[①]。路成文则对传统的“牡丹”意象进行了持续观照。系列论文《北宋牡丹审美文化新论》《“诗圣”或曾咏牡丹——兼谈杜甫两首诗的编年问题》《初盛唐牡丹诗词的文化观照》《金元牡丹诗词的文化观照》《〈牡丹赋〉与“甘露之变”——李德裕、舒元舆〈牡丹赋〉新论》[②] 都以“牡丹”为核心展开论述，其研究思路对其他研究者也具有一定启发意义。

对学术史进行研究，也是古代文学值得拓展的一个重要领域。陈文新在这方面用力较多，成果较丰。系列论文《从〈湘君〉与〈学衡〉的离合看刘永济的辞章家风范》[③]、陈文新的《论刘永济屈赋考据的人文性与科学性》《以意逆志：中国古典诗词的文本细读——以刘永济〈微睇室说词〉解读吴文英词为范式》等，以刘永济为个案进行研究，却具有方法论意义[④]。

（2）探索宏观研究新方法

对古代文学进行深入微观考察是一种重要的创新思路，跳出来进行宏观把握同样是一种重要的创新思路。湖北学者在这方面也取得了较有分量的成果。

对古代文学进行宏观考察，可以是一种长时段大范围的物理时空把握，如由王兆鹏与搜韵网站共同打造，2017 年 3 月正式上线的“唐宋文学编年系地信息平台”，可以说是王兆鹏主持的重大课题的重要成果。另外，宏观把握也可以是一种视野上的宏观，也就是跨学科的考察。在这方面，湖北学者进行了多方面的探讨。

---

① 尚永亮、刘晓：《“灞桥风雪驴子背”——一个经典意象的多元嬗变与诗、画解读》，《文艺研究》2017 年第 1 期。

② 路成文：《〈牡丹赋〉与“甘露之变”——李德裕、舒元舆〈牡丹赋〉新论》，《江海学刊》2017 年第 6 期。

③ 陈文新、江俊伟：《从〈湘君〉与〈学衡〉的离合看刘永济的辞章家风范》，《文艺理论研究》2017 年第 2 期。

④ 陈文新：《论刘永济屈赋考据的人文性与科学性》，《长江学术》2017 年第 2 辑；陈文新：《以意逆志：中国古典诗词的文本细读——以刘永济〈微睇室说词〉解读吴文英词为范式》，《江苏师范大学学报》（哲学社会科学版）2017 年第 5 期。

从文学与文化、文学与制度之间的关系切入，鲁小俊的清代书院研究具有一定的代表性。其系列学术论文《清代书院课艺序言的地域书写》《书院考课与经史词章（1801～1904）》《清代书院的知识结构：以阅读指南、课业设置和考课题目为考察视角》《书院考课与八股文：以清代书院课艺总集为中心》，从不同角度切入了清代尤其是清代后期书院的特征，探讨了书院与文学的传承与发展之间的隐秘联系①。陈文新、彭娟的《社会科学知识体系视野下的明代殿试策解读》则关注明代的殿试策与政治情势的关系，从社会科学知识结构的角度分析明代殿试策的作用。这些研究都跳出单纯的文学研究思路，进入了更广阔的文化研究领域②。

对古代文学进行思想史探讨，也是重要的研究路向。王齐洲在这方面具有较强的代表性。系列论文《“兴于诗”：儒家君子人格养成的逻辑起点——孔子文学教育思想探论之一》《试论孔子的艺术观》《“立于礼”：儒家君子人格养成的行为准则——孔子文学教育思想探论之二》《“无友不如己者”正义——兼论孔门的交友之道》等，显示出他的学术兴趣与学术思路，也显示出他对传统经典的独到理解③。钟书林的《孔子的家族传统与文化追认》从孔子的家世与文化，分析孔子如何成为一身兼巫、史、士三代知识分子的代表，其思想史研究方法也显得较为明晰④。

对既有研究成果进行总结梳理，也是古代文学进行进一步深入研究的重要前提。在这方面，陈水云等表现出浓厚兴趣。陈水云和张星星的《李绂八股文批评述略》⑤、陈水云和孙达时的《俞长城八股文批评述论》⑥、陈水

① 鲁小俊：《书院考课与八股文：以清代书院课艺总集为中心》，《文学遗产》2017 年第 6 期。

② 陈文新、彭娟：《社会科学知识体系视野下的明代殿试策解读》，《江西师范大学学报》（哲学社会科学版）2017 年第 5 期。

③ 王齐洲、李晓华：《“兴于诗”：儒家君子人格养成的逻辑起点——孔子文学教育思想探论之一》，《江西师范大学学报》（哲学社会科学版）2017 年第 2 期。

④ 钟书林：《孔子的家族传统与文化追认》，《铜仁学院学报》2017 年第 5 期。

⑤ 陈水云、张星星：《李绂八股文批评述略》，《深圳大学学报》（人文社会科学版）2017 年第 2 期。

⑥ 陈水云、孙达时：《俞长城八股文批评述论》，《人文论丛》2017 年第 2 期。

云和吴莹的《20世纪以来满族诗学理论研究述评》①、陈水云的《新世纪以来纳兰性德研究述评》②、陈水云和陆燊佳的《新世纪以来（2001～2016）顾太清研究述评》③、张星星和陈水云的《郑献甫八股文批评述论》④以及程芸和张金蕾的《清代"梨园花谱"研究述评》⑤、吴光正的《苏轼与佛禅研究百年述评》⑥等，暗示了研究者对于研究对象的独特兴趣。

3. 中国现当代文学

湖北中国现当代文学研究人才队伍整齐，目前拥有长江学者特聘教授1人：华中师范大学王泽龙；长江学者青年学者1人：华中师范大学李遇春；万人计划领军人才1人：湖北大学周新民。拥有一个省级人文社科重点研究基地：湖北大学当代文艺创作研究中心。截至2017年有3个在研国家社科重大项目：华中师范大学王泽龙主持的"中国新诗传播接受文献集成、研究及数据库建设（1917～1949）"（16ZDA240）、武汉大学方长安主持的"中国新诗传播接受文献集成、研究及数据库建设（1917～1949）"（16ZDA186）、武汉大学金宏宇主持的"中国现代文学名著异文汇校、集成及文本演变史研究"（17ZDA279）。2017年，湖北中国现当代文学研究界立足湖北，面向全国，推出了不少能够代表湖北水平的研究成果。

（1）开启诗歌研究新征程

以两个国家重大项目为中心，王泽龙与方长安在2017年分别推出了一些重要研究成果。其中，王泽龙更侧重诗歌本体研究，对现当代重要诗人以及诗歌语言进行了重点关注，其中一项重要成果就是对京派文人圈的代表性

---

① 陈水云、吴莹：《20世纪以来满族诗学理论研究述评》，《语文学刊》2017年第3期。

② 陈水云：《新世纪以来纳兰性德研究述评》，《辽宁师范大学学报》（社会科学版）2017年第5期。

③ 陈水云、陆燊佳：《新世纪以来（2001～2016）顾太清研究述评》，《南阳师范学院学报》2017年第8期。

④ 张星星、陈水云：《郑献甫八股文批评述论》，《广西社会科学》2017年第8期。

⑤ 程芸、张金蕾：《清代"梨园花谱"研究述评》，《戏曲艺术》2017年第1期。

⑥ 吴光正：《苏轼与佛禅研究百年述评》，《社会科学研究》2017年第4期。

诗人朱英诞诗歌的整理与研究，包括朱英诞、王泽龙、高健编著的《朱英诞现代诗选集》以及王泽龙《论朱英诞的诗》[①]。在诗歌语言研究方面，王泽龙、高健刊发于《中国社会科学》2017 年第 6 期的《对称与五四时期新诗形式变革》可以说是近年来相关研究的重量级成果，该文对新诗多样自由的对称形式与现代诗形建构及现代诗意表达的关系进行了系统梳理，为新诗研究提供了新的视角与思路。其他如王泽龙和杨柳的《论卞之琳诗歌的古典语言意识》[②]，以及王泽龙的《科学思潮与现代汉语诗歌形式变革》[③]、《现代汉语与现代诗歌研究》[④]，或宏观、或微观，始终围绕的都是诗歌语言的本体问题。

与王泽龙更为关注诗歌本体不同，方长安虽然也重视诗人诗作研究，如他和王立扬的《如何写新诗：卞之琳》[⑤]，但他的兴趣更多地表现在诗歌接受方面。方长安、仲雷的《选本数据与“何其芳现象”重审》以个案为对象[⑥]，方长安的《中国现代诗歌传播接受与经典化的三重向度》视野则更为宏观，着力分析了批评、选本和文学史著作在诗歌经典化过程中的作用以及可能受到的制约与影响[⑦]，其专著《中国新诗（1917～1949）接受史研究》则可以说是其研究方法的具体运用[⑧]。

其他学者也从不同角度切入了现当代新诗研究，如欧阳澜、汪树东《论穆旦诗歌的反现代性》[⑨] 和汪树东的《论吉狄马加诗歌的生态意识》[⑩]、李海燕和陈国恩的《从“纯诗”突围而来的现实主义——论闻一多后期诗

① 王泽龙：《论朱英诞的诗》，《文学评论》2017 年第 6 期。

② 王泽龙、杨柳：《论卞之琳诗歌的古典语言意识》，《河北学刊》2017 年第 3 期。

③ 王泽龙：《科学思潮与现代汉语诗歌形式变革》，《兰州大学学报》（社会科学版）2017 年第 5 期。

④ 王泽龙：《现代汉语与现代诗歌研究》，长江文艺出版社，2017。

⑤ 方长安、王立扬：《如何写新诗：卞之琳》，《海南师范大学学报》（社会科学版）2017 年第 5 期。

⑥ 方长安、仲雷：《选本数据与“何其芳现象”重审》，《江汉论坛》2017 年第 12 期。

⑦ 方长安：《中国现代诗歌传播接受与经典化的三重向度》，《天津社会科学》2017 年第 3 期。

⑧ 方长安：《中国新诗（1917～1949）接受史研究》，中国社会科学出版社，2017。

⑨ 欧阳澜、汪树东：《论穆旦诗歌的反现代性》，《现代中国文化与文学》2017 年第 1 期。

⑩ 汪树东：《论吉狄马加诗歌的生态意识》，《南京师范大学文学院学报》2017 年第 2 期。

学观》[①]、刘继林的《民间歌谣与五四新诗的现代性建构》[②]，这些研究丰富了湖北新诗研究界的精神向度。

与上述学者关注新诗不同，李遇春另辟蹊径，对现当代旧体诗词创作进行了系统研究，近年来获得较大反响。2017 年，他持续推出相关研究成果，主要包括《现代中国画家旧体诗词的历史浮沉与演变趋势》《走在古今中西的诗歌交汇点上——张恨水旧体诗词创作论》《现代中国女性旧体诗词的历史浮沉与演变趋势》等[③]。这些研究无疑丰富了现代诗歌谱系。

台湾诗人同样也进入了湖北学界的视野，赵小琪在这方面用力较多，2017 年推出了系列成果，主要包括《台湾新世代本土诗人想象的中国物质空间二重性》[④]《台湾新世代本土诗人想象的中国人文空间的二重性》《台湾新世代本土诗人想象中国社会空间的二重性》《代际冲突中当代台湾地区诗人的中华族裔意识论》，对台湾新世纪诗人的文化心态进行了系统分析。

（2）提升小说研究新高度

由于现当代小说创作成就高，作品多，影响大，因此对现当代小说的评价与分析一直是学界关注的焦点。湖北学界在 2017 年的研究重心，主要集中在经典作家作品研究以及湖北作家作品的推介方面。

在经典作家作品研究方面，许祖华对鲁迅的长期关注，使得其在 2017 年继续推出了相关研究成果，《〈故事新编〉对人的价值重估与油滑修辞》[⑤]《论鲁迅孤寂的生活方式与其经验知识的生动性》《鲁迅积累的进化论知识及对鲁迅思想的影响》《鲁迅关于科学的模型信念与其进化论知识的关系》

---

① 李海燕、陈国恩：《从“纯诗”突围而来的现实主义——论闻一多后期诗学观》，《江汉论坛》2017 年第 4 期。

② 刘继林：《民间歌谣与五四新诗的现代性建构》，《厦门大学学报》（哲学社会科学版）2017 年第 5 期。

③ 李遇春、朱一帆：《现代中国女性旧体诗词的历史浮沉与演变趋势》，《天津社会科学》2017 年第 1 期。

④ 赵小琪：《台湾新世代本土诗人想象的中国物质空间二重性》，《广东社会科学》2017 年第 6 期。

⑤ 许祖华、狄洁文：《〈故事新编〉对人的价值重估与油滑修辞》，《华中师范大学学报》（人文社会科学版）2017 年第 2 期。

系列论文代表了其鲁迅研究的新收获。王毅《“重复”的隐喻：从小说到电影的〈祝福〉》对鲁迅作品改编的研究，同样也是近期鲁迅研究的新收获[①]。

除了鲁迅，湖北学界对于当代很多风头正健的作家也表现出浓厚的兴趣，如刘震云[②]、陈忠实[③]、余华[④]、迟子建[⑤]、张承志和姜戎[⑥]等。这些研究成果折射出湖北学界的研究兴趣与研究视角。

对现当代重要创作现象及创作思潮进行宏观把握，同样是学者们关注的重要问题。樊星、肖楚楚的《学人·学林·学堂——新时期以来中国的学界小说》关注学界小说[⑦]，叶立文的《从东方主义到中国经验——先锋小说的巫术传奇》关注先锋小说[⑧]，陈国恩的《视界融合：助推西藏文学发展》关注地域文学[⑨]，叶立文的《从灵魂之旅到技术理性——论作家批评的时代新变》关注作家批评[⑩]。其中，周新民的《重构宏大叙事的可能性——以〈麦河〉〈祭语风中〉〈己卯年雨雪〉为考察对象》虽然以具体作

---

① 王毅：《“重复”的隐喻：从小说到电影的〈祝福〉》，《中国现代文学研究丛刊》2017 年第 5 期。

② 樊星：《刘震云小说研究的新话题》，《新乡学院学报》2017 年第 5 期。

③ 樊星：《〈白鹿原〉的关中“戏楼风景”研究》，《新文学评论》2017 年第 3 期。

④ 王毅：《虚构与非虚构：论余华的〈第七天〉》，《华中科技大学学报》（社会科学版）2017 年第 4 期；於可训：《余华与经典性》，《小说评论》2017 年第 4 期。

⑤ 李遇春：《传奇·反讽·寓言——迟子建长篇近作〈群山之巅〉的文体选择》，《中国文学批评》2017 年第 1 期；李遇春：《重构中国长篇历史小说的叙事传统——论迟子建的长篇小说〈伪满洲国〉》，《中国现代文学研究丛刊》2017 年第 4 期。

⑥ 李遇春、叶澜涛：《1990 年代以来民族主义文学文本的改写与重构——以〈心灵史〉〈狼图腾〉为例》，《小说评论》2017 年第 1 期。

⑦ 樊星、肖楚楚：《学人·学林·学堂——新时期以来中国的学界小说》，《当代文坛》2017 年第 6 期。

⑧ 叶立文：《从东方主义到中国经验——先锋小说的巫术传奇》，《天津社会科学》2017 年第 5 期。

⑨ 陈国恩：《视界融合：助推西藏文学发展》，《西藏大学学报》（社会科学版）2017 年第 4 期。

⑩ 叶立文：《从灵魂之旅到技术理性——论作家批评的时代新变》，《贵州社会科学》2017 年第 9 期。

品为研究对象，但提出的理论话题却较为宏大，产生了较为重大的社会反响[①]。

对于湖北学界而言，推介湖北文学同样是重要的社会使命。在这方面，湖北学者也用力甚多。如刘保昌《论方方小说的武汉书写》[②]、陈国恩《时空裂隙中的艺术与历史对话——论〈软埋〉》对方方的研究[③]，周新民对刘醒龙创作的总结[④]，以及刘保昌《论晓苏的油菜坡叙事》[⑤]，叶立文《文言之法与补叙之道——评於可训的小说创作》[⑥]，张双和刘川鄂《“苦心经营的秘密”——〈南方的秘密〉叙事策略分析》等论文对湖北相关作家的推介，都为扩大湖北当代文学创作的影响发挥了正面作用[⑦]。

（3）拓展散文研究新境界

2017 年 1 月，湖北作家李修文推出散文集《山河袈裟》，一时好评如潮。为扩大湖北散文在全国的影响、提升当代精品散文在社会上的认可度，2017 年 3 月 18 日，湖北大学当代文艺创作研究中心举行专题研讨会，来自全国各地近三十位评论家出席，推出了一批研究成果。如刘川鄂的《关于李修文散文集〈山河袈裟〉》[⑧]，李俊国、周易的《精神涅槃：〈山河袈裟〉之于当代文学的精神现象学意义》[⑨]，阳燕的《〈山河袈裟〉：行吟诗人的“灵魂之书”》[⑩]，刘川鄂、李修文、钱刚的《从“人民”与“美”重新出

① 周新民：《重构宏大叙事的可能性——以〈麦河〉〈祭语风中〉〈己卯年雨雪〉为考察对象》，《文学评论》2017 年第 3 期。

② 刘保昌：《论方方小说的武汉书写》，《中州学刊》2017 年第 3 期。

③ 陈国恩：《时空裂隙中的艺术与历史对话——论〈软埋〉》，《广播电视大学学报》（哲学社会科学版）2017 年第 4 期。

④ 周新民：《论刘醒龙的小说创作道路》，《中国现代文学研究丛刊》2017 年第 1 期。

⑤ 刘保昌：《论晓苏的油菜坡叙事》，《小说评论》2017 年第 5 期。

⑥ 叶立文：《文言之法与补叙之道——评於可训的小说创作》，《当代作家评论》2017 年第 6 期。

⑦ 张双、刘川鄂：《“苦心经营的秘密”——〈南方的秘密〉叙事策略分析》，《当代文坛》2017 年第 6 期。

⑧ 刘川鄂：《关于李修文散文集〈山河袈裟〉》，《长江丛刊》2017 年第 13 期。

⑨ 李俊国、周易：《精神涅槃：〈山河袈裟〉之于当代文学的精神现象学意义》，《南方文坛》2017 年第 7 期。

⑩ 阳燕：《〈山河袈裟〉：行吟诗人的“灵魂之书”》，《南方文坛》2017 年第 7 期。

发——关于〈山河袈裟〉的对话》[①]，李汉桥、张雯君的《面对无言的生活——读李修文散文集〈山河袈裟〉》[②]，刘川鄂、钱刚的《时代惶惑者的“失败”反抗——评李修文新作〈山河袈裟〉》[③]。就像刘川鄂凝练的关键词“人民”与“美”所暗示的那样，湖北散文批评注重发掘其人民性与艺术性，着力阐发湖北优秀散文在建构人们价值信念方面的重要的正面意义，充分发挥文学批评的社会作用。

（4）探索重返文学现场新路径

无论现代文学还是当代文学，都在逐渐成为历史，对现当代文学进行研究，始终存在一个如何重返文学历史现场的问题。这也是近年来学界关注当代文学史料学的一个重要原因。陈国恩《当代文学史料学及其应用的几个问题》正是对这一问题的思考与回应[④]。金宏宇的版本学及相关研究，则较为系统地建构了自己的研究方法，探索出了一条重返文学现场的新路径。系列论文《中国现代作家书信集及其研究》[⑤]《中国现代文学校勘实践与理论建构》《中国现代文学目录实践批判》《中国现代文学版本研究的新路径》《〈郁金香〉为张爱玲所作真伪辨》《新诗集序跋生产及文献价值论》，折射出金宏宇对重返文学现场的方法论思考。

与金宏宇注重从版本中寻找重返文学现场不同，周新民则注重通过与作家直接对话，回到文学现场。二者方法的不同，根本原因在于前者的研究对象大多已成为历史，而后者关注的对象依旧生活在当下。如果说《在现场，新伤痕，怎么办？——杨庆祥访谈录》折射出了周新民的

---

① 刘川鄂、李修文、钱刚：《从“人民”与“美”重新出发——关于〈山河袈裟〉的对话》，《南方文坛》2017 年第 7 期。

② 李汉桥、张雯君：《面对无言的生活——读李修文散文集〈山河袈裟〉》，《长江文艺评论》2017 年第 8 期。

③ 刘川鄂、钱刚：《时代惶惑者的“失败”反抗——评李修文新作〈山河袈裟〉》，《当代作家评论》2018 年第 1 期。

④ 陈国恩：《当代文学史料学及其应用的几个问题》，《中国文学研究》2017 年第 4 期。

⑤ 金宏宇：《中国现代作家书信集及其研究》，《长沙理工大学学报》（社会科学版）2017 年第 2 期。

研究思路[①]，那么，《中国“60后”作家访谈录》则汇集了他近年相关访谈录，也可以视为他近期学术思路的一个小结[②]。

4. 比较文学与世界文学

本学科拥有重要的学术期刊《外国文学研究》。截至2017年，拥有国家社会科学基金重大在研项目1项：原华中师范大学教授聂珍钊主持的“文学伦理学批评：理论建构与批评实践研究”（13&ZD128）。湖北比较文学与世界文学学科近年来主要关注文学伦理学批评、外国文学作家作品研究以及跨文化视野下的比较文学研究。

（1）文学伦理学研究

作为文学伦理学批评重大课题的主持人，聂珍钊不仅在《北京第二外国语学院学报》2017年第1期组织了“文学伦理学研究专栏”，而且在《外国文学研究》2017年第5期上刊发了《脑文本和脑概念的形成机制与文学伦理学批评》，提出了脑文本的概念，认为文学教诲功能主要通过文学的脑文本转换来实现，由此试图推进文学伦理学研究深入发展。邹建军同样较为关心文学伦理学的理论建构，《文学伦理学批评理论的层深结构》[③]与《文学伦理学批评理论存在的问题及关键词阐释》等论文关注目前的理论缺陷，并提出了自己的完善方案。苏晖则更为注重文学伦理学批评实践。其《20世纪80年代美国同性恋群体的伦理困惑与伦理选择——以〈天使在美国〉为例》在A&HCI来源期刊 *Interdisciplinary Studies of Literature*（《文学跨学科研究》）2017年第4期发表，在国际学术交流中发出了中国声音，其《外国小说与戏剧的伦理学批评》[④]、《伦理困境中的艰难突围：解读〈等待野蛮人〉》等论文同样是文学伦理学的批评实践[⑤]。

2017年9月2日，“第七届文学伦理学批评国际学术研讨会”在伦敦举

① 周新民、杨庆祥：《在现场，新伤痕，怎么办？——杨庆祥访谈录》，《长江文艺评论》2017年第3期。

② 周新民：《中国“60后”作家访谈录》，中国社会科学出版社，2017。

③ 邹建军：《文学伦理学批评理论的层深结构》，《世界文学评论》（高教版）2017年第3期。

④ 苏晖：《外国小说与戏剧的伦理学批评》，《华中师范大学研究生学报》2017年第2期。

⑤ 苏晖：《伦理困境中的艰难突围：解读〈等待野蛮人〉》，《华中学术》2017年第1辑。

行。本届会议由国际文学伦理学批评研究会、《外国文学研究》编辑部及英国伦敦大学玛丽王后学院联合主办，华中师范大学国际文学伦理学批评研究中心等单位协办，来自中国（包括台湾地区）、美国、英国、德国、丹麦、挪威、波兰、爱沙尼亚、斯洛文尼亚、韩国、日本、越南等十多个国家及地区的一百多位学者参与了大会，进一步扩大了文学伦理学批评的国际影响。

（2）外国作家作品研究

外国作家作品研究是本学科的传统领地，无论是经典作家还是新兴作者，都可能进入学科视野。涂险峰、黄艳的《疾病在〈魔山〉起舞——论托马斯·曼反讽的疾病诗学》《〈布登勃洛克一家〉：托马斯·曼对德国社会的“病理分析”》关注经典作家①，肖楚楚、樊星的《象牙塔的陷落？——英美学界小说研究》则关注新兴创作倾向②，徐平、郭蔚臻、张箭飞的《弗里德里希·施莱格尔与文学的绝对》③与杨建的《从先知末世论到启示末世论——〈圣经〉末世论神学思想的嬗变研究》注重对经典理论的现代阐发④，徐梅、刘久明的《后殖民时代的性爱书写：人性禁锢与真我返归》则是用后现代理论进行现代探索。这些研究实践从不同向度丰富了学科的研究图谱⑤。

（3）比较文学研究

比较文学视野可以帮助人们对比较的双方有更清醒的认识与更深刻的阐发，这也是比较文学研究的重点与难点。叶雨其、赵小琪的《1842～1919年德语文学中的三种中国空间形态论》对1842～1919年德语作家建构的中

① 涂险峰、黄艳：《疾病在〈魔山〉起舞——论托马斯·曼反讽的疾病诗学》，《武汉大学学报》（人文科学版）2017年第2期；涂险峰、黄艳：《〈布登勃洛克一家〉：托马斯·曼对德国社会的“病理分析”》，《长江学术》2017年第1期。

② 肖楚楚、樊星：《象牙塔的陷落？——英美学界小说研究》，《江汉论坛》2017年第7期。

③ 徐平、郭蔚臻、张箭飞：《弗里德里希·施莱格尔与文学的绝对》，《长江学术》2017年第2辑。

④ 杨建：《从先知末世论到启示末世论——〈圣经〉末世论神学思想的嬗变研究》，《华中学术》2017年第4期。

⑤ 徐梅、刘久明：《后殖民时代的性爱书写：人性禁锢与真我返归》，《湖南科技大学学报》（社会科学版）2017年第2期。

国空间的二重性进行了具体分析，即：顽固而又滞后的中国政治空间、虚无而又充盈的中国哲学空间、浪漫而又情欲化的中国文学空间①。通过这种空间建构，德语作家试图解决他们面临的神性祛魅、人性异化的时代弊病与精神困境，但这些想象并没有使他们如愿得到救赎，反而因为重复性的自我确证而令他们最终陷入了自我膨胀的危机之中。该文具体的研究结论不仅让人有耳目一新之感，而且研究思路也具有一定的方法论启示意义。樊星的《电影〈沉默〉与原著中的“神圣风景”的比较》对美国导演改编日本小说进行观照，显然也展现出传统比较文学不同的思路②。邹建军、王金黄的《文本决定论：对比较文学中国学派“双向阐发”的反思》直接对“双向阐发”进行质疑，认为文学文本才是文学研究的决定因素，其观点值得人们进行深入思考③。邹建军的《西方文学深刻影响下的百年新诗——对新诗成就、问题及其根源的一些思考》将百年新诗置于影响研究视野之下，也可见出作者的创新意愿④。

（4）语言学及应用语言学

该学科现拥有隶属国家语言文字工作委员会、教育部共建基地 1 个：武汉大学“中国语情与社会发展研究中心”；湖北省人文社科重点研究基地 3 个：武汉大学湖北语言与智能信息处理研究基地、华中师范大学汉语国际推广研究基地、湖北师范大学语言学研究中心；重要学术期刊 1 个：《语言研究》；在研国家社会科学基金重大课题 1 项：武汉大学萧国政、姬东鸿主持的“基于本体演化和事件结构的语义网模型研究”（11&ZD189）。

湖北应用语言学（包括语言信息处理、语言政策研究、修辞研究和汉

---

① 叶雨其、赵小琪：《1842～1919 年德语文学中的三种中国空间形态论》，《贵州社会科学》2017 年第 4 期。

② 樊星：《电影〈沉默〉与原著中的“神圣风景”的比较》，《商洛学院学报》2017 年第 4 期。

③ 邹建军、王金黄：《文本决定论：对比较文学中国学派“双向阐发”的反思》，《学习与实践》2017 年第 11 期。

④ 邹建军：《西方文学深刻影响下的百年新诗——对新诗成就、问题及其根源的一些思考》，《星星》2017 年第 32 期。

语教学）已经逐渐发展成为湖北省语言学研究方面的显学。以萧国政、姬东鸿为代表主要从事语言与机器处理的计算语言学成绩突出。而赵世举、赫琳等则从语言政策、中国语情与社会发展的角度拓展了语言研究的领域。李治平、王洪涌等从话语标记和对外汉语教学等方面也做出了自己的努力。

作为萧国政和姬东鸿主持的国家社会科学基金重大项目“基于本体演化和事件结构的语义网模型研究”（11&ZD189）的成果，陈禹、萧国政的《基于物性结构的事件演化语义模型》，论说事件演化即事件在篇章中依次变化，是篇章推进的主要手段。文章结合物性结构理论，认为同一话题下与不同话题间事件演化可构建出一套语义模型，该语义模型着重刻画事件间基于词汇语义的内部语义联系，并说明物性结构与题元结构的协同作用对事件演化提供的语义触发动力与制约机制①。

赵世举本年度发表论文5篇。《华语的历时流变和共时格局及整体华语观》指出：华语是全球华人共有的语言，构建对华语的整体性认识和概念的统一，不仅有利于深化对华语的全面认识，促进华语健康发展，而且有利于增强全球华人的族群认同、文化认同和凝聚力②。事实上，界定各异的华语，溯其源，都是由古汉语演变来的，就连“华语”名称，也源自我国古代，承用于近现代。流播全球的华语，形式上散布各处，称谓不一，实则血脉相连，是一个有机整体，并且正在由过去的点线流播，走向网状连通，内在联系更为紧密；由过去的孤岛生存，渐向互动融合的方向发展。这是全球华人的纽带和族群标记。因此，有必要确立“整体华语观”。《语言经济学的维度及视角》提出语言经济学的三个基本维度：一是运用经济学的理论和方法研究语言自身的问题；二是研究经济学的语言运用问题；三是研究语言与经济的关系问题，进一步探究语言的经济资源价值③。

赫琳本年发文5篇，其《“一带一路”话语构建的三个关键》着眼中央

---

① 陈禹、萧国政：《基于物性结构的事件演化语义模型》，《语言科学》2017年第4期。

② 赵世举：《华语的历时流变和共时格局及整体华语观》，《文化软实力研究》2017年第6期。

③ 赵世举、葛新宇：《语言经济学的维度及视角》，《武汉大学学报》（人文科学版）2017年第6期。

大政，探讨“一带一路”的话语构建和表述中的理解和认同问题①。

李治平的《论会话语篇话题的确定方法》，讨论篇章连贯手段包括形式手段和意义手段，书面独白篇章和会话语篇的构成有较大差异；从话题控制角度分析连贯的方法可以和会话结构形式研究连贯的方法互相验证②。

冯广艺是汉语修辞学研究的重要学者，近年来不仅关注语言生态，在修辞研究上依然成绩斐然，本年度发文6篇。《浅谈吴士文先生关于辞格史和辞格的研究》对吴士文“一文两篇”做出评论，认为其《修辞格研究史略》是一篇导夫先路的论文，《修辞格论析》是一部开拓创新的专著，《修辞讲话》是一本深化辞格研究的著作；肯定吴士文先生在修辞学理论、辞格研究史、辞格系统研究、修辞学体系建构等方面均做出了巨大贡献③。

（5）汉语言文字学

该学科目前拥有教育部人文社科重点研究基地1个：华中师范大学语言与语言教育研究中心；省级人文社科重点研究基地1个：江汉大学武汉语言文化研究中心；重要学术期刊1个：《汉语学报》；在研国家社会科学基金重大项目2项：华中师范大学邢福义主持的“全球华语语法研究”（11&ZD128）、湖北大学石锓主持的“类型学视角下的明清汉语语法研究”（15ZDB098）；在研教育部重大招标项目1项：原华中师范大学教授储泽祥主持的“汉民族共同语在两岸的现状比较研究”（11JZD036）。

湖北省的汉语言文字学研究一直蒸蒸日上，在邢福义、宗富邦等语言学泰斗的引领下，以武汉大学、华中师范大学、湖北大学、湖北师范大学、中南民族大学为阵地，在传统语言学（或称语文学，包括文字、音韵、训诂、校勘研究）、汉语语法学（主要在现代汉语语法和近代汉语语法研究）、方言学（湖北方言调查和语言资源保护）等几个领域，形成了既各

① 赫琳：《“一带一路”话语构建的三个关键》，《中国社会科学报》2017年2月17日。
② 李治平：《论会话语篇话题的确定方法》，《汉语学习》2017年第1期。
③ 冯广艺：《浅谈吴士文先生关于辞格史和辞格的研究》，《辽东学院学报》（社会科学版）2017年第3期。

具特色又全齐发展的语言学研究阵营。2017 年的语言学研究成果丰硕，学术活动也很活跃。本年度召开了一些影响较深远的国际与国内学术会议。比如：2017 年 10 月 30 日至 11 月 1 日在湖北大学召开了“第二届中法语言学论坛”，来自中、法两国的三十位学者出席了本次会议并报告论文，内容涉及语言研究方法论、语言类型学、词典编纂、语言接触与少数民族语言、方言、文字学、形态构词构式、句法语义、形式语法、篇章理论等多个领域，为大家献上了一场异彩纷呈、高潮迭起的语言学盛宴。2017 年 11 月 17 日至 19 日在华中师范大学召开“京鄂湘豫”古汉语研讨会，来自四省的五十余位专家学者集中研讨了古汉语音韵、文字、训诂、语法以及古汉语与方言、古汉语与少数民族语言等专题，极大地推进了古汉语研究，弘扬了学术。

①汉语语法学

汉语语法学一直是湖北语言学者们的一个强项。邢福义、李向农、匡鹏飞、刘云、谢晓明、姚双云、张道俊、车录彬等在现代汉语语法，石锓、赵爱武等在近代汉语语法研究上都有其独到的成就。邢福义现正主持推进国家社会科学基金重大项目“全球华语语法研究”（11&ZD1287），论文《说“S‖V〈得〉有｜NP”句式》，集中讨论“S‖V 得有 NP”的组合句式，指出“S‖V〈得〉有｜NP”句式既有结构组织上的特色，又有语用上的特定需求[①]。李向农、钱颖的《“以……名义”格式之“名”与“实”》通过对“以……名义”语义内涵的表里验证，考辨其名实关系的实质及其语用价值[②]。匡鹏飞 2017 年发文 5 篇，如《探索汉语语法特性——读邢福义先生〈汉语语法学（修订本）〉》，述要了一个多世纪以来，学者们努力寻求中国特色的语法研究的学术历程[③]；《“动词 + X + 时量成分”结构中 X 的类别和功能》，得出能进入结构中的 X，主要是副词，X 既可以是一个成分，也可

① 邢福义：《说“S‖V〈得〉有｜NP”句式》，《语言战略研究》2017 年第 1 期。

② 李向农、钱颖：《“以……名义”格式之“名”与“实”》，《汉语学报》2017 年第 2 期。

③ 匡鹏飞：《探索汉语语法特性——读邢福义先生〈汉语语法学（修订本）〉》，《中国社会科学报》2017 年 6 月 27 日。

以是多个成分连用，X 在结构中的语法意义丰富，包括关联标记、否定标记、主观量标记、焦点标记、非现实范畴标记和语体标记等①。谢晓明、左双菊的《显著事件的认知分化及其对语言发展的影响——以“期期”的演化为例》，讨论了语气副词“期期”和拟声词“期期”的形成问题，指出这是一种由于显著事件的认知分化而逐渐形成的语言现象②。张道俊的《程度性兼语短语》指出程度性兼语短语的基本特点是：初系动词 VP1 表现为单音节，含有致使义，具有黏着性；兼语 NP 只能是人物类名词组，不能是事物类名词组；次系动词 VP2 只能是表现人物情感活动、心理活动的谓词，不能是其他谓词③。车录彬的《“差一点”及相关构式在近代汉语中的形成与发展》，讲现代汉语中“差一点”构式身兼动词、形容词、否定义副词和模糊义副词四重身份，这种格局并非由“差一点”自身语法转化而来，而是在清初对“争些”“差些”全方位替换的结果④。

②语文学

语文学（传统语言学）的研究，也是湖北语言学者的一个强项，宗福邦、卢烈红、万献初、罗积勇、曹海东、程邦雄、邵则遂、邓福禄、张鹏飞等学者一直致力于传统“小学”的研讨。卢烈红本年度发表论文 2 篇，其《帝王诏书的语料价值》，指出不少帝王诏书实际上使用了当时出现的新词、口语词，这为不同时代鲜活语言的研究提供了珍贵的语料，且帝王诏书还有一个与出土资料相同的优点⑤。曹海东教授正主持国家社会科学基金项目“乾嘉学术札记中训诂理论的发掘与研究”（15BYY151），本年发文 4 篇，其《“莫落”释义考辨》通过稽考文献资料，认为《汉语大词典》引刘向《新序》之文为例，训“莫落”为“缀结”，未得确诂；“莫落”实为“幕

---

① 匡鹏飞：《“动词 + X + 时量成分”结构中 X 的类别和功能》，《汉语学报》2017 年第 4 期。

② 谢晓明、左双菊：《显著事件的认知分化及其对语言发展的影响——以“期期”的演化为例》，《语言研究》2017 年第 1 期。

③ 张道俊：《程度性兼语短语》，《湖北师范大学学报》（哲学社会科学版）2017 年第 6 期。

④ 车录彬：《“差一点”及相关构式在近代汉语中的形成与发展》，《湖北师范大学学报》（哲学社会科学版）2017 年第 3 期。

⑤ 卢烈红：《帝王诏书的语料价值》，《中国社会科学报》2017 年 10 月 24 日。

络”之通借，意为覆盖、蒙罩[①]。谭飞、程邦雄的《汉字形变构字现象研究》，认为《说文》所谓“倒”“反”的文字现象，其实多是汉字形变构字。汉字形变构字的主要手段有倒书、反书、增笔、省笔。倒书的出现多因与实际物象相符，或为表异于常态[②]。反书的出现则主要为成对会意和分担不同字义。增笔、省笔的出现多与精细表意有关，相似的字形轮廓显示着它们的相关性，而差异处则正为新义之所在。形变的结果是产生了一些新字，但因形变具有表意的特定性，使得不少字变异之后仅充当构字部件使用。邵则遂正主持国家社会科学基金项目“周秦两汉楚方言词研究”（12BYY079）、教育部人文社会科学基金项目“古楚方言词历时演变研究”（12YJA740065），本年度发文8篇，《论坡义地名词“坂”》一文以地名“长坂坡”为出发点，利用历史文献对“当阳之长坂”中的地名“长坂”演变为“长坂坡”的过程和缘由进行了探究[③]。在探究过程中，首先对坡义地名词“坂”与“阪”进行考释，得出坡义地名词“坂”在汉语方言、域外语言中均有分布，并与少数民族语言中的相关词语互为联系。张鹏飞的《汉字书写笔顺规范的学理探讨》说汉字书写的笔顺规范，既关乎汉字教学和汉字信息处理，又关系到对汉字历史传承、汉字文化的正确解读，从汉字构造的形意关系、汉字历史演进中书家书写的笔势笔意、汉字书写的同一性和方便性原则等方面，对汉字书写笔顺规范进行了学理上的解说和商榷[④]。

③方言

汉语方言研究，是湖北语言学者的又一强项，汪国胜领导一批学者从事方言调研和语言资源保护，取得了瞩目的成绩。盛银花、王宏佳、阮桂军、赵爱武、张道俊等都在贡献自己的力量。汪国胜正主持推进教育部人文社会科学重点研究基地重大项目“湖北方言及汉语方言语法比较研究”

① 曹海东：《“莫落”释义考辨》，《长江学术》2017年第2辑。
② 谭飞、程邦雄：《汉字形变构字现象研究》，《语文研究》2017年第1期。
③ 邵则遂、唐磊：《论坡义地名词“坂”》，《长江学术》2017年第1辑。
④ 张鹏飞：《汉字书写笔顺规范的学理探讨》，《湖北师范大学学报》（哲学社会科学版）2017年第3期。

（17JJD740007）以及国家语保工程，主编推出了“湖北方言研究”系列丛书，并作为中国语言资源保护工程湖北片区的首席专家，指导中国语言资源有声数据库·湖北片区语言资源的录制工作。本年度发表论文3篇：其《湖北方言说略》，作为教育部重大项目“湖北方言及汉语方言语法比较研究”的阶段性成果，主要介绍了五方面的情况：一是湖北境内少数民族语言的现状；二是湖北方言的分区及依据；三是湖北方言的分布及特点；四是湖北方言的地位及价值；五是湖北方言的调查与研究①。周赛华正主持推进国家社会科学基金项目“近代等韵研究缀补”（15BYY103），2017年发表了《明末吴语正音书〈声韵表〉音系述要》《〈切法辨疑〉所反映的清初上海方音》《江淮官话韵书〈字声便考〉音系考》等研究成果②。

（二）外国语言文学

与湖北中国语言文学学科在全国的相对优势相比，湖北外国语言文学学科显得比较弱势，但在专业内部，湖北依旧具有比较优势。2017年，湖北外国语言文学界依旧在外国文学、外国语言学及应用语言学等领域用心耕耘，在全国乃至世界发出了湖北声音。

1. 外国文学研究

在外国文学研究领域，湖北2017年的成果主要集中在英语语言文学、德语语言文学以及日语语言文学等领域。本年度湖北高校举办或联合举办了多场国际学术会议，如2017年6月3～4日，由华中师范大学外国语学院及英语文学研究中心主办，《外国文学研究》、湖北文学理论与批评研究中心、暨南大学、山东师范大学、杭州电子科技大学非洲及非裔文学研究院合办的“族裔文学与流散文学：第四届族裔文学国际研讨会”在华中师范大学举行。2017年11月3～5日，由华中师范大学外国语学院与云南师

① 汪国胜：《湖北方言说略》，《华中学术》2017年第4辑。

② 周赛华：《明末吴语正音书〈声韵表〉音系述要》，《古汉语研究》2017年第2期；周赛华：《〈切法辨疑〉所反映的清初上海方音》，《语言研究》2017年第2期；周赛华：《江淮官话韵书〈字声便考〉音系考》，《民俗典籍文字研究》2017年第1期。

范大学等单位联合举办的“中美诗歌诗学协会第六届年会”在昆明举行。2017 年 11 月 8 ~ 10 日，华中师范大学英语文学研究中心、山东师范大学外国语学院、中美诗歌诗学协会、杭州电子科技大学非洲及非裔文学研究院联合举办的“第三届现当代英语文学国际研讨会”在山东济南召开。这些会议对于扩大湖北相关学科的学术影响，推进学科发展，也发挥了重要作用。

（1）英语语言文学

2017 年湖北英语语言文学研究成果多集中在英语小说研究、英语诗歌研究、族裔文学研究等领域。

在英语小说方面，湖北推出的成果较多，其中既有经典作家作品研究，也有新兴作家作品研究，既有严肃小说、先锋小说研究，也有类型小说研究。段燕、王爱菊的《文学想象与真理政治——〈动物庄园〉中“童话”和“寓言”的言说》[①] 与陈西军的《来去荒岛与鲁滨逊的自然法政治抉择》关注经典作品[②]，徐彬的论文《从〈苦柠檬〉看劳伦斯·达雷尔的“恋岛癖”与政治旅居创作》[③] 与专著《劳伦斯·达雷尔研究》[④]、段燕、王爱菊的论文《贾克斯·穆达〈赤红之心〉的帝国反写与绿色批评》关注新兴作家[⑤]。陈后亮的《“一个另类种群”：〈雾都孤儿〉中的犯罪阶级想象》[⑥]、《伦理责任与日常生活——〈菲丝与好东西〉的文学伦理学批评》[⑦]，陈后亮、贾彦艳的《再现黑人经验的“完整视野”——论查尔斯·约翰逊

① 段燕、王爱菊：《文学想象与真理政治——〈动物庄园〉中“童话”和“寓言”的言说》，《广西社会科学》2017 年第 10 期。

② 陈西军：《来去荒岛与鲁滨逊的自然法政治抉择》，《外国文学研究》2017 年第 4 期。

③ 徐彬：《从〈苦柠檬〉看劳伦斯·达雷尔的“恋岛癖”与政治旅居创作》，《国外文学》2017 年第 3 期。

④ 徐彬：《劳伦斯·达雷尔研究》，中国社会科学出版社，2017。

⑤ 段燕、王爱菊：《贾克斯·穆达〈赤红之心〉的帝国反写与绿色批评》，《当代外国文学》2017 年第 3 期。

⑥ 陈后亮：《“一个另类种群”：〈雾都孤儿〉中的犯罪阶级想象》，《外国文学评论》2017 年第 3 期。

⑦ 陈后亮：《伦理责任与日常生活——〈菲丝与好东西〉的文学伦理学批评》，《山东外语教学》2017 年第 2 期。

的黑人哲理小说观》[①]、《对话存在主义：文学伦理学批评视阈中的自由选择与伦理责任》等关注严肃小说[②]，陈后亮的《犯罪文学发展的重要一环：19世纪初英国新门派犯罪小说》[③]，陈后亮、贾彦艳的《论萨克雷与英国新门派犯罪小说》则关注类型小说[④]。这种大范围多向度的研究对于丰富英语小说研究具有重要意义。

在英语诗歌研究方面，罗良功的《诗歌是语言的艺术吗？——英语诗歌文本初论》认为诗歌文本实际上由文字文本、声音文本、视觉文本三个次文本构成，重新审视诗歌文本及其三重次文本的关系，既是理论创新，也是诗歌研究的必然，有助于重新审视和书写诗歌史[⑤]。他的另一篇文章《兰斯顿·休斯与埃兹拉·庞德的诗学对话（英文）》通过对两位20世纪美国伟大的诗人之间的个人交往进行历史考证，探讨两者之间在文化、政治、诗学观念上的对话，认为这两位诗人所展开的诗学对话揭示了两者之间既对抗又同盟的关系，勾勒了各自通向美国诗学的不同道路[⑥]。

在族裔文学研究方面，罗良功的《论阿米力·巴拉卡的大众文化诗学》[⑦]与《美国非裔文学：2000～2016》分别从点与面对美国非裔文学的特征及贡献进行了分析与把握[⑧]。

在英语文论研究方面，陈后亮的《"将理论继续下去"——近二十年来

① 陈后亮、贾彦艳：《再现黑人经验的"完整视野"——论查尔斯·约翰逊的黑人哲理小说观》，《中南大学学报》（社会科学版版）2017年第5期。

② 陈后亮、贾彦艳：《对话存在主义：文学伦理学批评视阈中的自由选择与伦理责任》，《外国文学研究》2017年第4期。

③ 陈后亮：《犯罪文学发展的重要一环：19世纪初英国新门派犯罪小说》，《复旦外国语言文学论丛》2017年春季号。

④ 陈后亮、贾彦艳：《论萨克雷与英国新门派犯罪小说》，《外国语文》2017年第4期。

⑤ 罗良功：《诗歌是语言的艺术吗？——英语诗歌文本初论》，《山东外语教学》2017年第3期。

⑥ 罗良功：《兰斯顿·休斯与埃兹拉·庞德的诗学对话（英文）》，《外国文学研究》2017年第3期。

⑦ 罗良功：《论阿米力·巴拉卡的大众文化诗学》，《外国语言与文化》2017年第2期。

⑧ 罗良功：《美国非裔文学：2000～2016》，《社会科学研究》2017年第6期。

国内“后理论”研究综述》[1] 与《“理论的过去表明理论具有未来”——“后理论”背景下的理论反思》[2] 以及其相关翻译，对“后理论”进行了同步跟踪，从而拉近了中外文论之间的时空距离。

（2）德语语言文学

在德语文学研究方面，华中科技大学外国语学院德语系教授谭渊可以视为湖北学界的代表。2017 年，他陆续推出歌德研究方面的论文，将相关研究引向深入。其《歌德〈浮士德〉中的斯芬克斯因子与伦理选择》从文学伦理学批评视角出发，将歌德的名著《浮士德》置于创作的历史环境中，在 18 世纪德国伦理环境转变的语境中对论题进行研究，解读浮士德的伦理抉择以及作品所体现的人性因子与兽性因子冲突[3]。通过分析浮士德的这一成长过程，本文不仅揭示出歌德时代的伦理变迁，也开启了对这部经典名著伦理意义的重新解读。《〈浮士德〉中的善恶二元论》通过比较不同版本“浮士德”故事的善恶二元结构，发现斯宾诺莎的泛神论引导歌德重新锻造了浮士德故事所呈现的“追求知识”“善恶二元”等古老元素，由此改变了故事的结局[4]。除了对歌德的经典作品进行研究，谭渊也探讨了歌德对中国的影响。《“名哲”还是“诗伯”？——晚清学人视野中歌德形象的变迁》分析了歌德在中国的形象传播过程[5]。《歌德诗歌的复译与民国译者对新诗的探索——徐志摩〈征译诗启〉背后的新旧诗之争》则分析了歌德对中国现代诗歌发展的影响[6]。此外，德语文学中的“中国形象”，也是一个重要研究课题。对此，谭渊在其论文《异域光环下的骑士与女英雄国度——德

① 陈后亮：《“将理论继续下去”——近二十年来国内“后理论”研究综述》，《四川大学学报》（哲学社会科学版）2017 年第 3 期。

② 陈后亮：《“理论的过去表明理论具有未来”——“后理论”背景下的理论反思》，《国外文学》2017 年第 1 期。

③ 谭渊：《歌德〈浮士德〉中的斯芬克斯因子与伦理选择》，《外国文学研究》2017 年第 5 期。

④ 谭渊：《〈浮士德〉中的善恶二元论》，《杭州师范大学学报》（社会科学版）2017 年第 4 期。

⑤ 谭渊：《“名哲”还是“诗伯”？——晚清学人视野中歌德形象的变迁》，《中国比较文学》2017 年第 2 期。

⑥ 谭渊、刘琼：《歌德诗歌的复译与民国译者对新诗的探索——徐志摩〈征译诗启〉背后的新旧诗之争》，《解放军外国语学院学报》2017 年第 3 期。

语巴洛克文学中的中国形象研究》[①] 与专著《德国文学中的中国女性形象》中为读者提供了一个观察德语文学的新视角[②]。

（3）日语语言文学

日语语言文学与中国文学有着特殊关系，湖北不少学者对这一领域进行了拓展。肖书文、周佳的《郁达夫和志贺直哉小说比较研究》将重心放在近现代日本小说研究方面，该文对郁达夫与志贺直哉小说异同的比较，有助于对二者的深入理解[③]。王辉、梁艳萍的《论〈源氏物语〉的梦及其宗教元素》则将关注点置于中古日本文学，通过对《源氏物语》中 136 个梦的描写揭示作者的宗教意识[④]。占才成的兴趣则更为古老，其关注焦点投向了日本神话。其系列论文《中国斩蛇神话群与日本人岐大蛇斩杀神话》与《速须佐之男命斩蛇神话与中国神话——以“断蛇定业”和“龙兴云”思想为中心》从中日神话的异同，探讨中日文化之间相互的联系与影响，对于深化中日文化交流的研究具有一定的启示意义[⑤]。

2. 外国语言学及应用语言学研究

湖北外国语言学及应用语言学研究主要集中在翻译研究与外国教学研究等领域。本年主办或承办了多场国际与国内学术会议。2017 年 9 月 21 日，由中国英汉语比较研究会英汉语篇分析专业委员会、功能语言学专业委员会和华中师范大学外国语学院联合举办的“第二十届功能语言学与语篇分析高层论坛”在华中师范大学召开。2017 年 9 月 22 ~ 24 日，由三峡大学承办的“第三届外语学科发展合作论坛 2017 年年会暨首届外语教育创新与校企

① 谭渊：《异域光环下的骑士与女英雄国度——德语巴洛克文学中的中国形象研究》，《同济大学学报》（社会科学版）2017 年第 4 期。

② 谭渊：《德国文学中的中国女性形象》，武汉大学出版社，2017。

③ 肖书文、周佳：《郁达夫和志贺直哉小说比较研究》，《湖北大学学报》（哲学社会科学版）2017 年第 1 期。

④ 王辉、梁艳萍：《论〈源氏物语〉的梦及其宗教元素》，《湖北大学学报》（哲学社会科学版）2017 年第 2 期。

⑤ 占才成：《中国斩蛇神话群与日本人岐大蛇斩杀神话》，《中国比较文学》2017 年第 2 期；占才成：《速须佐之男命斩蛇神话与中国神话——以“断蛇定业”和“龙兴云”思想为中心》，《日语学习与研究》2017 年第 2 期。

合作专题研讨会”在宜昌举行。2017 年 10 月 22 日，中国译协翻译理论与教学委员会、湖北省翻译工作者协会联合主办的“第十二届中西部地区翻译理论与教学研讨会暨翻译研究国际论坛”在湖北经济学院召开。2017 年 11 月 18 日，武汉理工大学外国语学院与湖北省日语教学研究会主办，长崎外国语大学协办的“学科发展新视野下的日本学教育与研究国际研讨会暨第二届湖北省日语教学研究会年会”在武汉理工大学召开。

（1）翻译学

湖北翻译学界 2017 年相关研究兴趣与研究成果集中在翻译家研究、翻译作品研究以及翻译理论研究等几个方面。

在翻译家研究方面，近代以来的诸多中外著名翻译家进入了学者们的研究视野。刘永利和刘军平的《双重跨越与整体表达——辜鸿铭儒经英译的跨文化阐释》[①]、郑周林和黄勤的《象征资本之争：鲁迅与梁实秋的翻译论战》、黄勤等的《傅斯年翻译观对科技典籍英译的启示》、刘晓黎的《从幕后到台前：翻译家戴乃迭研究综述》、黄勤和范千千的《华裔翻译家王际真研究：现状与展望》、许明武和王烟朦的《译者闵福德研究（1996～2016）：现状与展望》、吕奇和王树槐的《汉学家蓝诗玲翻译风格研究计量可视化分析》等论文从不同角度对辜鸿铭、鲁迅、梁实秋、傅斯年、戴乃迭、王际真、闵福德、蓝诗玲等著名翻译家进行了研究，充实了翻译家研究的人物画廊。

在翻译作品研究方面，许明武和王烟朦的《任译〈天工开物〉深度翻译的“资本”视角解读》[②]、陈顺意和马萧的《从面子理论看近代中国不平等条约的翻译策略》、许明武和王烟朦的《基于〈天工开物〉英译本的科技典籍重译研究》、梁林歆和许明武的《基于〈习近平谈治国理政〉（英文版）的时政文本英译探析》侧重对应用文体的翻译文本进行研究；王勇的

① 刘永利、刘军平：《双重跨越与整体表达——辜鸿铭儒经英译的跨文化阐释》，《湘潭大学学报》（哲学社会科学版）2017 年第 2 期。

② 许明武、王烟朦：《任译〈天工开物〉深度翻译的“资本”视角解读》，《中国翻译》2017 年第 1 期。

《格言警句的普适性表达：从〈论语〉及其英译说起》[①]、梁林歆和许明武《国内外〈浮生六记〉英译研究：回顾与展望》、黄勤和余果的《译者行为批评视域下〈黑白李〉三个英译本中熟语翻译比较》、王烟朦和许明武的《〈红楼梦〉威妥玛译本窥探》等论文则关注文学文体的翻译问题。

在翻译理论方面，吕兆芳、刘军平的《从本雅明的卡巴拉救赎哲学看其翻译观》[②] 与刘军平的《探析西方翻译理论发展的特征》等论文注重对西方翻译观念的探讨，更多的学者则关注翻译学如何与时俱进，为当代中国的文化建设与文化交流服务。梁林歆、许明武的《中国“走出去”背景下外译渠道探析》[③] 与《中国“走出去”背景下外译内容探究》与时俱进，认真分析了中国“走出去”背景下的外译渠道与内容的特征与局限，为推动外译工作的良好发展提出了自己的建议。殷燕、刘军平的《互联网翻译“文化公共空间”的衍变研究》与吕奇、王树槐的《翻译职业化时代国内计算机辅助翻译教材编写现状思考》注意到互联网时代翻译发生的新变化，并由此总结翻译出现的新特征以及翻译教学的新对策[④]。

（2）外语教学与研究

外语教学与研究是本学科的重要使命，湖北学者2017年在这方面的成果也比较丰富。顾嘉慧和雷蕾的《中国大学英语学习者词典使用策略调查》[⑤]，马蓉和秦晓晴的《“动机调控的词汇学习模型”的适用性及其效度研究——多群组结构方程模型方法》，徐锦芬和雷鹏飞的《基于动态系统理论的课堂二语习得研究：理论框架与研究方法》，徐锦芬和陈聪的《任务的认知要求对学习者语言产出的影响——有限注意力模型与多注意力资源模型》，徐锦芬和寇金南的《大学英语课堂小组互动模式研究》，雷鹏飞和徐

① 王勇：《格言警句的普适性表达：从〈论语〉及其英译说起》，《中国外语》2017年第3期。

② 吕兆芳、刘军平：《从本雅明的卡巴拉救赎哲学看其翻译观》，《翻译论坛》2017年第4辑。

③ 梁林歆、许明武：《中国“走出去”背景下外译渠道探析》，《外文研究》2017年第1期。

④ 殷燕、刘军平：《互联网翻译“文化公共空间”的衍变研究》，《长白学刊》2017年第2期；吕奇、王树槐：《翻译职业化时代国内计算机辅助翻译教材编写现状思考》，《山东外语教学》2017年第5期。

⑤ 顾嘉慧、雷蕾：《中国大学英语学习者词典使用策略调查》，《外语与翻译》2017年第1期。

锦芬的《课堂外语学习环境中的语言迁移——以动态系统理论为视角》，李丹丽的《高校外语课堂师生协商意义时支架式学习中自主性研究（英文）》，徐锦芬等的《外语教学环境中阅读策略发展的研究——以动态系统理论为视角》，周胜军和徐锦芬的《二语课堂中的合作写作：回顾与展望》，邓鹂鸣等的《中国学生语体能力发展研究》，这些论文与著作对第二外语习得的各个环节进行了较为细致的研究，并提出了相应的教学策略。

除了英语教学，湖北学者在应用语言学方面也做出了多向开拓。如廖美珍的法律英语研究，他和孙亚迪的合作论文《法庭解述话语现象的生成机制研究》[①] 及其专著《中国刑事法庭语言规范研究》可以说是本年度这方面的代表性成果。雷蕾的《中国英语学习者学术写作句法复杂度研究》以及刘盛华、徐锦芬的《基于语料库的我国学者多学科学术论文言据性研究》则将视野拓展到学术英语研究[②]。赵珍等的《人际关系管理论视角下挑战策略研究——以 O'Neil 戏剧中的 wh-疑问句为例》，肖亮和邓鹂鸣的《中英文商务促销信的语体差异与礼貌策略》，刘东虹的《文化价值观驱动下的劝说性修辞策略研究——以酒店语篇为例》等论文[③]，以及熊伟、陈凯编著的《国际贸易实务英语：英汉对照》则从不同角度为丰富商务英语研究做出了贡献。

（三）新闻传播学

以武汉大学与华中科技大学的相关学科为中心，湖北在全国成为新闻传

---

① 廖美珍、孙亚迪：《法庭解述话语现象的生成机制研究》，《湖北大学学报》（哲学社会科学版）2017 年第 4 期。

② 雷蕾：《中国英语学习者学术写作句法复杂度研究》，《解放军外国语学院学报》2017 年第 5 期；刘盛华、徐锦芬：《基于语料库的我国学者多学科学术论文言据性研究》，《外语与外语教学》2017 年第 6 期。

③ 赵珍、杨文秀、刘卉：《人际关系管理论视角下挑战策略研究——以 O'Neil 戏剧中的 wh-疑问句为例》，《英语广场》2017 年第 11 期；肖亮、邓鹂鸣：《中英文商务促销信的语体差异与礼貌策略》，《上海对外经贸大学学报》2017 年第 5 期；刘东虹：《文化价值观驱动下的劝说性修辞策略研究——以酒店语篇为例》，《华中师范大学学报》（人文社会科学版）2017 年第 4 期。

播学研究版图中的高原。目前该学科拥有长江学者特聘教授1人：武汉大学单波；教育部人文社会科学重点研究基地1个：武汉大学媒体发展研究中心；湖北省人文社科重点研究基地1个：华中科技大学媒介技术与传播发展研究中心。在研国家社会科学基金重大项目1项：华中科技大学张昆主持的“跨文化传播中的中国国家形象建构研究”（11&ZD024）；教育部重大招标项目1项：华中科技大学陈先红主持的“讲好中国故事与提升我国国际话语权和文化软实力研究”。办有2份重要学术期刊：《新闻与传播评论》《出版科学》。另编撰有由张昆主编的“国家形象蓝皮书：中国国家形象传播发展报告”与陈先红、张明新主编的“公共传播研究蓝皮书：中国社会化媒体发展报告”等多部蓝皮书，以及《中国媒体发展研究报告》（武汉大学）等集刊。武汉大学媒体发展研究中心还会定期举办“跨文化传播国际学术会议”“中国传播创新论坛”等具有重要影响的学术会议。2017年10月28日，香港城市大学传播与媒介系、香港浸会大学传播研究中心、华中科技大学新闻与信息传播学院联合举办的“第十届PRAD国际学术论坛、第二届PRSC学术年会暨第四届战略传播与公共关系工作坊”在武汉隆重召开。来自美国、德国、英国、法国、澳大利亚、新西兰、比利时、新加坡、菲律宾、土耳其、印度尼西亚、非洲加纳，以及中国大陆、香港、澳门和台湾等五大洲16个国家和地区的150多位学者与业界人士与会交流，这些会议的举办进一步扩大了湖北新闻传播学的国际影响。

1. 新闻学

2017年，湖北学者在新闻史、新闻理论与新闻业务等方面，都有所拓展与深化。

（1）新闻史研究

2017年，湖北新闻史研究者对近代以来的重要新闻报刊与新闻人进行了深度挖掘，由此为更准确地把握中国近现代以来新闻发展脉络做出了重要贡献。其中，周光明、凌昱的《“报社”源流考》，周光明、杨烨的《晚清中国的媒介知识：以“杂志”为中心的考察》，唐海江、丁捷的《中国近代新闻思想史上的“泰晤士报”》，徐基中、吴廷俊的《城市与媒介：1936年

〈大公报〉南迁的文化解读》，从不同角度切入了中国近现代报刊的演变轨迹，其中已可隐约见出新闻发展的历史脉络①。唐海江的《中国新闻职业化的战后际遇：以成舍我的经历为中心（1945～1949）》，周光明、张凤熙《邵飘萍新闻学著述所受日本影响的文献考察》，吴廷俊《抗战外宣的主力军与领军人："国宣处"与董显光、曾虚白》等论文，则对现代重要的新闻人进行了研究，其中可以看出新闻人与新闻发展之间的密切关联②。吴廷俊、阳海洪《重思中国新闻史：基于传统与现代双向规约的历史图景》从宏观角度对新闻史进行整体把握，根据"现代"之历史诉求与"传统"的调适选择对新闻发展的双向规约，将中国新闻传播史分为六期，并且得出结论："传统"与"现代"双向规约的历史演进机制，使中国新闻传媒呈现出"中体西用"的标本性意义。这种宏观观照，对于新闻史研究具有框架性意义③。

（2）新闻业务研究

随着科学技术的发展与社会观念的变化，新闻生产的内容与形式也必然随之发生变化。如何顺应时代，推进新闻业务研究，是湖北新闻研究界面对新形势思考与回应的重要课题。

在新闻写作方面，欧阳明、徐丽娜《由人性步步逼近主体世界的真实存在——关于人物报道的写作》，欧阳明、周双、向小薇《深度报道的界定探析》，欧阳明、欧翩翩《试论西方深度报道的发生》等系列论文对新闻写

① 周光明、凌昱：《"报社"源流考》，《出版科学》2017年第6期；周光明、杨烨：《晚清中国的媒介知识：以"杂志"为中心的考察》，《南昌大学学报》（人文社会科学版）2017年第1期；唐海江、丁捷：《中国近代新闻思想史上的"泰晤士报"》，《国际新闻界》2017年第10期；徐基中、吴廷俊：《城市与媒介：1936年〈大公报〉南迁的文化解读》，《新闻与传播研究》2017年第11期。

② 唐海江：《中国新闻职业化的战后际遇：以成舍我的经历为中心（1945～1949）》，《新闻与传播评论》2017年第1期；周光明、张凤熙：《邵飘萍新闻学著述所受日本影响的文献考察》，《新闻春秋》2017年第2期；吴廷俊：《抗战外宣的主力军与领军人："国宣处"与董显光、曾虚白》，《兰州大学学报》（社会科学版）2017年第1期。

③ 吴廷俊、阳海洪：《重思中国新闻史：基于传统与现代双向规约的历史图景》，《绵阳师范学院学报》2017年第9期。

作的部分文类进行了具体分析[①]。而陈洪友、江作苏、张昆编《实用广播电视新闻采访与写作》，赵振宇《现代新闻评论（第三版）》等教材在这方面显然更为系统。

对当下的新闻实务进行总结与反思，也是湖北学者关注的重要内容。强月新、陈志鹏《财经新闻数据可视化研究》直面当下财经新闻研究的问题，认为把握数据可视化的生成规律，真正以开放的理念研究用户和机构媒介参与财经新闻生产的机制问题是当务之急[②]。张心怡、赵振宇《渐趋开放的公共空间——〈人民日报〉新创评论版特色研究》则对《人民日报》的评论版表示充分肯定，认为评论版确实在某种程度上为公众塑造了一个渐趋开放的公共空间，促进理性表达和共识达成[③]。赵振宇、邓辉林、张强《用睿智和激情，与时代一并前行——2016 年中国新闻评论回眸》对过去一年的新闻评论进行总结[④]。强月新、陈志鹏《未来媒体的内容生产与叙事变革》对未来的新闻生产做出预判，认为在新形势下，传播的内容生产将围绕生动性或深度性的高品质定位进行，而传播的呈现形式将突出表现为产品的定制化及多样选择性的特点[⑤]。何志武《电视问政的协商理念及其实现保障》对国内的电视问政栏目进行总结与梳理[⑥]。余红、吴雨青《媒体微博的转基因争议新闻生产和话语博弈》以近几年颇受关注的转基因争议为研究议题，以媒体微博为研究对象，把握媒体微博对转基因争议的新闻生产策略，并指出利用新媒体进行科学传播时执两用中的必要性[⑦]。章羽红、冉华《2009～

① 欧阳明、徐丽娜：《由人性步步逼近主体世界的真实存在——关于人物报道的写作》，《写作》（上旬刊）2017 年第 1 期；欧阳明、周双、向小薇：《深度报道的界定探析》，《写作》（上旬刊）2017 年第 7 期；欧阳明、欧翩翩：《试论西方深度报道的发生》，《写作》（上旬刊）2017 年第 12 期。

② 强月新、陈志鹏：《财经新闻数据可视化研究》，《中国出版》2017 年第 21 期。

③ 张心怡、赵振宇：《渐趋开放的公共空间——〈人民日报〉新创评论版特色研究》，《新闻大学》2017 年第 3 期。

④ 赵振宇、邓辉林、张强：《用睿智和激情，与时代一并前行——2016 年中国新闻评论回眸》，《新闻战线》2017 年第 1 期。

⑤ 强月新、陈志鹏：《未来媒体的内容生产与叙事变革》，《新闻与写作》2017 年第 4 期。

⑥ 何志武：《电视问政的协商理念及其实现保障》，《中州学刊》2017 年第 7 期。

⑦ 余红、吴雨青：《媒体微博的转基因争议新闻生产和话语博弈》，《东南传播》2017 年第 8 期。

2015：〈朝日新闻〉关于中国游客的报道》则将目光投向了海外对中国人的新闻报道。湖北新闻实务研究这种开阔的视野，为读者提供了一幅丰富多彩的新闻实务研究图景①。

（3）新闻理论研究

新的新闻内容与新的新闻生产方式，必然提出一些新的理论问题，这也就要求新闻理论研究者对其进行回应。湖北新闻学界研究者在这一场域中也没有缺席。

何志武《媒介融合下的新闻生产：平台创新促进理念回归》敏锐地注意到媒介融合背景下新闻生产的危机，认为新技术新渠道虽然有利于新闻的生产与传播，但优质内容仍是提升新闻影响力的根本。媒介融合的最大价值在于促使新闻生产理念向新闻本质属性回归，而“受众兴趣”是优质新闻内容生产的“原点”②。何志武《面对技术喧嚣，莫忘新闻生产的“原点”》同样大声疾呼，面对媒介融合的浪潮和技术的喧嚣，传媒人必须冷静地认清：做精内容才是增强新闻影响力的根本③。何志武、宋炫霖《话语赋权与资本博弈：公共政策场域的网络民粹主义》借用福柯的话语理论和布尔迪厄的场域理论，从话语和权力的关系入手，探讨公共政策场域的网络民粹主义话语/权力转换机制，提出在制定公共政策时规避民粹主义话语影响的合理路径④。石长顺、栾颖《大数据时代的媒体内容生产创新：基于耗散结构理论》试图依托互联网进程和人类演进的规律，以耗散结构理论建构媒体内容生产模式⑤。耗散结构视角下电视内容生产创新的价值在于可以减少信息的混乱与无序程度，通过优化数据信息结构使电视内容生产创新系统更有

① 章羽红、冉华：《2009～2015：〈朝日新闻〉关于中国游客的报道》，《新闻战线》2017年第18期。

② 何志武：《媒介融合下的新闻生产：平台创新促进理念回归》，《今传媒》2017年第8期。

③ 何志武：《面对技术喧嚣，莫忘新闻生产的“原点”》，《现代视听》2017年第7期。

④ 何志武、宋炫霖：《话语赋权与资本博弈：公共政策场域的网络民粹主义》，《当代传播》2017年第3期。

⑤ 石长顺、栾颖：《大数据时代的媒体内容生产创新：基于耗散结构理论》，《现代传播》（中国传媒大学学报）2017年第4期。

序，熵在减少，负熵在增加，帮助媒体在内容生产创新中做出最优决策。张卓、吴占勇《虚拟现实新闻的伦理反思——基于技术与媒介的双重视角》指出了虚拟现实新闻带来的技术伦理层面与媒介伦理层面的新问题与新风险，认为大众媒体只有坚守新闻的社会功能，才能在媒介技术和传媒业态不断变化的环境中生产内容充实、形态先进的新闻作品①。赵振宇《应对突发事件：舆论引导系统论》首次运用程序理论对突发事件中的媒体生产进行了深入研究，是一个理论创新之举②。

在新闻教育方面，孙发友、张晓菲《赵振宇与他的新闻评论理念》从新闻评论的选题、立意、内容、意义四个方面总结了赵振宇教授的新闻评论观，并认为“新闻评论起于发现和服务于社会”③。张昆《新媒体时代新闻教育的转型》对新闻教育转型进行了简要预判，专著《三思新闻教育》则对新闻教育转型进行了更深入的思考④。强月新、周茂君的《实践教学与新闻传播人才培养创新研究》则对新时期新闻人才培养方式进行了系统研究，将实践教学提升到了新的高度⑤。

2. 传播学

随着新媒介技术的发展，传播学研究对象与研究方法都发生了重大变化，传播与人们日常生活的关系越来越紧密，由此也带来了新的研究空间。湖北传播学界始终紧跟时代前沿，对最新问题做出回应，从而引领了传播学的发展。

（1）传播理论

在传播理论研究方面，以单波为领军人物的跨文化传播研究与张昆领军的国家形象传播研究，始终在全国处于领先地位，2017 年继续推出了许多

---

① 张卓、吴占勇：《虚拟现实新闻的伦理反思——基于技术与媒介的双重视角》，《湖北社会科学》2017 年第 12 期。

② 赵振宇：《应对突发事件：舆论引导系统论》，中国社会科学出版社，2017。

③ 孙发友、张晓菲：《新闻评论起于发现和服务于社会——赵振宇教授新闻评论理念与实践观》，《新闻论坛》2017 年第 5 期。

④ 张昆：《新媒体时代新闻教育的转型》，《中国社会科学报》2017 年 10 月 19 日；张昆：《三思新闻教育》，华中科技大学出版社，2017。

⑤ 强月新、周茂君：《实践教学与新闻传播人才培养创新研究》，科学出版社，2017。

重要成果。单波、孙宇心《跨文化传播研究的新视角与新趋势》对近年来跨文化传播研究出现的新进展进行了系统总结，主要包括在全球化进程中推进对“文化混合”的理解、走向多元主体视角的文化适应、发现穆斯林宗教身份在跨文化生存中的中介效应、多元文化语境中身份认同的再挖掘、扩展媒介使用与文化适应的关系研究、构建语境化的跨文化传播能力等六个方面①。单波《论国家形象跨文化转向的可能性》认为世界主义突破了民族国家认同的单一性与民族国家想象的封闭性，把国家形象推向对话之境②。现在，中国在国家层面提出“命运共同体”的理念，将国家形象进一步推向跨文化语境。单波的专著《国家形象与跨文化传播》可以视为他对近期研究的系统总结③。

在国家形象传播方面，张昆团队推出了多篇论文。如《时代变化与政治领袖的形象变迁》《考量国家形象的政治维度》《疏通渠道实现中国国家形象的对外立体传播》《时空维度下的国家形象模型探析——基于认知互动的视角》《如何提升重大活动的对外传播效果》等，以及张昆主编《中国国家形象传播报告 2016》等重要成果，将相关研究推向了深入④。其他如周翔和韩为政《利用图像社交媒体提升中国国际传播力研究》、程明和奚路阳《关于大数据技术与国际传播力建构的思考》、陈先红《用中国话语讲好中国故事的回顾与前瞻》等论文也对中国形象传播进行了回应与思考⑤。

新媒体的兴起也带来了许多新的伦理问题，这方面也是关注现实前沿问题的湖北学界的重要研究领域。夏倩芳、原永涛《从群体极化到公众极化：极化研究的进路与转向》认为，新媒体环境下的社会互动过程，将导致以心理群体或舆论群体形式存在的社会公众的意见极化，这为公众舆论、政治

① 单波、孙宇心：《跨文化传播研究的新视角与新趋势》，《南昌大学学报》（人文社会科学版）2017 年第 5 期。

② 单波：《论国家形象跨文化转向的可能性》，《兰州大学学报》（社会科学版）2017 年第 5 期。

③ 单波：《国家形象与跨文化传播》，社会科学文献出版社，2017。

④ 张昆主编《中国国家形象传播报告 2016》，社会科学文献出版社，2017。

⑤ 陈先红：《用中国话语讲好中国故事的回顾与前瞻》，《对外传播》2017 年第 1 期。

传播等研究领域提供了新的研究课题与研究思路[①]。张昆、王创业《网络时代的政治认同：进径与危机》与欧阳明、陈琛《边界的消解与壁垒的重建：媒介融合视域下的自我认同危机》分别探讨了新技术带来的新的政治认同与自我认同危机[②]，姚曦、李娜《认同的力量：网络社群的公共关系价值探析》则强调了网络在实现认同方面的正面意义[③]。冯强和石义彬《媒体传播对食品安全风险感知影响的定量研究》[④]，何志武和吴丹《从“他助”到“自助”：“心理不悦类”“邻避”冲突事件中的媒介选择、自我动员与集体抗争》[⑤]，余红和张雯《媒体报道如何影响风险感知：以环境风险为例》，余红和马旭《社交媒体语境下风险议题的建构与转向——以山东问题疫苗事件为例》，余红和李瑞芳《论健康风险报道中“不确定性”建构背后的价值分化》等论文通过具体案例探讨了传播中的风险问题，不仅具有理论价值，同时也具有方法论意义[⑥]。

此外，喻发胜、张振宇、黄海燕《从传播到“传联”：一个新概念提出的学理依据、现实背景与理论内涵》[⑦]，刘建明《“传播的仪式观”的理论突破、局限和启示》[⑧]，程明、战令琦《传统媒体的“解构”与新媒体的

① 夏倩芳、原永涛：《从群体极化到公众极化：极化研究的进路与转向》，《新闻与传播研究》2017 年第 6 期。

② 张昆、王创业：《网络时代的政治认同：进径与危机》，《兰州大学学报》（社会科学版）2017 年第 6 期；欧阳明、陈琛：《边界的消解与壁垒的重建：媒介融合视域下的自我认同危机》，《现代传播》（中国传媒大学学报）2017 年第 7 期。

③ 姚曦、李娜：《认同的力量：网络社群的公共关系价值探析》，《南昌大学学报》（人文社会科学版）2017 年第 3 期。

④ 冯强、石义彬：《媒体传播对食品安全风险感知影响的定量研究》，《武汉大学学报》（人文科学版）2017 年第 2 期。

⑤ 何志武、吴丹：《从“他助”到“自助”：“心理不悦类”“邻避”冲突事件中的媒介选择、自我动员与集体抗争》，《新闻大学》2017 年第 4 期。

⑥ 余红、李瑞芳：《论健康风险报道中“不确定性”建构背后的价值分化》，《现代传播》（中国传媒大学学报）2017 年第 10 期。

⑦ 喻发胜、张振宇、黄海燕：《从传播到“传联”：一个新概念提出的学理依据、现实背景与理论内涵》，《新闻大学》2017 年第 2 期。

⑧ 刘建明：《“传播的仪式观”的理论突破、局限和启示》，《湖北大学学报》（哲学社会科学版）2017 年第 2 期。

“解读”》[①]，强月新、陈星《当前我国媒体传播力的影响因素研究：以受众为视角》[②]，强月新、陈星《我国媒介素养的研究视角及其现状》对传播学的其他一些理论问题也进行了专题探讨[③]。

（2）媒介发展

新媒体的兴起以及成为社会热点话题，湖北学界对此自然不会失语。石义彬、刘骏《传媒行业热点分析及发展展望》对过去一年的传媒行业在技术、政策、事件等方面的热点问题进行了总结与分析，并展望了传媒技术特别是 AR 技术的运用、直播平台的发展与管控等对传媒业的影响[④]。石长顺、周肖磊《全时空体验下的 VR 传播偏向构成》也肯定了新技术的重要意义，认为随着 VR 技术的不断完善，其与传媒的融合将在媒介发展历程中引发新的革命[⑤]。钟瑛、李秋华、伍刚《移动 APP 新媒体创新现状与发展研究》试图对新媒体产品的创新水准与创新表现进行科学评价与准确衡量，从而推动整个行业和社会整体经济的健康运行与良性发展[⑥]。认为移动 APP 应以内容建设为核心，以技术驱动为引擎，以用户需求为主导，提升新媒体的整体创新水准。齐二娜、舒咏平《试论国内企业自媒体研究的四个阶段》对国内企业自媒体研究进行了总结与反思[⑦]，张卓、王飞《新媒体“社会共享”的崛起与逻辑嬗变》把新媒体时代的共享划分为“共享 1.0：共享信息”“共享 2.0：共享社交”“共享 3.0：共享经济”三个阶段具体加以阐述，发现共享逻辑发生如下变化：共享悲剧—共享喜剧；专业生产—对等生产；有组织共享—自组织共享；所有权褪色—使用权崛起[⑧]。钟瑛、李苏、方晨

① 程明、战令琦：《传统媒体的“解构”与新媒体的“解读”》，《今传媒》2017 年第 2 期。

② 强月新、陈星：《当前我国媒体传播力的影响因素研究：以受众为视角》，《新闻大学》2017 年第 4 期。

③ 强月新、陈星：《我国媒介素养的研究视角及其现状》，《新闻与写作》2017 年第 6 期。

④ 石义彬、刘骏：《传媒行业热点分析及发展展望》，《教育传媒研究》2017 年第 2 期。

⑤ 石长顺、周肖磊：《全时空体验下的 VR 传播偏向构成》，《传媒》2017 年第 14 期。

⑥ 钟瑛、李秋华、伍刚：《移动 APP 新媒体创新现状与发展研究》，《传媒》2017 年第 11 期。

⑦ 齐二娜、舒咏平：《试论国内企业自媒体研究的四个阶段》，《广告大观》（理论版）2017 年第 1 期。

⑧ 张卓、王飞：《新媒体“社会共享”的崛起与逻辑嬗变》，《新媒体与社会》2017 年第 3 期。

《新媒介环境中用户生产内容的价值及实现路径》从新闻生产、媒介市场、舆论影响三个方面剖析了 UGC（用户生产内容）的价值意涵，并在此基础上进一步探讨 UGC 与专业媒介组织的协同，与数字平台的联合，以及内外部干预力量对 UGC 形成的规制框架，这些途径促成了 UGC 的价值实现，也影响着 UGC 在新媒介环境中的位置结构①。张瑜烨、强月新《媒介融合与报业体制变革》则关注媒介融合对传统媒体的影响，认为传统报业也应与时俱进，充分利用新媒体技术②。周翔、李镓《网络社会中的“媒介化”问题：理论、实践与展望》基于文献爬梳与反思，辨析媒介化与中介化的差异，阐释作为元过程的媒介化所蕴含的媒介逻辑，并进一步从网络社会中的日常生活实践角度出发来理解和分析媒介化的社会空间表征及其向网络化逻辑延伸等问题③。未来的媒介研究应聚焦如何联结网络空间中的互动关系，探索打通时间和空间问题的路径。

新媒体的兴起也带来一些问题，如社会责任承担问题。钟瑛、李秋华《新媒体社会责任的行业践行与现状考察》与钟瑛、余红、陈海、芦何秋、李亚玲《中国新媒体社会责任研究报告 2017》就是对这一问题的回应④。

（3）广播电视

新媒体兴起对广播电视产生了巨大冲击，但广播电视并没有因此而失去活力，中央电视台的创新获得了广泛的社会认同。湖北学界对广播电视的新业态也进行了持续关注与深入分析。张卓、赵红勋《仪式建构 · 故事表达 · 文化阐释——中央电视台〈朗读者〉的成功之道》对“朗读者”节目的成功之道从三个方面进行了总结：即“仪式建构：制造在场体验的媒介场

---

① 钟瑛、李苏、方晨：《新媒介环境中用户生产内容的价值及实现路径》，《西南民族大学学报》（人文社会科学版）2017 年第 1 期。

② 张瑜烨、强月新：《媒介融合与报业体制变革》，人民出版社，2017。

③ 周翔、李镓：《网络社会中的“媒介化”问题：理论、实践与展望》，《国际新闻界》2017 年第 4 期。

④ 钟瑛、李秋华：《新媒体社会责任的行业践行与现状考察》，《新闻大学》2017 年第 1 期；钟瑛、余红、陈海、芦何秋、李亚玲：《中国新媒体社会责任研究报告 2017》，社会科学文献出版社，2017。

景”“故事表达：唤起情感共鸣的结构场域”“文化阐述：建构身份认同的意义场所”[①]。石长顺、钟阳《文化类节目在主流意识形态表达上的创新——以〈朗读者〉为例》同样关注《朗读者》的“现象级”的成功，认为主流文化、精英文化、大众文化的相互渗透融合是《朗读者》在主流意识形态表达上成功的重要原因[②]。柯赟、赵振宇《电视公益节目的传播属性——以〈等着我〉为例》认为央视《等着我》栏目的走红源于社会公益力量的厚积薄发，是将公益作为“光明正大”的传播目的与其高效有力的传播方式上的成功[③]。申勇、石义彬《主流媒体国际传播力构建实践与路径——以中央电视台为中心的考察》在从宏观上把握中央电视台如何建构国际传播力这一时代命题，并在分析近年来央视国际传播力构建的成功实践的基础上，参照西方主流媒体建构国际传播力的成功做法，提出了未来央视国际传播力构建的路径选择[④]。

（4）广告与公关

互联网时代的广告传播也发生了深刻变化。姚曦、李斐飞《精准·互动——数字传播时代广告公司业务模式的重构》指出，当下以精准、互动为特征的数字传播方式，取代了传统大众传播方式，极大提高了营销传播的传播精度和传播深度，推动了广告公司业务模式的全面升级和转型[⑤]。数字传播时代，广告公司业务模式，应该以“数据”作为核心生产要素，为客户提供精准、互动的数字营销传播服务。姚曦、李春玲《Logistic 模型曲线的中国广告产业发展阶段判断及预测》利用 Logistic 回归模型，推算出我国

① 张卓、赵红勋：《仪式建构·故事表达·文化阐释——中央电视台〈朗读者〉的成功之道》，《中国电视》2017 年第 8 期。

② 石长顺、钟阳：《文化类节目在主流意识形态表达上的创新——以〈朗读者〉为例》，《南方电视学刊》2017 年第 4 期。

③ 柯赟、赵振宇：《电视公益节目的传播属性——以〈等着我〉为例》，《新闻与写作》2017 年第 8 期。

④ 申勇、石义彬：《主流媒体国际传播力构建实践与路径——以中央电视台为中心的考察》，《中国广播电视学刊》2017 年第 4 期。

⑤ 姚曦、李斐飞：《精准·互动——数字传播时代广告公司业务模式的重构》，《新闻大学》2017 年第 1 期。

广告产业正处于成长后期，并且很快会进入成熟期①。现阶段我国广告产业竞争格局有所变化，资本与技术成为推动产业发展的主导力量。今后一段时期制度完善、要素禀赋提升和人力资源平台打造将是广告产业的建设重点。程明、赵静宜《论大数据时代的定向广告与个人信息保护——兼论美国、欧盟、日本的国家广告监管模式》关注大数据定向广告给个人信息保护带来的一系列挑战，并通过对美国、欧盟、日本的国家广告监管模式进行探讨，提出我国的广告法规在保护个人信息、监管约束信息搜集者的行为、监管商业交易等方面进行补充和完善的建议与意见②。吴鼎铭、石义彬《意义与欲望的再生产：场景视阈下的网络广告创新研究》认为移动互联网时代的场景广告将消费者、商品形式、消费理念、服务体验、审美情趣与社交互动等多种元素融合在一起，创造了一个“此时此刻”的理想情景，实现了商品意义的再生产与消费欲望的再创造③。由此，广告的形态与理念逐渐从以受众需求为主导的“满足型”广告转变为刺激消费欲望的“预测型”广告，从“广而告之”的宣传模式转变为“互动分享”的体验模式，商品的意义生产从传统广告中的单一化转变成流动的多元化。这些转型对于推动广告受众的细分、广告投放的精准化和消费欲望的再生产而言都具有革命性。甘世勇、张昆《媒介融合视域下的广告融合传播探析》基于媒介融合背景，结合当代信息社会特点，对广告的融合性传播进行了探析，指出广告融合性传播既是对广告信息进行整合并形成信息流，又是广告信息的异质接入与感知同构，广告传播由此表现出信息融合叠加、信息多屏融合联动、广告场景融合等传播新形态，为当前及今后广告信息传播提供新的策略与思路④。

① 姚曦、李春玲：《Logistic 模型曲线的中国广告产业发展阶段判断及预测》，《华侨大学学报》（哲学社会科学版）2017 年第 1 期。

② 程明、赵静宜：《论大数据时代的定向广告与个人信息保护——兼论美国、欧盟、日本的国家广告监管模式》，《浙江传媒学院学报》2017 年第 2 期。

③ 吴鼎铭、石义彬：《意义与欲望的再生产：场景视阈下的网络广告创新研究》，《广告大观》（理论版）2017 年第 3 期。

④ 甘世勇、张昆：《媒介融合视域下的广告融合传播探析》，《出版发行研究》2017 年第 10 期。

公共关系研究是陈先红关注并首倡建立学科的研究领域，系列论文《大数据时代中国公共关系领域的战略转向——基于扎根理论的探索性分析》①《量化研究对公共关系理论发展的贡献——对 PR Review 和 PR Research 论文的内容分析》《呼吁加快中国公共关系学科建设与发展》及著作《现代公共关系学（第 2 版）》（高等教育出版社 2017 年版）是其研究团队 2017 年继续推出的重要成果。张金海、姚曦主编《互联网时代公共关系的理论与实践》也是这方面的重要成果②。

（5）媒介经营管理

随着新媒体的兴起，媒介经营管理形态出现了巨大变化。其中“网红经济”更是成为热词。奚路阳、程明《试论网红经济及其发展路径——基于传播逻辑与商业逻辑的双重视角》认为网红经济兴起的传播逻辑和商业逻辑，是价值观和注意力资源货币化，目前产业系统已经成型但还是隐含巨大风险，需要通过强化网红传播平台的核心地位，推进网红 IP 化与平台的品牌化发展，不断创新盈利模式，完成道德净化等方式来保障网红经济产业的长期健康发展③。周茂君、宁馨怡《“网红”现象的三维视角解读》对“网红”现象从传播、营销和品牌三维视角进行了解读，并对其优势劣势进行了评判④。

传统媒介在新形势的经营管理也会随时代变化而变化。夏倩芳、李婧《媒体从业者的劳动权困境及其形塑机制》关注我国市场化媒体从业者的劳动状况，认为从业者受到国家、市场、组织等多层级力量，以及政策/机制等因素的形塑，存在着劳动权困境⑤。如今，遭遇移动网络的冲击，媒体企业处于转型过程中，从业者劳动权的低保障和员工之间的劳动权益不平等，

① 陈先红、张凌：《大数据时代中国公共关系领域的战略转向——基于扎根理论的探索性分析》，《国际新闻界》2017 年第 6 期。

② 张金海、姚曦主编《互联网时代公共关系的理论与实践》，中国建筑工业出版社，2017。

③ 奚路阳、程明：《试论网红经济及其发展路径——基于传播逻辑与商业逻辑的双重视角》，《企业经济》2017 年第 12 期。

④ 周茂君、宁馨怡：《“网红”现象的三维视角解读》，《学习与实践》2017 年第 2 期。

⑤ 夏倩芳、李婧：《媒体从业者的劳动权困境及其形塑机制》，《学术研究》2017 年第 4 期。

再次成为企业发展首先要付出的代价。吕尚彬、熊敏《模块化：传媒组织重构的动因与路径》则从正面提出了建议，认为系统经济观的崛起、传媒产品的模块化生产和传媒业的分解都要求传媒组织通过模块化重构实现传媒资源重组，打造在线社会信息传播系统①。

新媒体的兴起给传统媒体带来危机，同时也给一些传统行业带来机遇。邱贻馨、张卓《创新与传播：我国博物馆文创产品的发展路径研究》认为博物馆文化创意产业可以通过把握线上线下双重渠道突破当下困境②。谷羽、舒咏平《社交网络的企业公益传播价值与空间》则发现社交网络同时具有商业价值以及超越商业的公益价值③。

在互联网时代，互联网知识平台重构了知识和信息的产业生态，由此也出现一些乱象，周茂君、何芳《“发展”与“规范”哪个为先》明确回应了这个问题，认为政府职能部门应该对于互联网知识平台“先规范再发展”，做好行业发展规划，让市场那只“看不见的手”发挥作用，使知识付费行业在规范的框架内得到可持续发展④。

三　湖北文学学科发展展望及建议

湖北文学学科2017年发展总体态势良好，巩固并提升了湖北文学学科在全国的地位与影响，但依旧存在学科之间发展不平衡的现象，主要表现在外国语言文学的相对弱势，在国家社会科学基金重大项目、国家级人才队伍建设等方面还需要继续加强。

作为传统人文学科，文学学科发展依靠的是长期的学术积累。湖北文学学科目前的成就与前辈学人的努力分不开，要想取得更大的发展，需要继续

① 吕尚彬、熊敏：《模块化：传媒组织重构的动因与路径》，《编辑之友》2017年第5期。

② 邱贻馨、张卓：《创新与传播：我国博物馆文创产品的发展路径研究》，《现代视听》2017年第7期。

③ 谷羽、舒咏平：《社交网络的企业公益传播价值与空间》，《品牌研究》2017年第5期。

④ 周茂君、何芳：《“发展”与“规范”哪个为先》，《中国报业》2017年第11期。

夯实学科发展的基础。纵观湖北文学学科的发展，还存在一些需要改进的地方。

（一）强化学科内部交流

目前，湖北文学学科内部交流总体上不太顺畅，部分二级学科之间的学术交流并没有制度化，相当一部分二级学科还没有湖北的学会组织，由此使得相关学科研究人员，尤其是年轻学者之间缺乏面对面的交流机会，不利于学科的快速发展。

各二级学科之间的交流相对而言较少，目前文学研究的跨界现象已日渐明显。在同一一级学科下面的一些二级学科之间，实际上已经没有明显的界限，如文艺学和中国现当代文学及中国古代文学之间、文献学和汉语言文字学之间、汉语言文字学与语言学及应用语言学之间存在着明显的交叉，新闻学与传播学的著名学者早就已经跨界。在不同一级学科之间的某些二级学科之间同样存在高度融合的可能性，如比较文学与世界文学和外国文学研究之间几乎没有明显的界限；语言学及应用语言学和外国语言学及应用语言学之间也存在明显的交叉。强化这些二级学科之间的交流，可以激发学术思想的碰撞，促进学科更好地发展。

同属于文学门类，中国语言文学、外国语言文学以及新闻学之间，实际上还是存在同源关系，跨学科的交流可以实现学科之间研究理论、研究方法、研究领域的相互促进。

为促进学科内部交流，管理部门应该对组建各种学会表示支持，对湖北省内的学科交流给予资助，从而促进湖北文学学科更好地发展。

（二）充分发挥科学研究基地作用

湖北各类研究基地对于团结学术队伍、凝聚学科特色、推出科研成果发挥了重要作用，尤其是几个国家级平台，对于提升湖北文学学科在全国的地位，发出文学研究的湖北声音有着不可替代的作用，但这些基地在发挥对湖北学科的引领作用方面，还有一定的努力空间，如基地重大课题资助范围，可以面向湖北进行适当扩大。

省级人文社科基地的总体发展态势良好，但个别基地也存在因人才队伍等问题出现后继无人的现象，没有发挥出应有的作用。建议有关部门对省级人文社科基地实行绩效评估，实行动态调整，真正发挥重点研究基地的作用。

（三）积极强化荆楚学术特点

湖北文学学科在全国甚至全球都发出了自己的声音，产生了良好反响，为繁荣社会主义学术、推动社会和谐发展、讲好中国暨湖北故事做出了自己的贡献，但在荆楚特色方面，还需要有意识地强化。近年湖北文学批评界出现推出“鄂派批评”的声音，且获得了文学批评界较为广泛的认同，可以看出文学批评界加强自身特色的自觉意识。其他学科同样可以凝练学科方向，强化学科特色，团结学科队伍，抢占学术前沿，使湖北文学研究在全国发出更为独特、更为洪亮、更为高远的声音。

B.7

湖北历史学学科发展报告（2017）

张　敏*

摘　要：　湖北历史学学科是当代中国历史学学科的重要组成部分，实力雄厚，成果丰硕。近年来，史学工作者队伍日益壮大；学科优势和特色继续保持并有所发展；国家级和省级重点学科建设稳步推进；史学界学术组织建设取得长足发展，这些都凸显出湖北历史学学科深厚的学术积淀和强大的科研实力。

关键词：　湖北史学　荆楚文化　新史料　新发现

历史学是一门十分古老的学科，中国古代传统“经、史、子、集”四部分类中，史学位居第二位。而按照现代学科分类，史学也属于人文社会科学的重要组成部分。中国自古以来就有着悠久的重史传统，是史学最发达的国家之一。2015 年 8 月 23 日，习近平总书记在致第二十二届国际历史科学大会的贺信中指出：“人事有代谢，往来成古今。历史研究是一切社会科学的基础，承担着‘究天人之际，通古今之变’的使命。世界的今天是从世界的昨天发展而来的。今天世界遇到的很多事情可以在历史上找到影子，历史上发生的很多事情也可以作为今天的镜鉴。重视历史、研究历史、借鉴历

* 张敏，博士，湖北大学历史文化学院副教授，硕士生导师，湖北大学荆楚文化研究中心副主任，湖北省荆楚文化研究会理事，湖北省三国文化研究会理事，主要研究方向为中国古代史和湖北地方史。

史，可以给人类带来很多了解昨天、把握今天、开创明天的智慧。所以说，历史是人类最好的老师。”①

湖北历史学学科是当代中国历史学学科的重要组成部分，实力雄厚，成果丰硕。近年来，湖北史学工作者以唯物史观为指导，不断拓展研究领域，涌现出数量众多的优秀成果，对于我们积累历史知识、探索历史规律、传承民族精神，为治国理政提供历史智慧等都做出了巨大的贡献。

一　湖北历史学学科发展概况

从整体上来看，湖北历史学学科在既有基础上稳步前行，取得了一定的进步。史学工作者队伍日益壮大，学历结构与职称结构进一步优化，高端领军人才不断涌现；学科优势和特色继续保持并有所发展，产出了大量有高显示度的科研成果；国家级和省级重点学科建设稳步推进；史学界学术组织建设取得长足的发展，这些都凸显出湖北历史学学科深厚的学术积淀和强大的科研实力。

（一）研究队伍

根据教育部2017年《全国普通高等学校科技统计年报表（人文、社科类）》，初步统计表明，截至2017年底，湖北高校、党校和社科院系统共有454名从事史学教学和科研活动的人员。其中，男性约占三分之二，女性占三分之一。拥有高级职称的人员占总人数的63.08%，61.92%的人员获得博士学位。近年来，湖北史学工作者的学历、学位结构不断得到优化，现在的队伍已经是一个高学历、高职称的团体。其总体构成已经从传统的“金字塔型”、“橄榄球型”发展到“倒金字塔型”，即获得博士学位和拥有高级职称的人员占大多数，而获得硕士学位和拥有中初级职称的人员占少数

① 《习近平致第二十二届国际历史科学大会的贺信》，中国政府网，http：//www.gov.cn/xinwen/2015－08/23/content_ 2918446.htm。

（见表 1）。可以预期，在不远的将来，湖北史学工作者博士学位拥有率会近似“圆柱型”的状态，即几乎全体人员都拥有博士学位。

表 1　2017 年湖北历史学科研人员情况

单位：人

总计	按性别划分		按职称划分					按最后学历划分			按最后学位划分	
	男性	女性	教授	副教授	讲师	助教	初级	研究生	本科生	其他	博士	硕士
454	305	149	126	160	152	9	7	385	65	4	278	107

资料来源：教育部编制的 2017 年度社会科学年报表。

在高端领军人才方面，有三位历史学家荣获首批“荆楚社科名家”称号，四名学者荣聘教育部长江学者。

“荆楚社科名家”是中共湖北省委、湖北省人民政府对在人文社科领域取得突出贡献的专家、学者所赋予的荣誉称号，是湖北省社会科学界的最高学术荣誉。2010 年 11 月 16 日，湖北省社会科学工作大会首次命名表彰了首批“荆楚社科名家”，全省共评出“名家”13 人。其中历史学家包括章开沅、冯天瑜和郭道扬三位学者。

章开沅，1926 年生，安徽芜湖人，华中师范大学资深教授，我国著名历史学家、教育家，曾任华中师范大学校长。他在辛亥革命史、中国资产阶级研究、中国商会史、中国教会大学史、南京大屠杀历史文献研究等领域都有开创性学术贡献，在国际上享有盛誉。

冯天瑜，1942 年生，湖北红安人，武汉大学人文社会科学资深教授，长期从事思想文化史研究，探讨中国文化史框架构筑和明清文化史。其提出的“中华元典精神”是对中国历史研究的重大贡献，他写作的《中华文化史》《中华文化生成史》以独特的视角，揭示了中华文化生成和发展的历程，构建了中国文化史整体架构，被誉为“新中国文化史研究的扛鼎之作”。

郭道扬，1940 年生，湖北谷城人，国际著名会计学家，会计史学家，中南财经政法大学特级教授，现任中国会计学会副会长、会计史专业委员会主任、国家社会科学基金评委、国际会计史学家协会理事。在中外会计审计史、会计审计思想史等领域的研究成果享誉海内外。

2012 年 3 月，教育部启动实施了新的“长江学者奖励计划”。该计划属于我国重大人才工程之一，与“千人计划”“万人计划”等共同构成国家级“高精尖”人才培养支持体系。2015 年，长江学者奖励计划新增青年学者项目。“长江学者奖励计划”吸引和汇聚了一批海内外有影响的学科领军人才，有力地推动了高校重点学科的发展，激励和支持长江学者取得了一批重要科研成果。湖北现有 4 名史学教授为长江学者。他们是：华中师范大学朱英（中国史，2012 年教育部长江学者特聘教授），武汉大学谢国荣（地区国别史，2015 年教育部青年长江学者），武汉大学魏斌（中国古代史，2016 年教育部青年长江学者），华中师范大学康文林（中国近现代史，2016 年教育部长江学者讲座教授）。

朱英，1956 年生，湖北武汉人，华中师范大学中国近代史研究所教授、博士生导师，主要从事中国近现代社会经济史、中国近现代社会史、商会商团史、辛亥革命史研究。出版《辛亥革命时期新式商人社团研究》《中国早期资产阶级概论》《晚清经济政策与改革措施》《转型时期的社会与国家——以近代中国商会为主体的历史透视》《近代中国商会、行会及商团新论》《商民运动研究》等多部学术专著，在《中国社会科学》《历史研究》《近代史研究》等学术刊物发表论文一百余篇。科研成果曾获得霍英东教育基金会高等院校青年教师奖研究类一等奖，多次荣获教育部中国高校人文社会科学优秀成果一、二、三等奖，湖北省人文社会科学优秀成果二、三等奖，并被评为教育部跨世纪优秀人才、湖北省有突出贡献的中青年专家、全国优秀教师，享受国务院颁发的政府特殊津贴。

谢国荣，1975 年生，湖南衡东人，历史学博士，武汉大学历史学院教授，主要从事美国种族关系史、黑人史的研究，代表作有《民权运动的前奏——杜鲁门当政时期美国黑人民权问题研究》和《20 世纪美国和加拿大社会发展研究》。

魏斌，1976 年生，山东临朐人，历史学博士，武汉大学历史学院教授，主要从事魏晋南北朝史、中古区域社会史、简牍学研究。在《历史研究》《中国史研究》《文史》等刊物发表论文多篇。魏斌曾入选武汉大学首批珞珈青年学者（2011）、教育部新世纪人才支持计划（2012）、湖北省“七个一百”（哲学社会科学类）文化人才工程（2015）等。

康文林（Cameron Campbell），美国宾夕法尼亚大学博士，现任香港科技大学教授、香港科技大学人文与社会科学学院副院长。康文林早期的研究主要集中在亲属关系、不平等和人口行为之间的关系，他和李中清团队构建、分析和公开发布了大量数据库，比如历史人口登记。过去发布的数据涵盖了18世纪和19世纪中国东北部多代人口数据库。这一数据库被用来研究中国历史上的人口，家庭组织和分层。目前其主要研究方向为清朝官僚作风和官僚组织所构成的影响。

（二）学科建设

学科评估是由教育部学位与研究生教育发展中心组织的对全国高校具有研究生培养和学位授予资格的一级学科进行的整体水平评估，平均每四年进行一轮。学科评估一共有四个一级指标，分别是：“师资队伍与资源”、“人才培养质量”、“科学研究水平”和“社会服务与学科声誉”。从2002年至今，教育部已经组织完成了四轮评估。历次评估结果不仅能够帮助高校明晰自身学科优势与不足，从而促进学科建设，提高学科水平和人才培养质量，而且可以满足社会对高等教育质量的知情需求，为社会各界了解和分析我国学科水平与质量信息提供权威数据。

2017年12月28日，教育部学位与研究生教育发展中心公布了全国第四轮学科评估结果①。第四轮评估共有513个单位的7449个学科参评，涉及95个一级学科。该轮评估采用“精准计算、分档呈现”的方式公布结果，不再公布具体得分和排名，不强调评估对象之间精细分数的差异，而

---

① 《全国第四轮学科评估结果公布》，教育部学位与研究生教育发展中心网站，http://www.cdgdc.edu.cn/xwyyjsjyxx/xkpgjg/283494.shtml。

是根据“学科整体水平得分”的位次百分位，将排名前70%的学科分为9档公布。如果学科评估结果的档次相同，则高校排序不分先后，按学校代码排列。

考古学一级学科（学科代码：0601），全国具有博士学位授予权的高校共有21所，全部参评，再加上15所具有硕士学位授予权的高校也参加了此次评估，参评高校一共有36所。评估结果为A^+、排在前列的高校有2所，分别是北京大学和西北大学。评估结果为A^-的高校有1所：吉林大学。武汉大学考古学学科评估结果为B，进入前十名。而在此前教育部组织的全国第三轮学科评估中，武汉大学考古学学科位列全国第七，这两次评估结果基本持平。

中国史一级学科（学科代码：0602），全国具有博士学位授予权的高校一共有48所，全部参评，再加上34所具有硕士学位授予权的高校也参加了此次评估，参评高校一共有82所。评估结果为A^+、排在前列的高校有2所，分别是北京师范大学和复旦大学。评估结果为A的高校也有2所，分别是北京大学和南京大学。华中师范大学中国史学科评估结果为A^-，进入前八名。而在教育部组织的全国第三轮学科评估中，华中师范大学中国史学科位列全国第四，这两次评估结果基本持平。武汉大学中国史学科评估结果为B^+，进入前十六名。在教育部组织的全国第三轮学科评估中，武汉大学中国史学科位列全国第五，此轮评估有所退步。湖北大学中国史学科评估结果为C，进入前五十名。在教育部组织的全国第三轮学科评估中，湖北大学中国史学科位列全国第十二，这一轮评估退步比较明显。

世界史一级学科（学科代码：0603），全国具有博士学位授予权的高校一共有31所，全部参评，再加上27所具有硕士学位授予权的高校也参加了此次评估，参评高校一共有58所。评估结果为A^+、排在前列的高校有2所，分别是北京大学和华东师范大学。评估结果为A^-的高校有3所，分别是首都师范大学、南开大学和东北师范大学。武汉大学世界史学科评估结果为B^+，进入前十一名。在教育部组织的全国第三轮学科评估中，武汉大学世界史学科位列全国第三，此轮评估有所退步。华中师范大学世界史学科评

估结果为 B^-，进入前二十三名。而在教育部组织的全国第三轮学科评估中，华中师范大学世界史学科位列全国第七，这一轮评估退步比较明显。

（三）研究平台

武汉大学是中国建立最早的近代大学之一，也是中国教育部直属的副部级全国重点大学，国家首批“双一流”A 类重点建设高校。武汉大学历史学学科在队伍建设、科学研究和人才培养等方面都取得了十分突出的成绩，在海内外享有盛誉。

1988 年，武汉大学中国古代史学科被评定为国家重点学科。此后于 2001 年和 2007 年两度顺利通过教育部评估，继续被列为国家重点学科。该学科点主要学术带头人为朱雷、冯天瑜、冻国栋、陈锋、陈伟、徐少华等教授。该学科点围绕“中国三至九世纪社会变迁与‘唐宋变革’”“出土文献研究与中国古史研究”“长江流域开发与中国历史进程”“中国传统文化及其近代转型”等方向形成一批有代表性、前沿性的研究论著，整体上形成具有标志性意义的成果。

2007 年，武汉大学世界史学科被增列为国家重点学科。该学科点形成了“中世纪晚期近代早期欧洲社会转型研究”“20 世纪西方主要国家（德、美、日、英）历史演变研究”“第二次世界大战与战后世界新格局研究”三个主攻方向，涵盖了世界古代中世纪史、近现代史、地区国别史和专门史等主要专业领域，相关研究处于国内领先水平，科研实力雄厚，成果突出。

2000 年，武汉大学中国传统文化研究中心被批准为教育部人文社会科学重点研究基地。其前身为武汉大学中国文化研究院，于 1996 年成立。该中心是跨学科研究中国文化的学术机构，包括文史哲等学科，下设中国社会变迁与文化转型研究室、中国思想文化研究室、楚文化和楚地出土文献研究室。该中心在中国传统哲学、楚文化、明清文化、明清社会经济等研究领域形成了优势和特色。现任中心主任为著名文化史专家冯天瑜教授。

武汉大学简帛研究中心、科技考古研究中心分别于 2006 年、2007 年入选湖北省人文社会科学重点研究基地。2008 年，武汉大学历史学一级学科被列为湖北省重点学科，中国古代史、世界史被列为湖北省优势学科。2007年，武汉大学历史学基地班入选教育部“质量工程”高等学校特色专业建设点。2008年，教育部、财政部批准武汉大学设立“历史学人才培养模式创新实验区”。2009年，《中国古代史》被评为国家级精品课程；2010年，《世界近代史》被评为国家级精品课程。

华中师范大学是教育部直属重点综合性师范大学，也是国家首批“双一流”世界一流学科建设高校。华中师范大学中国近现代史学科具有几十年的历史积累。1979年，该校成立辛亥革命史研究室，1984年经教育部批准建立历史研究所，2000年改名为中国近代史研究所。该学科是1979年我国恢复学位制度后最先被批准为具有硕士和博士学位授予权的学科之一，1988年被评定为国家重点学科。在该重点学科的带动下，1995年历史学学科成为国家文科基础学科人才培养和科学研究基地。2000年，中国近代史研究所被批准成为教育部人文社会科学重点研究基地。2001年，该学科再次被评为国家重点学科，同年还建立了博士后流动站。该学科以辛亥革命史研究作为“点”，带动中国近现代政治史、经济史、思想文化史和中国近代基督教史等多个方向，形成较为全面地研究中国近现代史的“面”；以中外比较研究为切入点，将宏观研究和个案研究相结合，凝练出具有明显特色和优势的学术研究领域：辛亥革命与近代社会变迁、中国早期现代化研究、商会与近代中国、近现代转型时期社会群体研究、中国教会大学史研究、中西文化交流与比较研究等。此外，还建立有中国商会研究中心、东西方文化交流研究中心，全国性学术社团辛亥革命史研究会也挂靠在该学科。

湖北省人文社科重点研究基地是集聚和培养高层次创新型人才的学术高地，是组织和开展高水平基础理论研究、应用对策研究的创新平台，是促进高校哲学社会科学繁荣发展、引领文化传承与创新的主力阵营，是服务区域经济社会发展、推动湖北“建成支点、走在前列”的重要力量。在已经挂牌的144个湖北省人文社科重点研究基地中，属于历史学学科的有3个，分别是武汉大学的湖北省简帛研究中心、科技考古研究中心，长江大学的荆楚文化研究中心。此外，还有5个综合性研究基地与历史学学科密切相关，分别是湖北汽车工业学院的武当文化研究与传播中心，湖北工程学院的中华孝文化研究中心，湖北科技学院的鄂南文化研究中心，黄冈师范学院的大别山红色文化研究中心，汉江师范学院的汉水文化研究基地。

武汉大学简帛研究中心的前身是武汉大学楚文化与楚地出土文献研究所，2003 年创立，2005 年改为现名，现任主任为陈伟教授。中心主要学术方向是：以战国文字为主的古文字研究；以简帛为主的战国秦汉出土文献整理与研究；以简帛文献为主要着眼点的先秦、秦汉史研究；新技术在简帛文献解读中的应用。在努力从事科学研究、不断推出高品质的创新性成果的同时，也致力于高层次人才的培养以及和国内外简帛学界的交流、合作，推进简帛学的发展。

武汉大学科技考古研究中心是整合武汉大学历史学、物理学、化学、生物学、材料科学与工程、测绘科学与技术、医学、建筑学、科学技术史、法学等学科创建的交叉性跨学科研究机构。中心成立于 2004 年，现任主任为张建民教授。中心主要研究方向包括：大遗址本体保护与总体规划、考古与博物馆数字化、文物材料的检测分析与病害防治、金属文物的真伪辨识、非物质文化遗产和民间文献的保护与研究等。

长江大学荆楚文化研究中心的前身是长江大学荆楚文化研究所，成立于 1992 年，是国内高校中较早从事荆楚历史文化研究的专门机构。2003 年改为现名，并获准成为湖北省高校人文社会科学重点研究基地。中心现任主任是徐文武教授。经过多年的建设与发展，中心形成了荆楚历史与文化、荆楚方言、荆楚文学以及荆楚非物质文化遗产等研究方向。中心还联合荆州博物馆，在考古资料的整理和研究方面取得了丰硕成果，出版近 20 部考古报告和一大批研究论文。

湖北汽车工业学院武当文化研究与传播中心是由杨立志教授牵头，整合校内外资源，致力于弘扬武当文化、服务地方经济文化发展而成立的研究机构，也是省内外唯一一个具有武当文化特色的科研平台，2016 年被批准成为湖北省高校人文社会科学重点研究基地。近年来，该中心在武当文化研究与传播领域获得长足进步，在教育教学、科学研究、社会服务诸方面均有所突破。其中《武当文化概论》课程开发与教材建设荣获省级教学成果二等奖，团队成员率先在鄂西北地区取得国家社科基金、教育部人文社科项目的突破，先后承担省部级以上项目近20项，出版著作20余部，发表论文100余篇，科研经费累计达200余万元，荣获省市社科成果奖20多项。

湖北工程学院中华孝文化研究中心成立于2007年，经过多年的建设，中心形成了孝文化基础理论、孝文化与文学艺术、孝德教育、孝文化与经济社会发展等四个研究方向。

湖北科技学院鄂南文化研究中心以鄂南文化为研究对象，下设鄂南文史与方言研究室、鄂南非物质文化遗产研究室、鄂南生态文化与产业研究室、鄂南特藏室和鄂南文化展览馆。中心现任主任为定光平教授。中心自成立以后，已经承担国家社科基金项目2项，省部级项目12项，市厅级项目35项，出版学术专著15部，发表学术论文100余篇。

黄冈师范学院大别山红色文化研究中心成立于2009年，以大别山红色文化为研究对象，以大别山革命史及其相关资源为研究线索，以大别山红色文化的生成、衍扩为研究主轴，重点探讨大别山红色文化在我国区域经济社会改革与发展、学科建设、科研人才培养以及科研管理体制改革与创新中的主要地位与突出作用。中心下设大别山红色文化资源的保护和应用研究、大别山红色文化与马克思主义中国化研究、大别山红色文化与党建理论研究、大别山红色文化与民族精神研究四个研究方向。

汉江师范学院汉水文化研究基地成立于2003年，现有五个研究中心：汉水历史文化研究中心、汉水流域经济社会与旅游发展研究中心、水文化与生态文明研究中心、汉水流域文学艺术研究中心和武当文化研究中心。基地研究团队在汉水文化研究领域已出版学术专著十余部，公开发表学术论文近千篇。

此外，建设优势特色学科群，组建以主干学科、相关学科、基础学科和新兴学科等构成的学科体系，是湖北省教育厅贯彻落实《湖北省教育改革与发展中长期规划纲要》，为更好服务湖北经济社会发展，全面提高湖北省高等教育质量、水平和创新能力而提出的“十三五”期间学科建设的重要举措。湖北大学中国史学科入选“十二五”湖北省特色学科、“十三五”湖北省优势特色学科群中国文化传承与发展学科群的支撑学科、“楚天学者计划”设岗学科。多年来，该学科在中国文化史、社会史、经济史、明清史、楚文化史、国际关系史、湖北区域文化等领域开展了卓有成效的研究工作。

（四）课题研究与学术交流

2017 年，湖北史学工作者瞄准学科发展前沿并紧扣学科建设的实际需要，不断凝练和发展处于学术前沿和对国家经济社会及文化发展具有影响力的领域及研究方向，积极争取承担各类科研课题共计 536 项，具体数据见表 2。

表 2　2017 年湖北省史学课题情况

单位：个，千元

总数					基础研究					应用研究				
课题数	当年投入人数		当年投入经费	当年支出经费	课题数	当年投入人数		当年投入经费	当年支出经费	课题数	当年投入人数		当年投入经费	当年支出经费
		其中研究生					其中研究生					其中研究生		
536	134.8	25.7	32380.62	26183.95	397	102.2	21	10783.99	13789.55	139	32.6	4.7	21596.63	12394.4

资料来源：作者对 2017 年度国家社会科学基金项目和教育部人文社会科学研究项目的统计。

国家社会科学基金研究课题是我国国家级的人文社会科学研究项目。自设立以来，推出了一大批重量级的研究成果，培养了一大批学科带头人，其导向性、权威性和示范性作用越来越突出，堪称社会科学研究领域的“国家队”。

2017 年，湖北史学工作者在申报国家社科基金项目方面取得了较好的成绩。其中，2017 年度国家社科基金重大项目立项 2 项、国家社科基金一般项目 13 项、国家社科基金青年项目 8 项、国家社科基金后期资助项目 4 项，总计 27 项。其中，湖北省获得的历史学学科 2017 年度国家社科基金重大项目为刘安志（武汉大学）的《吐鲁番出土文书再整理与研究》、董恩林

（华中师范大学）的《清人文集“经义”整理与研究》。

2017 年湖北高校、社科院和党校一共获得教育部人文社会科学研究一般项目资助 223 项，其中历史学有 7 项。此外，依托于湖北的国家级高端智库，在 2017 年湖北还获得 12 项教育部人文社会科学重点研究基地重大项目，其中历史学有 2 项。

与此同时，2017 年湖北史学交流活动十分频繁，效果良好。通过学术交流，可以使史学工作者的研究成果与创新思想得到更广泛的展示；可以使史学工作者增长知识、交流信息、开阔视野，激发和升华创造思维；可以使史学工作者了解学科发展趋势和社会需求，更好地把握科研方向。总之，学术交流在启迪学术思想、推动学科发展、加速思想创新等方面起着十分重要的作用。主要学术交流活动情况如下。

2017 年 4 月 14 日，由武汉市社科联和江汉大学联合举办的“纪念武汉建市九十周年学术研讨会”在江汉大学召开。50 多名省内外专家汇聚一堂，共话武汉城市历史，探讨武汉城市建设与发展的路径及得失教训。

2017 年 7 月 14 日，第四届荆楚文化研究青年学者论坛在武汉召开，来自武汉大学、湖北省社会科学院、华中师范大学、湖北大学等 50 余位青年学者，围绕“湖北历史发展与荆楚文化流变”这一主题，就中俄茶叶贸易路线的历史变迁、李白对唐代荆楚文化发展的影响、荆楚文化的当代价值等展开精彩论述与热烈探讨。

2017 年 9 月 16 ~ 17 日，由华中师范大学历史文化学院、国学院、历史文献研究所与清华大学经学研究中心联合举办的“第七届中国经学国际学术研讨会”在华中师范大学举行，来自台湾“中央研究院”、香港树仁大学、澳门大学、韩国水原大学、清华大学、复旦大学、南京大学、浙江大学、武汉大学、华中师范大学等单位的 60 余名会议代表参加了会议。

2017 年 10 月，由华中师范大学中国近代史研究所、中国经济史学会、《中国经济史研究》杂志社和华中师范大学中国工业文化研究中心联合主办的“全球化与近代以来中国传统经济的转型”学术研讨会在华中师范大学举行。来自北京大学、复旦大学、中国社会科学院等单位的近 60 位学者与会。

2017 年 10 月 10 ~ 11 日，由武汉大学简帛研究中心、香港中文大学历史系中国历史研究中心、韩国国立庆北大学历史系共同主办的“中国简帛学国际论坛 2017”在武汉大学举行，共有来自美国、加拿大、德国、韩国、日本、中国（含香港、台湾地区）的 50 多位学者与会。论坛主要围绕新出土的战国秦汉简牍文献展开，包括对安徽大学藏战国竹简、湖北云梦睡虎地汉简、湖南沅陵虎溪山汉简、湖北随州周家寨汉简等尚未正式发表资料的介绍，以及对多宗战国秦汉简牍文献的考释与研究，涉及战国秦汉政治史、经济史、制度史、思想史、文化史以及语言文字等诸多方面。

2017 年 11 月 4 日，由中国社会科学院创新工程重大项目《中华思想通史 · 清代卷》编委会和中南民族大学联合主办的“大思想史视野下的清代思想史研究暨《中华思想通史 · 清代卷》第十四次工作会议”在中南民族大学举行。

2017 年 12 月 2 ~3 日，第一届财税史论坛暨“清代及民国时期的税制变革与财政治理”学术研讨会在华中师范大学举行。该论坛是由华中师范大学中国近代史研究所、中国经济史学会、《中国经济史研究》编辑部共同主办，与会学者既有从事财税史研究的学者，也有从事财经、财税研究的学者，还有税收实务部门的研究工作者，论坛促进了跨学科、跨领域的交流与互动。

2017 年 12 月 9 ~10 日，第十一届湖北省青年教师史学论坛在恩施湖北民族学院举行。论坛的主题是“历史文化资源与中华优秀传统文化传承”，由华中师范大学历史文化学院、湖北民族学院民族学与社会学学院、武陵山民族文化与旅游产业发展湖北省协同创新中心、恩施州文物局联合举办。论坛不仅增强了湖北省内兄弟院校之间的学术联系、推动了青年教师队伍的建设，而且对深入发掘湖北本地历史文化资源、以旅游文化带动精准扶贫、传承中华优秀传统文化、树立国人的文化自信具有重要意义。

（五）成果与获奖

2017 年，湖北史学工作者开展特色性和创新性研究，产出了大量科研成果，展示出湖北史学深厚的学术积淀和强大的科研实力。其中，出版学术著作共计81部，整理出版古籍6部，在国内外学术刊物公开发表学术论文416篇，提供研究与咨询报告21篇，其中18篇被有关部门采纳。这些成果为湖北史学工作者赢得了多个重要成果奖项，集中体现了当前湖北史学的科研实力。

2015年，教育部公布第七届高等学校科学研究优秀成果奖（人文社会科学）结果，其中历史学一等奖一共有7项，二等奖17项，三等奖33项。武汉大学已故著名学者唐长孺教授的《唐长孺文集》（中华书局，2011）荣获著作一等奖，华中师范大学朱英教授的《商民运动研究（1924～1930）》（北京大学出版社，2011）荣获著作二等奖，华中师范大学马敏教授的 *The Confusion Merchant Tradition in the Late Qing and the Early Republic and Its Contemporary Significance*（*Social Sciences in China*, Volume 34, No. 2, May 2013）荣获论文类三等奖。

湖北省社会科学优秀成果奖是湖北省人民政府设立的省级奖，分为一等奖、二等奖、三等奖三个等级，由省人民政府分别授予奖励证书和进行奖励。湖北省社科优秀成果评奖已经成为湖北省繁荣发展哲学社会科学的重要抓手，是推进理论创新、推出精品力作的重要平台。2016年，湖北省人民政府颁布第十届湖北省社会科学优秀成果奖评选结果。其中，熊铁基（华中师范大学）的《汉代学术史论》（高等教育出版社，2013）、陈伟（武汉大学）的《秦简牍合集》（武汉大学出版社，2014）、吴平（华中农业大学）的《中国编辑思想史》（学习出版社，2014）获得著作类一等奖；冯天瑜（武汉大学）的《中国文化生成史》（武汉大学出版社，2013）、田彤（华中师范大学）的《民国劳资争议研究：1927～1937年》（商务印书馆，2013）、程丽珍（湖北省博物馆）的《出土饱水竹木器漆脱水保护技术》（湖北人民出版社，2014）、袁北星（湖北省社会科学院）的《客商与汉口近代化》（湖北人民出版社，2013）、杨洪林（湖北民族学院）的《明清移民与鄂西南少数民族地区乡村社会变迁研究》（中国社会科学出版社，2013）、钟书林（武汉大学）的《敦煌文研究与校注》（武汉大学出版社，2014）、程芸（武汉大学）的《元明清戏曲考论》（中国社会科学出版社，

2013）荣获著作类二等奖。徐少华（武汉大学）的《邓国铜器综考》、胡鸿（武汉大学）的《秦汉帝国扩张的制约因素及突破口》荣获论文类二等奖；张秋实（中共湖北省委党校）的《解密档案中的鲍罗廷》（人民出版社，2014）、丁建定（华中科技大学）的《英国济贫法制度史》（人民出版社，2014）荣获著作类三等奖；魏斌（武汉大学）的《古人堤简牍与东汉武陵蛮》、易德生（湖北省社会科学院）的《科技考古视野下的商王朝锡料来源与“金道锡行”》、吴琦（华中师范大学）的《晚明乡宦研究（系列论文）》、李少军（武汉大学）的《全面抗战前日本对长江流域的军事扩张（系列论文）》、谢国荣（武汉大学）的《美国联邦调查局对民权组织的监控——以学生非暴力协调委员会为中心》荣获论文类三等奖。

吴玉章奖是面向全国的人文社会科学奖，主要用于奖励国内有重大影响的优秀人文社会科学论著，旨在促进我国人文社会科学的发展和繁荣。2017年，武汉大学历史学院陈伟教授主编的《秦简牍合集》（武汉大学出版社，2014）荣获第七届吴玉章人文社会科学奖。《秦简牍合集》对早期出版的七批秦简牍资料系统地进行再整理，分4卷6册，包括卷一《睡虎地秦墓简牍》（三册）、卷二《龙岗秦墓简牍·郝家坪秦墓木牍》、卷三《周家台秦墓简牍·岳山秦墓木牍》、卷四《放马滩秦墓简牍》，由武汉大学简帛研究中心与湖北省博物馆、湖北省文物考古研究所、甘肃简牍博物馆、四川省文物考古研究院和荆州博物馆等文博机构合作完成，彭浩、李天虹、刘乐贤、刘国胜、晏昌贵、高大伦、孙占宇等多位简牍学家参与编撰。该书也是教育部哲学社科研究重大课题攻关项目“秦简牍的综合整理与研究”（08JZD0036）的主要成果之一，是“十二五”国家重点图书，出版得到国家古籍整理出版专项经费、中央高校基本科研业务费专项资金资助。该书还获得第十届湖北省社会科学优秀成果奖一等奖、第三届湖北出版政府奖、第六届中华优秀出版物奖图书奖等重要奖项。

（六）学术组织建设

学术组织，是以从事科学研究、推动学术发展为目的的社会实体，包括各种学术研究机构、学术团体、协会和学会等。学术组织在强化学术道德、完善学术生态、推动学术文化建设方面均发挥着十分重要的作用。

湖北省社会科学界联合会是中共湖北省委、湖北省人民政府领导下的学术性群众团体，是党和政府联系和团结广大哲学社会科学工作者的桥梁和纽带。1958 年 1 月开始筹建，1959 年 9 月举行了湖北省社会科学界第一次代表大会暨湖北省哲学社会科学界联合会成立大会，中共“一大”代表、著名马克思主义理论家、教育家李达当选为第一届省社科联主席。目前，湖北省级哲学社科学术社团已经发展到 160 余家，民办社科研究机构 9 个，覆盖了文史哲经管法等各学科领域，门类齐全，结构合理，实力强大。其中，辛亥革命史研究、荆楚文化研究、武当文化研究和三峡文化研究是特色学科，在国内外都处于领先水平。此外，湖北省 14 个市州也都成立了社科联，全省社科类社团会员达到 30 万人。

近年来，在省社科联的指导下，湖北省史学界学术组织建设取得长足的发展。现已成立多个学术组织，并积极开展各种学术活动，不断扩大自身的社会影响。如湖北省历史学会、湖北省世界史学会、湖北省中国经济史学会、湖北省荆楚文化研究会、湖北省炎黄文化研究会、湖北省楚国历史文化学会、湖北省三国文化研究会、湖北省地方志学会、湖北省三峡文化研究会、湖北省吴楚文化研究会、湖北省武当文化研究会、湖北省巴文化研究会、湖北省孝文化研究会、湖北省中共党史学会、湖北省中共党史人物研究会、湖北省新四军暨华中抗日根据地历史研究会、湖北省国学研究会、湖北省文化遗产保护研究会、湖北省东汉文化研究会等。

以湖北省荆楚文化研究会为例，该研究会是湖北省内从事荆楚文化研究的专家学者及实际工作者自愿组成的全省性、学术性、非营利性的社会团体。研究会遵守国家法律法规，以习近平新时代中国特色社会主义思想为指导，坚持理论联系实际，深入发掘荆楚文化遗产，继承优秀文化成果，不断开拓创新，努力在湖北省物质文明、政治文明、精神文明、和谐社会和生态文明建设中做出贡献。湖北省荆楚文化研究会还积极参加业务主管单位举办的各项活动，不断提升学会业务能力，加强学会队伍建设，积极推动荆楚文化学术研究与交流活动，占据湖北省乃至全国荆楚文化研究的学术制高点。

二　湖北历史学学科研究进展、创新与荆楚特色

2017 年，湖北历史学学科延续了近年来史学研究的繁荣局面，无论是史料的发掘、选题领域的拓展，还是研究视角、研究方法的创新等方面，都有可圈可点之处。总体而言，继承中有创新，发展中有反思。

（一）深化历史研究，推出一批重要成果

探索历史规律是当代中国史学的本质追求。史学是一门科学，其最显著的学术特点是实证。但实证只是一种手段而非目的，史学的真正使命是探索人类社会变迁的内在逻辑与历史规律，为当代人类文明的发展提供历史借鉴与参考。

《中国社会科学》杂志是中国社会科学院主管并主办的综合性社会科学期刊，主要发表我国人文社会科学领域最新和最重要的学术研究成果，被学界誉为我国最高水平的综合类人文社会科学期刊，名列同类期刊首位。在《中国社会科学》2017 年第 10 期上，武汉大学鲁西奇教授发表了长篇重要学术论文《制度的地方差异性与统一性：隋代乡里制度及其实行》。该文指出，隋朝开皇三年（583）春所颁新令规定的三长制，主要是针对山东北齐故地制定的，基本沿用北齐河清三年（564）令而略有调整。属于司法系统的乡正与属于民政系统的三长（或二长）并存。开皇九年（589）制书规定的乡里制度，是针对陈朝故地颁行的，基本沿用东晋南朝实行的以汉朝制度为基础的乡里控制体系。隋炀帝大业三年（607）官制改革后，以乡正、里长为核心的乡里制遂成为隋王朝控制乡村的基本制度。乡里制度在设计与制定过程中，必须考虑其实行地域的固有制度背景与可行性，故本身即具有非一致性或地方差异性；而在实行过程中则会逐步趋同，从而在实行层面逐步达至制度的统一性。该文对深入理解和认识中国古代乡里制度的演进极具学

术价值，对于探索政治制度演变的线索与规律也具有重要的启发。

2017 年 12 月，华中师范大学邢来顺教授主持的国家社科基金重大项目《多卷本〈德国通史〉》获得全国哲学社会科学规划办公室颁发的结项证书。《多卷本〈德国通史〉》于 2013 年立项。该项目以邢来顺教授为首席专家，集结了武汉大学、华东师范大学、山东大学、北京师范大学、华中师范大学、天津师范大学等多位国内著名德国史专家分工撰写。全书共六卷，约 300 万字，是国内首部多卷本大型德国通史。它以欧洲文明进程和世界历史进程为背景，叙述从史前到 21 世纪初的德国历史。该通史还获得国家出版基金资助，即将由著名出版社出版。

（二）中国古代史研究十分活跃，在新资料、新领域和新视角方面取得较大进展，研究日益细化和深化，涌现大量创新佳作

新资料的发现推动学科的进展。简帛和碑刻资料的发掘，促进了相关领域研究。大量文献和考古新材料的出土，为重新认识上古史提供了新的契机。在加强古文献与古史研究的同时，史学界也追本溯源，试图重建中国上古历史。如武汉大学陈伟《秦汉简牍“居县”考》指出，秦汉简牍中的“居县”，通常被认为是指当事人当时所在的县。通过对云梦睡虎地秦简、江陵张家山汉简、里耶秦简和新近刊行的《岳麓书院藏秦简（肆）》的比勘、分析，提出“居县”应是指当事人家乡之县。厘清这个问题，有助于对相关律令、文本文书的解读，有助于对秦汉名籍管理及相关制度的了解，对研究秦汉社会经济制度也颇有启示①。

湖北省社会科学院尹弘兵的《多维视野下的楚先祖季连居地》对先秦楚国祖先季连的居住地进行了详尽的考证。文章指出，季连初降之山即騩山，但并不是季连部族的居地，而是祖先神灵所居之地。其早期活动区域当在二里头文化二里头类型范围内，晚期活动区域当在殷墟文化殷墟类型范围内，大致在嵩山山脉以南、伏牛山山脉以北的河南省中部地区，夏商两代季

① 陈伟：《秦汉简牍“居县”考》，《历史研究》2017 年第 5 期。

连部族始终活动在传统的中原文化区。季连的最后一个居地京宗亦当在此范围内[①]。

中国古代史研究越出中国史范围，更加注重中外历史比较研究、中外交流史研究，以及全球视野下的中国史研究等主题。如湖北大学周德钧教授的《中国古代战略文化的几个核心话语》指出，中华文化在长期发展进程中形成了独具特色的战略文化，其核心理念力斥强权与霸道，以重道尚义为价值取向，由此形成“慎战”“重战”交互为用的国防理念，主张在处理国际关系时重谋伐交，强调实力为本的“形胜”“任势”之道，由此构成中国古代战略文化的核心话语体系，这一话语体系展现了中华民族源远流长的和平主义情怀和深邃的政治智慧[②]。

学界还日益重视周边文明与中原文明、古代汉族与周边民族等课题的研究。在研究视角上，由原先重中原文明的传播和周边民族“汉化”，转向关注多种文化之间的互动、少数民族对汉族文化的影响，从而对各民族、各文化之间的互动进行了更为全面的分析。

如武汉大学胡鸿副教授的专著《能夏则大与渐慕华风：政治体视角下的华夏与华夏化》从政治体类型演变的角度，讨论先秦华夏的形成、秦汉帝国时期的疆域扩张与华夏网络的建立，在知识和观念领域“四夷”观的建构，以及十六国南北朝时期非华夏族群华夏化的实态等问题上，视角新颖，为中古中国的民族问题研究探索了一条新的路径[③]。

《新华文摘》2017 年第 19 期全文转载了武汉大学陈锋教授《清代财政制度创新与近代财政体制发端》、杨国安教授《集权与分权：清代中央与地方财政关系及其调整》两篇学术论文，并以《清代财政转型与国家治理能力》为封面要目进行重点推荐。两篇论文原刊登在 2017 年 8 月 7 日《光明日报》（理论·史学）上，这一期史学版专栏主题为“清代财政转型与国家

---

① 尹弘兵：《多维视野下的楚先祖季连居地》，《中国史研究》2017 年第 2 期。

② 周德钧：《中国古代战略文化的几个核心话语》，《人民日报》2017 年 4 月 11 日，第 7 版。

③ 胡鸿：《能夏则大与渐慕华风：政治体视角下的华夏与华夏化》，北京师范大学出版社，2017。

财政治理能力”，栏目主持人为陈锋教授，该主题也是陈锋教授主持的国家社会科学基金重大攻关项目的研究主题。在“主持人语”中，陈锋教授指出，传统社会的国家财政，从总体上体现着国家财政为实现其职能，对一部分社会产品进行分配和再分配而形成的以国家为主体的分配关系。清朝处于中西交汇、新旧交替、社会巨变之中，各项制度多有变化。清代财政制度的沿袭与创新、财政思想的变化，以及近代财政体制的发端，不仅与国家机器的运转、国家治理和社会稳定息息相关，而且关涉人民的生存状况、社会经济的发展。探讨“清代财政转型与国家财政治理能力”具有重要的学术价值和现实意义。

陈锋教授在《清代财政制度创新与近代财政体制发端》一文中指出，清代财政在沿袭明代的同时，又经过了不断的制度创新和完善，最终形成了具有鲜明特点的财政体制。到了清代后期，随着西方财政学说的引入，传统奏销制度向预决算制度转变，地方财政开始形成、公共财政开始出现，标志着近代财政体制的发轫①。杨国安教授在《集权与分权：清代中央与地方财政关系及其调整》一文中认为，清代的中央与地方财政关系，由前期的起运与存留的集权下的财政划分，到了咸同之后中央财权下移与地方分权，清末新政时期，则出现了中央与地方财政关系的重构与近代转型②。

（三）中国近现代史研究涌现一些重要成果，以新的问题意识，带动新的研究方法，拓展新的研究领域，获得新的历史认识，带有学术反思性质

华中师范大学朱英教授的《近代商会史研究的缘起、发展及其理论与方法运用》指出，20 世纪 80 年代初商会史研究的兴起，是辛亥革命与资产阶级研究中探讨新视野、新思路的结果，章开沅先生运用马克思主义理论与

① 陈锋、倪玉平：《清代财政制度创新与近代财政体制发端》，《光明日报》（理论·史学）2017 年 8 月 7 日。

② 杨国安：《集权与分权：清代中央与地方财政关系及其调整》，《光明日报》（理论·史学）2017 年 8 月 7 日。

方法对商会史研究率先予以大力倡导，具有开创之功。随后使商会史研究从附属于辛亥革命史的一个部分，发展成为中国近代史研究中的一个重要独立领域，主要得益于在唯物史观指导下运用现代化理论与方法，继而又运用公共领域、市民社会理论考察和分析商会，不仅推进了商会史研究的进一步深化，而且使“国家与社会”这一理论分析框架逐渐广泛运用于中国近代史研究的更多领域。近30余年商会史研究的发展历程表明，学术研究的拓展深化需要在马克思主义理论尤其是在唯物史观指导下不断进行创新，同时也应避免在借用当今西方新理论与方法的过程中出现生搬硬套与削足适履的偏差①。

华中师范大学郑成林教授的《南京国民政府度量衡改制中的商会参与》指出，度量衡划一关乎民众生活、市场拓展，又于政权统一和国家建设有着重要意义。因此，国民政府鼎立南京后立即启动度量衡改制，以商会为主体的商人团体也积极参与其中，充分表达了商界对新制的期盼及诉求，并广泛宣传改制的重要性和参与检查新制实施状况，调解因使用新制而产生的纠纷；劝导涉外商号和租界华商改用新制，推动了海关和租界两处的改制。但在新制与旧习、商人惯用的外国度量衡之间发生冲突时，商会往往代表商界与政府交涉，要求暂缓改制或依习惯对新制进行修正，少数地方商人和商会甚至不惜暴力抗拒。这也是改制时商界、学界与政府不得不面对的难题②。

华中师范大学付海晏教授的《上海静安寺“汉奸和尚案”研究》指出，在近代众多的寺庙纠纷案件中，静安寺纠纷无疑是最具代表性的个案之一。1946年静安寺住持德悟、监院密迦先后被不同人士检举为汉奸，其中既有战后国家对汉奸的惩治，也有剃度派僧人师徒之间的纠葛，又涉及剃度与十方丛林之缠诉，更关涉佛教内部的保守与改革、客僧与主僧等争端。在日益现代化的近代都市中，各类报刊舆论、复杂的商业利益以及相关社会组织，

---

① 朱英：《近代商会史研究的缘起、发展及其理论与方法运用》，《近代史研究》2017年第5期。

② 郑成林、史慧佳：《南京国民政府度量衡改制中的商会参与》，《历史研究》2017年第4期。

均或明或暗地发挥着重要的作用，充分展示了近代国家、宗教与社会错综复杂的面相①。

华中师范大学彭南生教授的《工商业社会主义改造中的同业公会——以北京旅店业同业公会为例（1952～1956）》是国家社科基金重大攻关项目“中国近现代手工业及资料整理”阶段性成果。该文指出，随着新中国人民政府的建立，同业公会即面临着协助党和政府开展社会主义改造的新课题。文章以北京旅店业同业公会为例，力图揭示同业组织是如何协助新政权进行改造及改变自身的历史命运。社会主义制度改造消除了同业公会存在的经济基础，改造中建立起来的互助组直接受政府领导，发挥着同业公会原本发挥的统战功能，加上意识形态的影响，协助改造者最终在改造使命完成后，其自身也走向了终结②。

（四）世界史研究欣欣向荣，各领域齐头并进，整体水平不断提高，在诸多领域取得了可喜的进步，呈现良好发展势头

政治外交史颇受重视。武汉大学何元国教授的《修昔底德的伯罗奔尼撒战争原因论探微》从古典学的角度对近年来广受关注的“修昔底德陷阱”这一概念做出了回应。该文提出，由于史料的局限，我们所了解的伯罗奔尼撒战争的原因是“修昔底德版”的。修昔底德的判断尽管深刻，但带有论战的色彩，并非全面总结，并且它只是当事方的主观判断，还谈不上是客观规律。总之，该文提醒学术界关注修昔底德思想的复杂与微妙，以避免简单化的倾向③。

湖北大学高志平教授的论文《不结盟运动与国际海洋新秩序的构建》被《中国社会科学文摘》2018 年第 1 期转载④。该文是高志平教授承担的国

① 付海晏：《上海静安寺“汉奸和尚案”研究》，《近代史研究》2017 年第 1 期。

② 彭南生、郑思亮：《工商业社会主义改造中的同业公会——以北京旅店业同业公会为例（1952～1956）》，《江苏社会科学》2017 年第 6 期。

③ 何元国：《修昔底德的伯罗奔尼撒战争原因论探微》，《历史研究》2017 年第 6 期。

④ 高志平：《不结盟运动与国际海洋新秩序的构建》，《湖北大学学报》（哲学社会科学版）2017 年第 5 期。

家社会科学基金项目“不结盟运动与国际经济新秩序研究（1961～1991年）”的阶段性成果。该文认为，不结盟运动在构建国际海洋新秩序进程中扮演了十分重要的角色。它坚持国际海底区域的人类共同继承财产原则；主张沿海国家的200海里海洋权；建议给予内陆国与地理上不利国家优惠制度；支持制定国际海洋条约和成立国际海洋权力机构。旧的国际海洋秩序不公正与不合理、发展中国家争取建立国际海洋新秩序斗争的蓬勃开展、不结盟运动活动的重点由政治领域转向经济与发展领域，这些都是不结盟运动构建国际海洋新秩序的重要背景。不结盟运动构建国际海洋新秩序的主张与努力产生了积极影响，它深刻谴责了海洋霸权主义，有利于维护发展中国家的海洋权益；推动了《联合国海洋法公约》的制定，为构建国际海洋新秩序做出了突出的贡献；顺应了时代需求，凝聚了发展中国家的力量，从而为当下包括中国在内的广大发展中国家维护海洋权益提供了有益的借鉴。

经济社会史繁荣兴盛。相关研究成果既有对包括城市化、现代化在内的社会转型的缜密探讨，又有对收费信托、产业经济的深入分析；既有对人口移民、婚姻家庭的历史考察，也有对种族与阶级关系的客观剖析。华中师范大学沈琦副教授的《教区、收费信托与近代英国道路治理体系变革》指出，从16世纪开始，教区成为英国道路治理体系的基层组织。17世纪英国商品经济日趋活跃，陆路运输愈益专业化，引发了交通困局。17世纪下半叶，议会立法力图强化教区制，但无法解决道路通行的外部性问题和资金瓶颈问题，困局并未缓解。从17世纪末开始，经议会授权的收费信托成为道路治理体系的另一主体。收费信托解决了旧治理体系下用路者与维护者分离的矛盾，在确保公共道路通行自由权和公共所有权的前提下，实现了道路的有效维护和监管，同时扩大了维护资金的融资渠道，实现利益的均衡增长，为交通繁忙路段的维护、建设和改进提供了有效途径。近代英国的道路治理是地方治理的重要内容，并始终受议会监管①。

① 沈琦：《教区、收费信托与近代英国道路治理体系变革》，《历史研究》2017年第3期。

（五）考古发掘、文物保护和科学研究等，成果丰硕

自2013年起，湖北是全国唯一一个连续5年都有考古新发现入选全国性两大评选“中国考古新发现”和“全国十大考古新发现”的省份。近5年湖北入选两大评选的考古项目分别是：随州文峰塔东周曾国墓地（2013年）、枣阳郭家庙曾国墓地（2014年）、大冶铜绿山四方塘遗址（2015年）、天门石家河遗址（2016年）、京山县苏家垄周代遗址（2017年）。其中，湖北天门石家河遗址2016年同时入选上述两大评选，并荣获第三届世界考古论坛“重大田野考古发现”奖，是唯一入选的中国项目。

2017年，湖北省作为牵头单位承担了国家文物局“十三五”重点课题——“长江中游文明进程”国家课题，这个课题有湖南、江西、安徽三省参加，研究范围从长江文明的史前起源到融入中原王朝。

经近5年艰辛努力，2017年，湖北省第一次全国可移动文物普查工作圆满结束，普查数据顺利通过国家文物局验收，登录国有文物收藏单位514家，登录文物藏品1531877件（套），居全国第五。其中，武汉、荆州、襄阳文物藏品数量在全省排名靠前。在这项工作中，3个先进集体、3名先进个人获全国表彰，居全国前列。

2017年，湖北省文物考古研究所共实施考古项目30余个，取得了一批重要成果，在加强文物保护的同时，为推进国家大遗址考古项目和基本建设做出了重要贡献。这些项目既有配合国家大遗址考古工作的天门石家河、京山屈家岭、沙洋城河、潜江龙湾遗址等，也有配合“长江中游文明进程”课题研究的保康穆林头遗址和沮漳河流域考古调查等，还有配合（内）蒙华（中）货运铁路和郑（州）万（县）、武（汉）襄（阳）十（堰）高铁及枣（阳）潜（江）高速公路等大型基本建设的襄阳欧庙遗址、随州汪家湾墓群考古调查等。这些项目时代跨度大，上起新石器时代，下到明清时期；类型丰富，包括城址与聚落、宫殿、府署、寺庙、山寨遗址和墓葬、摩崖石刻等。此外，中美联合盘龙城遗址考古

项目获得国家文物局批准，是湖北省中外考古合作交流的新突破。此举有利于打造具有国际影响力的学术科研交流平台，促进湖北考古学术研究迈上新台阶。

三　湖北历史学学科发展展望与建议

2016 年 5 月 17 日，习近平总书记在哲学社会科学工作座谈会上指出："一切有理想、有抱负的哲学社会科学工作者都应该立时代之潮头、通古今之变化、发思想之先声，积极为党和人民述学立论、建言献策，担负起历史赋予的光荣使命。"[①] 湖北历史学学科已经取得了卓越的成绩，但也仍然存在一些不足之处。任重而道远，展望未来，湖北史学工作者要充分发挥自己的学科优势、理论优势和科研优势，为建设具有中国特色、中国风格、中国气派的哲学社会科学做出应有的贡献。

（一）深入学习贯彻习近平总书记系列重要讲话精神，推动史学新发展

党的十八大以来，习近平总书记围绕学习、研究、借鉴历史多次发表重要讲话。这些重要讲话站在开辟未来的战略高度，以历史唯物主义的深邃视野，深刻回答了以什么样的态度和方法学习、研究、借鉴历史的问题，为发展 21 世纪中国马克思主义史学提供了科学指南。2017 年 5 月，中共中央印发《关于加快构建中国特色哲学社会科学的意见》。该意见要求"我国广大哲学社会科学工作者高举中国特色社会主义伟大旗帜，深入学习贯彻习近平总书记系列重要讲话精神和治国理政新理念新思想新战略，坚持为人民服务、为社会主义服务，坚持百花齐放、百家争鸣，立足中国、借鉴国外，挖掘历史、把握当代，关怀人类、面向未来，充分体现继承性、民族性、原创

① 《习近平：在哲学社会科学工作座谈会上的讲话（全文）》（2016 年 5 月 17 日），新华网，http：//www. xinhuanet. com/politics/2016 －05/18/c_ 1118。

性、时代性、系统性、专业性，创新发展哲学社会科学，为实现‘两个一百年’奋斗目标、实现中华民族伟大复兴的中国梦提供强大思想理论支撑”①。

湖北史学工作者要深入学习贯彻习近平总书记系列重要讲话精神，学习中共中央《关于加快构建中国特色哲学社会科学的意见》，强化问题意识、树立问题导向，以讲话精神为思想武器，提高发现问题、分析问题、解决问题的能力，从而切实推进湖北史学在已取得各方面成绩的基础上继续繁荣和发展。

湖北高校和科研机构也应进一步健全激发科研活力的体制机制，落实社会科学领域财政科研项目资金管理改革政策，加强统筹管理，加强学术共同体建设，加强哲学社会科学基础设施和信息化建设，改革学术评价体系，坚持正确的学术导向，以学术质量、社会影响、实际效果为衡量标准，建立科研信用管理、评价结果公布等制度，建立健全分类评价机制，科学设置考核周期，引导史学工作者潜心钻研、推出精品。

（二）扎根荆楚大地，突出湖北史学的荆楚特色

湖北江山秀美，人杰地灵，涌现过许多贡献卓著、千古闻名的史学家，如撰写《汉晋春秋》的东晋史学家习凿齿、编修《新唐书》的宋代史学家宋祁、《鸿猷录》作者明朝史学家高岱、清末民初历史地理学家杨守敬等。新中国成立以后，经过几代学人的不断努力和积极开拓，湖北史学形成了严谨的学风和优良的教风，确立了理论探讨与实证研究相统一，断代史与专门史、地区史与国别史相结合，传世文献与出土文献并重等学术特色。当代湖北正努力从文化大省迈向文化强省，湖北史学应该为湖北文化发展做出自己的贡献。

湖北史学研究一方面要树立国际视野，积极吸收借鉴国外有益的理论观

① 《中共中央印发〈关于加快构建中国特色哲学社会科学的意见〉》，中国政府网，http：//www. gov. cn/zhengce/2017 －05/16/content_ 5194467. htm。

点和学术成果，融通各种资源，不断推进知识创新、理论创新、方法创新，提升学术原创能力和水平，另一方面，也要扎根荆楚大地，继承和弘扬荆楚优秀学术传统，突出湖北史学的荆楚特色。此外，当代史学研究早已突破了蒙头苦读、闭门造车的研究范式，各史学研究机构必须树立“大协同”理念，打破学科之间、单位之间、地域之间的旧有壁垒，实现跨学科、跨单位、跨地域的资源汇聚整合，形成共同推动湖北史学繁荣发展的潮流。

（三）推动湖北历史学学科进入国家“双一流”建设学科行列

2017年，湖北拥有129所普通高校。高校数量仅次于江苏、广东、山东和河南，位居全国第五。拥有历史学学科的高校数量在全国也居于前列。2017年9月，教育部、财政部、国家发展改革委联合印发《关于公布世界一流大学和一流学科建设高校及建设学科名单的通知》。湖北有7所高校的29个学科跻身世界一流学科建设高校行列，武汉大学、华中科技大学、华中农业大学高居2017湖北地区世界一流大学和一流学科（以下简称“双一流”）排行榜3强，武汉大学、华中科技大学挺进全国15强。但令人感到十分遗憾的是，湖北历史学学科无一进入国家“双一流”建设学科名单。

在这份名单中，拥有中国史“双一流”建设学科高校分别是北京大学、中国人民大学、北京师范大学和复旦大学。拥有考古学“双一流”建设学科高校分别是北京大学、吉林大学。拥有世界史“双一流”建设学科高校则是北京大学、南开大学和东北师范大学。

“双一流”建设是中国高等教育领域继“211工程”“985工程”之后的又一国家战略，有利于提升中国高等教育综合实力和国际竞争力，为实现“两个一百年”奋斗目标和中华民族伟大复兴的中国梦提供有力支撑。国家已经出台并且必将会继续推出支持和鼓励“双一流”建设的各种政策和措施。湖北历史学学科不能在“双一流”建设中始终缺席，必须认清形势，把握方向，突出重点，加快推进，提升团队合力和学术影响力，推动湖北历史学学科早日进入国家“双一流”建设学科行列。

B.8
湖北管理学学科发展报告（2017）

韩艳旗*

摘　要： 以加快建设人文社科强省为目标，以构建现代科学的管理学学科研究范式和方法为抓手。2017年湖北管理学学科建设成就显著，学科、学位点、平台、获奖、项目和论文全面开花，为人文社科强省建设奠定一定基础，今后应在研究范式创新以及人类学等交叉领域加大研究力度。

关键词： 管理学　学科情况　学术成果　荆楚特色

为贯彻落实党中央关于建设一流大学和一流学科的重大决策部署，经湖北省人民政府同意，湖北省人民政府办公厅于2018年1月18日印发了关于《湖北省推进一流大学和一流学科建设实施办法》的通知。通知总则第一款明确提到，以一流为目标，以学科为基础，以绩效为杠杆，以改革为动力，推动一批高水平大学和学科进入国际国内一流行列或前列，进一步提升湖北高等教育综合实力、区域竞争力和国际影响力，力争在已有基础上努力开创湖北省高等学校学科建设新局面。在过去的一年里，湖北哲学社会科学管理学学科领域取得了骄人的成绩。

* 韩艳旗，管理学博士，副教授，湖北大学商学院工商管理与人力资源系主任，硕士生导师，主要研究方向为工商管理。

一 湖北管理学学科发展概况

（一）学科建设

经过长期科学规划与不断完善，湖北省在管理学学科的建设上取得了长足的进步。据教育部学位与研究生教育发展中心公布的全国第四轮学科评估结果显示，湖北省管理学五大学科发展均衡，在评估中多门管理学学科排在全国前列，取得了令人瞩目的结果。具体的评估结果为：在管理科学与工程学科中，武汉大学和华中科技大学评估成绩均为 B^+，武汉理工大学评估成绩为 B，中国地质大学（武汉）评估成绩为 B^-，华中师范大学评估成绩为 C^+，武汉科技大学、武汉纺织大学、中南财经政法大学及三峡大学评估成绩为 C；在工商管理学学科中，武汉大学和华中科技大学评估成绩为 A^-，中南财经政法大学评估成绩为 B^+，中国地质大学（武汉）和武汉理工大学评估成绩为 B^-，湖北工业大学、湖北大学和中南民族大学评估成绩为 C^+，武汉科技大学、华中农业大学和三峡大学评估成绩为 C；在农林经济管理学学科中，华中农业大学评估成绩为 A^-，中南财经政法大学评估成绩为 C^+；在公共管理学学科中，武汉大学评估成绩为 A，华中科技大学评估成绩为 A^-，中国地质大学（武汉）、华中农业大学和中南财经政法大学评估成绩为 B^+，华中师范大学评估成绩为 B，武汉科技大学评估成绩为 C^+，湖北大学评估成绩为 C^-；在图书情报与档案管理学学科中，武汉大学评估成绩为 A^+，华中师范大学评估成绩为 B^+。

可见，湖北省在管理学的学科建设上取得了较为瞩目的成绩，武汉大学的图书情报与档案管理学学科实力处于全国顶尖水平；此外，武汉大学和华中科技大学的公共管理学学科、华中农业大学的农林经济管理以及武汉大学和华中科技大学的工商管理学学科均位列全国前列，学科水平较强；武汉大学和华中科技大学的管理科学与工程学科也排在全国靠前位置，具备一定的实力。概括而言，湖北省的管理学学科综合实力较强，发展较为均衡，整体水平居于全国前列。

（二）学位点建设

学位点建设是学科建设的集中反映。2017 年湖北省的管理学学科博士、硕士授权点建设情况如下：湖北管理学学科学术型学位共有博士点 19 个，其中一级博士点 14 个，二级博士点 5 个；共有 41 个硕士点，其中 32 个一级硕士授权点，9 个二级硕士授权点，专业学位共有硕士点 61 个，主要是工商管理和会计以及公共管理专业硕士。在管理科学与工程学科，共有 5 所高校设有管理科学与工程一级学科博士授权点，12 所高校设有管理科学与工程一级学科硕士授权点，同时还有 8 所高校具有工程管理专业硕士学位授予权。全省有 3 所高校具有工商管理一级学科博士授权点；其中武汉理工大学设有 2 个二级学科博士授权点，分别是企业管理、技术经济与管理两个专业的授权点。全省有 12 所高校设置了一级学科硕士授权点，6 所高校具有二级学科硕士授权点。此外，全省有 14 所高校设有工商管理专业硕士学位授权点，17 所高校具有会计学专业硕士学位授予权，5 所高校设有旅游管理专业硕士学位授予点。华中农业大学设有农林经济管理一级学科博士点，中南财经政法大学和长江大学均设有农林经济管理一级学科硕士授权点。全省有 4 所高校设有公共管理学学科一级学科博士授权点，5 所高校设有公共管理学学科一级学科硕士授权点，中国地质大学（武汉）和华中农业大学均设有土地资源管理二级学科博士授权点。此外，武汉理工大学还设有教育经济与管理二级学科硕士学位授予权；全省有 13 所高校均具有公共管理专业硕士学位的授予权。武汉大学设有图书情报与档案管理一级学科博士点，华中师范大学设有情报学二级学科博士点和一级学科硕士点。此外，湖北大学具有档案学的二级学科硕士学位授予权，全省有 4 所高校设有图书情报专业硕士学位授予点。

（三）研究平台

湖北管理学学科在省部级研究平台的搭建和人文社科重点研究基地的建设方面也取得了优异的成绩。武汉大学社会保障研究中心早在 2000 年就被教育部批准为全国人文社会科学重点研究基地，成为国家级管理学学科研究平台的排头兵。1999 年以来教育部在全国 66 所高校相继设立了 151 个人文社科重点研究基地，超过 50% 的重点研究基地成为后来启动“985 工程”国家哲学社会科学创新平台的核心和支撑。湖北省早在 2002 年就着手建设人文社会科学重点研究基地，至今全省共设立 100 余个人文社会科学重点研究基地。在这些人文社会科学重点研究基地中，管理学学科就占到了十分之一，所研究的主题和方向不仅结合了国内热点问题，也紧跟国际学术界前沿。其中，国家级平台有中国地质大学（武汉）在 2007 年经教育部批准设立的工商管理国际型人才培养创新实验区和中南财经政法大学的经济管理国家级实验教学示范中心。省部级科研配套建设取得了长足的进步，科研平台主要有湖北省“2011 计划”协同创新中心，湖北省人文社科重点基地，以及省教育厅批准的结合院校优势特点成立的各类研究中心和研究院等。如武汉大学设立的省部共建研究基地，华中科技大学设立的现代信息管理研究中心省级科研平台；中南财经政法大学建有由省教育厅批准的“城乡社区社会管理”湖北协同创新中心、创业与就业研究中心等省级科研平台；华中师范大学建有省级科研创新平台湖北省电子商务研究中心；武汉理工大学建有湖北省产品创新管理研究中心省级科研平台；湖北大学建有旅游开发与管理研究中心；武汉科技大学建有湖北省产品创新管理研究中心和武汉·中国城市科技政策与科技管理研究中心；中南民族大学建有省级科研平台经济管理实验教学示范中心；三峡大学建有区域社会管理创新与发展研究中心。湖北工业大学建有宏观质量管理湖北省协同创新中心和湖北农村社会管理创新研究中心；武汉纺织大学建有企业决策研究中心；武汉轻工大学建有湖北县域经济发展研究中心。

除此之外，由省教育厅批准的一批由企事业单位、政府机关部门结合院校优势特点与高校共建的各类研究中心和研究院也发挥了积极作用。湖北大学与省委政研室共建湖北省委省政府“智库”——湖北县域治理研究院，研究院以管理学、经济学等为依托，借助其他学科力量，探寻多学科系统合作机制，积极推进与党委政府决策咨询的深度对接，构建以政、产、学、研、用有机结合的新型创新体系。中南财经政法大学牵头武汉科技大学共建了城乡社区社会管理湖北省协同创新中心；华中农业大学和长江大学共建的湖北农村发展研究中心依托两所高校的农业经济管理、土地资源管理等优势学科，并融合经济学、社会学等相关学科，形成了运用跨学科研究湖北农业与农村经济社会发展中重大问题的研究机构。此外，校级研究平台如中南财经政法大学成立的创业与就业研究中心、中国投资研究中心、公司治理与会计研究中心、管理案例研究中心也促进了高水平研究成果的产生，这些研究中心不仅注重进行短期性的国内外学术交流活动，更注重开展实质性的国内国际项目合作。先后承担并完成了国家社科基金、国家自科基金、教育部、湖北省和武汉市等委托的多项重大课题的研究，在多种权威刊物上发表了一批高质量的研究成果，且有多项研究成果获得了国家级和省部级的各类奖励。这些研究平台的成果充实了湖北省的学科科研平台的建设，进一步推进了学科平台建设发展壮大的进程。

（四）课题研究

近年来，湖北管理学学科的研究较为丰富，并以课题研究为导向开展了多层次的研究。据2017年国家社科基金项目立项情况统计，湖北省各大高校在管理学学科的课题研究上收获较多：武汉大学杨思洛的“中国人文社科学术成果的国际影响力综合评价研究”获得管理学学科国家社科基金重点项目立项，此外武汉大学还立项2个一般项目和3个青年项目；华中科技大学陈志霞的“领导排斥行为影响因素的毒性三角模型及其作用机制研究”获得管理学学科国家社科基金重点项目立项；武汉理工大学管理学学科获得国家社科基金4个一般项目立项；华中师范大学段尧清的“基于全生命周期的政府开放数据整合利用机制与模式研究”获得管理学学科国家社科基金重点项目立项，另外华中师范大学还有4个一般项目和2个青年项目获得立项；华中农业大学获得管理学学科国家社科基金立项2个一般项目和1个青年项目立项；湖北工业大学获得管理学学科国家社科基金立项2个一般项目立项；武汉纺织大学获得管理学学科国家社科基金立项 1 个一般项目立项；长江大学获得管理学学科国家社科基金立项 1 个一般项目立项；湖北经济学院管理学学科国家社科基金立项 1 个一般项目和 1 个青年项目立项。

另外，据 2017 年度教育部人文社会科学研究规划基金、青年基金、自筹经费项目评审结果公示情况显示，湖北省 2017 年共获批 16 个教育部人文社会科学研究规划基金项目和 4 个青年基金项目。具体情况为：武汉大学刘艳等四名学者获批 4 个管理学学科规划基金项目；华中科技大学的赵玲获批 1 个管理学学科规划基金项目；武汉理工大学的庄越获批 1 个管理学学科规划基金项目；华中农业大学的窦炜和彭开丽分别获批 1 个管理学学科规划基金项目；中南财经政法大学的赵慧娟获批 1 个管理学学科规划基金项目；武汉科技大学的李四兰和陈国平分别获批 1 个管理学学科规划基金项目；武汉纺织大学的吴锦峰获批 1 个管理学学科规划基金项目；湖北工业大学的周频和张桂平分别获批 1 个管理学学科规划基金项目；湖北经济学院的李亚林获批 1 个管理学学科规划基金项目；三峡大学的柳福祥获批 1 个管理学学科规划基金项目；湖北大学的陈金勇、湖北工业大学的赵湜、湖北科技学院的许泱和湖北文理学院的刘静分别获批 1 个青年项目。

（五）研究成果与获奖

随着管理学学科的不断发展，湖北省不仅在学科建设上取得较为突出的进步，同时也产出了大量的研究成果。据对 2017 年相关数据不完全统计，湖北省各大高校在管理学核心期刊上共发表超过 500 篇研究论文，内容涉及管理学学科下的工商管理、管理科学与工程、农林经济管理、公共管理和图书馆情报与档案管理等五大领域。以武汉大学为例，2017 年武汉大学在管理学核心期刊上共发表 253 篇研究论文，具体包括：《大学图书馆学报》4 篇、《档案学通讯》4 篇、《档案学研究》5 篇、《管理工程学报》3 篇、《管理科学》2 篇、《管理科学学报》2 篇、《管理评论》10 篇、《管理世界》1 篇、《管理学报》12 篇、《华东经济管理》5 篇、《教育研究》3 篇、《教育与经济》1篇、《经济地理》4篇、《经济管理》10篇、《经济体制改革》2篇、《科学管理研究》2篇、《科学进步与对策》12篇、《科学决策》1篇、《科学学研究》3篇、《科学学与科学技术管理》4篇、《旅游学刊》2篇、《南开管理评论》3篇、《情报理论与实践》47篇、《情报学报》16篇、《人文地理》6篇、《软科学》5篇、《社会保障评论》1篇、《图书情报知识》28篇、《外国经济与管理》4篇、《系统工程》4篇、《系统工程理论与实践》4篇、《新华文摘》2篇、《预测》3篇、《中国管理科学》3篇、《中国行政管理》2篇、《中国科技论坛》2篇、《中国农村经济》1篇、《中国软科学》11篇、《中国社会科学》2篇、《中国图书馆学报》11篇、《中国土地科学》4篇。其他高校也在管理学核心期刊上发表较多的研究论文，为湖北省管理学学科的发展贡献了重要力量。

在2017年里，湖北省在管理学学科共投入研究经费1.5亿余元，主要用于支持全省高校建设内容包括发布开放课题、开展学术交流、支撑人才培养、服务社会需求、强化基地基础设施建设和信息化建设等。据统计，管理学学科共有教授757人，副教授1993人，当年开展课题总数4807个，基础研究课题数1500个，应用研究课题数3259个，实验与发展课题数48个，出版著作321部，译著5部，发表译文8篇，发表论文3696篇，国内学术刊物3378篇，国外学术刊物有318篇，获省级成果奖2项。

从2017年湖北各大高校的研究论文成果数量可知，湖北省各大高校在管理学学科的研究越发广泛，研究内容更加丰富了，说明湖北省管理学学科的发展越来越均衡，有利于管理学学科的建设和发展。

二 湖北管理学学科研究进展与荆楚特色

（一）管理科学

2017年，湖北学者对管理科学的研究主要集中在管理信息系统、项目管理与投融资管理、管理科学、系统优化与决策、供应链管理等方面。

1. 管理信息系统

知识库系统是管理信息系统常涉及的一种，李纲、徐健、巴志超、刘学太、安璐等学者对知识库系统的构建进行了相关研究。知识库是知识共享体系的基础，具有提高知识共享与利用效率、改善知识组织与存储方式的优点。将知识库应用于突发事件的应对过程中，有助于提高应急决策效率和应急响应速度，减少突发事件带来的损失与负面影响。知识库的三大功能：知识的科学存储、政府参考咨询、大众知识服务[①]。随着管理信息系统的不断发展，学者们也更加注重对信息系统的优化。在管理信息系统方面，学者们对图书馆信息系统的研究较为普遍，有学者特以武汉大学图书馆 OPAC 为例，对用户访问下一代 OPAC 系统的典型路径进行了可视化分析。分析结果显示，用户访问 OPAC 系统留下的主要是包含 3～10 个页面的短路径，他们习惯于从图书馆主页进入 OPAC，很少使用复杂的搜索方式，倾向将 OPAC 作为资源馆藏位置的查阅工具[②]。

2. 项目管理与投融资管理

在项目工程方面，汪涛、陈雨潇等学者对项目成本控制展开了探讨。认为建筑施工项目管理与项目成本控制是相辅相成、密切联系的。只有加强施工项目管理，才能有效控制项目成本；也只有达到项目成本控制的目的，加强施工项目管理才有意义。建筑施工项目成本控制体现了施工项目管理的本质特征，并代表着施工项目管理的核心内容。建筑施工项目成本控制效果，是评价施工项目管理绩效和整体施工绩效的一把标尺[③]。管理与经济密切联系，部分学者运用多项 Logit 模型对众筹项目融资效率影响因素进行实证考察，得出研究结论：一是网络互动对融资效率影响显著；二是投资阈值：最小支持金额的影响基本显著，而按照最小支持金额投资人数影响只有较弱显

① 李纲、徐健、巴志超、刘学太、安璐：《应急知识库系统构建的关键问题与模块划分研究》，《信息系统》2017 年第 3 期。

② 姜婷婷、陈舜昌、高慧琴：《大学图书馆 OPAC 系统用户信息搜寻路径的可视化分析》，《大学图书馆学报》2017 年第 1 期。

③ 汪涛、陈雨潇：《建筑施工项目成本控制的优化措施》，《管理方法论》2017 年第 2 期。

著性；三是质量信号：项目名称字数影响显著，而是否有视频和项目更新次数不显著；四是筹资目标对融资效率影响显著①。蔡永峰、谢刚、任广旭等学者从供应链的视角对项目的投资决策进行研究并得出结论：产品质量、价格是质量相关的固定投资成本的减函数。因此，产品质量随着固定投资成本的上升而下降，应该通过技术创新升级产品工艺技术，降低质量相关的固定投资成本。这样，一方面能够有效地提高产品质量；另一方面，以较低的资本投入取代能耗较高的工艺或设备，有效降低对质量相关固定资本的投资②。

3. 管理科学

在对管理科学的研究中，学者们尤其关注产业的协同发展。应急产业集群协同创新网络是指产业集群内各主体要素以及主体之间通过物流、资金流、信息流、技术流、人才流等相互作用链条共同构成的网状关系结构，涉及的主体包括应急企业及竞争企业、供应商、客户、政府、高校与科研机构、金融机构与中介服务机构等，其通过资源共享、信任合作等方式，使集群内资源获得最优配置，并使各主体形成竞争、合作与互动的协同模式。这样就能在科学研究中更综合、更直接地检索和浏览多学科、多领域的数据与知识，扩大科学研究数据的领域与范围，拓展学科交叉领域进而使创新得以实现。学科的多样性以及不同学科的相互借鉴可以很大程度地为科学工作者提供新的视野与方法，开拓新的研究领域③。为了实现科学管理，部分学者对低碳经济展开研究并得出以下结论，要提升区域低碳经济发展水平，政府及企业必须加强以下几方面的工作：①发展清洁能源，促进能源结构平衡协调发展；②加大科技投入，不断提高创新水平；③鼓励发展低碳产业，促进产业结构优化升级；④加强区域

① 张天顶、胡鞶杨：《众筹项目融资效率的影响因素分析》，《软科学》2017 年第 3 期。

② 蔡永峰、谢刚、任广旭：《供应链视角下的中央厨房项目投资决策模型研究》，《管理评论》2017 年第 11 期。

③ 陈达、秦远建：《科学研究范式与创新突破机制研究》，《科学管理研究》2017 年第 2 期。

合作，实现优势互补①。

4. 系统优化与决策

系统优化一直是众多学者研究的方向。学者们认为，在线零售商可以通过增加备货量来降低甚至消除数量拆单的影响。在单仓商品品类较少时，品类拆单对总的拆单率影响更大；单仓商品品类较多时，数量拆单影响更大。从算法效率上来讲，环形算法由于不需要计算相关性矩阵，所以效率比热销品算法高，尤其涉及大规模订单—SKU 矩阵计算时，环形算法优势更为明显②。也有学者对销售商能力和团购网站进行了最优策略研究。研究发现，当销售商的可用能力极低时，在团购网站上的高价限量策略是最优的，但是可能也会由于超卖和极低的能力约束而损失掉部分转移到线下购买的顾客。当销售商的能力适中时，使用超卖策略过度利用团购网站广告效应大量吸引新顾客却无法满足所有需求时对销售商不利，销售商需要通过价格的调整或数量上限的控制维持需求在可供能力范围内③。系统优化与决策在供应链管理上也得到普遍应用。在集中决策下，双渠道供应链的最优零售价格与最优直销价格相等，渠道需求也相等；在分散决策下，如果在双渠道供应链中实施批发价契约，生产商最优的直销价格等于批发价格；通过对比集中决策下和分散决策下的供应链利润可得，分散决策会导致双重边际效应，从而导致供应链整体利润减少，即考虑生产不经济的双渠道供应链在分散决策下实施批发价契约不能达到协调④。

5. 供应链管理

湖北学者对供应链管理做了非常丰富详细的研究。李海、崔南方、徐贤浩等学者将制造商能力进行分类，探讨其与利润的关系。存在强势制造商竞

---

① 赵思涵、陈为：《华北地区低碳经济发展效率研究》，《科学管理研究》2017 年第 5 期。

② 李建斌、李乐乐、黄日环：《最小化拆单率的在线零售商多仓商品摆放优化策略研究》，《管理工程学报》2017 年第 3 期。

③ 邓世名、姜璇、李沿海：《销售商能力受限时与团购网站合作的最优策略研究》，《管理工程学报》2017 年第 4 期。

④ 王先甲、周亚平、钱桂生：《生产商规模不经济的双渠道供应链协调策略选择》，《管理科学学报》2017 年第 1 期。

争下，领先制造商引入网络直销渠道确实能够改善自身利润。而存在弱势制造商竞争下，领先制造商引入网络直销渠道反而有可能不利于自身利润。随着领先制造商网络直销渠道的出现，强势的服从制造商在网络直销渠道运营成本较高时，利润得到改善的程度较高。而弱势的服从制造商只有在网络直销渠道运营成本较高和接受程度较低的条件同时出现时，才可能表现出利润显著改善①。研究结果表明，在责任供应链中，生产商的采购决策与顾客支付意愿最大值以及采购成本差异有关，但是，目标市场和定价策略的决策仅与顾客支付意愿最大值有关。当顾客支付意愿最大值越大，生产商偏向于责任采购；而当供应商之间的采购成本差异越大时，生产商偏向于非责任采购；在责任采购模式下，当顾客支付意愿最大值较小时，因考虑到大众市场下的价格歧视策略，大众市场下的价格歧视策略最优；否则，大众市场下的统一定价策略最优。

（二）工商管理

1. 会计学

2017 年是全面落实“十三五”规划的关键一年，湖北省会计学科的发展呈现出百花齐放、百家争鸣的蓬勃姿态。

华中农业大学经济管理学院的吴伟荣在研究中利用 2011 ~ 2015 年 A 股上市公司数据采用固定效应回归模型，考察了审计师特质对审计质量的影响，研究成果对会计师事务所、政府监管部门有重要的启发意义。中南财经政法大学会计学院的赵艳秉等人在研究中，利用 2011 ~ 2015 年 A 股上市公司为样本检验了审计度量方法在我国的适用性，积极探索了审计质量没有直接度量方法的困惑，综合考察了多个间接度量指标中哪一个更适合中国 A 股市场。武汉大学经济与管理学院的李青原在研究中利用 2010 ~ 2015 年国家审计署发布的国家审计公告，以社会审计投入为

① 李海、崔南方、徐贤浩：《存在制造商竞争下的双渠道供应链模型研究》，《系统工程学报》2017 年第 4 期。

切入点，讨论了国家审计如何影响社会审计定价，国家审计的溢出效应导致了社会审计定价下降，而警示效应导致社会定价上升。除此以外，武汉大学经济与管理学院王永海等人利用一个准自然试验，讨论了中国版 SOX404 的审计费用之谜与影响机制，采用双重差分法检验强制性内部控制审计对审计费用的影响，并使用断电回归、内生性检验、安慰剂检验等对研究结果进行了稳健性检验。为管理者进一步完善我国内控规范体系提供参考政策。

综上所述，湖北省学者在会计学方面的研究呈现出多样性，研究内容涉及经济管理发展的方方面面，既有事实的分析，又有合理的推测；既有定性的理论分析，又有定量的实验求证。

2. 企业管理

在 2017 年，企业管理领域的研究主要集中在财务管理、市场营销、人力资源管理等方面。

（1）财务管理

对企业财务管理的研究是学者们关注的一个热点问题。企业财务管理是企业成功的关键一环，有研究分析了企业交易性金融资产的配置。杨筝、刘放和王红建认为企业交易性金融资产配置行为可能是出于投机性动机也可能是出于资金储备动机。他们从货币政策、股市周期与企业交易性金融资产配置之间的关系，及对企业投资行为的影响来识别企业配置交易性金融资产的动因。检验结果显示：当货币政策趋于宽松时，企业会显著提高交易性金融资产的配置水平，且民营企业增持交易性金融资产水平受货币政策变更影响更显著，而不同股市周期对企业交易性金融资产配置水平的影响并不存在显著差异。进一步检验发现，交易性金融资产配置显著缓解了民营企业面临的融资约束程度，主要表现为降低了民营企业的投资现金流敏感性，缓解了民营企业投资不足，并有效提升了民营企业研发费用支出的持续性。本文的实证结果表明，企业交易性金融资产配置具有资金储备的动机，这进一步拓展了我国货币政策冲击对微观企业投资行为的传导机制，此外还从企业交易性金融资产配置行为角度解释了货币政策调控效果不佳的可能原因[①]。

（2）市场营销

市场营销是企业管理重要的组成部分，学者们对市场营销的研究从未停止过。2017 年 3 月武汉大学的柏庆国教授对武汉市某零售连锁超市关于易变质水果的订购策略进行了实证分析，验证了即使系统中存在学习行为，零售商第一次订购时的固定成本变大时零售商的总利润也会减少。此外，产品的单位订购成本、单位存贮成本以及单位变质成本分别增加时零售商的总利润会减少，且总利润对单位订购成本的变化最敏感。在线销售渠道的潜在市场需求具有一定规模时，零售商才愿意进行网络销售，并且在线销售渠道下潜在市场需求率的变化对零售商总利润的影响要大于传统销售渠道下的变化。销售价格影响两种渠道下市场需求率的弹性系数分别减少时零售商的总利润会增加，而传统销售渠道下库存水平影响需求率的弹性系数减少时零售商的总利润则会减少[②]。也有学者对不同促销模式下零售商需求预测精确性的影响有兴趣，研究发现，在考虑零售商促销和供应商促销两种模式下，提高预测精确度能够增加零售商效用；在零售商促销模式下，只有当促销努力有效性较高时，提高预测精确度才能够增加供应商效用；在供应商促销模式下，预测精确度提升对供应商总是不利的；当预测精确度较低（高）时，零售商与供应商都偏好于供应商（零售商）促销模式；当预测精确度处于中等水平时，会发生促销模式偏好的冲突[③]。

（3）人力资源管理

“人是第一生产力”，如何充分发挥人的主观能动性是人力资源管理的大事，是企业管理的核心。2017 年武汉大学的学者汪曲、李燕萍等基于社会认知理论探讨了团队内关系格局是否能影响员工沉默行为，陈建

① 杨筝、刘放、王红建：《企业交易性金融资产配置：资金储备还是投机行为?》，《管理评论》2017 年第 2 期。

② 柏庆国、徐贤浩、潘伟：《多分销渠道下易变质产品的联合库存与定价模型》，《管理工程学报》2017 年第 3 期。

③ 许明辉、杨东升：《不同促销模式下零售商需求预测精确性的影响研究》，《管理学报》2017 年第 9 期。

安、陶雅、陈瑞等学者基于我国人口老龄化这一现状，研究了工作场所中年龄多元化的前沿探析及其管理启示，随着延迟退休新政的实施，必然带来工作场所中员工年龄更加多元化问题，年龄偏见问题也可能因此加剧，进而影响个体的工作行为①。陈建安、程爽、陈明艳等学者研究了从支持性人力资源实践到组织支持感的内在形成机制，跨层次研究的结果发现，从组织实施的支持性人力资源实践到员工的组织支持感形成分为感觉和知觉两阶段，其中员工感知的支持性人力资源实践在组织实施的支持性人力资源实践形成组织支持感之间发挥完全中介作用；组织主人翁氛围在组织实施的支持性人力资源实践与员工感知的支持性人力资源实践之间发挥负向调节作用；主动性人格则在员工感知的支持性人力资源实践与组织支持感之间发挥负向调节作用。研究结论表明，组织实施的支持性人力资源实践只有在被员工感知后才能形成组织支持感；组织实施的支持性人力资源实践和组织主人翁氛围之间存在相互替代效应，并非互补叠加效应；对于主动性人格的员工来说，组织实施的高强度支持性人力资源实践并不一定能带来高水平的组织支持感②。

（4）旅游管理

华中师范大学中国旅游研究院武汉分院发布《2017 中国旅游业发展报告》，报告从综合竞争力、现实竞争力、潜在竞争力、发展环境竞争力，对省域和副省级城市的旅游竞争力进行了评价。其中，湖北有 3 个景区入围前 200 名，分别是武汉海昌极地海洋世界、武汉欢乐谷、黄鹤楼。在排名前 50 的城市中，武汉入围，排第 20 名。从宏观旅游业的发展状况来看，马勇和黄智洵基于 GWR 模型，利用核密度法，使用谷歌地图全球搜索引擎，对长江中游城市群传统村落空间格局及可达性进行了探究。得出长江中游城市群传统村落存在三个高度集聚区，呈“品”形分布，其中有两大集聚区处于

① 陈建安、陶雅、陈瑞：《工作场所中年龄多元化前沿探析及其管理启示》，《管理评论》2017 年第 7 期。

② 陈建安、程爽、陈明艳：《从支持性人力资源实践到组织支持感的内在形成机制研究》，《管理评论》2017 年第 4 期。

环鄱阳湖城市群内部[①]。余意峰等学者以湖北恩施州为例，对民族旅游地旅游者原真性感知、地方依恋与忠诚度进行研究，他们认为文化原真性感知对地方依恋和目的地忠诚度均产生显著的直接影响，并通过地方依恋对忠诚度产生间接影响[②]。武汉大学的张敏等学者基于 11 本国际权威期刊 2005～2014 年的样本分析，对国际旅游知识体系进行了研究，其中包括主题、趋势和框架，研究结果得出当前 5 个热点研究主题[③]。高燕、邓毅等学者以境外国家公园社区冲突为现实案例，梳理公园管理机构与社区之间冲突的具体表现，发现社区冲突是由公园定界、公园生态保护和公园开发利用 3 个方面所引致[④]。李志飞提出了旅游行为的有限理性与空间转换，他认为旅游是对理性世界的一种出离，因此用理性行为的准则恐难很好地研究和解释旅游行为，并对实践做出回应，有限理性学说为旅游行为研究提供了一个很好的思想基础和基本框架[⑤]。刘军和马勇从旅游生态效率的概念、研究领域、研究方法与研究时间段 4 个角度对既有成果进行了总结[⑥]。曹诗图对旅游开发进行了正义的反思与求索，他认为在可持续发展中，空间正义是前提，时间公平是建立在空间正义基础之上的，空间正义是可持续发展中更为现实的问题[⑦]。

（5）技术经济管理

李静晶的研究表明在我国发达地区专利保护能促进经济发展和创新能力，在欠发达和中等发达地区会抑制技术创新能力；提高经济发展水平对知

① 马勇、黄智洵：《基于 GWR 模型的长江中游城市群传统村落空间格局及可达性探究》，《人文地理》2017 年第 4 期。

② 余意峰、张春燕、曾菊新、罗静：《民族旅游地旅游者原真性感知、地方依恋与忠诚度研究——以湖北恩施州为例》，《人文地理》2017 年第 2 期。

③ 张敏、李胡蓉、阳小水：《国际旅游知识体系研究：主题、趋势和框架——基于 11 本国际权威期刊 2005～2014 年的样本分析》，《旅游学刊》2017 年第 8 期。

④ 高燕、邓毅、张浩、王建英、梁滨：《境外国家公园社区管理冲突：表现、溯源及启示》，《旅游学刊》2017 年第 1 期。

⑤ 李志飞：《旅游行为：有限理性与空间转换》，《旅游学刊》2017 年第 12 期。

⑥ 刘军、马勇：《旅游可持续发展的视角：旅游生态效率的一个综述》，《旅游学刊》2017 年第 9 期。

⑦ 曹诗图：《旅游开发的正义反思与求索》，《旅游学刊》2017 年第 4 期。

识产权保护和区域创新能力都有积极作用，在欠发达地区作用最为显著。陈淑云的研究则基于2005～2014年中国省级面板数据，研究结果表明：一般人口集聚和区域技术创新之间呈“正U型关系”，同时人才集聚显著促进了区域技术创新。范斐构建了一种在区域创新驱动评价指标体系的基础上，利用TOPSIS模型计算2000～2014年中国31个省级区域创新驱动能力状况，借助阻碍因子诊断模型分析影响区域创新驱动能力提升的阻碍因素，并运用最小方差法（LSE）对区域创新驱动进行系统阻力类型划分。彭华涛运用结构方程模型以及调节效应模型对武汉市243家科技创业企业进行统计分析，结论认为科技创业政策主题对于科技创业政策的效果不具有显著的正向影响；科技创业政策的连续性和稳定性以及倍增效应对科技创业政策主题影响科技创业成效具有显著的正向调节效应。陈建安研究了从2007年中国火炬创业导师行动发起到2017年中国火炬创业导师联盟成立的10年间，创业导师队伍的发展情况。近年来，创业导师制成为西方学界关注的重要前沿课题之一。但是，该类主题尚未引起国内学界的足够重视。基于国内外研究成果，辨析创业导师制与企业导师制的区别，从创业者和创业导师两个主体视角分别梳理了创业导师制的功效，从创业者特征、导师特征、指导关系特征和支持结构4个方面归纳了创业导师制实施影响因素。在创业理论层面的研究中陈超等人为了清晰描述创业机会识别的演化过程，通过采用科学计量方法，对wos数据库检索到的以机会识别为主题的792篇英文文献进行可视化分析，利用多种计量软件绘制成知识图谱。结合Dubin理论建构模型，阐述机会识别领域现有研究成果，从理论概念集群、理论概念交互法则、理论使用范围、理论系统状态、理论命题、理论实证检验（实证指标、假设和研究）6个层面描绘该领域基本研究框架。

（三）公共管理

1. 行政管理

在行政管理这个学科，湖北学者们对于政府、教育和农村等都进行了较多的研究。丁煌和陈晓方（2017）率先以杭州市萧山区为对象，对“三局”

合并后基层工商行政管理职能转变的实际情形及面临的新问题，进行了充分、细致入微的数据分析①；吕普生（2017）采取先破后立的论证方式，运用我国义务教育供给的经验事实对经典理论的“政府单一供给”论断提出反驳，然后提出了政府主导型复合供给模式，为中国义务教育应当采取何种供给模式方能取得良好的供给绩效指出了创新路径②；王冰和韩金成（2017）利用公共价值管理战略三角模型，从凝聚邻避项目相关各方的价值共识和提高政府决策的支持和合法性两个方面建构了公共价值创造框架，为地方政府预防或解决邻避问题提供了对策和建议③；陈文琼和刘建平（2017）研究了农村最低生活保障制度在全国范围内建立以来出现的效果和问题，认为问题核心是低保救助扩大化带来的政策总体性偏差，导致政策总体性指导原则失效的原因④；谢海林等（2017）结合了我国 PPP 的发展进程，提出构建互联网 + PPP 运作模式的基本思路，并指出这一模式在实践推进中需要创新政府和社会合作关系，转变政府职能，完善相关政策，促进 PPP 发展，促进我国基础设施供给侧改革⑤；唐平秋和蒋晓飞（2017）通过期望理论进行分析，认为高校智库研究人员激励影响因素的复杂结构使高校智库研究人员激励陷入三重困境之中，即提升组织目标期望值、个人目标期望值、个人效价所面临的激励困境⑥；庞明礼和薛金刚（2017）以分权化改革为观察对象，梳理了政策模糊与治理绩效的相关性。指出了分权化改革的政策模糊是单一制国家的公共权力自上而下配置与公共服务自下而上需

① 丁煌、陈晓方：《整体性政府视角下市县政府职责体系构建研究——以汕头市濠江区行政体制改革为例》，《中国行政管理》2017 年第 8 期。

② 吕普生：《政府主导型复合供给：中国义务教育供给模式整体构想》，《中国行政管理》2017 年第 1 期。

③ 王冰、韩金成：《公共价值视阈下的中国邻避问题研究——一个整合性理论框架》，《中国行政管理》2017 年第 12 期。

④ 陈文琼、刘建平：《论农村低保救助扩大化及其执行困境》，《中国行政管理》2017 年第 2 期。

⑤ 谢海林、王国华、杨腾飞：《我国基础设施建设的互联网 + PPP 模式及其政策支持研究》，《中国行政管理》2017 年第 4 期。

⑥ 唐平秋、蒋晓飞：《基于期望理论的高校智库研究人员激励：困境与对策》，《中国行政管理》2017 年第 1 期。

求之间平衡后的无奈选择，目的在于保证中央意志的执行与地方治理主动性的统一①。

2. 社会医学与卫生事业管理

安钢（2017）使用2004～2013年度省际面板数据，对我国公共卫生支出的效率状况及动态变化趋势进行评估，在此基础上，通过变异系数及计量模型验证我国公共卫生支出效率的收敛状况。研究结果表明，我国公共卫生支出效率整体水平较低且呈恶化趋势，不同省份支出效率差异显著，但存在σ收敛及绝对β收敛②；李京等（2017）在公平与效率权衡的视角下，通过测算Gini系数对2012～2014年湖北省县级医疗卫生资源配置公平性进行评价，采用数据包络模型分析县级医疗卫生资源配置效率③；赵洁和杨政怡（2017）运用CGSS2013数据，探讨了基本公共服务的供给与居民主观幸福感的关系。研究发现，基本公共服务供给的四个维度中，均衡性和公共性两个维度的评价明显低于充足性和便利性。通过有序Logistic回归发现，医疗卫生服务的便利性、公共教育资源的公共性、住房保障的充足性和便利性对居民的主观幸福感有显著影响。同时还发现，居民的性别、年龄、婚姻状况、身心健康状况、社会信任度和人际关系状况对其主观幸福感也有显著影响④；杨红燕和阳义南（2017）根据医疗保险领域的“三角四方”关系，并借鉴美国顾客满意度模型的原理，构建了城乡居民医疗保险满意度结构方程模型。然后，以中部地区已经实现整合城乡居民医疗保障的湖北省鄂州市为例，考察了参保居民对于城乡居民医保的满意度。研究结果表明，医疗保险价值感知、医疗服务价值感知、政府支持价值感知等因素对于居民的满意度有直接的正向影响，而医疗保险服务质量感知对于满意度的影响在统计上不

① 庞明礼、薛金刚：《政策模糊与治理绩效：基于对政府间分权化改革的观察》，《中国行政管理》2017年第10期。

② 安钢：《我国公共卫生支出效率评估及收敛性研究》，《统计与决策》2017年第3期。

③ 李京、杨帆、毛宗福：《湖北省县级医疗卫生资源配置公平与效率分析》，《统计与决策》2017年第13期。

④ 赵洁、杨政怡：《基本公共服务供给增加居民的主观幸福感了吗？——基于CGSS2013数据的实证分析》，《西安财经学院学报》2017年第6期。

显著。

3. 教育经济与管理

骆郁廷和孙婷婷（2017）研究了我国以往的德育理论和实践中研究较为薄弱的形象德育。他们指出形象德育的本质在于以形象启迪思想，体现了形象与思想的统一、形式与内容的统一、主观与客观的统一、共性与个性的统一、感性与理性的统一①；程斯辉和李汉学（2017）指出实现我国教育的创新发展、协调发展、绿色发展、开放发展和共享发展是“十三五”或更长时期内我国教育需要明确的新发展目标和新发展样态②；石大千和张卫东（2017）通过将受扩招影响较大的省份识别为实验组，利用省级面板数据，并基于倍差法本文实证检验了高校扩招对城乡收入差距的影响。指出高校扩招通过规模效应，并进一步产生教育机会增加效应和非农就业效应缩小了城乡收入差距③；孙泽厚和王洁琼（2017）通过运用多元回归分析方法研究青年拔尖科技人才成长环境与三维资本之间的关系，指出高校应促进形成科研团队，工作单位应提高工资待遇，国家应设立青年拔尖科技人才出国留学专项项目，家庭成员应增强家庭环境意识④；钱佳、雷万鹏（2017）认为应扩大“两免一补”等“一竿到底”式的教育转移支付，建立更加公平、透明的省内教育财政转移支付体系，充分发挥教育财政分权对推动教育治理现代化的积极作用⑤。

4. 社会保障

薛惠元和郭文尧（2017）认为，经济新常态下城镇职工基本养老保险面临隐性债务规模巨大、扩面工作越来越难、养老金连年上调、基金地区失衡日趋严重、费率降低等风险。为实现城镇职工基本养老保险基金的可持

---

① 骆郁廷、孙婷婷：《形象德育：一种新的德育形态》，《教育研究》2017 年第 6 期。

② 程斯辉、李汉学：《以五大发展理念引领教育事业新发展》，《职业技术教育》2017 年第 6 期。

③ 石大千、张卫东：《高校扩招缩小了城乡收入差距吗?》，《教育与经济》2017 年第 5 期。

④ 孙泽厚、王洁琼：《青年拔尖科技人才成长环境与三维资本关系研究》，《教育研究》2017 年第 5 期。

⑤ 钱佳、雷万鹏：《如何解释省内教育财政分权差异?》，《教育与经济》2017 年第 5 期。

续，应继续扩大覆盖面，实现基础养老金全国统筹，建立养老金合理调整机制，夯实缴费基数，不再做实个人账户，通过参数调整、政策优化和多渠道筹资化解隐性债务，开征社会保险税①；赵青和李珍（2017）根据国际比较福利权益数据库提供的21国1971年以来的跨国宏观经验数据，构建长面板数据模型，为公共养老金制度与居民消费的真实关系提供跨国比较的经验证据。研究结果表明，无论采取哪种估计方法，不论对于单身户还是家庭户，各国的人均GDP水平对居民消费支出的正向显著性影响结果最为稳健，这与绝对收入假说相一致。公共养老金覆盖率对不同GDP分组国家居民消费的影响具有显著的差异性：养老金覆盖率对居民的消费促进作用仅在低GDP分组国家较为明显，而在较高GDP分组国家影响减弱。可见，公共养老金制度促进消费的经济功能并不能被夸大。这对于各国制定合理的公共养老金政策，理性看待公共养老金与经济发展的关系有一定启示意义②；丁建定和曹永红（2017）认为，中国已经进入少子老龄化的时代，地区差异、人口差异、城乡差异造成的老龄问题已经严重制约了经济的发展和社会保障的公平性，如何促使农村老年人口公平地共享改革发展的成果，是全面建设小康社会的重要议题。中国农村养老保障制度体系初步建立，但是内容体系缺失、结构体系碎片化、层次体系不均衡的问题仍然存在。为此，农村养老保障体系只有通过内容体系的健全，结构体系的整合和层次体系的均衡，才能让农民真正实现共享发展③。

5. 土地资源管理

张冬妍等（2017）利用惩罚变权模型（PVW模型）、加权Voronoi图、层次分析法（AHP）对湖北省工矿废弃地复垦成耕地进行利用的潜力及其空间分区格局进行了研究，认为湖北省工矿废弃地复垦利用潜力水平总体

---

① 薛惠元、郭文尧：《城镇职工基本养老保险基金收支状况、面临风险及应对策略》，《经济纵横》2017年第12期。

② 赵青、李珍：《公共养老金制度与居民消费关系研究——基于CWED数据的跨国经验分析》，《保险研究》2017年第10期。

③ 丁建定、曹永红：《共享发展理念视域下中国农村养老保障制度体系的完善——基于“社会保障制度三体系”的分析框架》，《学海》2017年第6期。

偏低[①]；张祎等（2017）认为土地科学影响力逐步攀升，并已形成了稳定的学者群体，新一代学者逐渐开始引领土地科学发展方向[②]；刘欢等（2017）从人口城镇化发展过程中的空间特征出发，研究分析了长江经济带2006～2013年长江经济带人口城镇化的全局和局部空间演化特征及差异，认为长江经济带人口城镇化全局空间自相关显著，局部集聚态势减弱，存在明显的空间分异；空间溢出效应明显，且正向溢出效应大于负向溢出效应[③]；龚健等（2017）利用Granger因果关系检验和脉冲响应函数等方法，研究多层级城市的区域住宅价格空间传导路径和传导特征，为研究和制定区域差异化房地产调控政策提供依据[④]。谭术魁（2017）分析了土地利用空间均衡度时空特征，探究其演变规律，为地区发展科学管控和土地领域供给侧结构性改革提供了重要参考和依据[⑤]。

（四）农林经济管理

1. 农业技术与政策

有关学者通过运用文献检索与对比方法，得出目前学界对于“三权分置”改革的制度必然性与功能价值积极效应存在共识，但对于“三权分置”政策与法律解读存在难以调和的矛盾[⑥]。有学者通过结合WTO规则和美国的WTO数据分析了美国利用农业补贴来规避WTO规则约束的策略和影响，提出我国农业商业化和规模化快速发展对风险管理工具的需要，我国需要对

---

① 张冬妍、李江风、赵剑雄：《基于PVW-Voronoi图的工矿废弃地复垦利用潜力评价——以湖北省县域为例》，《中国土地科学》2017第6期。

② 张祎、刘越岩、胡守庚等：《基于科学计量学的中国土地科学发展分析》，《中国土地科学》2017年第8期。

③ 刘欢、邓宏兵、谢伟伟：《长江经济带市域人口城镇化的时空特征及影响因素》，《经济地理》2017年第3期。

④ 龚健、栾君、王文婷等：《长三角城市群住宅价格的空间传导路径》，《经济地理》2017年第7期。

⑤ 谭术魁、刘琦、李雅楠：《中国土地利用空间均衡度时空特征分析》，《中国土地科学》2017年第11期。

⑥ 张旭鹏、卢新海、韩璟：《农地“三权分置”改革的制度背景、政策解读、理论争鸣与体系构建：一个文献评述》，《中国土地科学》2017年第8期。

农产品支持政策进行市场化改革和农业保险①。有学者论述了全面小康与总体小康的差异和全面建成小康社会决胜阶段农村发展面临的突出问题，从而从建立现代农业、培育职业农民、壮大集体经济、盘活土地资产、完善基础设施和公共服务、健全治理体系、构筑生态屏障和调整政府职能八个方面进行对策研究②。有学者提出社会性小农是小农经济发展的社会基础。由于农作物的参差期，土地细碎化和农作物环节的关联性，小农生产关系呈现出强烈的社会性。社会性小农是小农经济的运作主体，其在不同条件下以不同方式合理配置资源和有效安排生产，从而尽可能克服小农家庭生产的局限性。社会性小农的弹性可以有效对接社会化生产服务体系，为技术等要素与土地的结合创造条件③。有学者通过文献梳理、案例分析、比较分析的方法得出工商与金融资本的介入使得中国土地流转越发具有农地投资特色，防范农地资本化的社会负面效应需要引入负责任的农地投资理念的结论。提出中国应当结合国情实际，以负责任的农地投资理念为导向，着力构建“政府监管，行业自律，机构负责，社区参与”的农地投资模式④。

2. 粮食安全与管理

有学者通过采集2000～2016年国内和国际小麦、玉米、大豆、稻谷的月平均价格和海外耕地规模数据，分别建立一致门槛自回归模型、非对称误差修正模型，分析了国内与国际粮食价格的联动效应及其非对称性，并分析海外耕地投资对该联动效应的非对称性的影响。得出小麦、玉米、大豆、稻谷国内价格与国际价格之间存在显著的联动效应，且国内国际两个市场各类粮食价格的联动效应具有非对称性，国内粮食价格对国际粮食价格上涨的反

---

① 齐皓天、徐雪高、朱满德、袁祥洲：《农业保险补贴如何规避WTO约束规则：美国做法及启示》，《农业经济问题》2017年第7期。

② 李周：《全面建成小康社会决胜阶段农村发展的突出问题及对策研究》，《中国农村经济》2017年第9期。

③ 杜鹏：《社会性小农：小农经济发展的社会基础——基于江汉平原农业发展的启示》，《农业经济问题》2017年第1期。

④ 王斯亮、谭术魁：《负责任的农地投资理念：兴起、实践与启示》，《中国土地科学》2017年第7期。

应更灵敏的结论。提出充分利用国内与国际粮食价格的联动效应，积极参与海外耕地投资，来保障粮食安全①。有学者通过优势分析的方法，对湖北省不同水稻种植模式与区域分布进行分析，得出湖北省单季水稻是主要方式且种植面积稳定；湖北省内大部分地区水稻种植模式与结构的改变以鄂中地区最为显著；湖北省的单季稻的规模，效率，综合指数较之全国有较大优势②。有学者借助动态偏离份额分析法和农业要素禀赋结构指数，利用2004~2014年的统计数据，分析长江流域种植业生产结构区域差异及其主要影响，发现长江流域种植业生产结构和种植业内部生产结构均表现出巨大差异且面临结构调整优化和提高区域竞争力的双重压力，最终基于此发现提出相关建议与意见③。有学者利用1978~2012年中国省级面板数据，运用空间Durbin模型分析了农业机械化发展水平对粮食产量的直接影响和空间溢出效应。主要发现农业机械化发展水平对粮食产量有空间溢出效应，即其他区域农业机械发展水平对本区域粮食产量有显著的正向影响，但这一影响在时间与空间上有着不同的表现，从时间范围来看，农业机械化发展水平对粮食产量的空间溢出效应在1999年以后更加显著，这契合了中国农业机械跨区作业的演进历史；从空间范围来看，农业机械化水平对粮食产量的空间溢出效应主要发生在纬度不同的区域之间，在同一纬度的不同区域之间该效应并不显著，这契合了中国农业机械跨纬度作业的运行机制④。

3. 农产品贸易与营销

有学者通过引入价格泡沫理论与分析方法，构建基于右尾单位根检验和双重递归回归的价格泡沫检测模型，对2006~2014年中国农产品期货市场

① 柯善淦、卢新海、葛堃、李慧芳：《基于海外耕地投资的国内国际粮食价格联动效应分析》，《中国农村经济》2017年第12期。

② 王嫚嫚、刘颖、高奇正、刘大鹏：《湖北省水稻种植模式结构和比较优势时空变化》，《经济地理》2017年第8期。

③ 向云、祁春节、陆倩：《长江流域种植业生产结构的区域差异及转型升级》，《经济地理》2017年第2期。

④ 伍骏骞、方师乐、李谷成、徐广彤：《中国农业机械化发展水平对粮食产量的空间溢出效应分析——基于跨区作业的视角》，《中国农村经济》2017年第6期。

的历史风险水平进行了分析和评价。并创建了泡沫长度、泡沫频度和泡沫强度3个风险指标，从而将中国10种重要农产品期货品种划归为3个风险等级，并总结了各个风险等级商品的风险特征和调控启示。提出按照“分级监控、重点防范”的原则完善农产品期货市场风险监管体系，重点监测高风险品种，适度关注和监控中低风险品种。根据各种商品期货市场风险的不同等级，分别制定行之有效的监控策略和调控手段，从而保障中国农产品期货市场健康平稳运行①。有学者以甘肃省特色农产品为例，站在产业链管理视角对未来特色产品产业化发展进行了相应分析与对策探讨，从产业链分析、信息链建立、物流链管理、价值链管理等方面给出较为系统论述，并从世界发展趋势和政策扶持视角提出推动农产品产业化发展相关建议②。

4. 生态农业

有学者利用扎根理论的研究方法，构建农村居民生态消费意识与行为缺口理论，通过实证得出相关结论：农村居民生态消费意识是引发生态消费行为的内驱力，但其会受到实施成本、参照规范、情景等的影响，从而导致消费意识与行为缺口的发生，此外居民的生态消费意识会对消费行为产生积极影响③。有学者通过分析比较的方法，界定了土壤污染修复责任的状态责任人和合理的义务人。并提出土壤使用人、土地所有人及污染土壤有事实管控力的主体应当承担状态责任；在多数状态责任人同时存在时，根据比例和有效原则，选择某一主体承担土壤污染责任；行为责任人与状态责任人并存时，优先考虑状态责任让作为责任人作为土壤污染修复责任主体的结论④。有学者基于1990～2014年江苏经济、社会和国土统计数据，采用土地利用绩效评价模型对江苏土地利用绩效时序演变和空间特征进行评价，并利用障

---

① 李崇光、李剑：《农产品期货市场风险评估——一个基于价格泡沫模型的新分析框架》，《中国农村经济》2017年第5期。

② 刘国铭、周军：《产业链管理视角下特色农产品产业化的发展对策——兼评甘肃特色农产品产业化研究》，《农业经济问题》2017年第10期。

③ 刘文兴、汪兴东、陈昭玖：《农村居民生态消费意识与消费行为的一致性研究——基于江西生态文明示范先行区的调查》，《农业经济问题》2017年第9期。

④ 鄢斌、王玥：《论状态责任人的土壤污染修复责任》，《中国土地科学》2017年第11期。

碍度诊断模型对评价结果进行诊断。发现，江苏省土地资源利用经历了低绩效—中等绩效—高绩效的演变过程，土地利用综合绩效经历了社会绩效主导—生态绩效主导—经济绩效主导的演变过程。并提出相应的改进路径：消除土地利用绩效发展中的社会因素障碍，重视土地利用过程中的生态环境保护，推进土地利用过程中经济—社会—生态三维一体的协调发展，合理规划配置土地资源，以规划为引导促使土地利用绩效的提升①。有学者基于构建斑块—基质—廊道生态网络，融合江苏省环境保护部门规定的生态红线区域，从面积红线、空间红线、管理红线三个方面开展土地生态空间管控红线的规定。实现了生态要素的流动性，能够很好地发挥土地生态服务功能②。有学者根据安徽、山东等七省的686份农民调查问卷，对农民秸秆还田的决策行为进行分析，构建了Binary Logistic模型来探究个体及家庭特征、外部环境因素及还田福利认知对农民还田决策的影响机制。研究发现只有给予追求个人或家庭效用最大化的农民充分尊重，秸秆还田才能取得预期成效。农民对秸秆还田的生态和福利认知水平成为影响其还田决策的重要因素，但这一影响并不显著。相对个人和家庭来说外部因素影响更为显著，其中种植大户的带头示范作用最为明显。基于此提出培育新型农业经营主体，健全农村社会化服务体系，强化绿色理念宣传教育，增强农民综合福利认知，完善农村环境保护制度，提高奖惩力度等建议③。

（五）图书馆、情报与档案管理

1. 图书馆学

社会信息环境的变化给图书馆发展带来了新机遇与新挑战，为了应对新环境，保持图书馆的传统价值，转型发展已经成为全球图书馆的共同趋势。

① 崔许锋、张光宏、徐成、山凌：《经济发达地区土地利用绩效评价及其改进路径探讨——以江苏省为例》，《农业经济问题》2017年第12期。

② 朱凤武、金志凤、沈春竹、王振山：《县域土地生态空间管控红线规定的方法研究——以江苏省金坛区为例》，《中国土地科学》2017年第11期。

③ 张俊飚、颜廷武、张童朝、何可：《作物秸秆还田利用的农民决策行为研究——基于皖鲁等七省的调查》，《农业经济问题》2017年第4期。

在图书馆转型实践中广泛存在转型效率、成本、效益、文化等一系列不确定性，而这些不确定性被有意无意地忽略了。有学者将图书馆转型风险归纳为投资、运营、技术、政策和价值五个方面。图书馆转型风险具有普遍性、可预知与可演化等特征，并建议通过环境前瞻、优化治理、业务创新、制度建设等措施迁移与规避图书馆转型过程中的风险，以协同推动我国图书馆事业的创新与可持续发展①。中国图书馆学教育百年发展的历史表明，图书馆学教育的发展必然受到社会环境的影响和制约，而图书馆学教育也以自己的方式影响着社会的发展。有学者认为，两者实现良性互动，社会才能和谐发展。这种良性互动需要实现以下几个统一：图书馆学教育的依存性与独立性的统一；图书馆学教育的工具理性和价值理性的统一；图书馆学教育“变”与“不变”的统一②。目前我国部分高校开设了阅读学分课程，取得了一定效果，但仍存在着来自理念和实践层面的阻力。由高校图书馆具体负责实施阅读学分制不仅是现实的需要，而且能有效克服阻力，产生持久的内生动力。从阅读行为视角出发，高校图书馆实施阅读学分制的具体推动力可以进一步细分为阅读主体动力、阅读对象引力和阅读环境推力，从而构建起完整的动力生态系统，促进阅读学分制健康可持续发展③。

2. 情报学

为探究科研合作网络中知识扩散的演化规律和动力机制，有学者研究发现，具有无标度特征的科研合作网络能最大限度地提高网络平均知识水平和知识扩散速率；结点知识存量偏好性选择比结点度择优连接更能促进知识的有效扩散，其影响效果差异并不显著；集散结点的退化，极大降低网络的平均知识水平和知识扩散速率，新结点的知识增长与老结点的退化对整个网络知识水平的影响在某时刻能达到均衡；个体实现自我知识的增长——遗传继承和突发变异，在无标度网络扩散模型的基础上同样对知识扩散产生不同的

① 陈传夫、陈一：《图书馆转型及其风险前瞻》，《中国图书馆学报》2017 年第 4 期。

② 肖希明：《中国百年图书馆学教育与社会的互动发展》，《中国图书馆学报》2017 年第 3 期。

③ 王新才、谢鑫：《阅读行为视角下高校图书馆实施阅读学分制的动力研究》，《大学图书馆学报》2017 年第 1 期。

震荡作用①。

有学者从大数据环境的特点出发，探究大数据环境与技术对科学研究产生的影响，进而分析其对科学评价活动的改进作用和影响。研究表明，大数据环境对科研方式、科学交流、数据存储技术、数据挖掘与分析技术、政府政策制定等产生了巨大的影响。大数据环境对科学评价的认识论和方法论产生了重要影响，科学评价的主体和客体也都发生了巨大的变化；在方法方面，“质”与“量”的融合将成为方法发展的主要趋势；在流程方面，评价的各环节更为合理，资源配置也将更为科学；在环境方面，科学评价的物质环境得到改善，第三方评价将发挥越来越重要的作用②。

科技报告是国家科技创新战略的重要支撑资源，但目前存在开放程度不高、数据管理冗余和关联不深入的问题。由此，有学者提出应用 BIBFRAME 书目框架构建科技报告的关联数据化服务的方案。该方案构建了基于 BIBFRAME 的科技报告语义关联与服务框架，通过语义描述、语义组织和语义服务来实现科技报告的关联数据化并支持其展开丰富的语义服务③。

3. 档案学

在当前大数据时代，有学者通过文献调研发现，我国档案大数据的研究内容主要集中在“档案大数据”的直接研究和“大数据语境下”档案实践与理论发展相关研究两个方面，偏重于实践性、中微观性，存在研究场域狭窄、研究思路陈旧和研究深度不足等问题。为此，该学者从基于大数据观的档案管理理论形成、基于大数据技术的档案管理技术拓展、基于大数据思维的档案管理方法创新三个层面，对未来档案大数据研究的发展进行了探讨④。面对我国档案工作的新特点、新形势、新问题，构建具有中国特色的

① 李纲、巴志超：《科研合作超网络下的知识扩散演化模型研究》，《情报学报》2017 年第 3 期。

② 邱均平、柴雯、马力：《大数据环境对科学评价的影响研究》，《情报学报》2017 年第 9 期。

③ 夏立新、白阳、康雨培、李重阳、李成龙：《基于 BIBFRAME 的科技报告语义服务研究》，《情报学报》2017 年第 7 期。

④ 周耀林、常大伟：《我国档案大数据研究的现状分析与趋势探讨》，《档案学研究》2017 年第 3 期。

档案管理研究框架意义重大。有学者基于对我国档案管理研究内容变化规律与发展趋势的总结，阐述了我国档案管理研究框架重构的原因，认为新时期我国档案管理研究框架的重构需要遵循实践导向、研究导向以及创新导向的原则。提出档案管理活动的“三个维度”为逻辑起点，以“实体”和“信息”为逻辑主线，以在档案工作中的应用为逻辑终点初步设计出基于“三个体系”的档案管理研究框架①。

有学者基于管理控制与风险管理理论，构建了适用于组织机构电子文件管理的风险控制框架并阐述了其工作机理，按照前馈控制、同步控制、反馈控制三个阶段分析了风险识别、风险评估、生命周期流程管理、行政权责分工、应用技术支持、风险案例库建设及反馈控制保障 7 项具体管理活动②。

有学者分析了法定条件下村庄档案的定义，指出其具有特色性、综合性、复杂性、动态性等特点，根据国内外村庄档案建设工作的发展情况分析了当前我国进行村庄档案建设工作的必要性；探讨了目前我国村庄档案建设工作存在的法规不完善、思想上不重视、制度不健全、信息化建设滞后、人才缺乏、开发利用不够等主要问题；针对存在的问题，提出了做好村庄档案建设工作的措施③。

2017 年 3 月 22 ~ 25 日，由武汉大学信息管理学院与韩国成均馆大学图书情报科学和数据科学系合作主办世界顶级信息学院联盟 iSchool 年会——iConference2017，这是该会首次在亚洲举办。会议主题是“影响 · 拓展 · 提升：跨越信息社区的全球合作”。本次会议包括论文报告、院长论坛、博士生论坛等多种形式，会议报告涵盖了人机交互、信息行为、数据挖掘、信息检索、知识发现、社交媒体、数据科学、信息教育、信息组织等多个主题，展示了当前国际信息管理研究的前沿课题。

---

① 周耀林、赵跃、姬荣伟：《“三个体系”视角下档案管理研究框架的重构》，《档案学研究》2017 年第 4 期。

② 肖秋会、许晓彤：《组织机构电子文件安全风险控制框架研究》，《档案学研究》2017 年第 5 期。

③ 王琳霖：《村庄档案建设中存在的问题及对策》，《档案学研究》2017 年第 5 期。

三　湖北管理学学科发展展望与建议

近年来，湖北省管理学界深入贯彻落实习近平新时代中国特色社会主义思想，以理论创新为基础，以学科建设为抓手，“建成支点、走在前列”和推进湖北高质量发展为落脚点，湖北管理学学科发展迎来前所未有的繁荣时期。具体表现在：多门管理学学科排在全国前列，各类管理学学科博士、硕士学位点建设突飞猛进，各项管理学学科平台建设成绩优异，科研投入持续增加，学术产出尤其是代表性成果不断呈现，管理学学科整体发展势头良好。不过就全国范围内管理学学科发展的整体情况而言，湖北管理学学科仍面临较大的差距，突出表现在以下两个方面。

一是学术“殖民主义”与“拿来主义”现象突出，未能有效地将湖北乃至中国生动丰富的管理实践转变为创新性有效性的管理范式，进而有效服务于新时代经济社会发展。目前湖北管理学界在研究思路上大都划分为两个路径：第一，坚持本土化的研究路径，试图从中国近代管理发展史中寻找现代企业管理可以借鉴的经验和规律，这类研究路径一味地强调“中国特色”“中国路径”“中国方案”，甚至以构建具有中国特色的管理科学理论体系为目标。如谭劲松（2017）所述，这类研究路径存在潜在的风险，即当湖北管理学学科研究人员在用“中国特色”来提高进入门槛时，同时也在很大程度上限制了学者们的发展空间；第二，瞄准世界管理学学科发展前沿，与世界并轨，紧紧瞄准管理学学科各领域世界顶级的几本期刊，一味地采用“拿来主义”的研究路径。很多学者认为，当前随着经济全球化和区域经济一体化快速发展，国内管理学学科必须紧跟国际前沿。坚持这种研究路径的学者认为“中国特色”对于管理学学科发展的意义在于提供了一个验证现有理论的有效平台，但鲜有学者提出开创性的管理新理论。目前从学界主流观点来看，西方管理学界观点依然处于主流地位。由于借鉴国外主流研究方法、范式较容易在国内外高质量管理期刊上发表论文，因此很多管理学学科的优秀青年学者眼中只有北美和欧洲的主流管理学学科刊物。此外，随着我国综合国力的快速提升和国内外交流的快速增加，越来越多的管理学学科高校学者被派往美国、英国、德国、日本、加拿大、澳大利亚等西方国家访学深造，并尝试在国际一流管理学学科期刊上发表中国管理研究的成果。

因而，在未来一段时期，对于湖北管理学学科的研究人员而言，一项重要任务就是如何将湖北乃至中国丰富的管理实践转变为创新性管理范式。范式是指学者们进行研究的理论、世界观和思维模式，范式决定了一个学科的“游戏规则”。按照管理学大师德鲁克的观点，对管理学学科而言，最重要的就是由这些自成一套的基本假设所构成的范式。因此可以说，对于管理学学科的研究而言，范式决定了什么是应该加以注意的，什么是应该置之不理的，从而决定了未来湖北管理学学科重点关注的领域和研究的重点。近年来中国经济快速发展，成为世界经济的“一枝独秀”。中国经济的伟大生动实践为湖北管理学学科的发展和管理范式的创新提供了得天独厚的丰厚土壤，前所未有的改革开放实践和具体复杂的湖北省情，都需要湖北的管理学者们抛弃过去陈旧的研究范式，创立一套新的符合实际国情、省情的新范式。因此要紧紧瞄准这一趋势，在展开本土研究的同时，用严格的国际规范和生动的湖北、中国实践，采用创新性、有效性的范式，构建科研层、媒质层和应用层“三位一体”的具有荆楚特色的管理学学科发展体系。

二是将人类学的理论与方法应用到具体的管理实践与研究之中，是当前国际上管理学学科发展的一个新趋势，而湖北管理学学科理论界还鲜有这方面的研究。作为管理学学科的理论来源之一，人类学以人性和人类文化的专业知识为基础，以人为出发点，发挥人的主观能动性，促进管理学学科向人性化、科学化方向发展，这是有效提高管理效率的一个重要途径。管理学学科中包含的人的思想、观念、意志、情感和行为，具有个别性、非确定性和非量化性，难以用纯自然的科学方法来加以客观地描述和分析，这些个别性、非确定性的内容只能用质性方法进行分析。在质性研究方法中，经典的民族志研究方法和人类学的传统密不可分，且目前正日益运用到管理学学科的研究中来，虽然二者在研究侧重点上有所不同，但研究对象的差异并不妨碍具体方法的运用，且人类学对于工商管理等管理学学科的特殊意义，正在于其民族志研究方法的独特性。除此之外，管理学学科所面临的诸多问题，还与文化密切相关，而这完全可以运用人类学的原理和方法加以解决，人类学是迄今为止举世公认的对文化进行独特且深刻研究的社会科学与行为科学之一，企业管理既是文化实践的过程，也是文化环境的产物。

就管理学学科发展的历史脉络而言，企业内部决策的成败不仅需要大量的数据化分析，而且需要大量的非数量分析或质性分析。对于目前管理学学科知识体系而言，很难对组织成员有效解释隐性知识，进而很难被组织内部或者外部成员掌握或理解，但人类学家对隐性知识的研究却有效破解了这一难题，构成人类学对隐性知识管理最大的贡献，进而有效服务于管理学学科的发展。对于人力资源管理而言，如何处理不公平的保障体系，如何管理过于稳定或者流动频繁的员工队伍，如何面对员工罢工等问题，人类学提出的参与式观察和访谈等个案研究法，提出了有效的解决方案，进而在很大程度上避免了雇员关系和组织目标发生过度偏差。管理学学科在中国本土化的发展路径，在一定程度上在于将人类学的研究方法用于本土的管理实践中，建议在今后的研究中，湖北的管理学学科研究者将人类学应用在管理学学科中的最为重要的研究领域，培养在国内外具有重要影响力的工商管理人类学家，培养一批博士硕士研究生，进而满足在该领域日益增长的人才需求。

B.9

湖北艺术学学科发展报告（2017）

彭茹娜*

摘　要： 2017年湖北艺术学科进入了发展的新时代。在研究队伍、学科建设、国家级项目申报、学术交流、艺术学学科理论研究等领域都有一定突破性成果，体现出研究的荆楚特色。

关键词： 湖北地区　艺术学科　荆楚特色

2017年我国召开了举世瞩目的中共十九大，对于湖北艺术学科而言，也标志着进入了一个发展的新时代。首先，十九大为湖北艺术学科的发展明确了道路与方向，这是艺术学科发展的基本遵循；其次，2017年湖北在国家级艺术类项目的成功申报，尤其是一些普通本科院校，甚至是独立院校在成功申报国家级项目方面迈出了实质性步伐；再次，湖北艺术学设计学一级学科和美术学一级学科硕士学位授权点的迅猛增长对湖北艺术学科的发展与壮大具有重要的意义。总之，本年度湖北艺术学科在学科建设、课题申报、学术交流、服务区域经济文化建设等方面均取得了重要突破，未来湖北艺术学科有望在区域特色与理论研究方面迈出更大的步伐。

---

* 彭茹娜，博士，湖北大学艺术学院副教授，硕士生导师，美国佛罗里达大学研究学者。主持有教育部人文社会科学研究项目和国家留学基金委项目等，主要研究方向为设计艺术史论。

一 湖北艺术学学科发展概况

（一）研究队伍

据教育部2017年《全国普通高等学校科技统计年报表（人文、社科类）》的统计，本年度湖北艺术学研究人员总计为4702人，其中女性2680人，约占总人数的57%。在这些研究人员中，具有教授、副教授高级职称的人员共计1410人，约占总人数的30%；教授327人，约占总人数的7%；讲师2198人，约占总人数的47%；讲师以下初级职称的1081人，约占总人数的23%；具有研究生学历的人员共计2698人，约占总人数的57%；有博士学位的人员共计236名，约占总人数的5%。随着各高校与研究机构对高层次人才培养与引进的重视，湖北具有高级职称和博士学位的艺术类研究人员数量较2016年有了大幅度增长。

（二）学科建设

2017年，湖北艺术学学科建设在2016年的基础上又有新的突破，主要体现在两个方面，一是硕士学位授权点的大幅度增长，二是重点实验室与重点研究基地的建设明显加快。

继2016年新增2个艺术学一级学科硕士学位授权点之后，2017年湖北又新增了4个硕士学位授权点，分别是湖北大学的美术学，以及武汉科技大学、武汉工程大学和湖北大学3所学校的设计学。截至2017年底，湖北艺术类一级学科硕士学位授权点学科分布情况为设计学12个、艺术学理论4个、美术学4个、音乐与舞蹈学3个、戏剧与影视学1个。其中，设计学一级学科硕士授权点的增长幅度高达33%。此外，2017年武汉轻工大学、武汉体育学院和中南民族大学均新增了艺术专业硕士学位授权点，湖北具有艺术专业硕士学位授权资格的高校由原来的15所增长到18所，增长幅度为20%。

1. 设计学

设计学是湖北的优势学科。2017 年，湖北新增了武汉科技大学、武汉工程大学、湖北大学 3 个设计学一级学科硕士学位授权点。截至 2017 年 12 月，湖北已有 1 个设计学博士一级学科授权点和 12 个硕士一级学科授权点。这 12 个硕士一级学科授权点涵盖了 6 所部属综合、理工、师范类、民族类大学①，5 所省属文科、工科或综合性大学②，以及 1 所艺术类专业院校③。此外，2017 年，湖北省推荐新增湖北工业大学和中国地质大学（武汉）2 个设计学博士学位授权点，尽管最终没有取得授权资格，但通过申报极大地推动了这两所院校设计学科的建设。

武汉理工大学作为中南地区第一所设计学博士学位授予单位，为本设计学科的发展发挥着重要的作用。武汉理工大学与其他 6 家共建单位联合建设的“数字舞台设计与服务实验室”，成为湖北首次入选文化部重点实验室。实验室倡导的“学科融合”“协同创新”从学校不同专业学生的交流碰撞开始，扩大、延伸至产业领域，其科研团队成员将数字制造科学向文化领域延伸，运用数字信息和数字场景建构技术，使高新技术与舞台装备技术、舞台演艺有机融合，将数字科技成果转化为现实文化艺术“舞台”的创作工具，唤醒城市记忆，再现历史文化。

作为湖北唯一的一所艺术类专业院校，湖北美术学院是湖北设计学学科建设的中坚力量。“现代公共视觉艺术设计研究中心”是湖北美术学院的省级人文社科重点研究基地，中心以学院国家级特色学科和省级重点学科艺术设计学为依托，整合工业设计、艺术设计和造型艺术等优势科研资源，探索现代公共视觉艺术设计领域的相关问题。中心已经形成了现代城市公共设施设计、现代公共艺术品设计、现代造型艺术衍生设计、现代城市与农业景观设计、现代公共视觉影像设计、现代工业产品造型设计、现代服饰与纺织艺术

① 包括武汉理工大学、武汉大学、中南民族大学、华中科技大学、中国地质大学（武汉）、华中师范大学。

② 包括湖北工业大学、武汉纺织大学、湖北大学、武汉科技大学、武汉工程大学。

③ 湖北美术学院。

设计和现代动画媒体艺术设计等10个稳定的研究方向，下设环境艺术、雕塑艺术、陶瓷艺术、水彩艺术、数字图像、湖北民间美术、长江流域文化遗产研究所，以及县华林艺术区半亩园创意坊等研究分支机构，汇集了国内外高校和研究机构的一批资深专家学者，并与美国哈佛大学、哥伦比亚大学以及德国奥斯纳布吕大学等艺术研究机构建立了学术联系。中心以公共性为前提，以艺术设计学为主体，一方面将研究成果直接应用于日常教学工作，另一方面面向大众、服务社会。2017年度，中心资助了“当代武汉市民的视觉形象研究”“湖北湖泗窑艺术研究”“武汉城市轨道交通出入口景观研究”“江夏地区制瓷业的兴衰及审美形态研究”等7项与湖北区域社会发展密切联系的科学研究项目，为湖北整体科研水平的全面发展、湖北经济的转型与文化大发展做出了贡献。湖北美术学院的另一个省级人文社科重点研究基地——“湖北省时尚艺术研究中心”在“艺术介入生活，艺术改变生活”的理念下，致力于艺术、设计的跨界研究与项目合作。2017年中心资助了“当代城市时尚生态与全媒体文化传播方式的研究”“大漆艺术与时尚首饰设计结合应用研究”“数字媒体视域下艺术传播特征研究”等9个项目，以时尚艺术为前提，结合湖北省、武汉城市圈地方区域建设两型社会的实际，探索艺术设计的跨界合作与应用实践。此外，湖北美术学院在传统工艺和工艺美术的办学与研究方面均有较强的学科优势，其手工艺文化研究中心延续了学院近百年在手工艺教育和研究方面的丰厚学术文脉，对推动工艺美术学科发展，推动优秀传统文化创造性转化、创新性发展方面发挥着重要作用。

除了高等院校之外，湖北省各政府部门的支持对设计学学科建设也起到了积极的推进作用。湖北省文化厅、湖北省教育厅、湖北省发展与改革委员会、湖北省人力资源与社会保障厅、湖北省科技厅等单位共同举办了湖北省第四届大学生文化创意设计大赛与成果转化签约仪式，举办了各设计门类专项赛事11场，吸引了武汉大学、华中科技大学、武汉理工大学等80余所在鄂高校学子参赛，并颁发了最具市场潜力奖、最具创意设计奖等14个奖项，且《十里洋场》《不虚尺行》《食说新语》等10个获奖作品的参赛选手分别与华中师范大学国家文化产业研究中心、湖北画报社等知名文化机构和企业在颁奖仪式现场签署了作品或人才合作协议。政府部门举办的此次赛事推动了本省设计学科成果的转化，对立足于服务地方经济文化的设计学科健康、持续地发展起到了积极的推进作用。

另外，华中师范大学和湖北省数字媒体专业建设筹委会主办了“2017湖北省数字媒体专业建设研讨会”，探讨了数字媒体专业实习实训基地共享、骨干教师培训、系列教材建设、在线课程资源共享等议题①，为湖北设计学科数字媒体专业发展机制探索，培养应用型、管理型、复合型设计人才，促进校际、校企资源对接发挥了重要作用。

2. 美术学

2017 年湖北新增了 1 个美术学一级学科硕士学位授权点，美术学学位授予单位由原来的 3 所高校新增至 4 所②，其中 2 所为部属综合性高校，1 所为专业院校，1 所为省属综合性重点高校。这些高校均有悠久的办学历史、丰富的管理经验和优质的教学资源。在 2017 年教育部公布的美术学专业学科评估结果中，湖北美术学院位居最前，与天津美术学院、鲁迅美术学院和广东美术学院 3 所专业院校并列 B^+，华中师范大学在我省综合性高校中位居前列，与河北师范大学、沈阳师范大学、华南师范大学 3 所师范类综合大学并列 C^+。

作为华中地区率先创设的美术学壁画专业教学实体，湖北美术学院壁画与综合材料绘画系参与湖北美术馆的“学院空间艺术计划”，该计划已经成功地连续实施了 4 年。2017 年以“拓 · 变”为主题，展开有关公共艺术的叙事，充分发挥了湖北美术学院的优势美术学专业资源，服务湖北地方文化建构。此次参展的艺术家均来自湖北美术学院美术学专业师生，这批中青年

---

① 华中师范大学左明章的“新媒体发展与数字媒体学科建设”，从新媒体发展趋势、数字媒体科研发展、数字媒体专业建设三个方面入手，阐述众媒时代到智媒时代、数媒基础技术到行业应用研究、专业人才培养体系到产学研协作等相关理论与实践，强调高校与高校之间资源共享，高校与企业之间协作共赢；湖北民族学院李军的“武陵山区非文物文化遗产数字化保护研究”，从土家织锦数字化保护与智能生产研究、土家族民间表演技艺数字化保护与三维虚拟再现两个方面探究数字文化遗产保护。

② 这 4 所高校分别是：武汉理工大学、华中师范大学、湖北美术学院和湖北大学。

艺术家将艺术创作与社会发展和文化建设相结合，将创作体验与教学工作相结合，运用多种媒材及丰富的艺术表现手段，弘扬优秀传统文化和时代精神，其作品关注现实社会与内心世界，体现出对创造与传承的深刻领悟。丁晓、叶庆等参展艺术家的作品不拘于专业苑囿，对各种艺术主题、材质形态和表现风格进行多角度、多元性的探索与尝试，拓展了壁画与综合材料艺术的表述方式，丰富了公共艺术的表现语言，推动了整个群体对美术学学科建设的笃实践行。

湖北美术学院拓展了美术学学科建设的领域，面向社会各界，承办了中国非物质文化遗产传统雕塑传承人群培训班，来自湖北各地的50名传统雕塑传承人经过1个月的理论学习与创作实践，完成了涵盖木雕、石雕、泥塑、陶瓷、面塑、砚雕、根雕等彰显工匠精神的传统雕塑门类作品。本次传统雕塑培训班的成功举办，促进了传承人与艺术专业院校之间、传承人群体之间、艺术专业院校与社会大众之间，以及传统雕塑领域内不同门类之间的互通与交流，同时也促进了将传统文化融入美术学雕塑创作的学科探索。

3. 艺术学理论

湖北现有1个艺术学理论一级学科博士学位授权点①，3个艺术学理论一级学科硕士学位授权点②，其中，武汉纺织大学作为唯一的一所省属工科类院校，于2016年10月新增了艺术学理论一级学科硕士学位授权点。

此外，依托省内各高校，在美术学、设计学、音乐学、戏剧学等领域设置的各个普通高校人文社会科学重点研究基地，为湖北艺术学理论学科建设做出了重要贡献。以三峡大学艺术学院为依托单位的“荆楚文化研究中心”集聚了一批致力于研究巴楚区域艺术的学界俊杰，研究方向涵盖了民族音乐学、东西方美学比较、设计伦理、少数民族传统民居、书法创作、巴楚舞蹈文化、虚拟仿真等诸多领域；中心创办了全国性学术集刊《巴楚艺术》，2017年出版了《设计艺术卷》，以巴楚文化区域内的工艺美术、民居建筑等

① 艺术学理论一级学科博士学位授权点为武汉理工大学。

② 3个艺术学理论一级学科硕士学位授权点分别是华中师范大学、湖北美术学院和武汉纺织大学。

为设计艺术本体，进行巴楚区域设计艺术理论研究、物质与非物质艺术遗产保护与传承研究、巴楚区域设计艺术创新与发展研究，加强了湖北省艺术学理论学科在国内外的影响力。以武汉音乐学院为依托单位的“长江传统音乐文化研究中心”在2017年度以长江流域地区的传统音乐文化为研究对象，重点聚焦荆楚地区信仰仪式音乐文化、荆楚地区民俗歌舞艺术、荆楚地区传统器乐与乐器、楚乐的乐律学理论与实践，以及楚辞与音乐五个领域的研究广泛征集研究课题，最终投入19万元资助“文化自信视阈下楚辞中的国家情怀及其音乐表达”“楚编钟古乐的实践与创新研究”“荆楚传统音乐组合表演艺术研究与展演——以宜昌丝弦为例”等5项课题，主办了系列面向社会的学术与艺术活动，构建了有地域音乐文化研究特色的学术梯队，为荆楚地区及长江流域音乐文化研究，艺术学理论服务社会文化建设，以及艺术学理论学科建设的丰富与发展做出了贡献。

4. 音乐与舞蹈学

截至2017年，湖北共有3所高校有音乐与舞蹈学一级学科硕士学位授权点①。湖北音乐与舞蹈学学科建设主要通过举办研讨会、资助个人或团体的研究项目或艺术创作、创编教材、举办高水平的公开课和展演活动等方式展开。其中武汉音乐学院和华中师范大学是湖北音乐与舞蹈学学科建设的主力军。2017年度，华中师范大学举办了中国音乐史学理事工作暨学科发展研讨会，邀请全国各大音乐学院、综合性大学音乐学院的40余位著名专家学者与会，围绕“音乐考古与中国音乐史”“历史中的音乐——理解与阐释”“文化学理论观下的中国音乐史研究”等专题，以跨学科的视野，研讨中国音乐史的学科史、学科挑战和建设策略。武汉音乐学院资助了22项“省级重点学科建设项目”，其中包括“《黄钟》30年编辑成果及学术影响研究”“第八届中国律学学会学术研讨”等3项重大项目，“研究生主科教学中如何传承中国戏曲唱段”等7项重点项目，“音教学院钢琴主科课程体系及实践模式的创新研

① 3个音乐与舞蹈学理论一级学科硕士学位授权点分别是华中师范大学、武汉音乐学院和武汉体育学院。

究”等4项一般项目，以及“‘慕课’视阈下音乐学院思政课教学改革路径选择”等7项青年项目。此外，还滚动资助了上一年度立项的“湖北民族声乐教学曲目演唱研究与示范教学（I）”“音乐治疗的理论与实践创新项目”等8个项目。武汉音乐学院的“音乐表演实验教学示范中心”召集了中央音乐学院、中国音乐学院、上海音乐学院等全国11所独立设置的专业音乐学院，开展了“‘长江之韵’2017专业音乐院校舞台艺术精品展演季”活动，活动历时2个月，200余名优秀师生连续展演34场风格各异的音乐会、歌剧和舞蹈，并举办了24场学术讲座，以及长笛、单簧管、小提琴、声乐等专家公开课，吸引了省内外34所高校师生组团来武汉观摩学习，为推进湖北省音乐学与舞蹈学学科建设、学术交流和人才培养做出了积极贡献。

5. 戏剧与影视学

戏剧与影视学在湖北起步较晚，但发展迅速稳健。2014年湖北省文联与三峡大学共建了第一个戏剧与影视学省级人文社科重点研究基地——“影视文化与发展研究中心”。2016年10月武汉大学率先取得了湖北首个（也是唯一一个）戏剧与影视学一级学科硕士学位授权点；2017年，武汉大学在艺术类CSSCI来源核心刊物上发表了8篇戏剧与影视学学术论文，这些文章主要集中于对戏曲、戏剧的研究。

“影视文化与发展研究中心”2017年立足于提高人才培养质量、提升科研创新水平、增强社会服务能力、促进对外合作交流和加强基础能力建设的需要，设置了影视文化理论与批评研究、影视创作研究、影视教育研究和影视产业研究4个研究方向，并资助了“新世纪湖北文学的影视改编研究”、“新世纪湖北影视剧的传播及其效果研究”、“2011～2016年湖北纪录片发展研究”和“地域文化视域下的湖北电视剧创作研究”等9个课题研究，呼应影视发展的现实问题，尤其是湖北地区影视发展的现实问题，探寻、总结影视艺术规律。依托于黄冈师范学院的“黄梅戏艺术研究中心”，致力于研究黄梅戏历史声腔特征和鄂东民歌之间的关系，以及如何让黄梅戏声腔更具有湖北地方特色与荆楚风韵、如何让更多的观众能够欣赏黄梅戏等问题。2017年结合黄梅戏的发展现状，围绕黄梅戏艺术发展中的重大问题，资助了“黄梅戏当代剧目的音乐创作与黄梅戏传统音乐的关系”“喜剧小品在黄梅戏中的挖掘与二度创作”“黄梅戏传统剧目探微”“黄梅戏艺术融入高校教育的实践与探索”等6项课题，涉及黄梅戏声腔及其发展研究、黄梅戏表演研究和黄梅戏剧目及起源研究。这些省级人文社科重点研究基地不仅推动了湖北影视事业的繁荣，也促进了湖北戏剧与影视学的学科发展。

（三）研究平台

2017年，湖北共建设有文化部重点实验室1个和15个艺术学科省级人文社科重点研究基地，所有基地均来源于高等院校，充分利用了各高等院校的办学特色与学科优势平台。在这些重点实验室和重点研究基地中，设计学数量最多，武汉理工大学的“数字舞台设计与服务文化部重点实验室”，以及15个艺术学科重点研究基地中的7个研究基地①（约占总数量的47%），均为设计学科，涵盖了产品设计、视觉传达设计等研究领域。数量排行第二的是艺术学理论研究基地，湖北共有4个②，约占总数量的27%，且大部分立足于本土艺术理论研究。接下来依次是音乐学2个③，戏剧与影视学2个④。这些省级人文社科重点研究基地既是湖北省艺术学学科建设的成果，也代表着湖北艺术学学科的实力与特色，并在推动湖北艺术学科的发展、推进湖北艺术文化研究、开展大型学术交流活动、繁荣区域文化艺术、服务湖北地区经济、社会、文化建设等方面发挥着不容忽视的作用。

---

① 7个设计学研究基地分别是：湖北美术学院的“现代公共视觉艺术设计研究中心”、“湖北省时尚艺术研究中心”、“湖北美术学院手工艺文化研究中心”，武汉理工大学的“湖北省产品创新管理研究中心”，中国地质大学（武汉）的“珠宝首饰传承与创新发展研究中心”，武汉纺织大学的“湖北省服饰艺术与文化研究中心”，以及湖北工业大学的“湖北文化创意产业设计研究中心”。

② 4个艺术学理论研究基地分别是：三峡大学的“巴楚艺术发展研究中心”，长江大学的“荆楚文化研究中心”，中南民族大学的“少数民族审美文化研究中心”和湖北大学的“湖北大学当代文艺创作研究中心”。

③ 分别是武汉音乐学院的“长江传统音乐文化研究中心”和华中师范大学的“中国合唱艺术研究中心”。

④ 分别是黄冈师范学院的“黄梅戏艺术研究中心”和三峡大学的“影视文化与产业发展中心”。

（四）课题研究

2017 年，湖北共新增艺术学类课题 1941 项，总拨入经费达 4987.383 万元，总支出经费达 4493.323 万元。这些艺术学课题主要集中在基础研究与应用研究两个方面，其中基础研究课题共计 941 项，约占课题总数 48%，拨入经费 953.249 万元，约占总拨入经费的 19%，支出经费 873.078 万元，约占总支出经费的 19%；应用研究课题共计 996 项，约占课题总数的 51%，拨入经费 4019.134 万元，约占总拨入经费的 81%，支出经费 3601.045 万元，约占总支出经费的 80%。此外，在实验与发展方面有 4 项课题，拨入经费 15 万元，支出经费 19.2 万元①。

2017 年，湖北新增的国家级、省部级项目主要包括国家艺术基金 29 项、国家社科基金重大项目 1 项、国家社科基金艺术学项目 8 项，含一般项目 6 项，青年项目 2 项；教育部人文社会科学研究艺术学项目 19 项，含规划基金 7 项，青年基金 12 项等。

从项目申报与立项单位情况来看，首先，高校是申报和获批国家级、省部级纵向科研项目的骨干和主力。2017 年湖北获批的国家艺术基金项目中有 18 项来自省内各高校，约占全部获批项目 62%；国家社科基金艺术学项目、教育部人文社会科学研究艺术学项目获批单位则全部来自省内各高校。其次，部属高校由于资质完善、资源充足、经验丰富，在项目申报和项目立项方面具有绝对优势。2017 年湖北获国家社科基金重大项目的柏贵喜教授来自部属高校中南民族大学，而国家社科基金艺术学项目立项的 8 个项目中，有一半来自部属院校；19 个教育部人文社会科学研究艺术学项目有 8 项来自部属高校，约占 42%。再次，设有艺术硕士点的普通本科院校，甚至是普通民办普通高校也开始重视国家级项目和省部级项目的申报，通过充分挖掘地域优势和地方文化艺术资源，在项目申报上取得了较好的突破。这些异军突起的普通院

① 数据来源于教育部 2017 年《全国普通高等学校科技统计年报表（人文、社科类）》教社科年报 5 -1 表。

校主要有黄冈师范学院、荆楚理工学院、武昌理工学院等[①]。

从项目立项学科分布来看，湖北丰富的文化艺术资源为成功申报国家级、省部级项目创造了机遇与平台，尤其是楚剧、黄梅戏、汉剧等地方戏曲资源，以及湖北民间工艺美术、建筑、制造工艺、楚风图案等荆楚文化艺术资源，为湖北学者的研究提供了对象与素材。2017 年获批的教育部人文社会科学研究项目中，有 8 项是立足于楚文化的地方艺术研究，约占 47%；在国家艺术基金 2017 年度资助的大型舞台项目中，湖北省获批的 4 个项目中的 2 项是湖北地方戏剧楚剧和黄梅戏。其次，在艺术学五个一级学科门类中，设计学是目前湖北纵向项目立项的强项。2017 年获批的国家社科基金艺术学项目中，设计学项目有 3 项，占湖北总获批项目数的 37.5%；教育部人文社会科学研究艺术学项目中，设计学项目有 8 项，约占 42%。

（五）研究成果与获奖

艺术学由于学科的特殊性，其成果包括理论研究成果与艺术创作成果。

在理论研究方面，2017 年湖北省在艺术学方面共出版著作 284 部，其中专著 117 部，教材 155 部；共发表论文 2066 篇，其中有 33 篇发表在国外学术刊物上；撰写研究报告 16 篇，其中 11 篇被采纳[②]。

在艺术创作方面，湖北省也取得了丰硕的国家级研究成果。在美术学领域，2017 年文化部组织的全国美术馆馆藏精品展出季活动中入选的 28 项展览中，湖北省有 2 项展览入选[③]，其中“美在民间——湖北美术馆馆藏工艺美术教育家张朗作品及文献展”获 2017 年全国美术馆馆藏精品展出季优秀项目，全国仅 12 个项目获此殊荣。在音乐学与舞蹈学领域，完成了中国首

① 黄冈师范学院获批国家社会科学研究基金艺术学项目 1 项，教育部人文社会科学研究项目 3 项；荆楚理工学院获批国家社会科学研究基金艺术学项目 1 项，教育部人文社会科学研究项目 2 项；武昌理工学院获批教育部人文社会科学研究项目 2 项。

② 数据来源于教育部 2017 年《全国普通高等学校科技统计年报表（人文、社科类）》教社科年报 6－1 表。

③ 分别是湖北美术馆举办的“美在民间——湖北美术馆馆藏工艺美术教育家张朗作品及文献展”和湖北美术学院美术馆举办的“大道弘艺——杨立光先生诞辰 100 周年特展”。

部大型全方位歌颂“中国梦”主题的声乐套曲——《中国梦声乐套曲》（7部/12首）[①] 的录制与专辑出版，该套曲专辑将结合歌舞表演等形式在全国范围内巡演推广；湖北省文化厅的“神农架锣鼓吹打组合”入选文化部第二届中国民族器乐民间乐种组合展演。在戏剧与影视学领域，湖北省委宣传部与中央军委政治工作部、河北省委宣传部等单位联合拍摄的以1934年红军34师官兵付出巨大牺牲奋力掩护党中央渡过湘江、成功突破封锁的悲壮故事为题材的战争类电影《血战湘江》和描述周恩来感人至深事迹的电视剧《海棠依旧》获第十四届精神文明建设“五个一工程”优秀作品奖。在文化部公布的第八届中国京剧艺术节参演剧目入选名单上，湖北省京剧院的《在路上》和武汉京剧院的《美丽人生》2项剧目入选优秀剧目展演名单，湖北省京剧院杨帆的《金翅大鹏》入选武戏折子戏；在文化部公布的2017年度全国25部舞台艺术重点创作剧目名录上，湖北省文化厅申报的由湖北省武汉人民艺术剧院有限责任公司演出的话剧《董必武》入选。

（六）学术探讨与交流

2017年湖北艺术学科在学术探讨与交流活动方面也取得了重要突破。

在设计学方面，武汉理工大学举办了“当代亚洲设计教育新理念国际学术论坛”，来自日本筑波大学、札幌市立大学，韩国国立首尔大学、弘益大学、光州大学，新加坡国立大学，美国普渡大学、帕森斯设计学院，中国香港理工大学、中央美术学院、中国美术学院、武汉理工大学艺术与设计学院等国内外著名高校的50余位专家学者参加了此次会议，围绕东方哲学思想下的设计教育思想引领、亚洲产业经济发展模式下的设计师培养新知识体系、亚洲生活哲学下的设计价值与设计标准、亚洲设计教育资源共享平台建设等内容开展互动交流，为交融思想、整合资源，创建具有中国特色的学术竞争力和具有社会影响力的设计教育大平台，建立具有东方文化特色的设计

---

① 包括天地华夏之《虫嘎飞》（童声领唱/大合唱）、峥嵘岁月长之《黄河长江》（男声独唱/混声伴唱）和《荣辱与共》（女生三重唱/混声伴唱）等12首歌曲和7个章节朗诵辞。

教育体系起到了积极作用；武汉工程大学举办了“2017 艺术设计国际化人才培养教育论坛暨第二届生态设计国际学术论坛”，以“生态·育人·设计·未来——生态设计路径探索与实践”为主题，邀请了 12 名国内外艺术设计领域的知名专家教授做学术报告，来自全国 30 余所艺术设计院校的负责人参加了此次论坛，对推进武汉建设“生态城市、创意城市、绿色城市”将产生积极深远的影响；湖北经济学院艺术设计学院与美术影响力杂志社等机构联合主办了“全球设计、武汉发光”海峡两岸设计与交流学术讲座活动，邀请台湾地区林磐耸等教授和厦门大学戚跃春等教授分别就全球设计大赛参赛经验及评审规则等内容、全球设计大赛策略分析、学生参与全球设计大赛教学成果分析等主题进行专题讲座，对增强学生参与国际设计大赛的能力起到了促进作用。

在艺术学理论方面，长江大学楚文化研究院承办了第三届楚文化国际学术研讨会暨“长江流域的历史与文化”中日高峰论坛，来自中日两国的近 70 名专家学者出席了此次盛会，共同研讨楚文化的渊源流变，商议长江文化发展之大计；武汉科技大学举办了“艺术与心理健康：理论和实践”学术研讨会，邀请国际表达艺术治疗协会前任主席、美国莱斯利大学艺术治疗学科负责人米切尔·科萨克博士到研讨会现场交流，本次活动对整合国内外相关艺术治疗科研机构、教学机构和临床应用机构资源，积极筹备艺术治疗专业的硕士生培养事宜，为中国艺术治疗的科研与学科发展做出了积极贡献；湖北理工学院与中华美学学会联合主办了第一次以器物美学为主题的专题研讨——“2017 年器物美学专题论坛”，中国社会科学院等单位的 50 余位专家学者以小组讨论、专题讲座的形式发表了自己在器物美学方面的研究成果①，将“器物美学”的研究领域推向深入，为理论界尤其

① 湖北理工学院的李社教认为，“器物审美”的对象是对人工之物而非天工之物的审美，其根本特点在于审美离不开实用功利性；武汉大学的邹元江指出“器物”是区别于自然物的人工物，它是人的劳动的对象化产物，因而，它成为人们直观自己的对象，只有具有开创性的一代巨匠才能成为技进于道的一代宗师，将器物聚合于非对象性的审美意象“艺术品”中的“物性”生成并显出。

是器物创造的传承人提供了很好的对话平台，对美学研究具有深远的开拓性意义。

在音乐与舞蹈学方面，湖北省文化厅精心打造了“2017 荆楚文化丝路行”巡演活动，并在泰国曼谷中国文化中心剧场举办了“天涯共此时——荆楚文化丝路行”专场演出，向观众展示了中国传统器乐、歌舞等民族艺术的魅力；武汉音乐学院主办了“中国音乐史学暨乐律学学术研讨会”和“纪念《黄钟》创刊30周年暨第九届音乐学术期刊研讨会”，将全国各音乐学术期刊汇聚一堂，共同探讨“期刊编辑规范及其学术传播”，以及“新媒体时代下如何维护期刊自身权益”等问题；武汉音乐学院举办了“第四届世界道教论坛闭幕式文艺演出”“全国台联 2017 年台胞青年夏令营开营暨鄂台青年音乐舞蹈赏析会”“第六届琴台音乐节交响乐专场”“湖北省外侨办、外国专家局新年文艺音乐会”等演出活动；华中师范大学举办了“新时代高等师范大学音乐教育发展院长高峰论坛暨全国高师音乐教育联盟大会”，为音乐教育搭建了一个共同研讨和发声的平台，教育部直属 6 所师范大学及全国各省重点师范大学音乐学院的领导汇聚一堂，共同商讨中国高等师范大学音乐教育发展大计，充分发挥和利用各自特色和优质办学资源，开展互补性合作，为全面提升和实现中国高等师范院校音乐教育事业的可持续发展做出积极贡献。

在戏剧与影视学方面，湖北经济学院等单位承办了 2017 年第四届“金飞燕”海峡两岸微电影大赛暨高峰论坛，以微电影创作为媒介，以“家·记忆”为拍摄主题，以“海峡两岸微电影面临的挑战与未来发展趋势”为论坛主题，为海峡两岸青年学子搭建了学习交流的平台，并邀请了两岸微电影界知名专家、学者进行主题演讲和交流发言，分析探讨两岸微电影产业的发展现状、微电影的媒介特性、发展政策管理，以及微电影创作、生产、传播和文化影响力等方面的信息和行业发展趋势。

上述大型学术交流活动的成功举办推动了湖北艺术学科的发展，也引发了国内外学术界和社会各界对湖北艺术交流活动的关注与支持。如在 2017

年度文化部重点资助的15个内地与港澳文化交流项目中，湖北有2个项目获得了资助①，获资助项目数仅次于北京市，与上海市并列第二。

二 湖北艺术学学科研究进展、创新与荆楚特色

（一）艺术学学科理论研究

以南京大学中国社会科学研究评价中心公布的CSSCI来源期刊目录（2017～2018年）中的22种艺术学类刊物为主要考量对象，2017年度湖北艺术学学科主要的理论研究有以下几方面。

1. 美术学

（1）美术史拓展研究

美术史拓展研究主要表现为以跨学科的视野分析、研究美术史中的各种现象。华中师范大学徐晓庚等的《毕加索的赞助模式研究》② 将艺术与金融相结合，通过对毕加索早期艺术创作与艺术市场的回顾，从艺术家、收藏家、理论与美术史家、经纪人、艺术金融、艺术社会学等艺术链研究毕加索的赞助模式，揭示一位伟大艺术家成功的商业机密、国家艺术战略之下资本对艺术的渗透作用，以及对艺术发展与传播的影响；武汉大学刘耕在《文人画的色空与真性——以唐寅为中心》③ 一文中从哲学的角度指出，受佛教思想影响颇深的文人画，通常寄寓着对“色空观”的独特思考，如文人画家唐寅的艺术表现出空性所显现的世界，其作品由情感执迷和真性彻悟之间所构成的张力，构成了独特的艺术样貌，也使其成为探讨传统文人画内在理路及其与佛学、禅学互动影响的极佳个案。这些跨学科研究拓宽了美术史研究的视野。

① 分别是湖北省博物馆的“赴香港中文大学举办《荆山片玉——楚文化玉器展》”项目和湖北省京剧院的“庆祝香港回归祖国20周年京剧专场演出”。

② 徐晓庚：《毕加索的赞助模式研究》，《艺术百家》2017年第2期。

③ 刘耕：《文人画的色空与真性——以唐寅为中心》，《文艺研究》2017年第12期。

（2）版画家及其作品研究

作为视觉艺术的重要门类之一，版画一直没有得到足够的重视，对版画家和版画作品的研究成果相对于国画、油画而言，显得尤其薄弱。华中师范大学易阳的《从后工业化视角解析宋恩厚先生的版画艺术》[①]和《文脉当代的隐喻之相——黄启明版画艺术研究》在当代语境下研究版画家及其作品，强调了版画研究的当代意义[②]。《从后工业化视角解析宋恩厚先生的版画艺术》以版画家宋恩厚及其作品为例，强调开拓精神在工业版画创作中的凸显，以及多重语义展现后工业版画与时俱进的时代特征，认为这构成了中国工业版画审美特征的集中表现；《文脉当代的隐喻之相——黄启明版画艺术研究》以版画家黄启明及其作品为例，从生命的律动与冥想、文脉当代的诗性表达和乾坤清气的空间建构三个方面来解读艺术家对生态环境的关注、人类内心存在价值的追问，认为对广渺宇宙中那些事关生命、哲学与文化艺术之间交融互渗的隐喻表述和对永恒精神世界的思索，是艺术家放弃追求当代物质世界表面繁复的文化自觉，这种博大而极简有力的艺术方式能够纠正后现代工业文明带给人们的视觉侵染。

（3）书法史论

湖北大学刘立士的《"书道自然"与"书为心画"——中国书法本体建构的两个维度》[③]一文指出书法本体构建中自然与心性这两个维度在历史演变中体现了明显的阶段性，隋以前以书道自然为主，唐代为心—物的双重建构，唐以后则以书法的心性表达为主，认为自然与心性是书法的本原，以汉字为对象的形体再塑造是书法的本体，书法是自然矛盾的线条化和主体心性矛盾的线条化的结合。

2. 设计学

（1）设计史论研究

设计史论研究成果主要涵盖对中国设计批评及其思想文献研究的分期研

① 易阳：《从后工业化视角解析宋恩厚先生的版画艺术》，《美术观察》2017年第2期。

② 易阳：《文脉当代的隐喻之相——黄启明版画艺术研究》，《美术观察》2017年第5期。

③ 刘立士：《"书道自然"与"书为心画"——中国书法本体建构的两个维度》，《中国书法》2017年第14期。

究，以及对设计方法论的研究两个方面。

武汉理工大学杨先艺等站在宏观的历史视觉去研究中国古代设计批评及思想文献，并将中国古代设计批评思想文献研究分为三个历史阶段。《中国古代设计批评文献史分期研究》① 一文指出，中国古代设计批评的思想文献史经历了三个变革期，即：以技近乎道为主流思想的先秦至汉朝时期；以意匠与工匠转化为思想取向的魏晋至宋元时期；明清造物的生活美学兴起时期。认为在此变革过程中，设计批评文献著述开启了从官方到民间、从单一化走向多元化、从整体性文献走向类型化专题文献的研究发展脉络，其中涉及的相关文献涵盖了法规条例、思想著述、诗词歌赋、笔记小品、工艺专题文献等，能够客观而全面地反映中国设计批评思想的历史特征与积累成果。

当代设计价值形态的多元化使得传统的设计方法学已经不能适应其发展需要，有必要将更具概括性和针对性的设计方法论引入设计学理论中。设计方法论是传统的哲学方法论、艺术学的方法论和设计学理论内部的设计方法学三者融合而形成的新学科，但目前国内学界却较少涉及此领域。人大复印资料《造型艺术》2017 年第 4 期全文转载了武汉理工大学张黔的《设计方法论的构成谱系》一文②，文章指出国内设计学界已经开始尝试建立设计哲学和设计方法论，但尚未建构出设计方法论的谱系，认为设计方法论的理论基础是当代价值哲学，因此设计方法论可定义为围绕价值目标的实现对设计活动进行研究的学科，并可以划分为设计认识论、设计伦理学和设计美学三个方面，这三个方面分别对应着设计活动中的真、善、美三种人类基本价值目标，且设计伦理学追求的善是设计的主导目标，设计认识论追求的真是实现善的手段，而设计美学追求的美则是设计的超越性目标，它从属于广义的善，又超越狭义的、实用性的善。

（2）设计应用研究

设计应用研究方面的理论研究成果涵盖了环境艺术设计、视觉传达设计

---

① 杨先艺、刘震：《中国古代设计批评文献史分期研究》，《新美术》2017 年第 11 期。

② 张黔：《设计方法论的构成谱系》，《设计艺术研究》2017 年第 2 期。

等专业方向。

环境艺术设计方向的应用研究成果以探索对当前社区、村落等的合理规划与保护为核心内容。华中科技大学何依等在《基于宗族结构的传统村落院落单元研究——以宁波市走马塘历史文化名村保护规划为例》一文中指出，我国传统村落保护规划的现行方法，即普遍借鉴文物保护单位，根据聚落中优质资源的分布，围绕文物、历史建筑、历史文化名村等形成不同的圈层分级分类保护的方法，是一种基于建成环境表象的保护规划，本质上是“单一时间断面”的保护，但传统村落的形成与演化是在一个特定的空间单元内、缓慢的“长时段”中构成的，时间上连续的、空间上有序的叙事过程，而以血缘为基础的社会关系则是形成村落秩序的内部机制，由此提出引入乡村社会学理论，从宗族结构入手来厘清家族脉络与聚落空间的耦合关系，将物质空间与社会结构相关联，以宗族结构中的房族院落为单元，通过整体识别、分类修复、混合利用，将传统村落的保护规划建立在社会本质的意义上和历史原型的规定中，促进保护规划从既有环境走向历史原型，从建筑单体走向聚落整体，从物质本体走向社会本质①。湖北大学叶云等在《试析社会网络视角下多元主体参与美丽乡村建设的结构平衡——基于湖北 X 村的实践》一文中，结合具体的设计案例，分析了在美丽乡村建设过程中多元主体之间的利益博弈，指出村民与外来资本的矛盾是美丽乡村建设的主要矛盾，提出从六个主体不同的角度去解决美丽乡村建设在不同时点所产生的矛盾并推动其建设发展，为研究美丽乡村多元主体社会网络结构演进提供了参考样本②。武汉理工大学刘茜等在《社区规划的参与性与渐进性》一文中，探讨了渐进式规划设计和公众参与设计在社区规划中的积极影响，并通过对美国西雅图国际社区这一经典案例的分析，提出以考虑公众利益为前提和背景进行设计改造，可以提升项目预期到完成的满意度，认为中国老旧社区环境的改

① 何依、孙亮：《基于宗族结构的传统村落院落单元研究——以宁波市走马塘历史文化名村保护规划为例》，《建筑学报》2017 年第 2 期。

② 叶云、李斌琪：《试析社会网络视角下多元主体参与美丽乡村建设的结构平衡——基于湖北 X 村的实践》，《中南民族大学学报》（人文社会科学版）2017 年第 3 期。

善可以借鉴美国西雅图国际社区参与性与渐进设计的模式，针对具体社区背景与发展状况，对各利益群体公众参与的形式量体裁衣，消除专业人员与一般公众的沟通障碍，从建立邻里网络入手，让大众参与的设计规划①。

楚凤元素是楚人情感要素和观念要素的结合与物化。武汉纺织大学郭丰秋从艺术学、历史学和文化学的角度探讨了楚丝织品中凤鸟造型特征及其在服装图案设计中的应用方式，在《楚凤元素在现代服装图案设计中的创新应用研究》中研究楚凤造型意蕴与现代服装设计和审美之间的耦合之处，指出凤鸟造型具有壮、美、奇、变的特征，与现代图案设计中的写实、抽象、夸张、组合、解构相耦合，认为设计者可以通过移用、解构、重构、错位等手段进行服装图案再造设计，以传承和弘扬楚文化、丰富现代服装设计语义②。

此外，武汉理工大学訾鹏在《视觉空间注意对标识系统设计的影响研究》一文中指出，提高标识的视觉空间注意能提升标识系统的工作效率，认为现实空间中的信息竞争、视觉障碍以及人的视觉选择和注意瞬脱现象是干扰标识视觉空间注意的主要因素，而视觉科学中的视觉易化机制、视觉调控机制、空间线索范式和视觉增益效应则是提高标识视觉空间注意的研究基础与设计依据③。

3. 艺术学理论

（1）艺术哲学

湖北大学罗祖文在《论中世纪艺术设计的神学德性》一文从中世纪神学德性的构成、神学德性影响下的艺术设计风格和中世纪艺术设计的目的三个方面来论证中世纪美术是宗教的奴婢，宗教既是艺术设计的前提，也是艺术设计的目的，中世纪艺术设计的目的在于宣扬信仰，接近上帝，让人们在

---

① 刘茜、易西多、侯志仁：《社区规划的参与性与渐进性》，《装饰》2017 年第 10 期。

② 郭丰秋：《楚凤元素在现代服装图案设计中的创新应用研究》，《装饰》2017 年第 12 期。

③ 訾鹏：《视觉空间注意对标识系统设计的影响研究》，《南京艺术学院学报》（美术与设计）2017 年第 5 期。

修持中追求来世的幸福①。武汉大学陈望衡的《神话情调的华夏乐园——〈山海经〉的环境美学思想》一文从三个方面论证了《山海经》一书在中国古代环境美学的建构上的重大意义，指出《山海经》在中国文化史上最为全面地提出了人类生存环境是如何开辟的；认为《山海经》以最为充分的史料说明以昆仑山为中心的大片土地是华夏民族的发源地，中华民族的始祖均在此生活；强调《山海经》以无比丰富的材料在中国文化史上最为充分地阐述了中华民族的乐园概念②。

（2）史料研究

陈之佛是中国近代设计史上的一座丰碑，但由于时间久远、资料缺失等原因，造成《陈之佛年表》中关于其留日学习图案经历出现某些疏误。湖北美术学院陈日红在《对〈陈之佛年表〉中留日学习图案经历的相关考证》一文中对陈之佛留日经历中入学与毕业时间、是否为中国赴日学习图案第一人等进行了详细考证，指出《陈之佛年表》中关于其留日学习图案经历出现的疏误，通过对自己在日本东京艺术大学访学期间收集发现的史料的研读分析，指出陈之佛在东京美术学校求学时间为大正九年（1920）4月7日至大正十四年（1925）3月30日，且陈之佛确实是东京美术学校图案科（工艺图案）第一个外国人，但尚不能称“中国去日本专门学习工艺图案的第一人”，只能说是在日本学成归国后在我国工艺图案领域取得最大成就的第一人。这些新发现既是对陈之佛研究的深入和补充，也廓清了我国近代设计史中的某些节点③。

4. 音乐与舞蹈学

（1）音乐史研究

自20世纪初我国出现真正意义上的中国音乐史著作以来，我国音乐史的撰写历史已近一个世纪。武汉音乐学院田可文的《百年历程：中国音乐

① 罗祖文：《论中世纪艺术设计的神学德性》，《文艺争鸣》2017年第1期。
② 陈望衡：《神话情调的华夏乐园——〈山海经〉的环境美学思想》，《艺术百家》2017年第7期。
③ 陈日红：《对〈陈之佛年表〉中留日学习图案经历的相关考证》，《装饰》2017年第1期。

史著作的撰写史》对中国音乐撰写史进行了梳理，详细审视了不同时期中国音乐史著作的特征，指出各个时期中国音乐史著作撰写的成就与不足，这些详尽的分析与归纳对今天中国音乐史学学科的发展具有积极的借鉴意义[①]。田可文、留生的《音乐政治学、音乐传记学与我国的近现代音乐史研究》进一步以现存的中国音乐史为研究对象，从历史的学术视角，论及中国音乐史的成就与不足，文章从音乐政治学的学术视域出发，指出中国近现代音乐史学学科与研究视角的变化，梳理音乐传记学与近代音乐史研究的发展历程，分析二者之间的关系与异同，认为音乐传记的撰写与“音乐政治学”有密不可分的联系，音乐史学应该在更为开放的场域中交互融合发展，要对中国近现代音乐史进行文化上的理性观照，揭示隐藏在历史现象背后的本质，发掘历史事实的人文价值及其智慧[②]。王洪军的《中国古代音乐史探索》指出“中国古代音乐史”只能是关于中国古代音乐的学问，而不可能是作为艺术的“古代音乐”的实况再现，作为学科“古代音乐史”的“音乐”，实际是“与音乐相关的所有内容”即“音乐文化”，因此，音乐史研究者要关注文化，为学科纳新。

（2）长江流域音乐文化区的划分与实证研究

对一定地理空间的音乐文化进行分区研究是区域音乐文化研究的重要课题，以往有关长江流域音乐文化区划的研究或以长江的自然地理区段作为划分标志，或以长江流域的行政区域作为划分标志，但都没有对不同区域之间“边界”状况的说明而显得实证精神不足。武汉音乐学院蔡际洲等以长江流域的“巴蜀”和“荆楚”两个音乐文化区的“边界”为例，在运用音乐数据库资料的基础上进行实证性研究，考察这两个相邻的音乐文化区，在《长江流域“巴蜀—荆楚”音乐文化区划问题——运用音乐数据库资料进行实证性研究的尝试》一文中，以“集成”资料建立的数据库为基础，选择南方民歌中具有代表性的田歌为研究对象，并以其为音乐文化区

① 田可文：《百年历程：中国音乐史著作的撰写史》，《中央音乐学院学报》2017年第4期。

② 田可文、留生：《音乐政治学、音乐传记学与我国的近现代音乐史研究》，《音乐研究》2017年第5期。

划的客观依据，运用定性分析与定量分析相结合的方法，指出“重庆—鄂西”二区域音调的共性与差异及其产生的原因，为该领域的研究打下了良好的基础[①]。

（3）其他

田可文的著作《音乐评论的视域》集结了作者在担任学报《黄钟》副主编期间（2002～2014）集中对音乐刊物的评价与分析，以及近年来对音乐生活进行的描述或评论，指出“音乐批评学”是一门建立在很强音乐理论与实践基础上的学科，而“音乐评论”则建立在“音乐批评学”基础上，并运用其原理落实到现实社会音乐生活的评论之中。

5. 戏剧与影视学

（1）中国戏曲史研究

中国戏曲史研究成果主要包括对史料的研究、对戏曲源流的跨学科研究，以及对戏曲文化的研究。

清代“梨园花谱”是戏曲史研究的重要材料，21世纪以来，对其研究角度多样、新见迭出。武汉大学程芸、张金蕾在《清代“梨园花谱”研究述评》一文中分析了清代“梨园花谱”的研究现状，认为花谱研究虽成绩斐然，但学术积累相对薄弱，指出未来可从三个角度进一步加强研究，即：对梨园花谱文学特质的整体性观照；促进以梨园花谱为切入点的跨学科研究的广度与深度；将梨园花谱与清代戏曲史、演剧史的具体问题勾连起来，以拓展研究的空间[②]。

双线性结构是中国古典戏曲的基本结构形态之一。武汉大学柯琦在《戏曲双线结构的诗学源流》一文中以跨学科的视野指出，前人研究往往就叙事文体来研究叙事结构，将戏曲与小说并置，忽略了更大的文学传统尤其是诗学传统对戏曲的影响，并从诗学传统对戏曲的影响入手，研究中国古典戏曲的双线结构，认为戏曲双线结构的起源可以追溯到古典诗学中的对仗结

---

① 蔡际洲、向文：《长江流域“巴蜀—荆楚”音乐文化区划问题——运用音乐数据库资料进行实证性研究的尝试》，《中国音乐学》2017年第1期。

② 程芸、张金蕾：《清代“梨园花谱”研究述评》，《戏曲艺术》2017年第1期。

构，早期南戏已经形成了较为工整的双线结构，而超越单纯工整的骈对，以散对骈，“奇偶适变”的辩证对应，本是古典诗学的题中应有之意。元明以来，戏曲开始承续着更为广阔的文学传统，以家国兴亡对应工整的生旦离合，超越单纯骈对，形成了离合与兴亡并举的双重结构①。

武汉大学曹瑜的《论元杂剧对死亡现象的描写——以如何处理亡者骨殖为中心》一文指出，元杂剧中描写人们对亡者骨殖的处理，体现出骨殖神圣、入土为安、以死惩恶、事死如事生等死亡观，这种死亡观是重生的死亡观，映照出元代的社会生活风貌，也折射出儒、佛、道死亡观的互渗及其对现实生活中死亡习俗、死亡观念的影响②。

（2）戏曲传承研究

武汉大学邹元江的《传承作为昆曲国家文化战略确立的关键》一文提出从剧本、音乐、美术、导演四个方面传承传统昆曲，通过“京昆国家文化战略”来解决目前昆曲剧目的地域性丧失与昆曲传承人才的短缺的现状，将昆曲传承提高到文化战略的高度③。

（3）著名戏曲演员研究

梅兰芳既是表演艺术大师，也是著名画家，武汉大学郑传寅对其戏与画进行了研究。在《梅兰芳的绘画与表演艺术》一文中，郑传寅指出了梅兰芳的绘画艺术与其表演艺术之间共生共荣、互相促进的关系，认为梅兰芳在学习、收藏绘画的过程中发现了绘画与戏曲“声息相通”，二者均存在对疏密、繁简、虚实、动静等对立统一关系的处理，均追求“神似”，由此从戏剧的角度出发学习研究绘画，从中获取创作的灵感，提升表演的艺术水准，对全面了解梅兰芳、深化对其表演艺术的认识具有积极意义④。

---

① 柯琦：《戏曲双线结构的诗学源流》，《戏剧艺术》2017 年第 4 期。

② 曹瑜：《论元杂剧对死亡现象的描写——以如何处理亡者骨殖为中心》，《戏曲艺术》2017 年第 4 期。

③ 邹元江：《传承作为昆曲国家文化战略确立的关键》，《艺术百家》2017 年第 7 期。

④ 郑传寅：《梅兰芳的绘画与表演艺术》，《戏曲艺术》2017 年第 4 期。

（4）世界戏剧研究

武汉大学汪悦婷在《巴厘戏剧的宗教内涵——以皮影戏、瓦扬翁为例》一文中对巴厘岛戏剧表演的宗教意味进行了研究，认为结合了印度教教义和具有巴厘岛风俗习惯的巴厘印度教对当地戏剧的形式与内涵产生了深刻的影响，在皮影戏和瓦扬翁表演中，故事情节全部基于印度教教义改编，剧目表演一是向神灵致敬，二是作为仪式向神灵乞求庇佑，并以最直观的方式传播教义、教育岛民，多重仪式的特点反映了巴厘戏剧具有浓郁仪式性，而这些仪式背后离不开作为其宗教内涵来源的印度教泛神论——万物皆有灵①。武汉大学夏纪雪在《借壳生蛋，曲言隐忧——评拉盖什的〈雨季一日〉》一文中对印度当代剧作家莫汉·拉盖什的第一部多幕剧进行了研究，认为《雨季一日》作为现代印地语戏剧的开端，具有鲜明的现代性，该剧借用与印度古典诗人迦梨陀娑及其名剧《沙恭达罗》相关的材料，对之进行大幅度的改写、重塑，并渗进自己的生命体验，从而传达出与《沙恭达罗》大异其趣的现代忧思，即对外出拓展导致家园丧失的浓浓哀伤，以及对物质势力异化本真生命的深深隐忧②。

（5）中外戏剧比较研究

中日传统戏剧都有白蛇题材的剧目，但中日白蛇戏剧的艺术旨趣与思想内涵却不完全相同，武汉大学的曹瑜在《中日“白蛇”戏剧不同结局探析——以〈雷峰塔〉和〈道成寺〉为例》一文中，以具体的两部戏剧为例，对中日两国戏剧中角色的命运，及其背后的文化根源进行了比较分析，指出白娘子与白蛇清姬两种不同的结局与中日两个民族不同的文化审美趣味密切相关，与两个民族不同的死亡观紧密相连③。中国以儒学为主导，注重现世人生，回避死亡而“贵生”；日本则受神道思想、日本禅宗及武士道的影

① 汪悦婷：《巴厘戏剧的宗教内涵——以皮影戏、瓦扬翁为例》，《戏剧艺术》2017年第2期。

② 夏纪雪：《借壳生蛋，曲言隐忧——评拉盖什的〈雨季一日〉》，《戏剧艺术》2017年第5期。

③ 曹瑜：《中日“白蛇”戏剧不同结局探析——以〈雷峰塔〉和〈道成寺〉为例》，《戏曲艺术》2017年第2期。

响，能够冷静地看待命运，深入民众内心的表述是“死生”，是敢于直面死亡的“重死”，由此导致两部描写白蛇的剧作选择了不同的结局。

（6）主旋律电影研究

革命战争题材、领袖传记电影、献礼片多年来不断翻拍。在主旋律电影拍摄步履维艰之际，武汉大学黄献文等以2017年上映的献礼建军90周年史诗巨制历史片《建军大业》为例，在《〈建军大业〉：主旋律电影的变奏与启示》中，说明当前主旋律电影探索自身发展道路，有意识弥合政治宣教与年青一代娱乐化诉求之间的矛盾，寻找艺术与市场平衡的有益探索，指出主旋律战争电影应改变英雄们的符号化书写，注入更多的情感内容与人性元素，从单一的价值维度向多元的价值维度迈进，并尊重市场，引领观众①。

（7）世界电影研究

世界电影研究成果主要包括对21世纪异军突起的土耳其电影的研究、对著名导演及其作品的研究，以及对著名电影角色的研究。

华中师范大学汪方华等的论文《努里·比格·锡兰：诗电影的余响》②、《往事如风——〈安纳托利亚往事〉的造梦艺术》③，以及译文《努里·比格·锡兰对谈录》④对土耳其最受戛纳国际电影节青睐的导演兼摄影师努里·比格·锡兰及其作品进行了分析研究，并通过对谈录挖掘其创作思想。《努里·比格·锡兰：诗电影的余响》指出作为土耳其电影艺术的传承者，努里·比格·锡兰不仅延续了塔尔科夫斯基的“诗电影”风格，而且建立了完整的个人镜语体系，其一系列呈现个人精神发育史的“情绪电影”作品执着于呈现土耳其智识者的内心镜像，刻画了土耳其智识者的性格和面貌，并将安纳托利亚高原到博斯普鲁斯海峡的土耳其日常生活以及笼罩在海天之间浓雾中不确定的未来表达得淋漓尽致，由此成为当下最有影响力

① 黄献文、熊鹰：《〈建军大业〉：主旋律电影的变奏与启示》，《电影艺术》2017年第5期。

② 汪方华：《努里·比格·锡兰：诗电影的余响》，《当代电影》2017年第5期。

③ 常疌、汪方华：《往事如风——〈安纳托利亚往事〉的造梦艺术》，《当代电影》2017年第5期。

④ 罗伯·怀特、努里·比格·锡兰：《努里·比格·锡兰对谈录》，汪方华译，《当代电影》2017年第5期。

的土耳其导演；《往事如风——〈安纳托利亚往事〉的造梦艺术》指出土耳其独特的地理与文化造就了其独具特色的电影风格，努里·比格·锡兰作为土耳其最有代表性的导演之一，其影片确立了一种诗意的语言，着重于让影片中的主人公进行自我反思，从个人生活中观察社会，并以一种诗意美学进行视觉展现，营造一种沉静克制的电影氛围，是对土耳其电影的继承与发扬。

詹姆斯·邦德是风靡全球的谍战电影007系列影片中的著名角色，湖北大学彭茹娜的译文《“点石成金的男人”：詹姆斯·邦德身体的触觉地理》从触觉地理的角度，探究詹姆斯·邦德身体的定位，以及他在各种环境、空间和情节中的触觉接触在影片中的重要意义，分析影片如何将其定义为健美的、性感的、技术的、记忆的和精明的角色形象，以及该角色如何根据系列片的类型转换和类型准则做出相应的转变①。

（二）艺术学研究的荆楚特色

湖北艺术学的区域特色主要体现在三个方面。首先，艺术学的研究与创作植根于湖北丰富的民族民间艺术资源。其次，高校是湖北艺术学研究、艺术人才培养的骨干与主力，高校艺术学下属各一级学科的建设与发展直接决定了这些学科的强弱。再次，各级政府部门和协会为湖北艺术学学科的发展创造了沟通的平台，并提供了扶持的资金与政策上的保障。以下按照5个一级学科门类分而叙之。

1. 美术学研究特色

美术学立足于湖北美术的地方特色，在对湖北历史上出现过的美术大家的整理与研究，对具有湖北地域色彩的工艺美术的传承、创新与研究方面取得了一定的成绩。2017年教育部人文社会科学基金资助的规划基金项目“禅宗思想与米芾书画艺术成就关系研究”就是以“宋四家”之一、来自湖北襄

① 丽萨·富内尔：《“点石成金的男人”：詹姆斯·邦德身体的触觉地理》，彭茹娜译，《世界电影》2017年第6期。

阳的著名书画家米芾为研究对象；在国家艺术基金 2017 年度资助的青年艺术创作人才资助项目中，湖北在中国画创作、油画创作、雕塑创作、水彩（粉）画创作、摄影创作和工艺美术创作 6 个领域共拿到 11 个资助项目。

以湖北省美术学院为代表的各高校美术学专业是制定湖北美术学学科发展政策、执行美术学学科建设的中坚力量。围绕湖北美术的地域文化特色，湖北省美术学院主办了第七届“武汉·印象”美术创作展，通过“纪念新中国成立 60 周年”、“百年老房子”、“纪念辛亥革命 100 周年”等主题呈现武汉作为一座历史名城在百年中的历史变迁，展示武汉的社会文化景观；主办了“心智地图的异像——马库斯·吕佩尔茨在中国”、“俯仰天地——周韶华”等三项重要个展，“止于至善——韩天雍、叶军、刘灿铭三人师生书画展”等联展，并与中央美术学院等 9 所美术院校联合主办“千里之行——中国重点美术院校第八届暨 2017 届毕业生优秀作品展”；举办了“学院创造——第六届教师作品展”。

湖北省文联、湖北省文化厅、湖北省各级美术家协会等机构对营造良好的美术学科发展环境，推动美术学科建设起到了重要作用。两年一届的湖北美术节是经中共湖北省委、湖北省人民政府批准的，集中化、规模化、品质化的重大文化节会活动，是展现湖北美术事业整体面貌和创作成果的重要平台，也是湖北美术事业的重要品牌项目。2017 年，由湖北省文学艺术界联合会主办，湖北省美术家协会、武汉大学万林艺术博物馆承办的第五届湖北美术节暨第三届湖北国际当代艺术节力求体现国际交流特色，通过引入国际当代大牌艺术家与本土艺术家同台亮相，拉近湖北和世界的距离，让世界优秀艺术更加贴近湖北，让湖北艺术家找到走向国际当代艺术舞台的契机。本届美术节的主题为“并行·交流·创新”，活动内容涵盖了当代艺术、新架上绘画、当代水墨、雕塑和多媒体等多个艺术板块，分国际交流展区、地市州展区、高校展区和艺术机构 4 个展区，在开幕当天同时举办 7 项展览：“无形闪烁——国际艺术展”将艺术展随着科技不断发展进步，以及艺术与生活、与环境紧密的联系，通过装置艺术、灯光艺术、多媒体艺术等艺术形式凸显出来，运用多媒体手段创作出令人震撼的视觉艺术；“第五届湖北美术节暨建党一百周年系列活动《叙画·军魂梦》为纪念中国人民解放军建军九十周年——湖北版画艺术家邀请展”向全体党员和广大人民群众深刻诠释“忠诚军魂、强军筑梦”，以及中华民族伟大复兴的时代主题；“走进校园——第五届湖北省现代陶艺作品展”加强了湖北高校陶瓷专业教学与社会文化需求的对接；“对话·融合——德中当代艺术交流展”多视角、跨文化地展现了两国艺术家在艺术领域的创新及文化上的融合，促进湖北文化艺术的国际化发展；“印迹 2017·中外版画作品邀请展”全面展示当前国际及本土版画艺术家的创作现状，揭示多种视觉传达方式在版画创作中的共生和并存，让身处武汉的观众从中感受到不同地域的艺术家各自的艺术探索；“2017 湖北雕塑邀请展”面向湖北省 45 岁以下的青年雕塑艺术家以及从湖北走出去的全国乃至世界的青年雕塑艺术家，支持激励青年雕塑艺术家和青年学子承前启后，展现湖北当代雕塑蓬勃发展的创作态势；“以水墨的名义”以更大的空间可能性迎接当今人工智能的发展和碎片化信息的呈现，运用多种形态体验，将夹缝中从然而生的精神与图像复制并转换成我们这个时代看与被看的样子。在长达 10 个月的美术节活动期间，共举办 80 余项展览，邀请了多个国家和地区的艺术家、策展人、学者共同参与美术节的筹办与策划，开拓了湖北地区文化交往的广度，呈现了荆楚文化艺术的厚度，并进一步提升了湖北美术的国际影响力。

此外，2017 年度，湖北省文化厅贯彻落实了《湖北省宣传文化人才培养工程“七个一百”项目实施方案》（鄂宣文［2015］28 号），根据《2017 年湖北省“两个一百”人才培养工作方案》，确定了 2017 年度“两个一百”培养工程专项资金分 A、B、C 三个资助等级拟资助的 41 名美术人才，其中包括柳秀林、陈勇劲、何清俊等 12 位 B 类美术人才，谭大利、谭崇正、唐满文、肖传斌等 29 位 C 类美术人才；组织实施了“两个工程”，即“湖北省美术创作重点项目扶持工程”① 和“湖北省美术人才培养工程”②；举办

① 旨在倡导广大美术工作者自觉担当新时代赋予的使命和责任，心系人民，深入生活，潜心创作，纪录伟大时代，创作更多思想精深、艺术精湛的传世之作。

② 选拔 100 多名优秀中青年美术人才进行重点培养。

了“新时代新使命——湖北省美术创作重点项目扶持工程暨湖北省美术人才100培养工程2017年度美术作品展”，展出99件“湖北省美术创作重点项目扶持工程”优秀作品和71件“湖北省美术人才培养工程”作品，这些作品坚持以人民为中心的创作导向，紧扣时代脉搏，关注社会现实，反映人民生活，弘扬主旋律，彰显以文化人、文以载道的文化自信，体现出良好的创造潜能和艺术个性，充分展现出湖北省美术人才的工作成果；评选出湖北省非物质文化遗产摄影大展金质收藏作品4幅（组），银质收藏作品9幅（组），铜质收藏作品20幅（组），优秀作品98幅（组），这些作品充分反映了湖北非物质文化遗产保护工作者所取得的成果，展示了非物质文化遗产项目的文化内涵。

美术学在国画、油画、版画、水彩、雕塑、工艺美术方面均有一批在全国范围都颇具影响力的大家与大师，如国画有周韶华、油画有冷军、版画有魏谦、水彩有刘寿祥、工艺美术有一批获得过国家“山花奖”等著名的民间工艺美术大师，这些大家与大师的艺术创作与交流活动对湖北省美术学科的发展和区域特色的形成也具有积极的影响。

2. 设计学研究特色

湖北除了有1所中南地区最早的设计学一级学科博士学位授权点、9所设计学一级学科硕士学位授权点之外，大多数高校开设了设计学本科专业教育。许多高校依据自己的办学特色，结合学校的优势学科资源和师资力量，在设计学一级学科下，有针对性地重点发展自己的优势二级学科，打造品牌专业，在省内外甚至国内外产生了重要影响力，并为服务湖北区域经济、繁荣区域文化做出了重要的贡献。如武汉理工大学的产品设计专业、华中科技大学的环境艺术设计专业、中国地质大学（武汉）的珠宝设计专业等在国内已有相当的知名度；湖北工业大学、武汉纺织大学等行业大学也充分利用学校的优质学科平台，打造出富有地方特色的产品设计、纺织品设计、服装设计等相关专业。

致力于对湖北本土景观、建筑、产品、图案、工艺等的研究、推广与再设计，是湖北设计学学科的重要特色。2017年获国家社科基金艺术学项目资助的“基于社会学视角下的汉水流域宗教建筑研究——以国家文物保护单位为例”，获教育部资助的规划基金项目资助的“城镇化进程中的鄂西土家族传统建筑艺术的创造性转换”，青年基金项目“海绵城市建设中的LID景观模式研究”等，均以地域景观、建筑作为研究对象；获教育部资助的规划基金项目“楚系古琴形态设计之传承与发展创新研究”，青年基金项目“‘礼制’视域下的楚国漆器文化研究”、“乡村传统工匠伦理——鄂东农耕生产器具图绘整理”、“湖北民间手工艺在动画造型中的运用与探究”、“楚凤的‘源’与‘流’研究”等，致力于对本土优秀产品、图案等资源的收集、整理研究、传承；获国家艺术基金艺术人才培养资助的“织锦艺术人才培养”项目以湖北恩施土家族传统织锦工艺为研究对象，致力于对区域传统手工艺的传承与创新。

3. 艺术学理论研究特色

武汉大学、华中师范大学等部属院校是湖北艺术学理论学科生存与发展的重要基础。武汉大学的文学、历史、哲学等学科在全国位居前列，这为该校艺术学理论研究打下了较好的学术研究基础，提供了优质的科研资源，尤其是在美学等艺术哲学研究、戏曲研究等方面，更是在全省首屈一指。华中师范大学的文科资源、教育学资源让其在音乐与舞蹈方面，以及音乐教育等方面的艺术学理论研究尤为突出。武汉音乐学院、湖北美术学院作为湖北省艺术专业类院校均在专业领域内的艺术学理论研究，尤其是立足于本土的艺术学理论研究方面取得了可喜的成绩，做出了重要的贡献。

此外，湖北省的政府部门也通过举办各种活动，大力促进立足于本省文化内涵，着眼于本土艺术资源、艺术现象的艺术学理论研究。2017年湖北省文化厅和教育厅组织开展了“湖北省第一届非物质文化遗产保护与传承优秀科研成果奖”评选活动，评选出一等奖8名，包括《社会史视角下的汉剧：1912～1949)》《荆风楚韵——湖北民间手工艺研究》《荆楚文化遗产创新人才培养探索与实践》等5部专著和《数字化背景下非物质文化遗产的保护与利用》等3篇论文成果；二等奖11名，包括专著《湖北造型文化审美论纲》等；三等奖31名，包括专著《方言语汇与民俗——以景阳镇为例》等，以及36名优秀奖，促进了湖北艺术学理论的特色化、内涵式发展。

4. 音乐与舞蹈学研究特色

在音乐与舞蹈学方面，湖北尤其注重对本土民族音乐、舞蹈的传承、保护、研究、创作与传播，并取得了可喜的成绩。如“土家族民间舞蹈活态传承与数字化保护研究”获教育部人文社会科学研究规划基金项目资助；湖北小曲《千古知音》、民乐小合奏《雨宴》获国家艺术基金小型舞台剧（节）目和作品创作资助。

此外，作为湖北省的文化艺术主管部门，湖北省文化厅2017年度加强了对优秀音乐、舞蹈创作的资助与扶持。一方面，实施了全省音乐创作“131”工程和全省舞蹈节目创作“120”工程，面向全省专业艺术院团、高等院校、社会艺术创作机构等，征集新创歌曲和优秀舞蹈节目，从中评选出能够弘扬民族与时代精神，反映现实生活的10首最佳歌曲和20个优秀舞蹈节目予以创作经费资助，并加以重点宣传推广；另一方面，设立了“两个一百”培养工程专项资金，分A、B、C三个资助等级资助的55名舞台艺术人才，其中包括程丞、彭杨等7位A类人才，周慧、郑雪莲等20位B类人才，万莉、王燕松等28位C类人才。政府主管部门对这些优秀音乐、舞蹈新人新作的大力资助、扶持、宣传与推广，对新时期湖北省音乐、舞蹈创作产生了积极的示范效应，同时也对音乐舞蹈学科的特色化发展与繁荣构成积极的推动作用。最后，湖北省文化厅在2017年度举办了“三区”人才支持计划舞蹈从业人员综合能力提升班，为湖北省内边远贫困地区、民族地区和革命老区文化馆（站）等“三区”县市选派的代表进行免费的中国古典舞基训、中国民族民间舞、舞蹈编导、舞蹈理论、舞蹈剧目创编与实践等方面的培训，为省内边远贫困地区舞蹈艺术的发展，以及全省音乐与舞蹈艺术的均衡式发展做出了重要贡献。

5. 戏剧与影视学研究特色

戏剧与影视学围绕着湖北地方戏剧楚剧、汉剧、黄梅戏等开展研究，在项目申报、论文发表等方面已经取得可喜的成绩。武汉楚剧院有限责任公司的楚剧《乡里乡亲》、黄冈艺术学校的黄梅戏《槐花谣》获国家艺术基金2017年度大型舞台剧和作品创作资助；武汉汉剧院的汉剧《宇宙锋》巡演、京剧“汉口女人三部曲”巡演获国家艺术基金2017年度传播交流推广资助，“汉剧音乐创作人才培养”项目获国家艺术基金2017年度艺术人才培养资助；黄冈师范学院段友芳的“黄梅戏音乐的现代化探索研究”项目获国家社科基金艺术学一般项目资助；在文化部公布的2017年度“名家传戏——当代戏曲名家收徒传艺”工程入选名单上，湖北省有4项入选该工程地方戏曲类名录①。

2017年湖北省文化厅加强了对优秀舞台艺术创作，以及地方戏曲保护与传承的政策性资助与扶持。一方面，组织实施了湖北省舞台艺术精品创作工程，从全省各种体制艺术院团申报的各种大型创作剧目中，评选资助10台弘扬社会主义核心价值观、唱响爱国主义主旋律、传承中华优秀传统文化的湖北省舞台艺术精品创作工程重点剧目，每台剧目给予50万元经费资助。另一方面，设立了湖北省地方戏曲保护发展专项资金，资助了“长江生态环保题材黄梅戏《江水悠悠》”、“农村现实题材楚剧《把城里的哥哥娶回家》”等13个剧目创作项目；资助了楚剧、汉剧、黄梅戏定向班，二黄定向班，花鼓戏定向班，京剧定向班人才培养6个地方戏曲人才培养项目；资助了“编辑出版《湖北高腔曲牌》”、“襄阳地方戏曲理论研究”、“北路子花鼓戏资料搜集整理出版”、“出版《黄梅戏新编剧目集成》（1949～2015）丛书”、“南剧剧种资料搜集整理出版”5个地方戏曲收集、整理、研究、出版项目；资助了“修改襄阳花鼓戏《长山壮歌》”、“根据同名黄梅戏移植改编排演东腔小戏《六尺巷》《赶会》”等4个地方戏剧剧目整理改编排演项目；资助了“汉剧名师带徒学艺”、“地方戏曲师带徒学艺”和“戏曲音乐名家杨礼福师带徒”3个名师带徒传艺项目，以及“汉剧名老艺人绝技绝活等音像资料录制”和“京剧名老艺术家代表剧目数字化影像化保存”2个影

① 分别是由湖北省地方戏曲名家姚长生传授的剧目《凤仪亭》《罗成写书》；张光明传授的《夜梦冠带》《杀狗惊妻》；杨俊传授的《罗帕记》《女驸马》；胡新中传授的《秦雪梅吊孝》《商林归天》《秦雪梅吊孝·观画》。

像资料留存项目，为湖北地方戏剧的发展做了切实的工作。

“湖北电影周”活动是湖北电影界的重要特色活动。2017年，湖北省文联、湖北省电影家协会与“影视文化与发展研究中心”等机构共同承办了“第二届湖北电影周”活动，从40余部入围影片中脱颖而出的19部参展影片中的大部分是首次公映。这些入选影片均有湖北元素，其中，《漂洋过海来看你》获第29届东京电影节“中日合拍交流贡献奖”。与第一届电影周相比较，本次电影周着重探讨了电影与文学的关系，并举办了两场“文学与电影”高峰论坛，邀请全国知名的导演编剧、电影评论家、茅盾文学奖和鲁迅文学奖的获奖作家以及湖北省部分优秀网络作家等进行交流对话，分享创作心得，探讨湖北影视发展现状，为湖北影视发展献计献策。

三　湖北艺术学学科发展展望与建议

作为古楚文化的重要发祥地，湖北独有的地理环境、丰富富饶的资源物产、多姿多彩的民俗风情，为湖北地区艺术学学科发展创造了良好的条件。

（一）艺术学学科发展展望

第一，艺术学学科将全方位地迅速发展。近三年来，湖北艺术学科每年获得的课题数量和投入的课题经费不断增长，且自2016年武汉大学申报的首个戏剧与影视学一级学科硕士学位授权点成功获批之后，全省已经拥有艺术学下属全部一级学科硕士学位授权点，且这些艺术学一级学科硕士学位授权点的数量每年还在大幅度增长。此外，全省还拥有一个艺术学一级学科博士授权点和一批立志并有望在近几年取得博士授权点的省部属高校，拥有一批省级重点扶持的人文社会科学研究重点基地和实验室，这些都为艺术学科全方位蓬勃发展创造了良好的条件。

第二，艺术学高层次、高学历人员数量将进一步壮大，并呈现出多学科性、国际化的发展趋势。为了响应创办“双一流”大学的号召，各高校迅速提高了对艺术学科引进人才和师资力量的学历、学位要求，高校与研究机构中艺术学学科教学科研人员结构也由此发生了变化，具有博士研究生学历和海外留学背景的人员数量与日俱增。此外，伴随着“世界著名科学家来鄂讲学计划”、“楚天学者计划”等引进外籍专家的资助项目的逐年持续申报，各高校艺术学科外籍教授、特聘外籍专家的人员数量也开始明显增长。

第三，对湖北地方艺术资源的传承、保护与研究将更受关注。湖北省画院、湖北省美术院、武汉音乐学院等机构拥有一批国家级的艺术大师。如以美术学为例，有油画家冷军，国画家周韶华、董继宁，水彩画家刘寿祥、陈勇劲，版画家魏谦、张广慧等，这些大师资源在推动湖北艺术传承与创新中发挥着不可或缺的重要作用。此外，湖北丰富的地方戏曲资源、工艺美术资源、民间美术资源得到国内外专家学者的日益重视，各级政府、研究机构也致力于为这些优秀艺术遗产的传承、保护与研究提供良好的政策，给予大力的资助。

第四，艺术学国家级项目申报将取得更大突破，成果的表达方式将更加多样化。高校，尤其是省部属高校是湖北省各类国家级艺术学项目申报的主力军。近年来，随着对国家级项目申报的重视，各高校通过项目申报培训、邀请校内外专家指导申报书撰写，实施各级项目孵化政策，鼓励青年教师申报国家级艺术类项目，帮助组建多学科、多层次研究梯队等方式，重点扶持艺术学国家级项目的申报，未来艺术学国家级项目获批的数量有望取得更大的突破。与其他学科相比较，艺术学科的独特性是共识，表现在成果形式上，除了专著、论文、研究报告等理论研究成果，艺术学各一级学科的创作类成果，如美术、书法、摄影、设计、影视作品、音乐、舞蹈、戏曲展演活动等均不容忽视。此外，设计学作为融合科技与艺术，艺术与生活的新型交叉学科，其成果的表达方式随着科技的发展而丰富化、多元化，并将继续在社会、经济与文化的发展中发挥重要作用。

第五，湖北艺术学科将走向世界。湖北艺术学科正在树立面向世界的理念，通过艺术学科研究平台的建设，对高层次艺术人才的引进，对本土艺术人才的培养、扶持与推广，以及对国内外交流与合作的多形式参与，从“硬实力”与“软实力”两个方面梯度推进艺术学科的发展。

（二）艺术学学科发展建议

首先，加强学术理论研究，提升省内艺术学科学术刊物在国内外的影响力。2017 年发表的艺术类 CSSCI 核心刊物论文总篇数不足 20 篇，主要为戏曲戏剧类文章（8 篇）。从文章发表单位来看，发表文章数量最高的是武汉大学（11 篇），其次为华中师范大学（4 篇）和武汉音乐学院（3 篇）。可见，湖北省艺术学理论研究有待加强。此外，通过与北京、江苏等省市的横向比较发现，湖北省艺术类 CSSCI 核心刊物的缺失也是造成 CSSCI 核心刊物论文数量不多的一个重要因素。在南京大学中国社会科学研究评价中心公布的 CSSCI 来源期刊目录（2017～2018）上，22 种艺术学类刊物中，有 17 种刊物来自北京市的高校或研究机构，而从这些刊物在 2017 年刊发的论文来看，有相当一部分论文的作者来自刊物所在城市的高校或机构。事实上，湖北省不乏艺术类高质量论文和刊物。没有发表于艺术类 CSSCI 核心刊物的论文被人大报刊复印资料全文转载，甚至《新华文摘》全文转载的情况亦属罕见。武汉音乐学院的《黄钟》、湖北美术学院的《学院美术》、武汉理工大学的《设计艺术研究》等刊物，在办刊水平与刊发论文的质量上也并不一定就逊色于一些艺术类 CSSCI 核心刊物，若能进一步提升这些艺术类学术刊物在国内外的影响力，对湖北省的学术理论研究和艺术学科发展无疑具有巨大的推进作用。

其次，进一步加强湖北院校之间、院校与各机构之间的沟通与合作，以增长极推进的模式，以点带面地促进湖北艺术学科发展。作为湖北省的中心城市，武汉市拥有本省艺术学科大部分优质的人才与物质资源。湖北省的两所艺术类专业院校均位于武汉市，设计学一级学科的博士学位授权点和所有的艺术学一级学科硕士学位授权点亦全部来自武汉市各部属、省属高校。此外，武汉市的博物馆、美术馆、各种艺术类机构在规模、设施、资源与人员结构上，亦远远超出省内其他城市。因此，通过在武汉市的高校构建艺术学科强有力的增长极，加强武汉市高校与湖北其他地区院校之间，以及院校与各机构之间的沟通与合作，必然会让这些部属院校，以及具有丰富经验的省属院校为普通本科院校起到示范作用，带动其他外围地区普通本科甚至专科院校艺术学科的崛起，推动整个湖北地区艺术学科的发展。

最后，构建湖北艺术学科体系将是未来一段时间需要大力攻关的课题。这就需要高校和各级管理部门有针对性地创造各种条件，不盲目复制其他省艺术学科的发展经验，充分挖掘利用湖北地区文化艺术资源，以宏观的视野构建植根于本土的艺术学理论研究体系、艺术创作体系和艺术人才培养体系，推动湖北艺术学科的特色化发展。

附　　录

Appendix

B.10

湖北哲学社会科学发展大事记

（2017 年）

孙友祥　王亚平　于芷薇

2017年1月

1 月 3 日　“智慧教育创新研究”国际研讨会在华中师范大学举行。来自美国匹兹堡大学“学习研究与发展中心（LRDC）”的专家团队与华中师范大学“国家数字化学习工程技术研究中心”的专家等进行了交流。

1 月 6 日　“中国养老服务业政策与社区养老服务平台建设”研讨会在江汉大学举行。

1 月 10 日　由湖北省翻译工作者协会主办、武汉工程大学承办的“湖北省翻译理论与教学研讨会暨湖北省翻译协会 2017 年会”在武汉工程大学举行。

1月15日 湖北省数字媒体专业建设研讨会暨“华中师大数字媒体专业十年巡礼”活动在华中师范大学举行。

2017年2月

2月28日 第十届湖北优秀期刊奖和第六届湖北优秀期刊工作者奖评选结果揭晓。《湖北大学学报》（哲学社会科学版）和《华中科技大学学报》（自然科学版）、《武汉大学学报》（信息科学版）等获湖北十大名刊奖。

2017年3月

3月5日 湖北省炎黄文化研究会旅游分会挂牌仪式在湖北经济学院举行。湖北省炎黄文化研究会副会长、原湖北省委宣传部部长李子林揭幕。

3月8日 中南民族大学提交的《关于“营改增”对民族地区财政收入和产业转型带来的影响分析报告》获国家民族与宗教事务委员会社会科学成果奖一等奖。

3月10日 湖北省会计硕士专业学位联盟理事会成立大会暨“长江经济带与会计硕士教育发展论坛”在武汉轻工大学举行。

3月15日 “中国农村土地制度改革的法治化问题研讨会”在华中师范大学召开。

3月18日 由教育部高校旅游管理类专业教学指导委员会、全国高校应用型本科旅游院校联盟主办的“第二届全国旅游管理应用型本科教育发展论坛”在武汉商学院举行。教育部旅游管理类专业教学指导委员会委员以及全国70多所院校的旅游院系的院长、系主任等参加了论坛。

3月21日 “2017年中芬教育云合作论坛”在华中师范大学举行。

3月21日 中国音乐史学理事工作暨学科发展研讨会在华中师范大学举行。

3 月 22 日　武汉企业联合会、武汉企业家协会和武汉研究院共同发布了《武汉企业蓝皮书》（2016），皮书的发布弥补了武汉经济社会蓝皮书的空白。

3 月 23 日　全国大中城市社科联第 28 次工作会议暨“改革与城市发展”研讨会在湖北科技学院召开。

3 月 24 日　由教育部高等学校社会科学发展研究中心、华中师范大学联合举办的 2017 年中国高校社会科学前沿论坛——“加强和改进新形势下高校思想政治工作研讨会”在华中师范大学举行。

3 月 25 日　第三届华中科技大学东湖会计论坛在华中科技大学举行。香港城市大学教授辛显刚、新加坡国立大学教授柯滨、香港浸会大学的宋扬、香港理工大学的张勇等学者出席论坛。

3 月 25 日　由华中科技大学哲学系、生命伦理学研究中心主办的“科技风险与公共沟通”国际研讨会在华中科技大学召开。

3 月 25 日　“武汉发展论坛——长江新城建设”研讨会在江汉大学举行。

3 月 26 日　“2017 年青年统计学者论坛”在中南财经政法大学召开。中国人民大学、复旦大学、上海财经大学、中国科学院等院校和科研机构的学者等参会。

3 月 28 日　“从严治党与加强党的执政伦理建设”高层学术研讨会在华中师范大学举行。

3 月 31 日　湖北美术学院主办的第七届“武汉·印象”美术创作展览在武汉美术馆开幕。

2017年4月

4 月 2 日　“中国单体酒店和连锁酒店”高峰论坛在武汉商学院召开。来自全国各地的 500 余名酒店嘉宾相聚武汉，共同探讨单体酒店与连锁酒店发展共赢问题。

4 月 2 日　“中国首部大型《中国梦声乐套曲》歌舞公益展演（首演）

暨中国文联、湖北省文联‘送欢乐·下基层’文艺志愿者走进宜昌惠民演出”在三峡大学开幕。

4月14日 由武汉市社会科学联合会和江汉大学联合举办的“纪念武汉建市九十周年学术研讨会”在江汉大学召开。

4月15日 由中国企业管理研究会、湖北经济学院、中国社会科学院管理科学与创新发展研究中心联合主办，湖北经济学院承办的“中国企业管理研究会2017年会”理事长会议在湖北经济学院召开。

4月20日 医疗保险改革协同创新中心第一届理事会暨“医疗保险与公共治理”研讨会在湖北经济学院召开。

4月21日 由华中科技大学国家治理研究院主办的第二届中国生物样本库伦理论坛暨“第四届组学与生命伦理学”研讨会在华中科技大学召开。

4月21日 由武汉研究院主办的“湖北省社会科学管理工作研究会”在江汉大学召开。

4月21日 湖北省高等学校教育技术研究会2017年学术年会在华中师范大学召开。

4月22日 由华中科技大学国家治理研究院主办的“第四届国家治理体系和治理能力建设高峰论坛”在华中科技大学召开。

4月28日 由武汉研究院主办的“现代艺术中的美”研讨会在江汉大学召开。

4月29日 “纪念十月革命胜利100周年国际学术研讨会暨华中师范大学第四届国际共产主义运动”论坛在华中师范大学召开。来自北京大学、中国社会科学院、中共中央对外联络部、中共中央党校、华中师范大学、中国人民大学、越南社会科学院、法国共产党加布里埃尔·佩里基金会、土耳其社会主义研究会等70余所（家）国内外科研单位的120余名专家学者参会。

2017年5月

5月4日 由华中科技大学教育科学研究院主办的“中国高校教与学大

数据分析与咨询中心”成立揭牌仪式暨“大数据背景下的课程教学质量保障与评价”交流会在华中科技大学举行。

5月9日 由武汉工商学院创立的“现代物流与商务湖北省协同创新中心”通过省教育厅验收。

5月13日 由中国会计学会、全国会计专业学位研究生教育指导委员会主办，湖北经济学院会计学院承办的“MPAcc会计名家公益大讲堂”在湖北经济学院举行。

5月14日 由武汉市经济技术开发区、江汉大学、武汉体育局主办的“中国武汉汽车运动与汽车休闲产业发展论坛”在江汉大学召开。

5月15日 由湖北经济学院艺术设计学院与美术影响力杂志社、武汉东湖学院等共同主办的“全球设计、武汉发光”海峡两岸设计与交流学术讲座活动在湖北经济学院举行。

5月19日 由中国学术英语研究会主办的“亚洲专门用途英语教学国际研讨会”在华中科技大学召开。

5月19日 由外研社主办、武汉东湖学院承办的“全国应用型本科院校大学英语教学改革研讨会”在武汉东湖学院召开。

5月20日 由湖北大学、社会科学文献出版社主办的“第四届中国文化发展论坛”在武汉举行。会议发布了《文化建设蓝皮书·中国文化发展报告》(2017)，启动建设国内首家中华文化发展智库平台。

5月20日 由湖北省民办高校联盟和武汉工商学院共同主办的“新形势下民办高校发展战略高峰论坛”在武汉工商学院举行。

5月26日 由新道科技股份有限公司主办、武汉工商学院承办的2017“互联网+”背景下的商科创新人才培养高峰论坛在武汉工商学院举行。

5月27日 “张之洞与近代商科教育学术研讨会”在湖北经济学院召开。

2017年6月

6月3日 全国高校马克思主义理论学科研究会第30次学科论坛暨

“德法共治：社会主义核心价值观与国家治理现代化”学术研讨会在中南财经政法大学举行。

6月3日 由华中师范大学外国语学院及英语文学研究中心主办的“第四届族裔文学国际研讨会”在华中师范大学举行。来自中国、美国、日本、韩国、马来西亚、奥地利等国的近260名专家学者参会。

6月7日 华中科技大学管理学院师生赴德国海德堡应用科技大学参加“第四届中德文化差异和商法比较研讨会”。

6月7日 长江新城与国家旅游中心城市建设学术沙龙在武汉商学院举办。

6月10日 由中南民族大学民族学与社会学学院、南方少数民族研究中心和三峡大学民族学院联合主办的“土家族确认单一民族60周年纪念研讨会”在中南民族大学举行。

6月10日 第六届“法权秩序与中国道路”研讨会在中南财经政法大学召开。

6月12日 由文化部、教育部主办的湖北省“2016年中国非遗传承人群（刺绣）培训班结课仪式”在武汉纺织大学举行。

6月13日 教育部发布“国别和区域研究中心”备案名单，华中科技大学的东盟研究中心、中南民族大学的伊斯兰合作组织研究中心、湖北大学的巴西研究中心和拉丁美洲研究中心位列其中。

6月16日 由中南财经政法大学、中国收入分配研究中心和湖北财政与发展研究中心共同主办的“2017全国财政学专业博士生学术论坛”在中南财经政法大学召开。

6月17日 “社区治理理论与实践”国际会议在武汉举行。来自纽约州立大学、俄亥俄大学、北京大学、武汉大学、华中科技大学等院校的40余名专家学者参会。

6月17日 “2017年中国美国经济学会第十届会员代表大会暨特朗普当选总统后美国经济走势与中美经贸关系”研讨会在中南财经政法大学举行。

6月18日 由中国投资协会投资学科建设委员会、中国投资学专业委员会主办的第十届中国金融与投资论坛暨《2017 中国金融发展报告》成果发布会在中南财经政法大学举行。

6 月 23 日　“艺术与心理健康：理论和实践”学术研讨会在武汉科技大学召开。

6 月 25 日　由中国生态经济学会生态经济教育专业委员会主办、中南财经政法大学经济学院承办的“2017 中国生态经济建设·南湖论坛”在中南财经政法大学举行。

6 月 26 日　湖北大学主办，国家领土主权与海洋权益协同创新中心、中国社科院拉美所巴西研究中心、湖北大学拉美研究院联合承办的“中拉共同发展”国际学术研讨会在湖北大学举行。

6 月 27 日　“第四届海底光缆通信技术研讨会”在海军工程大学举行。中国工程院赵梓森院士、中国科学院汪品先院士、尹浩院士分别做大会讲座。

6 月 30 日　由中南民族大学主办的“民族文化生态保护区暨民族地区小康社会建设”研讨会在中南民族大学举行。

2017年7月

7 月 1 日　首届少数民族音视题材作品大赛在中南民族大学举行。

7 月 8 日　由国务院侨务办公室、湖北省政府、武汉市政府主办，湖北省外侨办、华中师范大学承办的“第四届世界华文教育论坛”在华中师范大学举行。来自美国、加拿大、英国、芬兰、乌兹别克斯坦、印度尼西亚、马来西亚、新加坡等 13 个国家的 80 余名教育专家参加了论坛。

7 月 10 日　第六届全国“计量地理与 GIS”研讨会在湖北科技学院举行。

7 月 15 日　由华中科技大学管理学院主办的“华人学者管理科学与工程协会（CSAMSE）第十次国际年会”在广州中山大学举行。

7 月 15 日　由湖北省数字媒体专业建设筹委会、华中师范大学教育信息技术学院主办，湖北民族学院承办的“2017 湖北省数字媒体专业建设研讨会”在湖北恩施召开。

7 月 23 日　由三峡大学马克思主义学院与华中师范大学中国近代史研究所、台湾中研院近代史所联合主办的“乡土、移民与国家”近代中国（国际）研习营在三峡大学开营。来自世界各国的 100 多位专家、学者共同出席了开幕式。

7 月 29 日　华中科技大学中欧知识产权研究院合作洽谈会暨签约受聘仪式在波兰首都华沙举行。

7 月 29 日　全国民族学学科建设研讨会在三峡大学召开。

7 月 31 日　全国高校学生体质健康测试联盟成立大会在华中科技大学举行。

2017年8月

8 月 5 日　由海军工程大学及甘肃铁道综合工程勘察院有限公司共同主办的“国家自然科学基金项目研究方案评审暨地图海图投影学术交流会”在兰州举行。

8 月 6 日　“中南民族大学湖北全面小康研究院”入选 2017 年度中国核心智库。

8 月 6 日　由中国少数民族体育协会主办、中国少数民族体育协会院校委员会和湖北民族学院体育学院共同承办的“中国少数民族体育协会院校委员会 2017 年会”在湖北恩施举行。

8 月 19 日　华中科技大学张昆教授主编的《中国新闻传播教育年鉴（2017）》在郑州首发。

2017年9月

9 月 1 日　华中师范大学中国农村研究院入选高校智库联盟单位。

9月9日 由华中科技大学国家治理研究院、生命伦理学研究中心主办的“科技治理ELSI”学术高峰论坛在华中科技大学举行。

9月12日 由湖北美术学院参与主办的“心智地图的异像——马库斯·吕佩尔茨在中国”和“俯仰天地——周韶华”双个展在湖北美术学院昙华林艺术区美术馆开幕。

9月16日 由华中师范大学历史文化学院、国学院、历史文献研究所与清华大学经学研究中心联合举办的“第七届中国经学国际学术研讨会”在武汉举行。台湾“中央研究院”、香港树仁大学、澳门大学、韩国水原大学、清华大学、复旦大学、南京大学、浙江大学、武汉大学、华中师范大学等20余所大学的60余位专家参会。

9月16日 由全国当代国外马克思主义研究会主办、《武汉大学学报》编辑部协办、中南财经政法大学哲学院承办的“西方马克思主义哲学研究在中国——回顾、反思、展望”学术研讨会在中南财经政法大学召开。

9月16日 “2017年湖北省法学会财税法学研究会学术年会”在武汉举行。

9月18日 世界汉字学会第五届年会暨“汉字文化圈各表意文字类型调查整理研究报告”国际学术研讨会在三峡大学举行。

9月19日 第二届海峡两岸反恐怖主义研究合作论坛暨“海峡两岸网络恐怖主义防治对策及合作机制研究”研讨会在中南财经政法大学召开。

9月21日 由米兰设计周组委会、中国教育国际交流协会、同济大学联合举办的“2017米兰设计周——中国高等院校设计学科师生优秀作品展”在湖北美术学院展出。何东明老师的《时间桥——顺天艺术平台设计》与叶佑天老师的《飞鸟的悲哀》分别荣获“米兰学院奖”（最高奖）。

9月21日 由中国英汉语比较研究会英汉语篇分析专业委员会、功能语言学专业委员会和华中师范大学外国语学院联合举办的“第二十届功能语言学与语篇分析高层论坛”在华中师范大学召开。

9月21日 “2017年湖北省交互英语教学研讨会”在武汉工程大学召开。

9月22日 “首届休闲体育东湖国际论坛”在湖北大学开幕。来自美国、英国、德国、法国、越南等国家及中国大陆、香港、台湾、澳门地区的200多名知名专家学者参会。

9月22日 由三峡大学承办的“第三届外语学科发展合作论坛2017年年会暨首届外语教育创新与校企合作专题研讨会”在宜昌举行。

9月23日 湖北省教育经济学会2017年学术年会暨“教育经济与管理”研究生论坛在武汉工商学院召开。

9月26日 “海军年度水声信号分析与研讨会”在海军工程大学举行。

9月28日 “中国体育产业高端论坛”在华中科技大学举办。

2017年10月

10月8日 由华中师范大学中国近代史研究所、中国经济史学会、《中国经济史研究》杂志社和华中师范大学中国工业文化研究中心联合主办的“全球化与近代以来中国传统经济的转型”学术研讨会在华中师范大学举行。

10月12日 由中国华文教育基金会主办、湖北省人民政府外事侨务办公室承办的“2017海外红烛故乡行——湖北荆楚文化之旅”在武汉启动。来自西班牙、马来西亚、日本、泰国等国家的15名资深华文教师开始了游览故土、重温中华文化的行程。

10月13日 湖北省政协在省美术馆举办“生态长江翰墨情”主题书画展。省政协主席张昌尔、全国政协委员王文章出席书画展，并为新成立的湖北省政协书画院揭牌。

10月13日 “第五届中国投资学年会暨投资学科建设研讨会”在中南财经政法大学举行。

10月14日 由湖北经济学院主办，华中师范大学中国近代史研究所、台湾与东亚研究中心、上海启蒙编译所协办的“经济秩序与社会文明：纪念夏道平先生学术研讨会”在湖北经济学院召开。

10月19日 由中华美学学会、湖北理工学院主办的“2017年器物美学专题论坛”在湖北理工大学举行。

10月19日 “桂子论坛暨国际化人才引进学术交流会”在华中师范大学举行。

10月20日 由中华美学学会与中南民族大学联合主办的“中华美学的传承与创新”国际学术研讨会暨中华美学学会2017年学术年会在武汉开幕。中华美学学会会长、国际美学学会前主席、中国社会科学院文学研究所研究员高建平，国际美学学会前主席、国际著名美学家Curtis Carter，以及来自德国卡塞尔大学、耶拿大学、韩国岭南大学和国内各高校、科研院所的300余位专家学者参会。

10月21日 中国收入分配研究中心基地联席会议暨城镇化与收入分配国际研讨会在中南财经政法大学召开。来自英国卡迪夫大学、塞尔维亚诺维萨德大学、广东财经大学、青海大学和中南财经政法大学等高校和研究机构的专家学者出席了会议。

10月21日 “第三届全国青年学者人口学研究论坛”在中南财经政法大学举行。

10月22日 中国译协翻译理论与教学委员会、湖北省翻译工作者协会联合主办的“第十二届中西部地区翻译理论与教学研讨会暨翻译研究国际论坛”在湖北经济学院召开。

10月27日 “新时代新使命——湖北省美术创作重点项目扶持工程暨湖北省美术人才100培养工程2017年度美术作品展”在武汉东湖开幕。

10月27日 “2017中国武汉国际马产业高峰论坛”在武汉欧亚国际酒店举行。

10月28日 湖北大学新闻传播学院办学30周年庆典、应用新闻传播论坛暨2017中国应用新闻传播十大创新案例颁奖大会在湖北大学举行。

10月28日 由中国税务学会第一研究部主办的全国“房地产税改革与地方税建设”高层研讨会在湖北经济学院举行。

10月28日 “中部三省系统工程学会2017学术年会”在武汉科技大

学举行。

10 月 28 日　第十届 PRAD 国际学术论坛、第二届 PRSC 学术年会暨第四届战略传播与公共关系工作坊在武汉召开。来自美国、德国、英国、法国、澳大利亚、新西兰、比利时、新加坡、菲律宾、土耳其、印度尼西亚、非洲加纳，以及中国大陆、香港、澳门和台湾等 16 个国家和地区的 150 多位学者与会。

10 月 28 日　“中国劳动关系研究会第十届年会”在中南财经政法大学举行。

10 月 28 日　“第六届出土文献与中国文学史研究”讨论会在华中师范大学召开。

10 月 31 日　由中国社科院语言研究所主办、湖北大学文学院承办的“第二届中法语言学论坛”在武汉举行，法国著名语言学家贝罗贝、国际级语言学大师陆俭明、法国国家科研中心东亚语言研究所所长罗端、中国社科院语言研究所所长刘丹青等中法汉语语言学家出席论坛。

2017年11月

11 月 1 日　2017 年华中科学教育与科学传播高层论坛在华中师范大学隆重举行。来自美国加州大学、香港大学、美和科技大学、中国科学院、浙江师范大学以及华中科技大学的特邀专家等参会。

11 月 1 日　“中德公共管理人才培养高层论坛”在中南民族大学举办。来自德国路德维希堡财政与公共管理大学的师生以及国内 13 所知名高校的 50 余名学者参加了论坛。

11 月 2 日　华中科技大学举行“华中大智库—高等教育发展政策研究院成立大会暨首届中国高等教育发展政策高峰论坛”。

11 月 2 日　2017 文化科技创新与文化产业发展高峰论坛暨国际文化经济学中国论坛在华中师范大学举行。

11 月 2 日　“教育大数据建设及应用研讨会”在华中师范大学举行。

教育部副部长杜占元，湖北省副省长郭生练，湖北省人大常委会副主任、教育部教育信息化专家组副组长周洪宇，教育部科技司司长雷朝滋，湖北省人民政府副秘书长刘仲初，湖北省教育厅副厅长徐雁冰，武汉市副市长刘英姿，华中师范大学校长杨宗凯等出席。

11 月 2 日 “第 14 届全球高校联盟大会暨 2017 世界著名科学家来鄂讲学武汉论坛”在三峡大学举行。来自奥地利、加拿大、法国、德国、日本、伊拉克、尼泊尔、波兰、葡萄牙、韩国、英国、美国、中国等 13 个国家的高校及部分企业代表开展交流和研讨。

11 月 2 日 “国家职业教育快递运营管理专业教学资源库研讨会”在长江职业学院召开。

11 月 3 日 “第三届全国物理哲学学术研讨会”在华中科技大学召开。

11 月 3 日 由华中师范大学与云南师范大学等单位联合举办的“中美诗歌诗学协会第六届年会”在昆明举行。来自中国、美国、韩国、以色列、英国、阿联酋的 200 余位学者出席了会议。

11 月 4 日 湖北省市场营销学会 2017 年学术年会暨“大数据时代的营销创新与产业融合”论坛在武昌首义学院举行。

11 月 4 日 由中国社会科学院创新工程重大项目《中华思想通史 · 清代卷》编委会和中南民族大学联合主办的“大思想史视野下的清代思想史研究暨《中华思想通史 · 清代卷》第十四次工作会议”在中南民族大学举行。

11 月 4 日 “中法文化交流与传译论坛”在湖北理工学院举行。

11 月 4 日 “中日俄比较民俗学国际研讨会”在华中师范大学召开。来自日本、俄罗斯、中国大陆和台湾地区的 50 多名专家学者参加了研讨会。

11 月 4 日 由中国法学会保险法学研究会主办，中南财经政法大学承办的“中国法学会保险法学研究会 2017 年年会”在武汉举行。

11 月 6 日 由国家卫生计生委卫生发展研究中心主办、华中科技大学医药卫生管理学院承办的中国卫生政策与技术评估研究网络国际会议在华中科技大学同济医学院举行。

11 月 6 日　“外语教师教育发展与创新暨第四届教育硕士实践研讨会”在华中师范大学召开。来自香港教育大学的 John Trent 教授以及美国路易威尔大学的 Mary Broydon-Miller 教授分别做专题报告。

11 月 8 日　“第十四届湖北——武汉台湾周”系列活动中部台资企业合作发展论坛在湖北经济学院举行。中国国民党前主席、中华青雁和平教育基金会董事长洪秀柱，全国台湾同胞投资联谊会会长王屏生，湖北省人民政府副省长童道驰等致辞。

11 月 8 日　第三届现当代英语文学国际研讨会在华中师范大学举行。来自美国哈佛大学、斯坦福大学、纽约市立大学、英国伦敦大学、以色列巴伊兰大学和中国人民大学、复旦大学、上海交通大学、北京外国语大学、南开大学、华中师范大学等国内外著名高校的 90 余名专家学者参加了会议。

11 月 9 日　2017 文化部、教育部中国非物质文化遗产传统雕塑传承人群培训班结业典礼暨教学成果展在湖北美术学院举行。

11 月 9 日　由湖北省社会科学界联合会、湖北省青年社会科学工作者协会主办的“2017 湖北青年学者论坛”在荆楚理工学院举行。

11 月 11 日　由中国社会科学杂志社、法学研究杂志社、中国法学杂志社主办，华中师范大学法学院承办的“推进法学期刊引领与服务中国特色社会主义法治理论研究——2017 年三大刊作者 · 读者 · 编者恳谈会”在武汉东湖宾馆召开。

11 月 11 日　以“新时代中国人类学民族学学科建设”为主题的中国人类学民族学 2017 年年会在中南民族大学举行。中央统战部副部长、国家民委主任、中国人类学民族学研究会会长巴特尔作书面致辞。

11 月 16 日　华中科技大学“第一届讲好中国故事创意传播国际大赛”颁奖典礼在北京国家会议中心隆重举行。

11 月 17 日　由武汉大学经济发展研究中心和《经济评论》编辑部主办，湖北科技学院经管学院协办的 2017 秋季“新时代的中国经济增长与发展”学术论坛在湖北科技学院举行。

11 月 18 日　京鄂湘豫 2017 古汉语研讨会在华中师范大学召开。

11 月 18 日 “2017 年消费援藏学术研讨会”在湖北经济学院举行。

11 月 18 日 湖北省法学会环境资源法学研究会 2017 年年会暨“美丽湖北与环境法治”学术研讨会在湖北经济学院召开。

11 月 18 日 由中国社会科学院马克思主义研究院、湖北经济学院共同主办的“学习贯彻十九大精神，推动马克思主义理论创新发展”学术研讨会在湖北经济学院举行。

11 月 18 日 “新时代高等师范大学音乐教育发展院长高峰论坛暨全国高师音乐教育联盟大会”在华中师范大学举行。

11 月 19 日 “大数据与思想政治教育创新”学术论坛在雄楚国际大酒店正式举行。

11 月 19 日 “第 22 届中国财务学年会”在中南财经政法大学召开。

11 月 20 日 第八届环太平洋图像和视频技术研讨会（PSIVT 2017）在华中师范大学举行。来自加拿大、新西兰、智利、匈牙利、芬兰、德国等近 20 个国家和地区的 100 多位国内外专家学者参加了会议。

11 月 21 日 由武汉工商学院与拍档电商集团联合主办、清华大学国家服务外包人力资源研究院与中国电子商务协会指导、阿里巴巴（中国）网络技术有限公司支持的“高校跨境电子商务专业建设学术研讨会”在武汉工商学院举行。

11 月 22 日 由湖北民族学院承办的“新时代马克思主义理论学科发展与高校思想政治教育管理创新论坛”在湖北恩施召开。

11 月 22 日 武汉纺织大学沈祥胜教授摄影展《城市变迁与视觉记忆：一座城市的世相、物语、流年》在德国汉堡应用科技大学展出。

11 月 23 日 由教育部教育管理信息中心、湖北省教育厅、国家数字化学习工程技术研究中心、华中师范大学主办的第十七届中国教育信息化创新与发展论坛在武汉隆重召开。

11 月 24 日 由湖北省伦理协会和华中科技大学联合主办的“以《人本伦理学》为线索的理论伦理学研讨会”在武汉举行。

11 月 24 日 由省台办、省新闻出版广电局主办的 2017 年第四届“金飞燕”海峡两岸微电影大赛暨高峰论坛在湖北经济学院举行。

11月24日 由中南民族大学教师教学发展中心、中南民族大学教育学院承办的民族院校教师教学发展第三届年会暨民族院校发展研究学术研讨会在中南民族大学举行。

11月24日 应用技术大学联盟、应用商科专业协作会年会暨第二届全国应用商科教育创新与融合论坛在武汉商学院举行。

11月25日 由中南财经政法大学主办的“马克思主义货币金融理论与中国实践——周骏教授金融学术思想研讨会”隆重举行。

11月25日 “第四届江汉论坛”在湖北文理学院举行。

11月26日 中国教育发展战略学会未来教育专委会“第二届学术年会暨未来教育论坛”在华中师范大学召开。

11月26日 由中南财经政法大学主办的“世界华文文学学术论坛”在中南财经政法大学召开。

11月27日 “第三届中外诗人论坛”在华中师范大学举行。

11月27日 “数量经济学科发展论坛”在中南财经政法大学召开。

11月29日 华中师范大学荣誉资深教授章开沅先生、教育学院周洪宇教授入选《中国教育报》推出的90位当代教育名家名单。

11月29日 武汉纺织大学刘凡老师和德国著名策展人 Dermis P. leon 共同策划的“问题日记”国际艺术作品展开幕式在武汉 Big House 当代艺术中心举行。

11月29日 “首届碳会计与碳金融国际研讨会”在湖北经济学院召开。

11月30日 湖北省创业研究会2017年年会暨高校创新创业教育体系建设方略高峰论坛在武汉科技大学举行。

2017年12月

12月1日 文化部2017年全国美术馆馆藏精品展出季项目“大道弘

艺——杨立光先生诞辰100周年特展”在湖北美术学院美术馆开幕。

12月1日 由湖北经济学院主办，英国风险管理专业机构（IRM）、深圳民太安保险公估集团、台湾东华大学财务金融学系、台湾铭传大学风险管理与保险系等单位协办的“风险治理与管理学术研讨会”在湖北经济学院举行。

12月1日 由中国宪法学研究会、中南财经政法大学法学院主办，《中国法律评论》协办的“中国宪法学青年论坛”在中南财经政法大学举行。

12月2日 中国新闻史学会视听传播研究委员会学术年会在湖北大学召开。

12月2日 第三届湖北省“企业与社会”论坛在中南财经政法大学举行。

12月2日 “第八届全国民商法学博士生论坛”在中南财经政法大学举行。

12月2日 “第八届湖北省经济管理实验教学示范中心联席会暨示范性虚拟仿真实验教学项目建设研讨会”在武汉工商学院举行。

12月2日 “2017艺术涉及国际化人才培养教育论坛暨第二届生态设计国际学术论坛”在武汉工程大学举行。

12月2日 第一届财税史论坛暨“清代及民国时期的税制变革与财政治理”学术研讨会在华中师范大学举行。来自中国社会科学院、北京大学、中山大学、中央财经大学、香港大学、香港中文大学、东京大学等科研院所和高校的60余名学者参与交流。

12月3日 由中央美术学院、湖北美术学院等九所美术院校联合主办，鲁迅美术学院承办的“千里之行——中国重点美术院校第八届暨2017届毕业生优秀作品展”开幕式在湖北美术学院召开。

12月6日 “第三届军民融合军事地质研讨会”在海军工程大学举行。

12月6日 华中师范大学编撰的八卷本《中国教育活动通史》出版。

12月6日 第五届湖北省美术节暨第三届湖北当代艺术节单元展——“楚水巴山”2017·三峡大学艺术学院教师美术作品展在三峡大学开幕。

12 月 7 日　由湖北省科协主办、湖北省科技史学会承办的“2017 年湖北科技史学会：湖北科技创新创业峰会”在华中师范大学召开。

12 月 8 日　“外语学术期刊与外语学科建设”高端论坛在华中师范大学举行。

12 月 9 日　由湖北省中国特色社会主义理论体系研究中心湖北大学分中心、湖北省高校党建研究中心、《学校党建与思想教育》杂志社联合举办，湖北大学马克思主义学院承办的“学习贯彻党的十九大精神暨全国高校党建理论与实践研讨会”在湖北大学举行。

12 月 9 日　由华中科技大学国家治理研究院主办的第三届“全球治理·东湖论坛”：国际组织与全球治理国际研讨会在武汉东湖宾馆开幕。来自中国、美国、德国、印度、澳大利亚、西班牙、莫桑比克、摩洛哥、加纳、老挝等十多个国家和地区的国际组织代表和专家学者 150 余人出席了论坛。

12 月 9 日　“全球视野下中国与亚太商业和贸易”国际学术研讨会在华中师范大学召开。来自美国、日本、澳大利亚、中国等近 10 个国家的 50 余位学者与会。

12 月 12 日　“中国古窑文化研究中心”论证会暨高峰论坛在湖北科技学院举办。

12 月 13 日　“2017 年湖北省旅游学会学术年会暨新时代湖北旅游发展论坛”在中南财经政法大学举行。

12 月 15 日　中国现场统计研究会经济与金融统计分会成立大会暨中南财经政法大学 2017 年大数据科学学术研讨会在中南财经政法大学召开。

12 月 16 日　湖北省法学会知识产权法学研究会 2017 年年会暨学术研讨会在中南财经政法大学召开。

12 月 16 日　“湖北省法学会经济法学研究会 2017 年年会暨学术研讨会”在中南民族大学隆重召开。

12 月 17 日　“湖北省法学会民法学研究会 2017 年年会暨学术研讨会”在中南财经政法大学举行。

12 月 17 日　“第七届中国新锐批评家高端论坛”在江汉大学召开。

12 月 18 日　“明清社会群体国际学术研讨会”在华中师范大学召开。

12 月 22 日　由武汉科技大学艺术与设计学院、新农村建设研究中心联合主办的“第一届美丽乡村论坛”在武汉科技大学举行。

12 月 22 日　“多元文化与高等教育质量保障第二届国际论坛”在中南民族大学举行。来自美国、澳大利亚、加拿大及中国台湾等 10 多个国家和地区的百余所大学的 230 余位学者参加了会议。

12 月 23 日　由中南财经政法大学中国收入分配研究中心和《经济研究》编辑部联合主办的“中国居民收入与财富分配学术研讨会（2017）”在中南财经政法大学举行。

12 月 24 日　第七届中国农村法治论坛在华中师范大学召开。

12 月 27 日　第五届湖北艺术节暨第三届湖北当代国际艺术节分展——“武汉科技大学艺术与设计学院教师优秀作品展”在武汉科技大学开幕。

12 月 27 日　“中国古瑶文化之乡”“中国古瑶文化研究中心”考察验收会暨中国古瑶文化高峰论坛在湖北科技学院举办。

12 月 28 日　“海军电子对抗建设发展学术研讨会”在海军工程大学举行。

12 月 28 日　教育部社科司公布了 2017 年度教育部哲学社会科学研究重大课题攻关项目，湖北大学的“马克思主义在中国早期传播史料收集、整理与研究”项目名列其中。

12 月 30 日　“民族艺术、美学与当代审美文化学术研讨会——暨湖北省美学学会 2017 年年会”在中南民族大学举行。

12 月 30 日　“国家治理和道德治理”学术研讨会在华中师范大学举行。

B.11
湖北哲学社会科学研究平台一览表

1. 教育部高等学校人文社会科学重点研究基地（湖北）

序号	所属学科	人文社会科学重点研究基地名称
1	法　学	武汉大学环境法研究所
2	法　学	武汉大学国际法研究所
3	法　学	中南财经政法大学知识产权研究中心
4	管理学	武汉大学社会保障研究中心
5	经济学	武汉大学经济发展研究中心
6	历史学	华中师范大学中国近代史研究所
7	图书情报文献学	武汉大学信息资源研究中心
8	新闻学与传播学	武汉大学媒体发展研究中心
9	语言学	华中师范大学语言与语言教育研究中心
10	综　合	武汉大学中国传统文化研究中心
11	综　合	华中师范大学中国农村问题研究中心

2. 湖北省高等学校人文社会科学重点研究基地

序号	基地名称	依托学校
1	发展研究院	武汉大学
2	武汉大学人口、资源、环境经济研究中心	武汉大学
3	湖北省简帛研究中心	武汉大学
4	武汉大学科学评价研究中心	武汉大学
5	科技考古研究中心	武汉大学
6	中国产学研合作问题研究中心	武汉大学
7	全球健康研究中心	武汉大学
8	金融工程与风险管理研究中心	武汉大学
9	党外知识分子统战工作研究基地	武汉大学

续表

序号	基地名称	依托学校
10	主流意识形态建设与教育研究基地	武汉大学
11	湖北语言与智能信息处理研究基地	武汉大学
12	湖北现代人文资源调查与研究中心	武汉大学
13	武汉大学台湾研究中心	武汉大学
14	武汉大学两岸及港澳法制研究中心	武汉大学
15	武汉大学比较哲学与文化战略研究中心	武汉大学
16	武汉大学组织营销研究中心	武汉大学
17	武汉大学经济外交研究中心	武汉大学
18	现代经济学研究中心	华中科技大学
19	现代信息管理研究中心	华中科技大学
20	院校发展研究中心	华中科技大学
21	媒介技术与传播发展研究中心	华中科技大学
22	区域高等教育改革与发展研究中心	华中科技大学
23	非传统安全研究中心	华中科技大学
24	创新发展研究中心	华中科技大学
25	农村健康服务研究中心	华中科技大学
26	国家治理研究院	华中科技大学
27	华中科技大学养老服务研究中心	华中科技大学
28	湖北省城市社区建设研究中心	华中师范大学
29	汉语国际推广研究基地	华中师范大学
30	电子商务研究中心	华中师范大学
31	基础教育研究中心	华中师范大学
32	道家道教研究中心	华中师范大学
33	湖北省社会发展与社会政策研究中心	华中师范大学
34	湖北文学理论与批评研究中心	华中师范大学
35	湖北地方政府治理与地方发展研究中心	华中师范大学
36	湖北房地产经济研究中心	华中师范大学
37	湖北高校思想政治教育管理发展研究中心	华中师范大学
38	湖北党的建设研究中心	华中师范大学
39	湖北教育信息化发展研究中心	华中师范大学
40	湖北省学校德育研究中心	华中师范大学
41	中国合唱艺术研究中心	华中师范大学
42	教育政策研究中心	华中师范大学
43	湖北省产品创新管理研究中心	武汉理工大学

续表

序号	基地名称	依托学校
44	湖北省危机与灾害应急管理研究中心	武汉理工大学
45	科技创新与经济发展研究中心	武汉理工大学
46	武汉理工大学中国残疾人事业发展研究中心	武汉理工大学 湖北省残疾人联合会
47	资源环境经济研究中心	中国地质大学(武汉)
48	大学生发展与创新教育研究中心	中国地质大学(武汉)
49	珠宝首饰传承与创新发展研究中心	中国地质大学(武汉)
50	湖北农村发展研究中心	华中农业大学
51	农村社会建设与管理研究中心	华中农业大学
52	WTO 与湖北发展研究中心	中南财经政法大学
53	湖北财政与发展研究中心	中南财经政法大学
54	创业与就业研究中心	中南财经政法大学
55	湖北金融研究中心	中南财经政法大学
56	刑事法治发展与司法改革研究中心	中南财经政法大学
57	中南财经政法大学注册会计师行业发展研究中心	中南财经政法大学
58	中南财经政法大学社会主义核心价值观研究中心	中南财经政法大学
59	中南财经政法大学反恐怖主义研究中心	中南财经政法大学
60	南方少数民族研究中心	中南民族大学
61	少数民族审美文化研究中心	中南民族大学
62	高校风险预警防控研究中心	中南民族大学
63	民族政策与社会发展研究中心	中南民族大学
64	少数民族大学生思想教育研究中心	中南民族大学
65	湖北民族地区经济社会发展研究中心	中南民族大学
66	旅游开发与管理研究中心	湖北大学
67	湖北当代文化研究中心	湖北大学
68	开放经济研究中心	湖北大学
69	湖北省道德与文明研究中心	湖北大学
70	湖北青少年思想道德教育研究中心	湖北大学
71	湖北休闲体育发展研究中心	湖北大学
72	湖北人才发展战略与政策研究中心	湖北大学
73	绩效评价信息管理研究中心	湖北大学
74	湖北中小学素质教育研究中心	湖北大学
75	湖北大学农村社区研究中心	湖北大学
76	湖北大学当代文艺创作研究中心	湖北大学

续表

序号	基地名称	依托学校
77	湖北大学文化科技融合创新研究中心	湖北大学
78	湖北省中小企业研究中心	武汉科技大学
79	产业政策与管理研究中心	武汉科技大学
80	非营利组织研究中心	武汉科技大学
81	三峡文化与经济社会发展研究中心	三峡大学
82	水库移民研究中心	三峡大学
83	区域社会管理创新与发展研究中心	三峡大学
84	巴楚艺术发展研究中心	三峡大学
85	影视文化与产业发展研究中心	三峡大学
86	荆楚文化研究中心	长江大学
87	长江经济带发展研究院	长江大学
88	武汉城市圈制造业发展研究中心	江汉大学
89	武汉语言文化研究中心	江汉大学
90	江汉大学城市研究中心	江汉大学
91	湖北文化创意产业设计研究中心	湖北工业大学
92	湖北循环经济发展研究中心	湖北工业大学
93	湖北农村社会管理创新研究中心	湖北工业大学
94	湖北职业教育发展研究中心	湖北工业大学
95	人才发展研究中心	武汉工程大学
96	生态环境设计研究中心	武汉工程大学
97	企业与环境协调发展研究中心	武汉工程大学
98	湖北省服饰艺术与文化研究中心	武汉纺织大学
99	企业决策支持研究中心	武汉纺织大学
100	中医药发展研究中心	湖北中医药大学
101	湖北县域经济发展研究中心	武汉轻工大学
102	食品安全研究中心	武汉轻工大学
103	粮食经济研究中心	武汉轻工大学
104	武当文化研究与传播中心	湖北汽车工业学院
105	鄂西生态文化旅游研究中心	湖北民族学院
106	卫生管理与卫生事业发展研究中心	湖北医药学院
107	湖北金融发展与金融安全研究中心	湖北经济学院
108	湖北物流发展研究中心	湖北经济学院
109	湖北水事研究中心	湖北经济学院
110	大学生思想政治教育评价中心	湖北经济学院

续表

序号	基地名称	依托学校
111	湖北企业文化研究中心	湖北经济学院
112	湖北地方税收研究中心	湖北经济学院
113	湖北会计发展研究中心	湖北经济学院
114	社会治安治理研究中心	湖北警官学院
115	湖北体育产业研究中心	武汉体育学院
116	运动与健康创新发展研究中心	武汉体育学院
117	长江传统音乐文化研究中心	武汉音乐学院
118	现代公共视觉艺术设计研究中心	湖北美术学院
119	湖北省时尚艺术研究中心	湖北美术学院
120	湖北美术学院手工艺文化研究中心	湖北美术学院
121	湖北师范学院语言学研究中心	湖北师范学院
122	资源枯竭城市转型与发展研究中心	湖北师范学院
123	鄂北区域发展研究中心	湖北文理学院
124	湖北小城镇发展研究中心	湖北工程学院
125	中华孝文化研究中心	湖北工程学院
126	湖北小微企业发展研究中心	湖北工程学院
127	鄂南文化研究中心	湖北科技学院
128	农村教育与文化发展研究中心	湖北科技学院
129	大别山红色文化研究中心	黄冈师范学院
130	黄梅戏艺术研究中心	黄冈师范学院
131	鄂东教育与文化研究中心	黄冈师范学院
132	大别山旅游经济与文化研究中心	黄冈师范学院
133	长江中游矿冶文化与经济社会发展研究中心	湖北理工学院
134	公共文化研究中心	湖北理工学院
135	湖北文化产业经济研究中心	湖北第二师范学院
136	湖北教师教育研究中心	湖北第二师范学院
137	湖北方言文化研究中心	湖北第二师范学院
138	中国农谷发展研究中心	荆楚理工学院
139	湖北技能型人才培养研究中心	长江职业学院
140	汉水文化研究基地	郧阳师范高等专科学校
141	湖北商务服务发展研究中心	武汉工商学院
142	民办大学素质教育研究中心	武昌理工学院
143	湖北品牌发展研究中心	文华学院
144	湖北省教育治理现代化研究中心	湖北省教育科学研究院

B.12
后　记

本报告的研创出版，得到了中共湖北省委宣传部的重视和支持，是湖北省社会科学界联合会专项委托课题研究取得的成果。

本报告由湖北省社会科学界联合会和湖北大学共同组织研创，湖北省教育厅思想政治教育与社会科学处组织了相关数据的收集工作，全省各普通高校、军事院校、省委党校、省社科院的科研管理部门提供了本单位的社科统计收据和大事记等资料。我和孙友祥教授负责全书的组织、审稿和修改工作，湖北大学江岚副教授和俞秋阳博士负责总报告的撰写，李家莲副教授、徐俊武副教授、夏雨副教授、黄平副教授、黄晓华教授、张敏副教授、韩艳旗副教授和彭茹娜副教授分别负责哲学、经济学、法学、教育学、文学、历史学、管理学和艺术学等八大学科门类分报告的撰写。湖北省社会科学界联合会学术部陈芳主任、湖北大学社科处邵俊青处长负责组织协调工作，社科处王亚平老师负责大事件资料收集和统计数据的处理工作。研究生于芷薇、朱达为大事记编辑、成果统计和期刊文献资料收集整理等做了大量工作。本报告的出版，得到了湖北大学党委、行政和各文科学院、各有关部门的大力支持，得到了社会科学文献出版社的帮助和具体指导。作为课题组负责人，我谨代表课题组全体成员，对为本书做出贡献、给予支持和提供帮助的各位领导、朋友和同仁深表谢意！

赵凌云

Abstract

At the National Symposium on Philosophy and Social Science, President Xi Jinping said that contemporary China is experiencing the most extensive and profound social changes in China's history, and is also carrying out the most ambitious and unique practice and innovation in human history. "This is an era that requires theory and must be able to produce theory. This is an era that requires ideas and can certainly produce ideas", said President Xi Jinping. Under the new situation in China, the status of philosophy and social sciences has become more prominent, its role has become more important, and its tasks have become more arduous. With five new situations facing, President Xi Jinping highlighted the new tasks and requirements for the development of philosophy and social sciences in China's new situation and new practice. This kind of great practice without parallel in history will certainly provide powerful power and broad space for theoretical creation and academic prosperity. Hubei Province is not only a major province of industry and agriculture, but also a major province of education and a province of philosophy and social sciences. The soundness and perfection of the philosophy and social sciences system with Chinese characteristics, as well as the comprehensive development and progress of Hubei's economy and society, are inseparable from the development and prosperity of philosophy and social sciences in Hubei Province.

The *Report* is a general description and analysis of the construction and development of philosophy and social sciences in Hubei Province in 2017. Under the leadership of the Party Committee of Hubei Province and the local Government of the province, as well as under the joint efforts of philosophical and social science researchers and managers at all levels of philosophical and social sciences, universities, party schools, party and government departments, military academies and social science research departments, the team of Hubei philosophy and social science research has grown and its structure has been continuously optimized; the discipline construction has been steadily advanced; the academic status has been continuously improved; the research platform has been continuously expanded; the featured platform has been continuously expanded; the research perspective has been continuously expanded; the number and funding of research projects have increased significantly; research results have emerged and social influences have increased. The internationalization, specialization and branding of philosophy and social sciences have been continuously improved; Hubei's characteristics and highlights have been highlighted; the theoretical achievements and products of philosophy and social sciences have prospered and developed; the philosophy and social sciences of Hubei Province have continued to develop steadily. However, due to various reasons, there are still some problems to be solved in the development of philosophy and social sciences in Hubei. For example, there are problems in philosophy and social science, including a) overemphasis on speaking and neglect of working, overemphasis on science and neglect of arts, and overemphasis on technology and neglect of philosophy; b) the challenge of the diversified social thoughts to the guiding ideology of the unity of Marxism erodes the recognition of Marxism to varying degrees; c) philosophy and social science training to train the education system, academic evaluation system, management system and operational mechanism, going through the motions, theory can not guide the practice well; d) low-level discipline system, academic system and discourse system construction, excessive interpretation, less originality; e) problems such as multiple think tanks, less wisdom, more books, fewer highlights; f) lack of practice, lack of quality, lack of temperature; g) many experts, few people, people are difficult to move, and talents are difficult to retain; and h) lack of internationalization and social science research with Hubei characteristics. How to issue the sound of Hubei theory of philosophy and social sciences, how to use the development of Hubei philosophy and social sciences to accelerate the construction of a philosophy and social science system with Chinese characteristics is particularly urgent.

Based on the overall description, analysis and evaluation of the construction and development of philosophy and social sciences in Hubei Province, the research method combining the general report and the segment reports is adopted in the *Report*. In the general report, first-hand data and reliable materials obtained by national authoritative publishers and obtained by organizational surveys are used. From the academic progress of Hubei philosophy and social sciences, the statistical analysis of the achievements of Hubei philosophy and social sciences, and the development and prospects of Hubei philosophy and social sciences, the report focuses on the detailed description of the various aspects of the development of philosophy and social sciences in Hubei Province in 2017. On this basis, the problems in all aspects of philosophy and social sciences in Hubei Province have been carefully analyzed, and reasonable suggestions have been put forward. The segment report is classified according to the eight disciplines of philosophy and social sciences, namely, philosophy, economics, law, education, literature, history, management, and art. The classification report focuses on the statistical analysis of the research teams, discipline construction, research platforms, research projects and funding, research results and awards in various disciplines, and comprehensive analysis and judgment based on theoretical innovation, Hubei characteristics and subject development prospects.

In the *Report*, the main achievements of Hubei philosophy and social science research in team building, major project progress, major achievements, major theoretical issues discussion and discipline construction and development, Hubei philosophy and social science development situation, lessons, Hubei characteristics and development trends in 2017 have been summarized, analyzed and evaluated, which provides a useful reference for summarizing the development law and planning development direction of philosophy and social sciences in Hubei Province. The *Report* is of great significance for formulating the philosophy and social science development strategy in Hubei Province, establishing an academic evaluation mechanism that has certain influence at home and abroad, promoting Hubei's economic and social development and prospering the philosophy and social sciences system with Chinese characteristics.

Keywords: Philosophy and social sciences; Academic progress; Discipline construction; Hubei characteristics

Contents

Ⅰ General Report

Abstract: In 2017, Philosophy and social sciences of Hubei Province have made great progress and presented a good momentum of vigorous development. Firstly, the report reviews the academic progress of philosophy and social sciences in Hubei in 2017, has collected and analyzed the classification and quantity distribution of Hubei philosophy and social science research team, Hubei philosophy and social science degree and academic degree points, the development status of Hubei important research platform of philosophy and social sciences, and the funding situation concerning research project of Hubei philosophy and social sciences by comparing with those in some other provinces and cities in China. Secondly, the report has carried out statistics on the main research results of the philosophy and social sciences in Hubei in 2017, focused on the number, reprint and awards of Hubei scholars in the top Chinese core journals in 2017, compared and analyzed with Beijing, Shanghai, Zhejiang, Jiangsu, etc., and tried to sum up the characteristics of the development of philosophy and social sciences in Hubei. Finally, while fully affirming the achievements in the development of philosophy and social sciences in Hubei Province, the report analyzes the main problems in the development, and on this basis, prospects for the development of philosophy and social sciences in Hubei Province.

Keywords: Academic progress; Discipline construction; Research results; the Feature of Jing-chu

Ⅱ Topical Report

B. 2 Development Report on the Discipline of Philosophy in Hubei (2017)

Li Jialian / 032

Abstract: In 2017, Hubei philosophy discipline has achieved good development in research teams, academic degree construction, scientific research projects, scientific research achievements, etc., and presents distinctive Hubei characteristics that focus on practical issues, text research, active academic activities, and frequent international exchanges. In order to better promote the development of Hubei philosophy, the international academic discourse power of philosophical research and the problem consciousness of philosophical research can be further enhanced.

Keywords: Philosophy discipline; Regional feature; International academic discourse power; The problem consciousness

B. 3 Development Report on the Discipline of Economics in Hubei (2017)

Xu Junwu / 051

Abstract: The research of economics in Hubei achieved fruitful results and became a decisive force of economics in China in 2017. From the economic academic achievements and various academic activities in Hubei, the economic researchers of Hubei respond to the call of the Party Central Committee and Hubei provincial Party committee actively. They carry out the spirits of the series of policy documents conscientiously, and give high attention to the hot spots, key and difficult problems in the current economy and society. Especially, the resources & environment economics and agricultural economics have been highlighted by the economic researchers of Hubei, which have gained advantages of the group while have had a great impact on the whole country. In addition, the economic circles in Hubei also put more attention on the issues of finance and macroeconomics. The development level of economics in Hubei is higher than that of Jiangsu in 2017 based on the quantity and quality of the 11 top academic journals in Chinese. However, the economic researchers in Hubei should take efforts in the following areas in the future: how to build an economic theory system with Chinese characteristics, how to study the economic problems of China and Hubei under Marxism political economics, how to highlight the characteristics of Hubei and even to establish the "economic school of Hubei".

Keywords: Economics; Subject development; Academic achievements; Hubei characteristics

Abstract: In 2017, Law Science in Hubei province has made significant progress in setting up theoretical system with Chinese special socialism aspects. More scholars join the research, the discipline system improves, the research level and innovation ability have been increased. This year, the research on subjects of law, politics, socialism and ethics has their own characteristics, and has achieved research atmosphere in which the research focuses more on real problems, and people's practice. The research in law studies various ways to protect human rights, and focuses more on the balances of rights and obligations, openness and greenness. The study of politics focuses on the innovation in political system, and provides suggestions on how to build equitable platforms for all the people. The study of socialism discusses how to give social members more direct social benefits. The study of ethics starts from consolidation of various ethnic groups and mutual prosper, and strives to promote continual development in mixed-ethnic regions and continuing of ethnic cultures. In sum, all these research has provided feasible approaches for national security and social stability.

Keywords: Legal construction; Law science; Scientific development; Regional characteristics

B.5 Development Report on the Discipline of Education in Hubei (2017)

Abstract: 2017 is a year when education discipline has made significant progress and rich achievements in Hubei. Three first-level disciplines of pedagogy, psychology and physical education have all achieved fruitful results. A series of new achievements have been achieved in the study of pedagogy. Education modernization, citizenship education and moral education have made some progress and theoretical innovation. The research on effective teaching and deep instruction of teachers is more prominent. The history of educational body has become a new growing point of educational history. There are deepening studies on Kindergarten Teachers' professional development and preschool education students' development paths. The progress of higher education mainly concentrates on the development of higher education and the construction of "two first-class", the internationalization of higher education, education governance and the system of higher education, the development of teachers in colleges and universities, the work of talents and the education of doctoral students. In the field of vocational education, studies on construction of vocational education faculty, the running of vocational schools and the internationalization of vocational education have been significantly promoted. The research contributions of education technology are mainly reflected in the informatization development of education, data mining and learning analysis of education, online learning, MOOC, information teaching and new teaching modes. In psychology, there is obvious theoretical innovation in cyberpsychology and behavior, contemporary Chinese cultural identity and industrial psychology. The research results of physical education mainly focus on the sports industry, national fitness, school sports, martial arts and government public services.

Keywords: Pedagogy; Psychology; Physical education; Disciplinary development

Abstract: In 2017, the development of Hubei literature discipline was good, and all aspects have made great progress. In the talent team construction and major bidding projects of the State and the Ministry of Education, remarkable achievements have been made, and the results have been fruitful. The status of Hubei literature has been improved in the country. Although the general situation of Hubei literature in 2017 is good, there are still some problems. In view of the existing problems, we can strengthen the internal communication of the disciplines, improve various learning platforms, realize the dynamic adjustment of the base to give full play to the role of it, consolidate the characteristics of the discipline, and consciously strengthen the Jingchu characteristics of the literary discipline, so as to promote the development of Hubei literature discipline better and faster.

Keywords: Hubei; Literature discipline; Jingchu Characteristics

Abstract: The Hubei History is an important part of contemporary Chinese History, with abundant strength and fruitful achievements. In recent years, the team of historians has grown more and more strong, the structure of educational background and title structure are further optimized, and the high end leader is constantly emerging, and the advantages and characteristics of the subject continue to be maintained and developed. It is possible for both the exploration of the historical materials, the expansion of the field of topic, the perspective of the research, the innovation of the research methods and so on. A large number of scientific research achievements with high degree of display have been produced; the construction of key disciplines at the national and provincial levels has been steadily promoted, and the construction of academic organizations in the history circles has made considerable progress. These have highlighted the profound academic accumulation and strong scientific research strength of the Hubei History. On the basis of the achievements made, the historians of Hubei should deeply study and carry out the spirit of the important speech of general secretary Xi Jinping, promote the new development of history, take root of the Jingchu land, highlight the Jingchu characteristics of the Hubei History, and push the Hubei History into the ranks of the "double first class" of the state.

Keywords: Hubei history; Jingchu culture; New historical materials

Abstract: Taking speeding up the construction of a strong province of Humanities and social sciences as the goal, taking the construction of modern scientific management discipline research paradigm and method as gripper. First of all, this report describes and analyzes the overall situation of the management discipline in Hubei Province in 2017 from 6 aspects: the general development of the subject, the degree point, the construction of the subject platform, the award, the scientific research project and the publication of the paper. Secondly, the report focuses on 5 major categories: management science, enterprise management, public management, agricultural and forestry economic management, library information and archives management. According to the two paths of first class scholars and first class achievements, this paper makes a detailed review of the research progress of the management discipline in Hubei Province in 2017. Finally, this paper analyzes the main problems of management discipline development in Hubei Province, and on this basis, looks forward to the future of the management discipline development in Hubei Province. The conclusion is that in 2017, the management discipline construction was remarkable in Hubei Province, subject, degree point, platform, award, project and paper were fully blooming, laying a foundation for the construction of the strong province in the humanities and social sciences, and in the future, the research should be strengthened in the cross field of research paradigm innovation and anthropology.

Keywords: Management; Discipline situation; Academic achievements; Hubei characteristics

Abstract: In 2017, The discipline of Hubei art science has entered a new era of development. In terms of the research team, the number of art researchers with senior professional titles and doctoral degrees has increased significantly; in terms of discipline construction, the master's degree authorization institution has grown substantially, meanwhile, key laboratories and key research bases play an important role in promoting Hubei's art and culture research, prospering regional culture and art, and serving the economic, social and cultural construction of Hubei; in the national project declaration, some ordinary undergraduate colleges and even independent colleges have successfully taken substantial steps; in terms of academic exchanges, the government, universities and research bases have fully utilized their respective advantages and jointly hosted a series of large-scale academic exchanges at home and abroad, which has aroused the attention and support of academic circles and social circles at home and abroad for Hubei art exchange activities; in the theoretical study of art, rooted in Hubei's rich ethnic folk art resources, art is explored from the multidisciplinary fields of art, history, culture, and anthropology; in many areas including interdisciplinary research on art phenomena, the construction of the calligraphic ontology, the study of the history of ancient Chinese design criticism literature, the composition of the design methodology, planning and protection of traditional villages, carding and analysis of music history, the division and empirical research of the music culture zone in the Yangtze River Basin, historical materials and cultural studies, interdisciplinary research on the origin of drama, main melody film research and world film research, etc. , there are certain breakthrough results that reflect the characteristics of Jing-chu area.

Keywords: The region of Hubei; Discipline of art; the characteristics of Jing-chu area

Ⅲ Appendix

皮书起源

“皮书”起源于十七、十八世纪的英国，主要指官方或社会组织正式发表的重要文件或报告，多以“白皮书”命名。在中国，“皮书”这一概念被社会广泛接受，并被成功运作、发展成为一种全新的出版形态，则源于中国社会科学院社会科学文献出版社。

皮书定义

皮书是对中国与世界发展状况和热点问题进行年度监测，以专业的角度、专家的视野和实证研究方法，针对某一领域或区域现状与发展态势展开分析和预测，具备原创性、实证性、专业性、连续性、前沿性、时效性等特点的公开出版物，由一系列权威研究报告组成。

皮书作者

皮书系列的作者以中国社会科学院、著名高校、地方社会科学院的研究人员为主，多为国内一流研究机构的权威专家学者，他们的看法和观点代表了学界对中国与世界的现实和未来最高水平的解读与分析。

皮书荣誉

皮书系列已成为社会科学文献出版社的著名图书品牌和中国社会科学院的知名学术品牌。2016 年，皮书系列正式列入“十三五”国家重点出版规划项目；2013~2018 年，重点皮书列入中国社会科学院承担的国家哲学社会科学创新工程项目；2018 年，59 种院外皮书使用“中国社会科学院创新工程学术出版项目”标识。

S 基本子库
SUB DATABASE

中国社会发展数据库（下设 12 个子库）

全面整合国内外中国社会发展研究成果，汇聚独家统计数据、深度分析报告，涉及社会、人口、政治、教育、法律等 12 个领域，为了解中国社会发展动态、跟踪社会核心热点、分析社会发展趋势提供一站式资源搜索和数据分析与挖掘服务。

中国经济发展数据库（下设 12 个子库）

基于“皮书系列”中涉及中国经济发展的研究资料构建，内容涵盖宏观经济、农业经济、工业经济、产业经济等 12 个重点经济领域，为实时掌控经济运行态势、把握经济发展规律、洞察经济形势、进行经济决策提供参考和依据。

中国行业发展数据库（下设 17 个子库）

以中国国民经济行业分类为依据，覆盖金融业、旅游、医疗卫生、交通运输、能源矿产等 100 多个行业，跟踪分析国民经济相关行业市场运行状况和政策导向，汇集行业发展前沿资讯，为投资、从业及各种经济决策提供理论基础和实践指导。

中国区域发展数据库（下设 6 个子库）

对中国特定区域内的经济、社会、文化等领域现状与发展情况进行深度分析和预测，研究层级至县及县以下行政区，涉及地区、区域经济体、城市、农村等不同维度。为地方经济社会宏观态势研究、发展经验研究、案例分析提供数据服务。

中国文化传媒数据库（下设 18 个子库）

汇聚文化传媒领域专家观点、热点资讯，梳理国内外中国文化发展相关学术研究成果、一手统计数据，涵盖文化产业、新闻传播、电影娱乐、文学艺术、群众文化等 18 个重点研究领域。为文化传媒研究提供相关数据、研究报告和综合分析服务。

世界经济与国际关系数据库（下设 6 个子库）

立足“皮书系列”世界经济、国际关系相关学术资源，整合世界经济、国际政治、世界文化与科技、全球性问题、国际组织与国际法、区域研究 6 大领域研究成果，为世界经济与国际关系研究提供全方位数据分析，为决策和形势研判提供参考。

法律声明